U0455880

折射集
prisma

照亮存在之遮蔽

Mapping Ideology

Slavoj Žižek

当代激进思想家译丛

● 丛书主编 张一兵

图绘意识形态

[斯洛文尼亚] 斯拉沃热·齐泽克 编著　　郭建玲 译

南京大学出版社

Mapping Ideology

First published by Verso 1994

The collection @ New Left Review 1994

Individual contributions @ The contributors 1994

Introduction @ Slavoj Žižek 1994

Simplified Chinese edition copyright © 2024 by NJUP

All rights reserved.

江苏省版权局著作权合同登记 图字：10－2017－610 号

图书在版编目（CIP）数据

图绘意识形态 / （斯洛文）斯拉沃热·齐泽克编著；
郭建玲译. －－ 2 版. －－ 南京：南京大学出版社，
2024.11

（当代激进思想家译丛 / 张一兵主编）

书名原文：Mapping Ideology

ISBN 978－7－305－27412－1

Ⅰ.①图… Ⅱ.①斯… ②郭… Ⅲ.①意识形态-图
解 Ⅳ.①B016.98－64

中国国家版本馆 CIP 数据核字（2023）第 225566 号

出版发行　南京大学出版社

社　　址　南京市汉口路 22 号　　　　邮　编 210093

丛 书 名　当代激进思想家译丛

书　　名　**图绘意识形态**
　　　　　TUHUI YISHIXINGTAI

编 著 者　[斯洛文尼亚]斯拉沃热·齐泽克

译　　者　郭建玲

责任编辑　张　静

照　　排　南京紫藤制版印务中心

印　　刷　南京爱德印刷有限公司

开　　本　787 mm×1092 mm　1/16 开　印张 29.5　字数 382 千

版　　次　2024 年 11 月第 2 版　印次　2024 年 11 月第 1 次印刷

ISBN 978－7－305－27412－1

定　　价　158.00 元

网　　址：http://www.njupco.com

官方微博：http://weibo.com/njupco

官方微信：njupress

销售咨询：(025)83594756

激进思想天空中不屈的天堂鸟

——写在"当代激进思想家译丛"出版之际

张一兵

传说中的天堂鸟有很多版本。辞书上能查到的天堂鸟是鸟也是一种花。据统计,全世界共有 40 余种天堂鸟花,在巴布亚新几内亚就有 30 多种。天堂鸟花是一种生有尖尖的利剑的美丽的花。但我更喜欢的传说,还是作为极乐鸟的天堂鸟,天堂鸟在阿拉伯古代传说中是不死之鸟,相传每隔五六百年就会自焚成灰,由灰中获得重生。在自己的内心里,我们在南京大学出版社新近推出的"当代激进思想家译丛"所引介的一批西方激进思想家,正是这种在布尔乔亚世界大获全胜的复杂情势下,仍然坚守在反抗话语生生灭灭不断重生中的学术天堂鸟。

2007 年,在我的邀请下,齐泽克第一次成功访问中国。应该说,这也是当代后马克思思潮中的重量级学者第一次在这块东方土地上登场。在南京大学访问的那些天里,除去他的四场学术报告,更多的时间就成了我们相互了解和沟通的过程。一天他突然很正经地对我说:"张教授,在欧洲的最重要的左翼学者中,你还应该关注阿甘本、巴迪欧和朗西埃,他们都是我很好的朋友。"说实话,那也是我第一次听到这些陌生的名字。虽然在 2000 年,我已经提出"后马克思思潮"这一概念,但还是局限于对国内来说已经比较热的鲍德里亚、德勒兹和后期德里达,当时,齐泽克也就是我最新指认的拉康式的后马克思批判理论的代表。正是由于齐泽克的推荐,促成了2007年南京大学出版社开始购买阿甘本、朗西埃和巴迪欧等人学术论著的版权,这也开辟了我们这一全新的"当代激进思想家译丛"。之所以没有使用"后马克思思潮"这一概念,而是转启"激进思想家"的学术指称,因之我后来开始关注的一些重要批判理论家并非与马克思的学说有过直接或间接的关联,甚至干脆就是否定马克思的,前者如法国的维利里奥、斯蒂格勒,后者如德国的斯洛特戴克等人。激进话语,可涵盖的内容和外延都更有弹性一些。这一新的研究领域已经开始成为国内西方左翼学术思潮研究新的构式前沿。为此,还真应该谢谢齐泽克。

那么,什么是今天的激进思潮呢?用阿甘本自己的指认,激进话语的本质是要做一个"同时代的人"。有趣的是,这个"同时代的人"与我们国内一些人刻意标举的"马克思是我们的同时代的人"的构境意向却正好相反。"同时代就是不合时宜"(巴特语)。不合时宜,即绝不与当下的现实存在同流合污,这种同时代也就是与时代决裂。这表达了一切**激进话语**的本质。为此,阿甘本还专门援引尼采①在1874年出版的《不合时宜的沉思》一书。在这部作品中,尼采自指"这沉思本身就是不合时宜的",他在此书"第二沉思"的开头解释说,"因为它试图将这个时代引以为傲的东西,即这个时代的历史文化,理解为一种疾病、一种无能和一种缺陷,因为我相信,我们都被历史的热病消耗殆尽,我们至少应该意识到

---

① 尼采(Friedrich Wilhelm Nietzsche,1844—1900):德国著名哲学家。代表作为《悲剧的诞生》(1872)、《查拉图斯特拉如是说》(1883—1885)、《论道德的谱系》(1887)、《偶像的黄昏》(1889)等。

这一点"①。将一个时代当下引以为傲的东西视为一种病和缺陷,这需要何等有力的非凡透视感啊!依我之见,这可能也是当代所有激进思想的构序基因。顺着尼采的构境意向,阿甘本主张,一个真正激进的思想家必然会将自己置入一种与当下时代的"断裂和脱节之中"。正是通过这种与常识意识形态的断裂和时代错位,他们才会比其他人更能够感知**乡愁**和把握他们自己时代的本质。② 我基本上同意阿甘本的观点。

阿甘本是我所指认的欧洲后马克思思潮中重要的一员大将。在我看来,阿甘本应该算得上近年来欧洲左翼知识群体中哲学功底比较深厚、观念独特的原创性思想家之一。与巴迪欧基于数学、齐泽克受到拉康哲学的影响不同,阿甘本曾直接受业于海德格尔,因此铸就了良好的哲学存在论构境功底,加之他后来对本雅明、尼采和福柯等思想大家的深入研读,所以他的激进思想往往是以极为深刻的原创性哲学方法论构序思考为基础的。并且,与朗西埃等人 1968 年之后简单粗暴的"去马克思化"(杰姆逊语)不同,阿甘本并没有简单地否定马克思,反倒力图将马克思的批判精神与当下的时代精神结合起来,以生成对当代资本主义社会存在更为深刻的批判性透视。他关于"9·11"事件之后的美国"紧急状态"(国土安全法)和收容所现象的一些有分量的政治断言,是令西方资本主义国家政要为之恐慌的天机泄露。这也是我最喜欢他的地方。

朗西埃曾经是阿尔都塞的得意门生。1965 年,当身为

---

① Friedrich Nietzsche, "On the Uses and Abuses of History to Life", in *Untimely Meditations*, trans. R. J. Hollingdale , Cambridge: Cambridge University Press, 1997, p. 60.

② [意]阿甘本:《裸体》,黄晓武译,河南大学出版社 2015 年版,第 7 页。

法国巴黎高师哲学教授的阿尔都塞领着整个西方马克思主义科学思潮向着法国科学认识论和语言结构主义迈进的时候，那个著名的《资本论》研究小组中，朗西埃就是重要成员之一。这一点，也与巴迪欧入世时的学徒身份相近。他们和巴里巴尔、马舍雷等人一样，都是阿尔都塞的名著《读〈资本论〉》（*Lire le Capital*，1965）一书的共同撰写者。应该说，朗西埃和巴迪欧二人是阿尔都塞后来最有"出息"的学生。然而，他们的显赫成功倒并非因为他们承袭了老师的道统衣钵，反倒是由于他们在1968年"五月风暴"中的反戈一击式的叛逆。其中，朗西埃是在现实革命运动中通过接触劳动者，以完全相反的感性现实回归远离了阿尔都塞。

法国的斯蒂格勒、维利里奥和德国的斯洛特戴克三人都算不上是后马克思思潮的人物，他们天生与马克思主义不亲，甚至在一定的意义上还抱有敌意（比如斯洛特戴克作为当今德国思想界的右翼知识分子，就是反对马克思主义的）。可是，在他们留下的学术论著中，我们不难看到阿甘本所说的那种绝不与自己的时代同流合污的姿态，对于布尔乔亚世界来说，都是"不合时宜的"激进话语。斯蒂格勒继承了自己老师德里达的血统，在技术哲学的实证维度上增加了极强的批判性透视；维利里奥对光速远程在场性的思考几乎就是对现代科学意识形态的宣战；而斯洛特戴克最近的球体学和对资本内爆的论述，也直接成为当代资产阶级全球化的批判者。

应当说，在当下这个物欲横流、尊严倒地，良知与责任在冷酷的功利谋算中碾落成泥的历史时际，我们向国内学界推介的这些激进思想家是一群真正值得我们尊敬的、严肃而有公共良知的知识分子。在当前这个物质已经极度富足丰裕的资本主义现实里，身处资本主义体制之中的他们依然坚执地秉持知识分子的高尚使命，努力透视眼前繁华世界中理直气壮的形式平等背后所深藏的无处控诉的不公和血泪，依然理想化地高举着抗拒全球化资本统治逻辑的大旗，发自肺腑地激情呐喊，振奋人心。无法否认，相对于对手的庞大势力而言，他们显得实在弱小，然而正如传说中美丽的天堂鸟一般，时时处处，他们总是那么不屈不挠。人类社会发展的历史已经明证，内心的理想是这个世界上最无法征服也是力量最大的东西，这种不屈不挠的思考和抗争，常常就是燎原之前照亮人心的点点星火。因此，有他们和我们共在，就有人类更美好的解放希望在！

目　录

导言　意识形态的幽灵

斯拉沃热·齐泽克（Slavoj Žižek）

1　当今的意识形态批判？

我们只要简单回顾一下历史想象的视阈所经历的变化，就会发现自己不得不直面这样一种处境：不得不接受意识形态概念不折不扣、无所不在的关联性。直到一二十年前，生产–自然体系（即人类与自然及其资源之间的生产–剥削关系）还被视为一个常数，每个人也都忙于想象社会生产与消费组织的不同形式（法西斯主义替代自由资本主义）；而今天，正如弗雷德里克·詹姆逊（Fredric R. Jameson）明确指出的那样，再也没有人会去认真思考资本主义可能的替代方案，大众的想象力也受制于迫在眉睫的"自然崩溃"或地球生命灭绝等重重幻象的困扰。人们似乎更容易想象"世界末日"的幻景，而不是想象生产方式温良的改变，似乎自由资本主义是唯一的"实在"，即使面临全球性的生态灾难也能以某种方式存活下来……因此，人们可以明确地断言意识形态作为生成矩阵的存在，它规约着可见与不可见的关系、想象与非想象的关系，并且规约着这些关系的变化。

当某个宣告具有全新面孔或划时代性的事件被（错误

地)看作不过是历史的延续或回归，或者反过来说，当某个完全遵循现有秩序逻辑的事件被（错误地）看作历史的突然断裂，这种情况下，在"新"与"旧"的辩证关系中就很容易辨识出意识形态矩阵的身影。毫无疑问，那些马克思主义的批判者们提供了关于后一种情况绝佳的例子。他们（错误地）认为，我们的晚期资本主义社会是一种崭新的社会形态，一种不再是马克思所描述的由资本主义动力支配的社会形态。不过，为了避免再用这个陈词滥调的例子，让我们转向性的领域。今天老生常谈的一个问题是，所谓的"虚拟"性爱或"网络"性行为与过去是一种彻底的决裂，因为在这种关系中，与"另一个真实的人"之间实际的性接触正一点点让步于手淫的愉悦，因为手淫只需要一个虚拟的他者——电话性爱，色情描写，直到依赖电脑的"虚拟性爱"……雅克·拉康（Jacques Lacan）对这一问题的回答是，我们首先必须在虚拟的性行为到来之前揭露"真实的性"这一神话声称的可能性。拉康关于"不存在性关系"的命题确切的意思是，"真实的"性行为（与有血有肉的伴侣之间的行为）其结构内部已然带有与生俱来的虚幻性——他者"真实的"身体不过充当了我们虚幻投射的支撑物。在虚拟性爱中，只不过是手套模拟了我们在屏幕上看到的刺激物以及诸如此类的行为而已。因此，换句话说，虚拟性爱并不是真实性爱怪异的扭曲变形，它不过是呈现出了其潜隐的幻象结构。

　　西方自由派知识分子对东欧真实的社会主义解体过程中新国家的出现所做出的反应，以典型的案例诠释了什么是完全反向的误解。他们（错误地）认为，这些国家的出现是对19世纪民族国家传统的回归。而我们实际所面对的情形恰恰相反，是建立在与宪法法律秩序同构一体的抽象公民概念之上的传统民族国家的"消亡"。为了描述这种新的状态，埃蒂安·巴利巴尔(Etienne Balibar)最近提到了马克思的那句老话——欧洲不再有真正意义上的国家。综上所述,寄生于社会生活世界的利维坦的旧幽灵,越来越受到两个方面的侵蚀。一方面,出现了新兴的族群,尽管其中有些在形式上已经构成主权国家,但它们不再是真正的现代欧洲意义上的国家,因为它们没有切断国家与族群之间的脐带。另一方面,从跨国资本到黑手党集团,再到国家间的政治共同体(欧盟),存在着各种各样的跨国联系。

国家主权的限制原因有二,其一为生态危机的跨国性,其二为核威胁的跨国性,每一个原因本身都足以证明其自身的合理性。这两个方面对国家主权的侵蚀在下面的事实中得到了反映:当今社会最基本的政治对立,是普救派"世界主义"的自由主义的民主(代表了自上而下腐蚀国家的力量)和新的"有机"民粹主义-社群主义(代表了自下而上腐蚀国家的力量)之间的对立。而且,正如巴利巴尔重申的那样[1],这种对立既不会被看作一种外在的抗衡,也不会被看作两极的互补关系和物极必反的互补关系(意思是,普遍主义泛滥时,来点儿民族的根会给人们一种归属感,从而稳定局势)。从真正的黑格尔哲学来说,对立关系中的每一极都内在于它的对立中,因此,当我们试图把握某一极的对立面时,却发现它本身"就在那儿",就在它的对立面之中。

为了有效地反击花样百出的有机民粹主义,我们必须将批判性的目光转向自身,让自由主义民主制的普遍主义本身接受批判性的审视,从而看到,正是这个普遍主义的"谬误"和弱点,为有机民粹主义开辟了空间。

---

① 参见埃蒂安·巴利巴尔:《作为普遍性的种族主义》,收入《大众、阶级与观念》,纽约:劳特里奇出版社,1994年,第198—199页。

然而，以上这些证明了意识形态概念之实存的例子，同样也清楚地说明了为什么人们今天急于放弃意识形态概念：对意识形态的批判难道不是意味着可以占据一个特权位置，从而在某种程度上免于社会生活的动荡，使得某些行动主体得以洞悉规约社会之可见性与不可见性的隐藏机制？声称我们也能够加入这个特权位置的说法，难道不是最显而易见地例证了意识形态？因此，看看今天认识论反思的状态，意识形态概念难道不是在自取灭亡？那么，为什么我们还要抓住这样一个在认识论意义上显然已经过时（比如，思想与现实之间的"表征"关系等）的概念牢牢不放呢？难道它本身含混不清、难以捉摸的特点还不足以构成让人抛弃它的充分理由吗？"意识形态"可以指称任何东西，它既可以是错认为其存在仰赖于社会现实的一种沉思态度，也可以是一套以行动为导向的信念；既可以是个体得以实现自身与社会结构之关系的不可或缺的媒介，也可以是使占主导地位的政治权力合法化的错误观念，几乎无所不包。当我们试图避开它时，它却突然跳腾出来；而在我们认定它存在的地方，它却不在。

　　当某个过程被贬斥为具有"典型的意识形态性"时，可以肯定，它的逆向过程同样具有毫不逊色的意识形态性。譬如，将某个历史有限条件永恒化，从偶然事件中看出更高必然性的行为（为男性的主导地位在"事物的本质"中寻找依据，视艾滋病为现代人罪恶生活应得的惩罚；或者，在更私密的层面上，当我们遇到"真爱"时，似乎这就是我们终其一生的等待，或者说，似乎冥冥之中，我们之前的所有生活都是为了这样的相逢……），毋庸置疑，都是通常被认为具有"意识形态性"的过程之一。现实毫无意义的偶然性就这样被"内化"了，被象征化了，被赋予了大写的意义。然而，无视必然性的存在，将必然性视为一种微不足道的偶然性（在精神分析疗法中，受分析者最主要的抵抗方式之一是坚称他的口误症状只是无关宏旨的失误；在经济学领域，典型的意识形态程序是将危机还原为一个外在的、终极性的偶然事件，从而忽视引发危机的系统的内在逻辑），这些与之截然相反的过程难道不同样具有意识形态性吗？准确地说，意识形态就是外在偶然性之内在化的对立面：它是内在必然性结果的外化，从貌似纯粹的偶然性中辨识出隐藏的必然性，正是意识形态批判在此的任务。

　　西方媒体报道波黑战争的方式，为我们提供了一个最近的逆向过程的例子。引人注目的首先是它与1991年关于海湾战争的报道之间形成的鲜明对照，让我们得以看到标准的意识形态人格化：

　　　　媒体没有提供关于伊拉克的社会、政治、宗教趋势以及敌对势力方面的信息，而是最终将冲突简单地说成与萨达姆·侯赛因（Saddam Hussein）这一邪恶的化身、自外于国际文明社会的歹徒之间的一场口角。其真正目的也声称不只是摧毁伊拉克的军事武装，更重要的是心理上羞辱萨达姆，让他"丢面子"。然而，在波黑战争的报道中，姑且撇开对塞尔维亚总统米洛舍维奇（Milosević）的妖魔化不谈，其主导态度反映了一个准人类学观察者的姿态。各家媒体争先恐后地向读者讲授这场冲突的种族和宗教背景，一遍遍地搬演数百年前的历史创伤，为了弄明白冲突的根源，人们不仅得要了解南斯拉夫的历史，还要了解中世纪以来整个巴尔干半岛的历史……因此，我们很难简单地采取立场，支持某方，只能耐心地试图去把握理解这种与我们的文明价

5

值体系相异的野蛮场面的背景……然而,这种逆向过程所隐含的意识形态神秘化,比对萨达姆·侯赛因的妖魔化要隐蔽得多。①

究竟是什么构成了这种意识形态的神秘化?简而言之,"情况的复杂性"召唤我们不去采取行动。远观者心安理得的舒适态度,以及巴尔干国家间错综复杂的宗教和种族斗争背景,在此,召唤西方国家摆脱对巴尔干地区的责任——也就是说,逃避这样一个令人痛心的事实:波黑战争远非什么反常的种族冲突,它是西方国家未能把握南斯拉夫解体的政治动力的直接后果,是西方国家对"种族清洗"无声支持的直接后果。

在理论领域,我们遇到了一种与"解构主义者"将主体罪恶和个人责任概念问题化同源同构的反转思维。主体在道德和刑事上完全为其行为"负责"的概念显而易见是服务于意识形态需要的,从而遮蔽了历史-话语前提错综复杂、始终有效的背景,这一前提不仅提供了主体行为的语境,而且预先界定了该行为的意义坐标:只有在责任主体的"罪恶"中找到导致系统故障的原因,系统才能发挥作用。左派人士的法律批判有个老生常谈的观点,他们将责任和罪恶归咎于个人的做法,使我们不再去深入探究问题行为的具体情境。回忆一下道德大众的做法吧,他们将道德的限定条件归因于非洲裔美国人的高犯罪率("犯罪倾向""道德冷漠"等等):这样的做法使得人们难以对非裔美国人具体的意识形态、政治和经济条件做出分析。

---

① 雷娜塔·萨勒索尔(Renata Salecl):《自由的战利品:社会主义倒下后的精神分析及女性主义》,伦敦:劳特里奇出版社,1994 年,第 13 页。

然而，在极端情况下，这种"把责任归咎于环境"的逻辑难道不是在自取灭亡吗？它必然会走向对贝尔托·布莱希特(Bertolt Brecht)《三便士歌剧》(*Threepenny Opera*)中那句令人难忘且同样具有意识形态性的台词的冷嘲热讽："若非环境如此，我们也会是善民，而非一味粗鲁！"换句话说，难道我们这些言说的主体不也总是在连篇累牍地述说着预设了我们活动空间的环境？

对精神分析学标准的"进步式"批评提供了一个更具体的例子，说明了同样不可判定的含混。这里所指责的，是通过无意识的利比多情结甚或借由直接指涉"死亡驱力"(death drive)来对苦难和痛苦做精神分析式的解释，从而使得具有破坏性的真正原因隐而不见。真实的童年性虐待是导致心理创伤的元凶，这一观点的恢复使对精神分析的上述批判找到了最终的理论表达：通过引入创伤的幻象起源概念，弗洛伊德声称背叛了他自己发现的真理。① 因此，我们得到的不是对外部实际社会条件的具体分析，如父权制家庭及其在资本主义制度再生产整体中的作用等等，而是未解决的利比多死锁的故事；不是对导致战争的社会条件的分析，而是"死亡驱力"的简单解释；不是社会关系的变化，而是要求我们于内在的心灵变化和使我们能够接受社会现状的"成熟心态"中寻找解决的方案。从这个角度来看，竭力改变社会的用心和做法被贬斥为未释然的俄狄浦斯情结的一种表达……反叛者通过对社会权威的"非理性"抵抗来释放未解决的精神紧张，他的这种观点难道不是最纯粹的意识形态

---

① 参见杰弗里·马森(Jeffrey Masson)：《对真理的攻击：弗洛伊德对诱惑理论的压制》，纽约：法拉尔、斯特劳斯与吉鲁克斯出版公司，1984年。

吗？不过，就像杰奎琳·罗丝（Jacqueline Rose）所证明的[①]，将原因外化为"社会条件"的做法也并不完全是错误的，因为它使主体得以避免直接面对他或她自己欲望的真实。通过将原因外在化，主体不再耽溺于发生在其身上的遭遇，也会怀着将创伤转化为一种简单的外在关系的态度处之：创伤事件从外部扰乱了他的平衡，而不会激扰起尚未觉察的欲望内核。[②]

走出（我们所经历的）意识形态恰恰是我们受意识形态奴役的方式，这是所有上述例子中的共同悖论。《新论坛》（*Neues Forum*）在民主德国的角色为我们提供了具有意识形态所有标准特征的非意识形态的反例。《新论坛》有一个关乎其命运、具有内在**悲剧性的**道德维度：它提供了一个地方，在那儿，意识形态"从字面上就事论事"，不能再对现有权力关系进行"基于事实的悲观怀疑的"（马克思语）合法化。《新论坛》由热情的知识分子团体组成，他们"认真对待社会主义"，并准备甘冒一切风险以摧毁破败受损的制度，并以超越资本主义和"现存"社会主义的乌托邦"第三条道路"取而代之。他们真诚地相信并坚称自己并不是为了复辟西方资本主义制度而奋斗的。当然，这样的声明毫无意义，只不过被证明是一种无实质的错觉。但是，我们可以说，正是如这般（没有实质内容的彻底错觉）才是**严格意义上的非意识形态**：

①　杰奎琳·罗丝：《苦难从何而来?》，收入理查德·费德斯坦（Richard Feldstein）与朱迪丝·路福（Judith Roof）合编的《女性主义与精神分析》，绮色佳、纽约、伦敦：康奈尔大学出版社，1989 年，第 25—39 页。

②　罗丝的文章《苦难从何而来?》的标题在这里包含了这样的意思：意识形态的功能之一正是解释"恶的起源"，将罪恶之因"客体化"、外在化，从而免去我们对此应负的责任。

它没有以反转意识形态的形式"反映"任何实际的权力关系。

我们由此可以得出的理论教训是,意识形态的概念必须脱离"表象主义"的问题性:**意识形态与"幻象"毫无关系**,与其社会内容错误的、扭曲的表征毫无关系。简而言之,就其客观内容而言,政治立场可以非常准确("真实"),然而也具有彻头彻尾的意识形态性。反之亦然。政治立场赋予其社会内容的观点可以被证明是完全错误的,但也绝不包含任何"意识形态"。关于"事实真相",《新论坛》将共产主义政权的解体视为生发出超越资本主义范围的新的社会空间形式开辟了道路,这样的立场无疑是虚幻的。反对《新论坛》的势力孤注一掷地希望民主德国尽快与联邦德国合并,也就是说,希望他们的国家早日被纳入资本主义的世界体系。在他们看来,《新论坛》周围的人只不过是一群英雄的白日梦者。这一立场被证明是正确的,**同时也是彻头彻尾意识形态的**。为什么?按部就班地采用联邦德国模式意味着一种意识形态信念,相信晚期资本主义"社会国家"没有问题和对抗的运转。而第一种立场,尽管其("被阐明的")事实内容是虚幻的,但其阐释行为所拥有的"不体面的"过高地位,证明了关于晚期资本主义对抗性的觉悟。这是构想拉康式命题的一种方式,根据拉康的观点,真理具有虚构的结构:在从"确实存在的社会主义"过渡到资本主义的那几个混乱不堪的月份里,**"第三种道路"的虚构是社会对抗唯一未被抹杀消除的地方**。这里包含了"后现代"意识形态批判的一个任务,那就是,指明现有社会秩序——以"虚构"的伪装,或者说,以业已失败的其他历史可能性的"乌托邦"叙述为幌子——中针对制度对抗性特征的元素,从而使我们"疏离"制度既成的统一身份的自明性。

2 意识形态:概念的幽灵式分析

然而,在所有这些特定的分析里,我们已经实践了对意识形态的批判,而我们最初提出的问题也涉及了这个实践所预设的意识形态概念。到目前为止,我们一直受到一种"自发的"前理解引导,尽管它使我们得出了相互矛盾的结论,我们却不能低估它,而是要明确阐释它。例如,我们似乎隐隐约约地知道什么"不再"是意识形态:只要法兰克福学派接受政治经济学批判是其理论基础,那么,它就仍然处于意识形态批判的坐标中,而"工具理性"不再适用于意识形态批判的视野——"工具理性"指出了一种不仅对社会统治有效而且充当了统治关系之基础的态度。[①] 因此,一种意识形态不一定是"错误的":就其积极的内容而言,它可以是"真实的",是非常准确的,因为真正重要的不是如此这般所声称的内容,而是**这种内容与其自我阐释过程所隐含的主观立场的关联方式**。此刻我们身处意识形态的空间,这个内容——或"真"或"假"(如果是真的,则更能显出意识形态效应)以一种固有的不透明的方式在某种社会支配关系("权力""剥削")方面发挥了作用:**如果要行之有效的话,使社会支配关系合法化的那套逻辑必须继续保持隐蔽状态**。换句话说,意识形态批判的出发点必须是充分认识到它极有可能**隐藏在真理的幌子之下**这一事实。例如,当某个西方大国以侵犯人权为由干涉某个国家时,这个国家或许"真的"没有尊重最基本的人

[①] 有鉴于此,(关于阐释学大主题的)"前理解的时代视域"不能被标识为意识形态。

权,西方国家的干涉或许"真的"可以改善该国的人权记录,然而这种合法化仍然是"意识形态的",因为它没有提到干涉行为的真实动机(经济利益等)。犬儒主义是今天这种"以真理为幌子"的最突出模式:以一种让人毫不戒备的坦诚态度"承认一切",但这种对我们的权力利益完全认可的姿态并不以任何方式妨碍我们追求这些利益——犬儒主义的准则不再是经典马克思主义式的"他们不知道,但他们正在这样做",而是"他们非常清楚自己在做什么,但他们还是在这么做"。

那么,我们究竟如何来解释我们自己隐含的这种前理解?如何从常识或舆论进入真理呢?我们能想到的第一种方法,当然是用黑格尔的历史辩证法将问题转化为其自身的解决方案:不是去直接评估各种不同意识形态概念的充分性或"真实性",而是应该**把意识形态的这种多重规定性视作理解不同的具体历史情境的索引**,也就是说,我们应该想想阿尔都塞在其"自我批判阶段"提到的"思想的话题性",想想思想被刻入其客体对象的方式,换句话说,就是德里达所说的,框架本身被纳入框架内容一部分的方式。

例如,为了指明无产阶级革命活动的"主观"驱动力,而不是无产阶级意识在资产阶级意识形态重压下的"扭曲",列宁主义-斯大林主义于 20 世纪 20 年代后期突然采用了"无产阶级意识形态"一词,彼时,意识形态概念的转向与马克思主义本身的重新阐释有密切的联系,马克思主义被重新解释为一种公正的"客观科学",一种其本身不涉及无产阶级主观立场的科学:从元语言的中立立场来看,马克思主义首先发现并确定了历史走向共产主义的客观倾向,然后阐述了促使工人阶级履行其历史使命的"无产阶级意识形态"。前述西

9

方马克思主义从政治经济学批判走向工具理性批判的过程，是意识形态转向的另一个例子：从卢卡奇的《历史与阶级意识》和早期法兰克福学派转向工具理性概念。前者的意识形态"扭曲"源于"商品形式"，而后者不再基于具体的社会现实，或者说，它被视作一种人类学的甚至是准先验主义的基本常数，使我们能够解释支配与剥削的社会现实。从第一次世界大战后过渡到饱受双重创伤的 20 世纪 30 年代后期和 40 年代的世界历史，也深刻地包含了这样的转向。在第一次世界大战后，人们依然希望资本主义危机结出革命的果实；而 20 世纪 30 年代末和 40 年代见证了资本主义社会向法西斯主义"倒退"①。

但是，这种方法尽管从自身层面而言是充分的，却很容易使我们陷入历史相对主义，从而悬置"意识形态"一词内在的认知价值，使其简化为一种单纯的社会环境表达方式。因此，一开始就采取一种不同的同步法似乎更为可取。至于宗教（在马克思看来，宗教是最典型的意识形态），黑格尔区分了三个时刻：**教义**、**信仰**和**仪式**。因此，人们倾向于以这三点为轴心来安排处理与"意识形态"术语相关的众多概念：作为观念（理论、信念、信仰、论辩过程）复合体的意识形态；意识形态的外部性，即意识形态的物质性；意识形态的国家机器；最后也是最令人难以捉摸的领域，是在社会"现实"本身的核心地带发挥作用的"自发的"意识形态（"意识形态"这一术语是否完全适用于这个领域是非常值得怀疑的，关于

---

① 对这种双重创伤的理论结果的简要说明，请参阅西奥多·阿多诺（Theodor Wiesengrund Adorno）的《瓶中的信息》（本书第 1 章）。至于阿多诺对同一性思想的批判如何宣告了后结构主义的"解构主义"，参见彼得·杜斯（Peter Dews）：《阿多诺、后结构主义与同一性批判》（本书第 2 章）。

商品拜物教马克思从未使用过"意识形态"这一术语,就是一个很好的例证①)。让我们回顾一下自由主义的情况:(从洛克发展到哈耶克的)自由主义是物化在仪式和国家机器(新闻自由、选举、市场等)中并活跃于"自由个体""自发"的(自我)主体体验的一种学说。本文集各篇文章按照大致符合黑格尔的自在—自为—自在自为的三组合的顺序来编排。②对意识形态概念逻辑叙事的重构将聚焦于已经提及的非意识形态逆转为意识形态的反复出现,也就是说,聚焦于走出意识形态的姿态如何将我们带回到意识形态的幡然醒悟。

(1) 因此,我们首先碰到的是自在的意识形态概念:作为一种学说,一种观点、信仰、概念等综合体的意识形态,其目的是说服我们相信它的"真理性",而实际上却服务于某些秘而不宣的权力利益。**症候式阅读**是与这个概念相应的意识形态批判模式,其批评目的是通过官方文本的断裂、空白和滑移来揭示其中未经言明的偏见,在"平等和自由"中发现

---

① 在《哲学家马克思》(巴黎:发现出版社,1993 年)中,埃蒂安·巴利巴尔提醒我们注意意识形态概念在马克思 1850 年后的著作中完全消失了这一令人费解的现象。在《德意志意识形态》中,(无所不在的)意识形态概念是被作为补充社会生产与再生产的妄想构设出来的。"实际的生命过程"与其在空想家头脑中扭曲的反映之间的概念对立充当了这一背景。不过,当马克思投身于"政治经济学批判"的那一刻,事情就变得复杂起来了:他在"商品拜物教"的幌子下遇到的不再是"反映"现实的"幻相",而是在实际的社会生产过程的核心地带发挥作用的一个令人难以捉摸的混合体怪兽。

这个令人费解的现象在许多后马克思主义作家的著作中也出现过。譬如,恩内斯特·拉克劳(Ernesto Laclau)在他的《政治与意识形态》(伦敦:维索出版社,1977 年)中,连篇累牍地使用了意识形态的概念,而在他和尚塔尔·墨菲(Chantal Mouffe)合著的《霸权与社会主义战略》(伦敦:维索出版社,1985 年)中,却彻底放弃了这一概念。

② 为了避免致命的误解,我们必须坚持认为,这一系列的继承不应被视为等级的进步,视作对前一种模式的"扬弃"或"压制"。例如,当我们探讨以意识形态国家机器作为幌子的意识形态时,绝不会导致论证水平的过时或无关。今天,官方意识形态对自身的一致性越来越漠不关心,在此之际,如果我们要洞穿其实际的运作模式,分析其固有的、构成性的不一致性就显得至关重要。

仅属于市场交换合伙人的平等和自由,等等。当然,生产资料所有者在这样的市场交换中被赋予了特权。哈贝马斯或许是这个传统最后一个伟大的代言人,在他看来,非强制的理性论证是一种内在于符号秩序的"范导性理想",他以此为标准来衡量意识形态大厦的扭曲和/或虚假。意识形态是一种系统扭曲的传播,是这样一种文本:在秘而不宣的社会利益(诸如统治等)的影响下,文本"官方"的公开的意义与其实际意图之间存在裂缝,也就是说,我们所处理的是明确阐释的文本内容与其语用预设之间尚未反映出来的张力。①

然而,在今天最负盛名的那种产生于话语分析的意识形态批判倾向,却彻底扭转了这种关系:被启蒙主义传统弃之为"正常"传播干扰物的东西摇身变成了传播的积极条件。符号传播的具体的主体间性空间总是由无法降格为次修辞的各种(无意识)文本手段构成的。在此,我们做的不是去修补传统的启蒙主义或哈贝马斯方法,而是这个方法的内在反转:哈贝马斯视为走出意识形态的东西在此却被贬低为**典型的意识形态**。在启蒙主义传统中,"意识形态"代表由各种"病理学的"利益关系(对死亡和自然力量的恐惧、权力利益等)导致的含混的("虚假的")现实概念;对于话语分析而言,不受任何话语手段或权力结盟的误导、不偏不倚地逼近现实,这个概念本身就是意识形态的。意识形态的"零度"意味着将话语构型(误)视为一种可有可无的话语事实。

11 　　早在 20 世纪 50 年代,罗兰·巴特(Roland Barthes)就在《神话学》中提出了作为符号顺序"自然化"的意识形态概念,也就是说,意识形态是将话语过程的结果现实化为"事物

---

① 有关哈贝马斯观点的示范性介绍,参见塞拉·本哈比(Seyla Benhabib)的《工具理性批判》(本书第 3 章)。

本身"属性的一种理解与识见。保罗·德·曼（Paul de Man）关于"反抗（解构主义）理论"的概念走的是同样的路径："解构主义"之所以遇到这样的抵制，是因为它使产生感觉证据的话语过程昭然若揭，从而"剥夺了"已被阐述内容的"本来属性"。奥斯瓦尔德·杜克罗（Oswald Ducrot）的论辩理论可以说是这一方法最精妙的版本①：虽然它没有使用"意识形态"这一术语，却蕴含了巨大的意识形态批判潜力。杜克罗的基本观点是这样的：人们无法在语言的描述层面和论证层面之间划一条明晰的界限；不存在中立的描述性内容；每个描述（指称）都同时是某种论辩图式；描述性谓词本身归根结底是具象化-自然化的论辩姿态。激发这种论辩的动力来自修辞学上的传统主题或惯用典故，来自我们自动且"无意识"使用的自然内化了的"陈词滥调"——一个成功论辩的前提是要规约了其有效性的机制隐而不见。

在这里还应该提一下米歇尔·佩肖（Michel Pêcheux），他使语言学向阿尔都塞的质询理论发生了剧烈的转向。他的研究著作集中讨论了生成感觉"证据"的话语机制。也就是说，意识形态的一个基本战略是引用一些不言自明的证据——"瞧，你可以亲眼看看事情是怎样的！""让事实自己说话"也许是这种意识形态的典型陈述——但关键是，准确地说，事实从不"为自己说话"，而总是被话语手段的网络**代言**。只要回忆一下那部臭名昭著的反堕胎电影《沉默的呐喊》就明白了：我们"看到"一个胎儿在"保护自己"，在"哭"，在"叫"，在"呼喊"，但我们在这种观察行为中"看而不见"的是，我们所有的"看"都是在一个预先构建好的话语空间背景上发生的。话语分析或许是回答下面这个问题最强有力的工

---

① 参见奥斯瓦尔德·杜克罗的《俗谚与格言》（巴黎：子夜出版社，1986 年）。

具：当一个英国种族主义者说"我们街道上的巴基斯坦人太多了！"时，他是如何，又是从何处"看到"这个的？他的符号空间是如何建构起来的，使他能够将一个漫步伦敦街头的巴基斯坦人看作令人不安的多余物？因此，在这里我们必须牢记拉康的箴言——**现实什么都不缺**：看见不足或多余（"这个不够""那个太多"）总是包含了一个**象征性的宇宙**。①

最后，同样重要的是，我们在这里必须提一提恩内斯特·拉克劳②以及他对法西斯主义和民粹主义开创性的研究。他的主要理论成果指出：意义并不内在于意识形态的要素中，相反，意识形态要素充当了"自由浮动的能指"，这些能指的意义则由它们霸权的表达方式所确定。例如，生态学从来不是"生态本身"，它总是被包含在一系列特定的等同物中：它可以是保守主义的（提倡回归平衡的农村社区和传统的生活方式），国家社会主义的（只有强有力的国家管制才能使我们免于即将到来的灾难），社会主义的（生态政策的最终原因在于资本主义以利润为导向的自然资源开发），自由资本主义的（应该将对环境的破坏包含在产品价格中，从而转由市场去调控生态平衡），女权主义的（对自然的剥削源自男性的统治态度），无政府主义的自我管理的（人类只有在将自己重组为与自然平衡的自力更生的小型社区时才能生存），等等。当然，关键在于，这些联结概念本身并不是"真实的"，而是附着在生态问题本质之上的：哪种话语能够成功地"占用"生态取决于对话语霸权的争夺，谁能胜出无法得到任何潜在的必要性或"自然联盟"的保证。这种霸权话语概念的

---

① 参见米歇尔·佩肖的《意识形态的(误)识别机制》(本书第 6 章)。在此我们应该牢记的是，话语分析中对意识形态证据的批判的关键来源是雅克·拉康的《作为"我"之功能形成的镜像阶段》(本书第 4 章)。该论文引入了作为误识(misrecognition)的认识(recognition)。

② 参见恩内斯特·拉克劳：《政治与意识形态》。

另一个不可避免的结果是，诸如国家主义、保守主义、社会主义等标注生态学属性的词语，并没有为生态学确定一个次级的附属内涵，以补充其主要的"字面"含义：正如德里达所说的，这种补充式的追溯（重新）定义了"字面"实体的本质。譬如，保守主义的附魅就生态问题本身提出了一个独特的解释（"由于错误的傲慢，人类放弃了他在自然秩序中的根"，等等）。

（2）接下来讨论的是从"自在"到"自为"，到他性外化形式的意识形态的转变。阿尔都塞的意识形态国家机器概念（ISA）是这一转变时刻的一个缩影，它指出了思想实践、仪式和机构制度中意识形态的物质存在[①]。譬如，宗教信仰不仅仅是其或不主要是一种内心的信念，而是作为机构存在的教会及其仪式（祈祷、洗礼、确认、认罪……），它不仅仅是内在信仰的次要外化，而且代表了**产生它的那套机制本身**。在阿尔都塞继帕斯卡之后重申"信而行之，祈祷，跪下，你将相信，信念会自然而然到来"之际，他描绘了追溯性"自动化诗学"基础错综复杂的反思机制，其复杂程度远远超过了还原论者所谓内心信仰依赖于外在行为的简化主义论断。由此可以洞见阿尔都塞论证的隐含逻辑：跪下，**你就会相信你是因为你的信仰而下跪的**。也就是说，你遵循仪式的做法是你内在信仰的表达/反映。简而言之，"外在的"仪式表演性地产生了自己的意识形态基础。[②]

---

① 参见路易·阿尔都塞：《意识形态与意识形态国家机器》（本书第 5 章）。

② 这里存在着和"意识形态国家机器"相关的仪式与质询行为之间的相互联系：当我相信我是因为自己的信仰跪下时，我同时在命令我下跪的另一个神（Other-God）的召唤里"认识"自己……伊索尔德·卡瑞穆（Isolde Charim）在 1994 年维也纳的"阿尔都塞研讨会"（1994 年 3 月 17 日—20 日）上的论文《盛装舞步与拒绝》中对这一观点做了进一步阐发。

13

在此，我们又一次面临着同样的处境：就在我们显然已经走出意识形态的那个时刻，我们"回归"到了意识形态本身。在这方面，阿尔都塞与米歇尔·福柯（Michel Foucault）之间的关系尤其有趣。与阿尔都塞的意识形态国家机器相对应，福柯提出了在"微观权力"层面运作的规训过程，它指定了**权力绕过意识形态从而直接侵入身体**的那个点。正是出于这个原因，福柯从未就微观权力机制使用过"意识形态"这个词语。放弃对意识形态问题的质疑使福柯的理论产生了一个致命的弱点。福柯不厌其烦地重申权力如何"自下"地构建自身，怎样不从某些独特的最高阶层产生：这种非常类似于（君主或其他主权化身的）首脑的权力阶层是作为各种微观实践及其相互关系的复杂网络的次生效应出现的。然而，当福柯不得不展示这种阶层究竟如何产生的具体机制时，他只能采用极其可疑的复杂性修辞，只能求助于各种复杂的横向关联，左和右、上和下等等，显然漏洞百出，无法弥补，因为一个人永远无法以这种方式到达权力——将微观程序与权力幽灵分开的深渊仍然是不可逾越的。阿尔都塞相对于福柯的长处是显而易见的：阿尔都塞朝着完全相反的方向推演，他从一开始就将这些微观程序视为意识形态国家机器的一部分，或者说，看作一种机制，为了使它发挥作用，能够"捕捉"个人，总是预先设定了庞大的国家存在以及个人对国家权力的转移关系，或者——用阿尔都塞的说法——向意识形态的大写的他者转移，询唤由此产生。

从强调意识形态"自身"到强调其在意识形态国家机器中的物质存在，阿尔都塞的这一转向也影响了有关法西斯主义的新研究方法：沃尔夫冈·弗里茨·豪格（Wolfgang Fritz Haug）对阿多诺的批评即是一例。阿多诺拒绝将法西斯主义视为一种严格意义上的意识形态，即"现有秩序的理性合法化"。所谓的"法西斯主义意识形态"不再具有需要概念分析和意识形态批评辩驳的理性结构的连贯性；也就是说，它不再起到"必须当作真理来体验的谎言"（辨识真正的意识形态的标志）的作用。"法西斯主义意识形态"甚至不受其倡导者的重视；它的地位纯粹是工具性的，最终依赖于外部的高压强制。[①] 然而，在对阿多诺的回应中，豪格[②]成功地展示了这种对意识形态学说首要原则的投降远非暗示着"意识形态的终结"，而是坚守了意识形态的基本姿态：呼唤无条件的臣服和"非理性"的牺牲。自由主义批评者所（误）认为的法西斯主义的弱点，恰恰是其力量的一种手段：在法西斯主义的视野中，本该为我们接受权威提供依据的理性论辩的要求，预先被贬斥为真正的道义牺牲精神的自由主义退化的外在表征。正如豪格所说，在浏览墨索里尼（Mussolini）的文献时，人们难以摆脱一种不可思议的感觉：墨索里尼是读过阿尔都塞的！直接谴责法西斯主义的"人民共同体"是一种掩盖统治和剥削现实的欺骗性诱惑的做法，并没有注意到这样一个关键的事实，即人民共同体是在（大规模集会和游行、帮助饥民的大规模运动、为工人服务的有组织的体育运动和文化活动等）一系列仪式和实践中被物质化实现的，这些仪式和实践表演性地产生了人民共同体的效应。[③]

---

① 参见西奥多·阿多诺：《意识形态的贡献》，收入《意识形态》，法兰克福：苏尔坎普出版社，1972 年。

② 参见沃尔夫冈·弗里茨·豪格：《走近意识形态的法西斯方式》，载《法西斯主义与意识形态 1》（论辩特刊 60），柏林：论辩出版社，1980 年。

③ 话语分析与阿尔都塞对意识形态的重新概念化为女性主义也开辟了新的研究路径。有两个代表性的影响个案，一是米歇尔·巴雷特（Michèle Barrett）的后马克思主义话语分析（参见她的《意识形态、政治、霸权：从葛兰西到拉克劳和墨菲》，本书第 11 章），另一个是理查德·罗蒂（Richard Rorty）的实用主义解构主义（参见他的《女性主义、意识形态与解构主义：一个实用主义的观点》，本书第 10 章）。

（3）在我们重构意识形态的下一个步骤中，意识形态的外化正如其本身所反映的那样，发生了意识形态概念的分裂、自我限制和自我分散。意识形态不再被视为保证社会再生产的同质机制，不再被视为"社会的水泥"；它变成了一个由范围严格本地化、其间关系模糊不定的异质程序组成的维特根斯坦式的"家族"。在这些方面，对所谓的主导意识形态论（DIT）的批评试图证明，意识形态要么在仅限于某些狭隘的社会阶层发挥至关重要的影响，要么在社会再生产中起了微不足道的作用。例如，在资本主义的发端时期，将辛勤劳动视为其目的本身的新教伦理，其作用仅限于新兴资本家阶层，而工人、农民以及上层阶级继续服膺于其他更传统的道德态度，因此，人们无法将新教伦理视若凝结整个社会大厦的"水泥"。今天，在晚期资本主义阶段，当新的大众媒体的扩张至少在原则上使意识形态有效地渗透到社会团体的每个孔隙时，意识形态本身的分量就减弱了，个人主要不是按照他们的信仰或意识形态的信念来行事，也就是说，在大多数情况下，制度在其再生产过程中绕过了意识形态，直接依赖经济压力、法律和国家规定等。①

然而，事情在这里又一次变得模糊不清起来，当我们近距离审视这些据称是规范社会再生产的超意识形态机制时，我们发现自己已然深陷于前面提到过的晦涩难懂的领域，在这个领域中，现实与意识形态无法区分。因此，我们在这里遇到的是非意识形态向意识形态的第三次逆转：突然之间，

15

---

① 参见尼古拉斯·阿伯克龙比（Nicholas Abercrombie）、斯蒂芬·希尔（Stephen Hill）与布赖恩·S.特纳（Bryan S.Turner）的《意识形态理论中的确定性与不确定性》，以及戈兰·瑟伯恩（Göran Therborn）的批评回应《关于主体性的一些新问题》，分别见本书第7、8章。关于走向自我扩散的意识形态概念的发展史概览，参见特里·伊格尔顿（Terry Eagleton）的《西方马克思主义中的意识形态及其兴衰》，本书第9章。

我们意识到，一个自为的意识形态就在自在的超意识形态现实中运作。首先，经济压制和法律监管的机制总是将一些具有内在意识形态性的命题或信仰（例如，刑法涉及对个体的个人责任的信仰，或涉及犯罪是社会环境的产物的信念等）"物质化"加以实现。其次，与晚期资本主义"后意识形态"社会相适应的意识形式——在"意见"问题上倡导自由"开放"、愤世嫉俗、"清醒"态度（每个人都可以自由地相信他或她想要的任何东西，这只涉及他或她的隐私），无视感伤的意识形态措辞用语，只遵循功利主义和/或享乐主义的动机——严格意义上说仍然是一种意识形态的态度：它涉及现有社会关系再生产所必需的（关于"价值"和"现实生活"之间的关系，关于个人自由，等等）一系列意识形态假定。

由此进入我们视线的是意识形态的第三块大陆：它既不是作为明确教义或关于人类、社会和宇宙本质之明确信念的意识形态，也不是（赋予其实体的机构、仪式和实践等）物质存在中的意识形态，而是一个隐含的、准自发的"预设和态度"的难以捉摸的网络，这些"预设和态度"形成了一个"非意识形态"（经济、法律、政治、性……）实践再生产的不可还原的时刻。① 马克思主义的"商品拜物教"概念在此可以作为例证。它不是指（资产阶级）政治经济学理论，而是指决定了"真实的"市场交换经济实践之结构的一系列预设。从理论上讲，资本家依附于功利主义的唯名论，但在自己（市场交换等）的实践中，却追随"神学的异想天开"，行事像投机的理想主义者……② 出于这个原因，直接提到超意识形态控制（例

---

① 对于这种"隐含的"意识形态的研究，参见皮埃尔·布尔迪厄（Pierre Bourdieu）和伊格尔顿的《关于信念与日常生活的一次访谈》（本书第 12 章）。

② 关于结构（社会）生活的意识形态概念，参见斯拉沃热·齐泽克：《马克思怎样发明了症候?》（本书第 14 章）。

如市场)就是一种**典型的**意识形态姿态:市场和(大众)媒体
是辩证相关的;①在这个居伊·德波(Guy Debord)所说的
"景观社会"中,媒体构建了我们对事物的预感,并使现实与
它的"美学化"形象难以区分。

3　意识形态幽灵与对抗的真实

　　那么,其内在一致性并非由意识形态机制维持,即使从
中减去意识形态成分也不会土崩瓦解,剥离出这样一个现实
本质上是不可能的,这是否就是我们最终得出的结论? 其中
蕴藏了逐渐抛弃意识形态概念的一个主要原因:意识形态概
念某种程度上变得"过于强大",无所不包,连那些本该为人
们提供标准以衡量意识形态变形的非常中立的、超意识形态
的立场也被囊括在内。也就是说,如此这般的话语秩序本质
上是"意识形态的",这难道不是话语分析的根本结论吗?

　　假设在一些政治会议或学术会议上,我们本该就大城市
中无家可归者的悲惨处境发表高见,但我们对无家可归者的
实际问题一无所知,挽回面子的做法是,通过纯粹形式化的
反转来制造"深度"效应:"今天,人们听到和读到大量关于城
市无家可归者如何艰难困顿的信息,然而,这种困苦虽然悲
惨,也许最终不过是表征了某种更深层次的苦难,即现代人
不再拥有专属的住所,越来越成为自己世界的陌生人。即使
我们建造足够的新房子来容纳所有无家可归者,真正的困境
也许仍会变本加厉。无家可归的本质是本质本身的无家可
归,它存在于这样一个事实:在我们这个被狂热追求空虚享

---

①　参见弗雷德里克·詹姆逊:《后现代主义与市场》(本书第13章)。

乐弄得脱了节的世界,对于真正本质化的人而言,没有家,也没有专属的居所。"

这个形式矩阵可以应用于无数个主题——比如,远在天涯的距离和近在咫尺的邻近:"今天,现代媒体可以将地球上最远的地方甚至附近行星上发生的事情瞬间带到我们面前。然而,这种无处不在的近在咫尺,难道不是让我们脱离了人类存在的真实维度吗?人类的本质难道不是比我们今天更遥不可及吗?"再比如经常讨论的关于危险的主题:"今天,人们听到和读到许多关于人类生存如何受到未来生态灾难(臭氧层消失、温室效应等)威胁的信息。然而,真正的危险并不在此,最终受到威胁的恰恰是人的本质。当我们努力采用日新月异的技术手段('环保型'气雾剂、无铅汽油等)来防止即将发生的生态灾难时,我们实际上只是在火上浇油,反而加剧了对人的精神实质的威胁,因为人不可能降格为技术动物。"

在上述所有情况下产生了深度效应的纯形式操作也许是最纯粹的意识形态,是意识形态的"基本细胞",它与拉康的主宰性能指概念的联系并不难辨别:"普通"能指链记录了关于无家可归的确定知识,而主宰性能指代表了我们无需任何积极主张的"真正的本质维度"(出于这个原因,拉康将主宰性能指称为"没有所指的'能指'")。这种形式矩阵以范例的方式见证了意识形态形式话语分析法的自取灭亡:它的力量也蕴含了它的不足,因为它最终不得不将意识形态安置在"普通"能指链与作为符号顺序一部分的冗余的主宰性能指之间。

不过,我们在此要非常小心,以免落入最后一个陷阱,这个陷阱使我们在走出意识形态的伪装下陷入了意识形态。也就是说,当我们谴责在意识形态和实际现实之间划分清晰界限这一企图本身具有意识形态性时,似乎不可避免地强加了这样的结论:唯一的非意识形态立场是放弃超意识形态现

17

实的概念，接受我们所面对的只是象征性的虚构和多元话语的宇宙而绝非"现实"这样一个事实，然而，**这种快捷便利、光滑平顺的"后现代"解决方案恰恰是绝妙的意识形态**。这一切都取决于我们对这种不可能立场的坚持：尽管意识形态和现实之间没有清晰的分界线，尽管意识形态已然在我们作为"现实"所经历的一切事物中发挥作用，我们还是必须坚持那种使意识形态**批判**保持活力的紧张状态。也许，按康德的说法，我们可以将这种僵局称为"批判意识形态理性的二律背反"：意识形态并非全部；我们可以假设一个既能使我们与意识形态保持距离**又可以对之加以批判的位置，但这个位置必须保持空的状态，不能被任何断然确定的现实所占据**，只要我们屈服于这样的诱惑，那一刻，我们就回到了意识形态。

那么，我们如何指定这个空位呢？也许我们应该首先拎出那根贯穿着整个意识形态概念逻辑叙事重构的线索，似乎每个阶段都有相同的对立面、相同的**难以决定的**内部/外部选择方案以不同的指数形式重复出现。首先，"自在的"意识形态本身存在着分歧：一方面，意识形态代表了权力、剥削等"病态"的外部利益重压导致的理性论证和洞察力的扭曲；另一方面，意识形态又存在于一种未被某些不透明的权力策略所渗透的思想观念中，存在于一种不仰赖于某些不透明修辞手段的论证中……其次，这种外在性分裂为"内在的外部性"（象征秩序，即产生意义的分散话语机制）和"外在的外部性"（意识形态国家机器和物质化意识形态的社会仪式与实践）——**意识形态所误认的外部性是"文本"本身的外部性以及"超文本"社会现实的外部性**。最后，这种"超文本"的社会现实本身又分裂为（意识形态国家机器）"自上"支配和规范个人的制度外部性，以及并非由国家意识形态机器强加，而是由个体超制度活动（商品拜物教）"自下"自发出现的意识

18

形态，换而言之，分裂为阿尔都塞的意识形态和卢卡奇的意识形态。意识形态国家机器和商品拜物教之间的这种对立——**总是与意识形态密切相关的物质性**（赋予意识形态实体性的物质和有效机制）和**总是与物质性**（与生产的社会现实）**相关的意识形态**之间的对立——从根本上说，是国家与市场之间的对立，是自上组织社会的外部上层机构与社会"自发的"自组织之间的对立。

柏拉图和亚里士多德提供了这种对立关系的第一个哲学表现形式，而它最后的表达方式则可以在两种犬儒主义的意识形态模式的伪装中发现：一种是"消费主义的"、后新教的、后资本主义的犬儒主义，一种是与后期"现实社会主义"相关的犬儒主义。尽管无论在哪种模式下，制度只有在主体保持愤世嫉俗的距离且不用"郑重"对待"官方"价值这一条件下才发挥作用，但两者的差异还是显而易见的。作为一种（形式上的）"自由"社会的晚期资本主义，依赖于可能被操纵或"捏造"出来的争论性的说服和自愿的赞同。似乎在晚期资本主义中，"词语毫不作数"，不再效劳，似乎越来越失去其表述行为的权力：无论一个人说什么，其表达都被淹没在普遍的冷漠中；皇帝没穿衣服，媒体公布了这个事实，但是看起来没有人真正在意——也就是说，人们继续假装好像皇帝不是光着身子一样……

或许，恰恰相反，晚期"现实社会主义"符号经济学的关键特征是近乎偏执地**信奉词语的权力**——国家和执政党面对最轻微的公众批评表现出极度的紧张和恐慌，就好像没什么销路的文学杂志上发表的一首晦涩的朦胧诗，或是哲学学术期刊上发表的一篇论文，其中可能隐含暗示的那么一点批评有可能触发整个社会制度爆炸一样。顺便说一下，这个特征使得"现实社会主义"对我们追溯既往的怀旧观点几乎充满了同情，因为它见证了在其中幸存下来的启蒙运动的遗产（对理性论证之社会功效的信念）。也许这就是通过词语层面的运作以和平的民间社会运动手段破坏"现实社会主义"之所以成为可能的原因所在——对词语权力的信仰就像是阿喀琉斯的脚后跟，是制度的致命弱点。①

　　所有这些不断重复出现的矩阵也许都是两种意识形态之间的对立，一种是作为"自发的"经验世界的意识形态，我们只能通过科学的反思努力来打破它的钳制，另一种是彻底非自发的机器，它从外部歪曲了我们生活经验的真实性。也就是说，我们应该始终牢记的是，对于马克思而言，产生了后来各种意识形态的前阶级社会的原始神话意识（忠实于德国古典主义的遗产，马克思在希腊神话中看到了这种社会意识的原始范式）**还不是真正的意识形态**，尽管（或者说，正是因为）它是触手可及的生活，尽管它明摆着是"错误的""虚幻的"（包含了自然力量的神圣化等等）。真正的意识形态只有伴随着劳动分工和阶级分化才应运而生，只有当"错误的"观念丧失其"即刻的"属性并得到知识分子的阐释以服务于（合法化）现有的统治关系时才出现——简而言之，只有当主仆之分与体力劳动和脑力劳动的劳动分工相结合时，真正的意识形态才出现。正是出于这个原因，马克思拒绝将商品拜物教归类为意识形态，在他看来，意识形态总是国家性质的，诚

————————

　　① 罗伯特·奥特曼（Robert Altman）的电影《纳什维尔》（*Nashville*）的关键特征之一，其歌曲的神秘地位，堪称作为一种后现代态度的犬儒主义的完美范例。当然，奥特曼与集中体现了日常美国意识形态之愚钝的乡村音乐保持了一个批判性的距离，然而，如果我们只是将影片中的歌曲看作对"真正的"乡村音乐的嘲弄戏仿——这些歌曲需要非常"严肃认真的"对待——那就完全没抓住要点：我们只要享受它们就可以了。也许，后现代主义最不可思议之处就在于两种不一致的态度的并存，对年轻知识分子通常的左派批评所误解了的两种态度的并行：年轻知识分子尽管理论上意识到了文化工业的资本主义机器，却又毋庸置疑地享受着摇滚工业的产品。

如恩格斯所言，国家本身就是第一个意识形态力量。与此形成鲜明对比的是，阿尔都塞将意识形态视为一种即刻体验到的与宇宙的关系——因此，它是永恒的。当他在自我批判转向之后引入了意识形态国家机器的概念时，他以某种方式回归了马克思：意识形态不是从"生活本身"产生出来的，它只有在社会受到国家管制的情况下才会存在。（更准确地说，阿尔都塞的悖论和理论兴趣在于他试图将两条线调和起来：在即刻体验到的与宇宙的关系特征中，意识形态总是受到国家的外部性及其意识形态装置的规约与调节。）

"自发性"与有组织的强加之间的这种张力在意识形态概念的核心引入了一种反思距离：根据定义，意识形态总是"意识形态的意识形态"。我们只要回忆一下"现实社会主义"的解体就会明白：从苏联的"现实社会主义"过渡到民主资本主义的过程被体验为从意识形态樊笼的解脱——然而，这种走出意识形态樊笼的体验（其中，政党和市场经济被视为"非意识形态的""事物的自然状态"）难道不正是典型的、绝妙的意识形态吗？[1] 我们的观点是，这个特征具有**普遍性**：没有哪种意识形态不是通过将自己与另一种"纯粹的意识形态"区分开来以维护自身的，一个受制于意识形态的人也永远不会说"我身处意识形态之中"，他总是需要**另外**一套信念来将自己的"真正"位置与意识形态区别开来。

柏拉图提供了这样的第一个例子：哲学知识与大众混杂的信念之间的对立。那么马克思呢？他似乎落入了这个陷阱（整部《德意志意识形态》难道不是以意识形态怪兽和"现

20

---

① 请注意克日什托夫·基耶斯洛夫斯基（Krzysztof Kieslowski）的情况：他在东欧晚期社会主义潮湿、压抑的氛围中拍摄的电影（《十诫》对（"官方"以及"持不同政见者"的）意识形态进行了振聋发聩的批判；而当他离开波兰去寻求法国的"自由"时，我们目睹了意识形态的大规模入侵（参见《两生花》的新时代蒙昧主义）。

实生活"研究的对立为基础的吗？），但在他对政治经济学的成熟批判中，事情变得复杂了。也就是说，马克思究竟为什么选择了**拜物教**一词来指称商品世界的"神思怪想"？我们应该记住的是，"拜物教"是一个**宗教**术语，指的是与（现在的）真信仰相对的（先前的）"假"偶像崇拜。对犹太人来说，物神是金牛犊；对于纯精神性的虔诚教徒，拜物教指的是"原始的"迷信，是对鬼魂和其他幽灵幻影的恐惧。马克思的观点是，商品世界为"官方"的精神性提供了必要的拜物教的补充：情况很可能是这样，我们社会的"官方"意识形态是基督教的精神，但其实际基础却是对金牛犊和金钱的偶像崇拜。

简而言之，马克思的观点是，不存在没有精神-幽灵的精神，也不存在没有"精神质料"的淫秽幽灵的"纯粹"精神性。[①] F. W. J. 谢林（Friedrich Wilhelm Joseph von Schelling），至关重要却遭到不公正忽视的德国唯心主义哲学家，以批判纯粹精神唯心主义及其毫无生气的"消极"虚无主义为幌子，第一个实现了"从精神到幽灵"的关键一步。在对话《克拉拉》（*Clara*，1810）中，他通过唤起人们注意"突出"的双重剩余，探究了共同构成有机体完整生命的内部与外部、精神与肉

---

① 在法律范畴内，精神（Geist）与淫秽的精神世界（Geisterwelt）之间的对立，形式上呈现为公开的成文法与其超我反面——即保证社群凝聚力的一套未成文的、未被认可的规则——之间的对立（关于这种对立，请参阅斯拉沃热·齐泽克《快感大转移——妇女和因果性六论》第3章，伦敦：维索出版社，1994年）。要证明这一点，只要回忆一下美国校园里神秘淫秽的联谊会就够了，这些半公开的社团有其秘密的入会规则，包括性快感、酗酒，诸如此类，以及与之相伴随的权威精神；或者回忆一下林赛·安德森（Lindsay Anderson）执导影片中英国公学的形象：高年级学生强加给低年级学生的人身恐惧，让他们经受权力和性虐待的羞辱仪式。教师因此可以扮演好心的自由主义者的角色，讲笑话逗学生开心，骑着自行车进教室，等等——对权力的真正支持不在教师这里，而是来自高年级的学生，他们的行为见证了秩序与对秩序的僭越、性享受和权力的"压制性"行使难以辨识的混合。换句话说，我们在这里发现的是一种充当了秩序的最终支持的僭越，是一种对直接支持了"压制"的非法性行为的耽溺放纵。

体、理想与现实元素之间的互补式镜像关系。一方面,**存在肉身的精神元素**:在物质本身之中,存在着一种非物质的物理元素,一种为我们的自由意志提供了物质基础的(动物磁性等)、相对独立于时间和空间的微妙肉身。另一方面,**存在精神的肉身元素**:精神在一种伪东西中,在无物质的幻象(幽灵、活死人)中实现物质化。很显然,这双重的剩余呈现了商品拜物教和意识形态国家机器的逻辑:商品拜物教包含了商品肉身微妙的"精神化",而意识形态国家机器则物化了意识形态精神的、无物质的、大写的他者。

雅克·德里达在最近出版的关于马克思的著作中引入了"幽灵"一词,来表示这种颠覆了现实与虚幻等经典本体论对立关系的难以捉摸的伪物质性。[①] 不存在没有幽灵的现实,现实之环只能借助一种神秘的幽灵的补充才能闭合,或许我们应该在这里,在这样的事实中去寻找意识形态最后的稻草,探寻前意识形态的核心以及嫁接了各种意识形态形成物的形式矩阵。那么,为什么没有幽灵就没有现实呢?拉康为这个问题提供了一个精确的答案:(我们所经历的)现实不是"事物本身",而是早就被象征机制符号化了,结构化了,建构起来的——问题在于,象征化总是以失败而告终,它永远无法成功地完全"覆盖"真实,总是包含了一些未解决的、未兑现的象征性债务。**这个真实(仍未被象征化的那部分现实)披着幽灵幻象的伪装又回来了。** 因此,"幽灵"不应与"象征性虚构"混为一谈,不能与现实是象征性(或者像一些社会学家所说的,是社会性)建构起来的因而其本身具有虚构结构这一事实混为一谈。幽灵和(象征)虚构这两个概念在不相容性上相互依存(在量子力学意义上是"互补的")。简单

21

---

① 参见雅克·德里达:《马克思的幽灵》,巴黎:加利利出版社,1993 年。

地说，现实永远不是直接的"本身"，它只是通过其不完全失败的象征化来呈现自己，而幽灵幻象也只在那个永远将现实与真实分隔开来的空间现身，因此，现实具备了象征虚构的特征：幽灵为逃离（被象征化建构的）现实的内容赋予了实体。①

因此，意识形态的前意识形态"核心"是**由填补了真实之空洞的幽灵幻想构成的**，而这是所有试图在"真实"现实和幻象（或现实中的幻象）之间划清界限的尝试都没有考虑到的：如果（我们体验到的）"现实"即将出现，那么某些东西就要被取消——也就是说，"现实"像真理一样，按照定义，从来就不是"完整"的。**幽灵遮蔽的不是现实，而是现实被"原始压抑"的内容，是在其"压抑"之上现实本身得以建立的无法表示的未知数 X。** 看来我们在与具体的社会斗争毫无关系的投机性浑水中迷失了方向——不过，难道这种"现实"的最高典范不是由马克思主义的**阶级斗争**概念提供的吗？关于这个概念的进一步思考迫使我们不得不承认"现实中"没有阶级斗争："阶级斗争"指的是阻止客观的（社会）现实建构成一个自我封闭的整体的那种极端对抗关系。②

诚然，根据马克思主义的传统，阶级斗争是社会的"总体化"原则，但这并不意味着阶级斗争是准许我们将社会看作一个理性整体的终极保证（"每个社会现象的最终意义是由

---

① 这个将真实（real）与现实（reality）区分开来的间隔，为述行成分（performative）与陈述成分（constative）之间的对立开辟了空间。也就是说，如果没有真灵伪装出现的现实的剩余，象征只会指明、指向现实中的某些积极的内容。在其最激进的方面，述行成分是试图唤起真实、将作为他者的幽灵优化的企图："幽灵"本来就是这样的他者，是他或她的自由之渊的另一个主体。拉康有个经典的例子：通过说"你是我的妻子！"从而强制性地限制了他者；我努力将她的深渊拘入一个象征性的契约。

② 当然，这个矛盾概念来自拉克劳和墨菲的《领导权与社会主义的策略》。

它在阶级斗争中的地位决定的"）："阶级斗争"概念的根本悖论在于，社会是由永远不让它成为和谐、透明的理性整体的对抗和分化"结合在一起"的，即总是由破坏每一个理性的整体化过程的障碍结合在一起的。尽管"阶级斗争"在任何地方都没有被作为一个确定的实体直接提出，但在缺席的情况下，它依然发挥了参照点的功能，使我们能够找到每一个社会现象的位置，其方式不是将社会现象与作为终极意义的阶级斗争（"超验的所指"）联系起来，而是将它看作隐藏和"修补"阶级对抗的裂缝以抹除其痕迹的另一个（别的）企图。我们在这里得到的是一个结果的结构性辩证悖论：**这个结果只有在为了达到消除其存在原因的目的时才存在**，某种程度上结果抵制了自己的原因。

换而言之，按照拉康严格意义上的说法，阶级斗争是"真实的"：它是一种"故障"，一种生成了时时更新的象征过程的阻碍，借由这种方式，人们努力试图将阶级斗争整合、驯化（譬如，社团主义者将阶级斗争翻译、转化为一种"社会团体""成员"的有机表达），但同时也宣告了这些努力的最终失败。阶级斗争是位于社会整体性内部、不能被客观化的深不可测的极限的名称，因为它本身就是那个阻止我们将社会视为一个封闭整体的极限。或者——换句话说——"阶级斗争"指的是那个"不存在元语言"的点：只要社会整体性中的每个位置最终都是由阶级斗争决定的，阶级斗争的动态过程中就不会分离出一个中立的位置，据此，可以定位阶级斗争在社会整体性中的位置。

阶级斗争的这种矛盾状态可以借助黑格尔对物质与主体之间的关键区分得到解释。在物质层面，阶级斗争取决于"客观"的社会过程；它在这个过程中发挥了辅助指示物的功能,指明了某些更为根本的不和谐因素,一种由独立于阶级斗争的确定机制调控的不和谐因素("当生产关系不再适应于生产力的发展,就爆发了阶级斗争")。① 当我们承认阶级斗争最终不会作为客观过程的结果突然爆发,而是早已在客观过程本身的核心发挥作用(资本家开发生产手段以降低劳动力的相对价值和绝对价值;劳动力本身的价值不是阶级斗争客观赋予的,而是阶级斗争的结果)时,我们就过渡到了主体层面。简而言之,我们不可能剥离出一个其核心逻辑不涉及阶级斗争"主观"动态的"客观的"社会过程或机制;或者,换句话说,**"和平",没有斗争,已经是一种斗争形式**,是斗争中一方的(暂时)胜利。阶级斗争的非常隐蔽性("阶级和平")已经是阶级斗争的结果,是一方在斗争中发挥霸权的结果,有鉴于此,人们试图将阶级斗争的地位比作希区柯克电影里推动剧情发展的麦高芬(McGuffin):"什么是阶级斗争?——阶级斗争就是构成阶级并决定他们关系的对抗过程。但在我们的社会,阶级之间没有斗争!——你明白它是怎么运作的!"②

23

作为对抗状态的阶级斗争概念使我们能够将对抗性的真实与相反事物之间互补的极性进行比较:将对抗关系还原为两极关系,或许是最基本的意识形态操作手段之一。要证明这一点,我们不妨回想一下标准的新时代程序:首先预设

---

① 在作为不时陷入斗争的积极实体的社会阶级概念中失去的,是普遍性与特殊性之关系的真正的辩证悖论:尽管(正如马克思在《共产党宣言》第一章开头所宣称的那样)迄今为止的整个历史都是阶级斗争的历史,但是严格地说,只存在[差不多总是分写成先-在(ex-sists)]一个阶级,即资产阶级、资本主义阶级。在资本主义之前,阶级还不是"自为的",还不是"这样假定的";它们并没有正当地存在,而是作为通过国家、种族、有机的社会大厦、社会的"法人团体"的伪装得以表达的潜在结构原则"坚持着",而无产阶级严格意义上也不是一个阶级,而是与其对立面一致的一个阶层,一个非-阶级;否定阶级划分的历史倾向被刻入了其阶级地位。

② 这个希区柯克的类比,我是从伊索尔德·卡瑞穆和罗伯特·普法勒(Robert Pfaller)那儿借用的。

一种宇宙对立（理性-情感、主动-被动、智力-直觉、意识-无意识、阴-阳等）的自然平衡，然后将我们的时代看作过于强调两极中之一极、偏重活动-理性的"男性原则"的时代，那么，理所当然的解决方案就是，重建两个原则的平衡……

"进步的"传统还见证了许多试图将（性的、阶级的）对抗视为两个对立的确定实体共存的尝试：譬如，将"他们的"资产阶级科学和"我们的"无产阶级科学并置的某种"教条主义的"马克思主义，将男性话语和女性话语或"写作"相提并论的某种女性主义，不一而足。这些尝试不是"太极端"了，而恰恰是不够极端：它们预设了一个对立两极并存于其中的第三方中立媒介作为阐明立场的基点；也就是说，它们放弃了基于以下事实的结论，即两个矛盾对立的性别阵营或阶级阵营之间不存在交汇点，也不存在共享的中立立场。① 就科学而言：从不受阶级斗争影响而是由所有阶级支配的客观知识这个意义上说，科学当然不是中立的，但正因为如此，科学**又是中立的**；不存在两种科学，而阶级斗争正是为了争夺这种科学，为了争夺对这种科学的掌握权而斗争。"话语"的情形也是如此：不存在"男性"话语和"女性"话语两种话语，只有**一种被性的对抗从内部分裂的话语**——也就是说，它提供了霸权之争上演的"地盘"。

这里的关键问题也可以表述为"与"作为一个范畴的状态问题。在阿尔都塞那里，"与"发挥了一个特定理论范畴的功能：当"与"出现在他的一些文章标题中时，这个小词准确无误地表明了某个一般性的意识形态概念（或者更确切地说，一个在其意识形态现实与科学潜力之间摇摆不定、模棱

24

---

① 就性的区分而言，神学给第三个无性状态的名称叫"天使"，因此，天使的性别问题对于唯物主义分析就显得至关重要。

两可的中立概念）与其具体说明之间的对抗关系，这种说明告诉我们如何将这个概念具体化，使它开始起到一个非意识形态的、严格的理论概念的作用。因此，"与"**分裂了**起初含混的统一，将意识形态与科学之间的差异引入其中。

我只想提两个例子。"意识形态与意识形态国家机器"：意识形态国家机器（ISA）指的是意识形态大厦存在的物质条件的具体网络，即那个意识形态本身在其"正常"功能里必须错误认可的东西。"矛盾与多元决定"：多元决定指的是作为矛盾存在模式的不可判定的复杂整体，从这个意义上说，它使我们能够卸下通常压在矛盾概念之上的理想主义的-目的论的重负（目的论的必要性提前保证了在更高的统一中对矛盾的"扬弃"）。① 马克思《资本论》中著名的"自由、平等与边沁"也许是关于这样的"与"的最佳例证：补充性的"边沁"代表了为自由与平等之上附加的情感短语提供具体内容的社会环境——商品交换、市场的讨价还价、功利主义的自我主义……我们在马丁·海德格尔（Martin Heidegger）的《存在与时间》中不是碰到一个类似的连接词吗？"存在"指的是具有抽象的普遍性的基本哲学主题，而"时间"代表了存在感的具体视野。

因此，从某种意义上说，"与"是**同义反复**：它将内容相同的两种形态结合起来——首先是意识形态的证据，然后是其存在的超-意识形态条件。有鉴于此，这里就没有必要使用第三个术语来指称媒介物本身，因为在媒介物之中，通过"与"连接的两个术语彼此相遇：第三个术语已经是第二个术语本身，代表了意识形态普遍性之具体存在的网络（媒体）。

---

① 罗伯特·普法勒在"阿尔都塞效应"学术报告会上的发言《致阿尔都塞的唯名主义》对这一观点做了进一步阐发。

和辩证唯物主义的"与"相比，唯心主义意识形态的"与"正好起到了第三个术语的作用，发挥了要素的两极性或复数之间的共同媒介的功能。这里包含了一个弗洛伊德与荣格之间就各自的力比多概念永远存在的鸿沟：荣格将力比多视为一种具有具体形式的中性能量，（以性的、创造性的、破坏性的力比多）为其不同"变体"；而弗洛伊德坚持认为，力比多在其具体存在上是不可简化的**性**——所有其他形式的力比多都是意识形态对性内容的误认。我们不是就这样一次次处理"男人与女人"的关系吗？意识形态迫使我们假定"人性"是中性的媒介，"男人"和"女人"作为互补的两极存在于其间——依托这样的意识形态证据，人们可以坚称"女人"代表了具体存在的一面，而"男人"代表了含混空洞的普遍性。这个（极具黑格尔性质的）悖论在于：是"女人"，当她被作为特殊差异的瞬间，充当了解释人类普遍性出现的包容性场所。

25

将社会矛盾（阶级斗争）解释为实在的，而不是（客观的）社会现实的一部分，这样的做法也使我们能够对抗过时的论证套路，根据这种套路，我们不得不放弃意识形态的概念，因为区分"纯粹的意识形态"和"现实"的姿态意味着在认识论上站不住脚的"上帝观点"，即将它当作"真的如此"来接触客观现实。"阶级斗争"这个词是否适用于指称今天占主导的"矛盾"形式，在这里还是一个次要的问题，它涉及具体的社会分析；真正关键的问题是，社会现实的构成包含了对矛盾的"原始抑制"，以便意识形态批判的最终支持——准许我们将直接经验的内容贬抑为"意识形态的"超意识形态参照点——不是"现实"，而是矛盾"被抑制"的真实。

为了清楚地说明关于真实的这一微妙的矛盾逻辑，我们不妨回想一下克劳德·列维-斯特劳斯（Claude Lévi-Strauss）的结构主义方法和阿尔伯特·爱因斯坦（Albert Einstein）的狭义相对论之间的类比。人们通常将与观察者视角相关的空间的相对化，即绝对空间和时间概念的取消，归功于爱因斯坦。而相对论涉及的是自己的绝对常量：两个事件之间的空间-时间间隔是一个永远不变的绝对项。时空间隔被定义为直角三角形的斜边，两条直角边就是两个事件之间的时间和空间距离。一个观察者可能处于运动状态，对他来说两个事件之间相隔一个时间和距离，另一个观察者可能处于运动状态，他的测量手段显示两个事件之间不同的时间和距离，但两个事件之间的时空间隔事实上并没有改变。**这个**常量是"在所有可能的（观察）宇宙中保持不变的"拉康式的真实。在列维-斯特劳斯关于南美洲某原住民村庄的建筑空间布局的典范分析（出自其著作《结构人类学》）中，我们碰到的是一个同源的常量。

居民被分为两个小组：当我们要求他们一个个地在纸上或沙滩上画出他或她的村庄（房舍的空间分布）的平面图时，我们得到了两个完全不同的答案，这取决于他或她属于哪个小组。第一小组（我们姑且称之为"保守派的社团主义者"）的一位成员觉得村庄的平面图是圆形的——一圈房子差不多均匀地环绕分布在中心的神庙周围；而第二小组（我们称之为"革命的反对派"）的一位成员认为他或她的村庄是由一条无形的分界线隔开的两堆房子构成的……这与爱因斯坦的理论有什么同源的相似性呢？列维-斯特劳斯的核心观点是，这个例子不应该使我们推导出文化相对主义的结论，据此认为社会空间的感知取决于观察者所属的群体。分裂成两种"相对的"理解本身就意味着隐含了一个常量——不是建筑物客观的、"实际的"分布，而是一种村民们无法用象征手段表达、解释、"内化"、调和的创伤性的内核，一种根本的矛盾状态：使整个社区无法稳定成为一个和谐整体的社会关系的失衡状态。对平面图的这两种不同感知，不过是通过强加一个平衡的象征结构以应对这种创伤性矛盾和治愈伤口的两种相互排斥的努力。（无需赘言，性别差异也是完全如此："男性"和"女性"就像列维-斯特劳斯的两种村庄房屋分布图一样……）

根据常识，我们很容易修正主观感觉的偏见，确定"事物的真实状态"：我们租用一架直升机直接从上面拍摄村庄……通过这种方式，我们的确获得了一个不失真的现实图景，但我们也完全错失了社会矛盾的真实，错过了通过对现实的歪曲和对"实际的"房舍布局进行想象性重置来表达的那个不可象征的创伤内核。这就是拉康在主张**歪曲和/或掩饰本身就是呈现**时所想到的：真实，通过对现实准确再现的歪曲产生的真实，即社会现实以之为中心被结构起来的创伤。换句话说，如果所有的村民画的是一样准确的平面图，我们面对的就是一个没有矛盾的、和谐的社群。如果要得出商品拜物教概念所暗含的根本悖论，我们就必须再推进一步，譬如，想象两个不同的"实际"村庄，它们各自按照列维-斯特劳斯案例中想象的其中一种平面图来布局现实中的房舍：在这种情况下，社会现实本身的结构赋予了应对矛盾真实的企图以物质化的形式。只要受制于象征性虚构的规范，现实本身就会掩盖矛盾的真实——这个被象征性虚构排斥出来的真实，就会披着虚幻的幽灵伪装折返回来。

认为幽灵填满了矛盾不可再现的深渊、填补了非象征性真实不可再现的鸿沟，这样的解读方法也使我们能够与德里达之间设定一个精确的距离，对于他而言，幽灵或他者的显现提供了伦理学的终极视野。德里达认为，幽灵的形而上学本体论根植于这样一个事实，即思想为自己、为自己的创立姿态而恐惧，它从这个姿态所招之灵后撤了。从这里可以发

27

现德里达对马克思及马克思主义史的解读：马克思的原初动力在于对虚幻的他性正义的弥赛亚式承诺，一种只是作为**未来**而不是简单的**将来**的承诺；然而，拉康又往前推进了一步：**这样的幽灵已经目睹了倒退或后撤**——从何处呢？

> 面对自由时，大部分人会感到恐惧，就像当他们遇到魔法或任何难以解释的东西，尤其是精神世界的东西时的反应一样。[①]

谢林的这个命题可以通过两种方式解读，具体取决于我们如何解释比较——在什么确切的意义上自由像一个幽灵？我们这里的拉康式前提是，"自由"指定了"充分理由原则"被悬置的时刻，指定了打破我们所嵌身的象征性现实的"伟大存在链"的行为的那一刻；因此，说我们害怕幽灵还不充分——幽灵本身已经从恐惧中浮现，从我们对更可怕的东西——自由——的逃离中呈现出来。当我们面对自由的奇迹时，会作出两种反应：

> 要么，我们将自由"本体化"，其方式是，将自由视为"更高"层次现实的人间幻象，看作对我们另一个世界——那个既执念于来世又以模糊的幻象伪装能够为普通凡人所触及理解的世界——奇迹般的、令人费解的侵入。
>
> 要么，我们将这个来世——这个把我们的尘世加倍强化成另一个**灵界**的来世——看作改善自由行为以应

---

① F. W. J. 谢林：《克拉拉》，见《全集》第 IX 卷，斯图加特：柯塔出版社，1856—1861 年，第 39 页。

对其创伤影响的一种努力：幽灵是自由之深渊，那个具有准存在形式的空虚的确定实体化。

这里包含了将拉康与德里达区分开来的巨大差异：无论幽灵以何种形式出现，我们的首要职责都不是针对它的。[①]作为真实的自由行为不仅超越了我们所体验的"现实"的界限，而且取消了我们对幽灵非常原始的感恩债。因此，拉康是站在马克思的一边来针对德里达的：正如马克思在《路易·波拿巴的雾月十八日》中所说的，我们"让死者去埋葬死者"。

意识形态问题，它的"后现代的"沉浮变迁所证明的非常捉摸不定的地位，将我们带回到马克思，带回到社会矛盾的中心（"阶级斗争"）。然而，正如我们所看到的，这种"对马克思的回归"招致了马克思主义理论大厦的彻底颠覆：在历史唯物主义的最核心地带出现了一道裂缝，也就是说，意识形态问题将我们引向了历史唯物主义固有的不完整的、"非全部的"特征——如果社会现实要建构自身，某些东西就必须要被排除出去，不许进入。对于那些觉得我们的结论牵强附会、投机取巧、与马克思主义意识形态理论具体的社会关怀毫不相干的人而言，埃蒂安·巴利巴尔最近的著作提供了最

---

① 或者，我们换一种方式来表达与德里达之间的差距：关于幽灵，难道德里达本人没有陷入魔咒的逻辑吗？根据德里达的观点，最终的"罪恶之源"在于对幽灵的本体化，在于将幽灵（参照现实/幻相的二元）不可判定的状态还原为与某些（观念的或真实的）完全存在相对立的一种"纯粹的表象"。德里达的全部努力旨在保证幽灵依然是幽灵，旨在防止幽灵的本体化——因此，德里达的理论本身难道不是旨在将幽灵保存在活死人的中介地带的一个魔咒吗？这难道不是引导他重复他自己关于补充物（补充物**不能**危害本源的纯洁，因此，我们必须**起而反对它**）曾经明确表达过的不可能性与禁止的经典形而上学悖论吗？幽灵**不能**被本体化，这就是幽灵的本体化不应该发生，我们应该与之战斗的原因所在……

好的回答。他通过对马克思及马克思主义历史中意识形态概念的变迁的具体分析,得出了完全相同的结论:

> 意识形态理论的观念只是理想地**完成历史唯物主义**、在其社会总体的表征中"填补空洞"的**一种方法**,因此,也是理想地将历史唯物主义构建为至少"原则上"完整的解释体系的一种方法。①

巴利巴尔还提供了这个由意识形态理论填补的漏洞的位置:它将社会矛盾("阶级斗争")视为贯穿社会并阻止它自我建构成一个积极、完整、自我封闭之实体的一种内在的限度。正是在这个地方,精神分析法必须介入干预(巴利巴尔多少有点令人不可思议地想起无意识的概念②)——当然,不是以旧有的那种弗洛伊德-马克思主义的方式作为填补历史唯物主义漏洞从而使其**完成**得以可能的元素,而是相反,作为理论,因为历史唯物主义漏洞的建构性使得我们能够将它处理为不可还原之概念的理论:

> 那么,"马克思主义意识形态理论"就是以其对阶级斗争的批判性认识保持的永久不适的症候。
>
> ……**意识形态概念**表示的不是别的对象,正是历史过程不可分割的(或在一种特有的既定顺序内不可再现的)复杂性……历史唯物主义是不完整的,原则上是不

---

① 埃蒂安·巴利巴尔:《政治与真理:意识形态的动摇》,见《大众、阶级与观念》,第 173 页。

② 如果要充当这一关键的角色,无意识的概念就必须严格按照弗洛伊德的意思被视为"超-个人的",即超越"个体"无意识与"集体"无意识的意识形态对立:主体的无意识总是以与他者的转移关系为基础;关于主体的一元存在,主体的无意识始终是"外在的"。

可完成的,不仅在时间维度上如此(因为它假定了确定的原因导致的结果的相对不可预测性),在其理论的"空间地形"中也是如此,因为它需要将阶级斗争阐释为具有不同物质性(譬如,无意识)的概念。[①]

精神分析学能否有效发挥这一关键作用,提供马克思主义意识形态理论所缺乏的支持(或者,更准确地说,能否解释马克思主义理论中的那个缺失,那个关于意识形态理论的僵局可见的缺失)？对精神分析学的标准化谴责是,只要它介入社会和/或政治领域,最终总是会以某种版本的"部落"理论而结束,"部落"令人敬畏的头人通过"有机的"力比多移情链、通过由某些原始罪恶构建起来并由共同罪行维系的社群统治其属民。[②]

对这种责备的第一种回答看来是显而易见的:这种理论情结——首领与群众之间的关系——马克思主义史上的盲点,不正是马克思主义者所认为无法概念化、"象征化"、"预先排除"的那个东西吗？今天,只有通过精神分析理论,才能找到解决一次次阻碍了进步政治方案之实现的极权民粹主义-有机论问题的理论与实践方法。然而,这绝不意味着精神分析学的范围仅仅局限于消极姿态,去描述"退化的"原极权主义社群的力比多经济;与之必然相反的,精神分析学也描绘了象征性的经济,即我们如何——至少时不时地——能够打破滋生"极权主义"封闭性的恶性循环。譬如,当克劳德·勒夫特(Claude Lefort)阐述"民主的发明"这一概念时,

---

① 埃蒂安·巴利巴尔:《政治与真理:意识形态的动摇》,第173—174页。

② 人们通常会马上补充道,这种由令人敬畏的父权式领袖人物统治的犯罪社群的结构,在所有精神分析组织中都得到了忠实再现,从国际精神分析协会到拉康的弗洛伊德学院。

他是通过参考拉康的象征界与真实界范畴来论证的。"民主的发明"包括对纯象征性的、任何"真实的"主体都不能填补的权力空位的坚称。① 人们应该始终牢记，精神分析的主体不是某种原始的本能驱动的主体，而是如拉康反复指出的那样，是现代的、笛卡尔式的科学主体。勒·波恩(le Bon)和弗洛伊德两者的"群众"概念之间存在着至关重要的区别：对弗洛伊德而言，"群众"并不是一个原始的、古老的实体，不是进化的起点，而是其起源有待展示的一个"人为的"病理形成过程——"群众"的"古老"特征正是通过理论分析得以消除的错觉。

30　　也许，比较一下弗洛伊德的梦的理论在此会有所助益。弗洛伊德指出，在梦中，我们遇到了以"梦中之梦"为幌子的真实的坚硬内核，也就是说，与现实的距离似乎双倍延展了。以某种类似的方式，我们遇到了社会现实固有的限制，如果现实的统一范围要浮现出来，以意识形态问题的伪装、"上层建筑"的幌子，或是看上去似乎只是"真实的"社会生活的附带现象、镜像反映的面目浮现出来，那么，这个固有的限制就必须要预先排除取消。我们在此研究的是矛盾的拓扑学：表面("纯粹意识形态")直接连接着、占据着、取代了那个"比深度本身更深"、比现实本身更真实的东西。

---

① 参见克劳德·勒夫特：《民主与政治理论》，牛津：政治出版社，1988 年。

第1章 瓶中的信息

西奥多·W.阿多诺(Theodor W. Adorno)

1

关键人物——自以为是的一类人,只有当他在一无是处的集体中充当的角色得到确认时才觉得自己是个什么人物,只为集体利益而存在;戴着徽章的代表;狂热的演说家,讲话充满了有益健康的机智,以饱含希望的"要是这样的话"开启其结束语;慈善的秃鹫和从一个代表大会匆匆赶往下一个代表大会的教授——他们都曾一度招致了幼稚的、狭隘的、小资产阶级的笑声。现在,与19世纪讽刺文学类似的东西被抛弃了,而且这个原则已经顽强地从讽刺漫画扩散到了整个资产阶级。不仅其成员通过职业生涯的竞争与合作而受制于持续不断的社会控制,连他们的私人生活也被人际关系所凝聚的具体形态所吸收吞没。首要的原因是赤裸裸的物质性:只有通过宣称愿意为社群提供令人称赞的服务,通过加入得到认可的群体——哪怕它是一个退化为吃喝玩乐俱乐部(撞柱游戏俱乐部)的共济会组织——你才能获得信任,从而赢得客户和顾客,得到工作清闲而报酬丰厚的职位。实质性的重要公民,其资格不仅仅是由银行信贷甚或是他的组织会费决定的,他必须贡献心血以及非法侵占他人财产的生意之外的空闲时间,譬如,作为委员会的主席或财务主管,一半是为职位所吸引,一半要为职位奉献。他唯一的希望就是,在他心脏病突发的时候,俱乐部的通告里不得不写下对他的致敬。不加入任何社团的人会引起别人的怀疑:在寻求归化时,你会被明确要求列出会员资格。然而,这被合理化为个人愿意抛弃他的自我主义而献身于整体,这个整体实际上不过是反映在人们的行为中的自我主义的普遍客体化。个体在一个压倒性的社会里是无能为力的,只能体验到社会性的干预。因此,这些人为的机构受到格外的尊崇:因为主体只把自己认作机构的传人,从而获得了某种神圣的命令。你觉得自己是精英,是医生的妻子、学院的教职员、宗教专家委员会的主席——我曾经听过一个小人公开使用这个头衔却没有引起哄堂大笑——就像我们在别的时候觉得自己是家庭或部落的一分子那样。你在意识中再次成为你在任何情况下的存在。较之商品社会中独立存在着自足的个性这一幻相,这种意识就是真理。你实际上不过是医生的妻子、教师或宗教专家。但是消极的真理变成了积极的谎言。劳动的社会分工具有的功能意义越少,主体就越顽固地抓牢社会加之于他们的宿命。疏远变成了亲近,非人道变成了人道,主体的泯灭变成了主体的确认。今天,人类的社会化使其非社会性恒久化了,甚至有乖社会规范言行的人也以身为人类自傲。

2

合法性——纳粹对犹太人的所作所为是无法形容的:语言中没有词语能形容它,因为即使是大屠杀,就其有计划的、系统的整体性而言,听上去也会像是从美好的过去到连环杀手之类的某种东西。然而,如果要免除强加在受害者——在任何情况下,受害者人数多得都无法全部记起他们的姓名——身上的没有思想的诅咒,我们就需要找到一个词语来表达纳粹的行为。所以,在英语中就创造出了种族灭绝(genocide)这个概念。但在编入法典时,譬如写入《国际人权宣言》时,出于抗议的目的,无法形容的行为变成了可以衡量的东西。通过将它提升为一个概念,其可能性就得到了实质性的认可:它成为一个被禁止、被拒绝、被讨论的制度。或许某一天联合国论坛会就以下问题进行谈判磋商:在种族灭绝的名头下是否会出现新的暴行? 国家是否拥有任何情况下都不愿行使的干涉权? 鉴于实际操作中不可预见的困难,种族灭绝的概念是否应该彻底从法令中删除?

36

3

他们了解的自由——人们竭尽各种手段操纵自由这个概念,以至于它最后说穿了变成了强者和富人"损不足而补有余"的一种权利。试图改变这种状况的努力被视为对个人领域可耻的入侵,在这种逻辑看来,自由已经化解为一个被管理的空位。语言的客观精神对此有更清晰的理解。德语和英语都保留了"免费"(free)一词,以表示不用花钱的事物和服务。除了对政治经济学的批评,这个词还见证了交换关系本身内置的不自由;只要任何东西都有价格,就不存在自由;在具体的社会中,免于价格机制约束的东西只有施舍品。进一步深入研究的话,我们会发现,施舍品通常也是有价格的,它们是伴随着商品或者至少是与控制支配一同分发的:

公园使监狱对那些不身陷囹圄的人而言更加容易承受。然而,对于那些生性自由、率性、宁静、恬然的人而言,对于那些从不自由中将自由作为一种特权获取的人而言,语言准备了一个恰当的名字:轻率的自由。

4

告别(Les Adieux)——"再见"几百年来一直是句空洞的客套话。现在的人际关系也是如此。告别已经过时了。两个互相拥有、永在一起的人因为其中一人换了住所而分开,人们不再安于乡镇的家中,作为移居自由的最终结果,人们的整个生活甚至在空间上也受制于劳动市场的支配,哪里提供最优越的条件,就往哪里移居。于是,他们结束了,或者他们相遇了。长期两地分离并且紧紧抓牢爱情已经变得不可想象。"哦,分别,所有美好词语的源泉"已经干涸了,除了"bye-bye""ta-ta",再也没有新词喷涌出来了。即使在缺席的伴侣没有抛下任何显然不足以作为压舱之物的地方,航空信和快递也解决了焦急等待来信的后勤保障问题。航空公司的董事长可以夸口说,因此有多少不确定和悲伤的人们得以幸免于分别的痛苦。然而,对传统的人性观念而言,离别的处理仍然是一件生死攸关的事情。如果没有分别的时刻,没有一方将另一个物质存在看作浓缩了整个生命似的沉甸甸果实的那一刻,谁还会继续去爱? 没有了距离,希望又会是怎样? 人性是人们对不在场事物的在场感,这种在场感会在不在场的事物被赋予在场并可及的表征的条件下蒸发,因而对于那些在这样的模拟中发现不了愉悦感的,它只会嗤之以鼻。然而,面对分别的实际不可能性还要坚持强调其内在可能性就是一个谎言，因为内在世界不会在其自身内部展开，而是在它与客观世界的关系中打开，将内在变成一个坍塌的外在是对内在本身的暴力侵害，就像以燃烧自己来维持自己一样。德国文学教授的例子说明了手势恢复的程序：他在平安夜将熟睡的孩子抱到闪亮的圣诞树前，使他们产生似曾相识的错觉，沉浸在神话中。人性的成熟必须积极地超越自己对人的概念的强调。否则，它的绝对否定，即非人性，将会赢得胜利。

5

绅士的荣耀——男性承担了关于女性的自由裁量责任，通过这种手段，粗鲁的暴力貌似温柔，控制则变成了彼此的让步。尽管男性已经取缔了滥交的合法性，以确保女性作为占有物，但是男性还是需要滥交，以免他们自己的克制高到一个难以忍受的程度。男人们向他们阶层中委身于他们的女性默默保证，不向别的男人提及他们之间的关系，或侵犯父权制所规定的女性的名节声誉。于是，自由裁量权变成了所有偷偷摸摸行为的快乐之源，变成了对权力巧妙的完胜，这实际上也是对区别和融合得以形成的信任的逾越。荷尔德林（Hölderlin）在毁灭性的法兰克福大灾难后写信给他母亲，信中感动人的不是他表达了彻底的绝望，暗示了他与赫尔·贡塔尔（Herr Gontard）感情破裂的原因，甚至提到了迪奥提玛（Diotima）的名字，而是强烈的感情化作了对痛失学生、痛失他心爱的孩子的忧伤文字——这封信将顺从的沉默力量提升为燃烧的激情，并且使这种沉默本身变成了对人权和实际的权利之间无法忍受的冲突的一种表达。然而，正如从普遍的不自由中挤出的每一人性特征都变得含混不清一样，男性的自由裁量也是如此，据说除了高贵之外，它一无是处。它变成了女人报复其压迫的复仇工具。男人们之间不得不彼此保持沉默，事实上，整个色情领域都带上了更浓厚的秘密色彩，男人越是体贴周到、富有教养，就越有机会虏获女人的芳心，他们用脱口而出的谎言或者奸邪狡诈的欺骗，手段不一而足，而将绅士贬斥为愚蠢的角色。上层阶级女性已经获得了与世隔绝、孤立男性以及最后任意划分所有感情、行为和评价领域的一整套技术，在这些领域，男性的劳动分工被奇怪地再复制了。这使她们能够沉着地应对最棘手的处境，其代价是牺牲女人们引以为豪的直觉性和迫切需要。男人们从中得出自己的结论，在不言而喻的讥讽中达成共谋：女人就那么回事儿。尽管没有点名道姓，但暗示《女人心》（莫扎特的歌剧 cosi fan tutte，直译标题为《女人不过如此》——译者注）的瞬间已经否定了所有的自由裁量权，而且有正当的理由认识到，任何一个利用情人的殷勤有礼的女人必定会打破情人对她的信任。因此，淑女就是拒绝将绅士风度作为对端言良行的嘲弄，除了把不足为信的裁决原则抛到一边，公开地、不顾羞耻地去爱之外，别无其他选择。但谁有这样的力量？

6

交欢之后——性爱关系之败坏所造成的痛苦，并不是如其所显示的，是害怕爱情的消逝，也不是像弗洛伊德曾经深刻描绘过的那种自恋的伤感，这里面还包含了对自我感觉稍纵即逝的恐惧。我们没有给自发的冲动留下多少余地和空间,即使冲动会带来痛苦,任何有此冲动的人也会将它视作快乐和弥足珍贵的感受,事实上,为了使自己不成为一件物品,他们将最后那点刺痛的亲密当作应当坚决保护的财产来体验。害怕爱另一个人无疑比失去那个人的爱更加强烈。再过几年我们将无法理解自己的激情,能够与心爱的女人相见而只带着短暂的、心惊的好奇,这种给予我们慰藉的想法很容易让人气愤至极。那种打破了理性功利主义的语境、似乎有助于自我逃离单人牢笼的激情,那种其本身出于不名誉的原因应该被拉回到个人生活的激情,是最后的亵渎。然而,体验到两个人之间难以分割的边界时,那无计可逃的激情本身却不得不反思这个时刻,在被激情淹没之际,认识到激情压倒性支配力的无效。的确,人们总是有徒劳之感;幸福存在于忘乎所以的荒诞念头中,每一次犯错都是最后一次,都是死路一条。生命在其中得以最大限度凝聚的激情瞬间,恰恰打破了那种极度的关注。最重要的是,愁苦的情人不得不承认,只有想到他正在忘记自己时,他才能爱自己。没有引导我们走出自然的罪恶之圈的直接通道,有的只是对它循环往复的思考。

39

7

再走近些——在外部世界与内部世界的分裂中,个人主体被迫感受到交换价值的支配地位,这一分裂还影响到假定的直接交往领域,甚至影响到那种不涉及物质利益的关系。这些关系每个都具有双重历史。作为两个人之间的第三者,它们放弃了内在世界,并在形式、习惯和义务上自我客观化,使得这些关系持久延续。它们的严肃性和责任心部分在于,它们不给任何一次冲动让步,声称自己是与个人心理斗智斗勇的、牢不可破且坚实不变的某种东西。然而,这并没有消除每个个体发生的情况:不仅情绪、倾向和厌恶感没有改变,最重要的是,对对方行为的反应也依然如故。而且,内在的历史立场越强硬,内在与外在便越难以通过探测加以区分。那些据称卷入了这种关系或是实际上发现事情真的"很难"的人,几乎总是会产生担心这种关系秘密败坏的恐惧。他们在现实面前过于软弱,在各个方面被现实压得负重累累,不能鼓起爱的决心,为了纯粹的爱的缘故维持这种关系。在功利主义的世界里,每一种值得人类保持的关系都具有奢侈的一面。没有人能够真的负担得起,对这种关系的不满与怨愤在情急之下会突然爆发。因为每个伴侣都知道,事实上,人们需要不中断的持续的现实性,片刻的松弛似乎会压垮一切,即使这种关系的客观化形式排除了这样的时刻,人们仍然有此感觉。外在和内在不可避免的二元性扰乱颠覆了恰恰是本真的、充满感情的关系。如果主体深深地陷入其中,而关系的外在方面又有充分的理由阻止他放纵自己的冲动,那么,这种关系就会转化为永久的痛苦,从而导致危险的发生。就像一个未接到的电话、一次短暂的握手、一轮陈词滥调的对话,琐事的荒谬意义源于它们表现出了在其他方面受到制约的内在动力,并威胁到这种关系的客观具体性。心理学家可能会把对这种时刻的恐惧和战栗谴责为神经质,指出它们与这种关系的客观分量相比,言过其实、夸大其词了。任何一个如此轻易受惊的人确实是"不现实的",他对自我主体性反应的依赖暴露了其错误的调整。然而,只有当一个人以绝望来回应另一个人的声音反应时,这种关系才会像自由人之间理应有的那样自发地进行,但也正是出于这个原因,这种关系变成了一种折磨,一种多多少少带有自恋气息的折

40

磨，它忠诚于直接交往的观念，无力地反抗冷血无情。神经质的反应是直击这种关系的真实状态，而适应现实的那个人已经妥协，认为这种关系已经死亡。净化人类情感的阴霾和性无力，恰与非人化的进展成正比。

8

贬值——康定斯基（Kandinsky）在1912年写道："艺术家一旦'最终找到自己的形式'，就认为可以开始宁静地创作了。不幸的是，他通常没有注意到，就是从这个（'宁静'）时刻起，他很快开始失去那个最终找到的形式。"理解也是如此。理解没有库存。每一个思想都是一个力场，正如判断的真实内容不能脱离它的执行一样，只有那些超越自己论点的观点才是真正的观点。因为它们必须消解关于对象的僵硬观点，消解社会僵化的精神沉淀，消解将一种思想视为与其自身意义相对立的固定资产来持有的物化形式。甚至关于极端激进主义的看法，只要人们一再坚持，也会被伪造出来，正如社会通过讨论从而吸纳这个学说来迫不及待地将之确认。这为理论的概念蒙上了阴影。由于其作为一个固定的、连贯的结构的构造过程，任何一个理论都包含了一个具体物化的时刻：发展出偏执的特征。这恰恰使理论产生了效力。偏执观念（idée fixe）的概念不仅涉及异常，而且是理论本身的一个要素，是对某物的完全自负，尤其当孤立状态中紧紧抓牢一个离散时刻时会出现。与其对立面相关的观点也不能幸免。即使最高端的理论也有那么一点儿倾向于具体化的解释。它们似乎暗中遵循着商品社会的要求。与迫害狂热一样，偏执通常与有罪归因相关。躁狂的制度无法通过躁狂症的系统来看穿社会整体性的面纱。因此，它向某个法则发起猛烈抨击：在卢梭那儿，是文明；在弗洛伊德那儿，是俄狄浦斯情结；在尼采那儿，是弱者的敌意。如果理论不属于这种类型，理论的接受过程也会使它变得偏执。准确地说，某人持有这个或那个理论，这已经隐含了对委屈不满抱有顽固的、茫然的申诉，缺乏自我反思。这种缺乏偏执因子的思想家要么毫无影响，要么很快被遗忘。格奥尔格·齐美尔（Georg Simmel）就是其中之一，尽管他将这种缺乏变成了一种灵丹妙药。这绝不意味着他们高人一等。如果真理被贬低为完全的不偏不倚，那么，它不仅是虚弱无力的，同时也是自相矛盾的，以至于实践就存在于其要素之中——但它也完全无法发展成一种连贯的意义结构。偏执的想入非非变成了思想的飞行。关于纯粹痴迷的思考是一种彻底的经验主义，在牺牲了真理观念的同时，其本身变得越来越偏执，这在经验主义者的手里表现得尤其糟糕。从这个方面看，辩证法也许必须被视为一种逃避要么/或者二选一的企图。这是试图拯救理论的锋芒和因果逻辑从而使之不屈服于妄想的一种努力。

41

9

普洛克路斯忒斯（Procrustes，削足适履）——对思想的扼杀使用了两种几乎无计可逃的手段。通过竞争对手要求的所有检查、完全能够得到经验证实的东西，只要运用一点点理性就总是可以预见到。问题已经彻底解决，除了贫民窟地区的肺结核病例比例高于公园大道，原则上不会有多少新的内容出现。嘲笑经验主义者的破坏活动甚嚣尘上，管理经济事务的预算制定者拍拍他们的后背,下拉着嘴角,表示他们"一直了然于心"。然而,情况并非如此,科学家们声称渴望有所贡献,却仅仅因为不为众人所了解而放弃:"证据在哪里?"如果缺乏证据,那么思想只能是徒劳无功的猜测,研究也会像报告文学一样。这些致命的替代品会诱发心绪暴躁的失败主义。只要有回报,人们就会从事科学研究,但他们既不相信科学的相关性,也不相信科学研究结果的约束力。如果组织的社会形式变化让诸如确定统计平均值之类的研究变得多余,他们就会将之视若垃圾全部抛弃,在对它的赞美中,形式的民主被视为纯粹是研究局的迷信。官方社会科学的程序现在不过是对商业的拙劣模仿,保持这种科学免于破产,而真正需要它的只是充当广告。登记、管理、年度报告、资产负债表、重要会议、公务出差等一整套机制的运作赋予商业利益由深及表的一般必然性。这种办公室工作的自诱导运动之所以被称为研究,仅仅是因为它对物质生产没有严重影响,更不用说它作为批评的影响力了。在研究中,这个世界的精神本身起着作用,用的却是小孩子扮演公共汽车售票员的方式,卖的是不知道去哪儿的车票。这种精神的拥有者声称,有一天他们将成功完成理论和事实材料的综合,只是目前没有时间。这种说法是一个愚蠢的借口,默默接受实际义务的优先权,其结果却适得其反,事与愿违。埋首案头、锱铢必较的专著很难通过调节心理活动提升到理论的高度,即使有也是以某种讽刺的模式。大学生们在社会科学的"假设"和"论据"之间不知疲倦地来回奔忙,只是漫天抓鸭的徒劳,因为每个假设的论点如果具有理论意义的话,都会打破真实性极不牢靠的外表,对证据的需求本身从而延展成为研究。通过广播无法真正体验到音乐,这当然是最容易让人接受的一个理论观点。然而,如果把这个观点迁移到研究中，譬如，证明某些严肃的音乐节目的热心听众甚至无法回想起他们听过的作品题目，只能得到声称要验证的那个理论的外壳。即使满足所有统计标准的一组人记得所有作品的题目，这也不能证明他们真正体验到了音乐，反之，对标题的忽视本身证实了它的缺席。听力的回归只能像这样从消费过程的社会倾向中推断出来，并在具体特征中得到辨识确认。它不能从任意隔离然后量化的消费行为中推断出来。让消费行为成为知识的量度这一做法本身，预设了经验的消亡，在试图分析经验变化的时候以一种"无经验"的方式操作：一个原始的恶性循环。作为对精确科学的模仿——与其结果相比，社会科学似乎微不足道——研究可怕地依附于重要过程的具体化石膏模型，将它作为正确性的保证，而其唯一当有的任务——因此不适用于研究方法的任务——就是通过这些方法的内在矛盾来证明生活的具体化。

10

想象过度——那些受过辩证理论教育的人不愿沉湎于有关美好社会、美好社会成员甚至是要实现美好社会的那些人的正面形象。过去的印痕阻止他们这样做，回顾历史，自柏拉图以来的所有社会乌托邦与其设计时反对的东西都形成了令人沮丧的相似。跨越未来，清理现在，落脚过去。换句话说：目的和手段不能相互孤立地加以阐述。辩证法与只要目的正确就可以不择手段的格言毫无关联，无论它看起来多么接近理性诡计的学说，或者就此而言，多么接近个人自发性与党纪的从属关系。相信手段的盲目作用大体上可以被理性目的的支配作用所取代，这样的念头是资产阶级的乌

43

托邦主义。应该受到批判的正是手段与目的的对立本身。两者都在资产阶级思想中得到了具体化体现，作为"观念"的目的的贫乏之处在于它们无力被外化，这种不可实现性作为隐蔽在绝对性中的东西被巧妙地转移了；手段则作为纯粹的无意义存在的"数据"，根据其有效性或无效性被随意分类，其本身缺乏存在的理由。这种固化的对立，对于产生了它的世界而言是有益的，但对于试图改变这个世界的努力而言，却毫无用处。团结呼吁我们不仅要服从个人利益，甚至要听从我们更深远的洞察力。相反，暴力、操纵和阴谋诡计只会损害它们所声称要服务的目的，从而退化为手段而已。因此，关于这种转变所依赖的那些人的任何陈述都是不可靠的，因为目的和手段实际上是分开的，所以突破的主体不能被认为是两者无中介的统一体。然而，期望这些主体或者担当目的的载体，或者成为纯粹的手段，这种分裂在理论上是无法长久延续的。完全受目的左右的持不同政见者，今天在任何情况下都会被敌友双方彻底鄙视为"理想主义者"和空想家，人们更倾向于将挽救世界的力量归因于他的怪癖，而不是重申其作为弱者的无力。当然，无论如何不能再信任那些与手段等同的人，无主体的生命被历史错误剥夺了纠正错误的权利，适应了技术与失业、唯命是从与腌臜境地，披上了法西斯主义的风衣：他们的实际状态打消了信任他们的念头。这两种类型都是投射到未来夜幕上的阶级社会的戏剧面具。资产阶级自己还一直津津乐道他们的错误，欣喜于他们的不可调和性：一方面，抽象的严格主义者为不可能实现的各种幻想无助地努力着，另一方面，亚人类生物作为耻辱的后代却决不允许被避开。

　　关于拯救者是什么模样，如果不用假象加以掩盖，就无法预言。可以想象的倒是他们不会是什么模样：他们既不具

44

有人格,也不是反射束,更不是两者的综合,即具有更高感知系统的顽固的现实主义者。当人的构造发展到已经适应达到了极端的社会矛盾时,足以控制矛盾的人的构造将会被对抗的两极调停,而不是成为两者的均和。技术进步的载体现在依然停留于机械化的机械学,通过发展它们的特殊能力,将达到技术已然表明的那个高度:专业化将变得多余。一旦他们的意识被转化为不受任何条件限制的纯粹的手段,它就不再是一种手段,通过依附于特定的目的打破最后一个异质的藩篱;手段最后一次落入现状的陷阱,现状最后的拜物教,包括它自身的拜物教,作为一种工具在激进的实施过程中被消解。最后,手段逐渐意识到自身的理性发展与其目的的非理性之间不可调和的不一致性,并据此采取相应的行动。

然而,与此同时,生产者比以往任何时候都更多地倚重理论,凭借坚持不懈的自我批评,关于公正条件的观念在生产者自己的媒介和自洽的思想中演变为理论。社会的阶级分化也通过那些反对阶级社会的人得以继续维持:按照体力劳动与脑力劳动的大概区分,他们把自己分为工人和知识分子。这种划分削弱了人们所提倡的实践。实践不能被随意地搁置一旁。但是,虽然专业上关注精神现象的那些人本身越来越多地转为技术人员,但资本主义大众社会不断增长的不透明性使得知识分子和工人之间的联合比三十年前更恭逢其时,尽管知识分子还是这样的知识分子,工人也依然知道他们是这样的工人。那个时候,这样的联合遭到了自由职业中随心所欲的资产阶级的破坏,他们被工业界拒之门外,试图借助左翼的喧嚣获得影响力。脑力劳动和体力劳动的团体发出了平和的声音,而无产阶级却在柯特·希勒(Kurt Hiller)等人物所赞美的精神领袖身上嗅出了通过这样的精神化来控制阶级斗争的托词。今天,其经济本质未被动摇的无产阶级概念受到技术如此巨大的壅塞，以至于在最大的工业国不存在无产阶级意识的问题，那么，知识分子的作用将不再是警告麻痹者注意自己最显著的利益，而是揭开遮住了聪明人眼睛的面纱，揭示他们从中临时获益的资本主义绝非以剥削和压迫为基础的幻象。被欺骗的工人直接依赖那些还能看得清、分辨得出骗局的人。他们对知识分子的仇恨也相应地发生了改变，并与广泛通行的常识保持了一致。群众不再不信任知识分子，不是因为他们背叛了革命，而是因为他们可能需要革命，从而表明了他们自己对知识分子有多么需要。只有对立的双方走到一起，人类才能共同生存。

——根据埃德蒙德·杰弗考特（Edmund Jephcott）的英译本翻译

第2章　阿多诺、后结构主义与同一性批判

彼得·杜斯（Peter Dews）

　　过去的几年间，人们逐渐开始意识到，通常被归入"后结构主义"标签名下的那些晚近法国思想家的著作，与第一代法兰克福学派尤其是阿多诺的思想之间，有着主题上的相近性。当然，最令人吃惊的也许是，这两股哲学思潮之间关注内容的相互关联至今才得到人们应有的重视。它们之间最突出的共同焦点包括：如弗洛伊德和尼采的著作所精彩阐释的资产阶级主体虚幻的自治；科学与技术理性及其应用于社会领域的抑制性功能；现代主义审美经验的激进潜能；以及文化制品那些显然最不重要、最偶然的特征揭示出最深刻而且通常未被认识到的真理的那种方式，至少在阿多诺那儿是这样。而且，不仅仅局外人觉察到了二者主题上的相近，这两个传统的参与者本身也逐渐开始意识到这一点。米歇尔·福柯在生命临终前承认，如果早一些读到批判理论，他就可以避免许多错误。在最后一次回忆重构其思想历程时，福柯将自己的思想纳入有关"实在性的本体论"的传统，这一传统自康德、黑格尔，经过尼采、韦伯，发展到法兰克福学派。[①] 同样，让-弗朗索瓦·利奥塔（Jean-François

---

　　① 参阅《结构主义与后结构主义：米歇尔·福柯访谈录》，载《终极目的》(*Telos*)1983年春季第55卷，第200页；《一份未出版的讲义》，载《文学杂志》1984年5月第207期。

Lyotard)也运用了阿多诺关于形而上学的衰落及向"微观学"转向的阐述,通过平行和对比并用的方法,来阐明他自己对后现代性的理解。① 甚至连近年来法国思想家中最不折中的雅克·德里达,也在著作中激赏瓦尔特·本雅明在政治和神秘的边界显而易见地发现了二者的相合之处。② 另一方面,包括哈贝马斯本人在内的法兰克福学派的当代德国传人,已经开始探索内部后结构主义的景观,评估后结构主义与其自身传统之间的融合点与分歧点。③

在英语世界,德里达提出的解构主义的特征程序与阿多诺的"否定辩证法"之间的关系引起了最多的关注:对语言的不稳定性和历史性的共同关注,对哲学基础主义的否定,对同一性的形而上学与支配结构之间的隐秘联系的认识,以及与黑格尔之间共有的爱恨交织的曲折关系,这一切似乎都在表明,这两位思想家是同一哲学战壕中互不知情的战友。然而,迄今为止,这种比较的主要趋势还是将阿多诺作为解构主义的先驱。④ 曾经有这样的假设:在法国的海德格尔派而不是法兰克福的马克思主义者身上,能发现对反形而上学主题更一贯的追求,而且包含了更具政治激进性的方法。这篇文章的基本论点是,由于几个相互关联的原因,这是一个严重的误解。首先,尽管阿多诺思想中包含的某些元素无疑预

---

① 参阅让-弗朗索瓦·利奥塔:《表象》,载阿兰·蒙特罗(Alan Montefiore)主编:《当今法国哲学》,剑桥,1983年版,第201—204页。

② 参阅雅克·德里达:《绘画中的真理》,巴黎,1978年版,第200—209页。

③ 阿克塞尔·霍耐特(Axel Honneth):《权利批判:批评的社会理论反思各阶段》,法兰克福,1982年版;阿尔布莱希特·韦尔默(Albrecht Wellmer):《现代与后现代的辩证法》,法兰克福,1985年版;尤尔根·哈贝马斯:《现代性的哲学话语》,法兰克福,1985年版。

④ 参阅雷纳尔·纳格勒(Rainer Nägele):《他者的风景:后结构主义语境中阿多诺的否定的辩证法》,载《边界》第2期,1982—1983年秋冬卷;马丁·杰伊(Martin Jay):《阿多诺》,伦敦,1984年版,第21—22页;重点参阅迈克尔·瑞安(Michael Ryan):《马克思主义与解构主义》,巴尔的摩,MD1982年版,第73—81页。

示了德里达的思想，但他在许多方面与通常被称为"欲望哲学"的最近的法国思想模式具有同样强的亲缘性。正是语言的结构功能在后结构主义中的夸大（这是有争议的），以及对马克思主义唯物主义要点相应的反感——甚至左派知识分子亦有同感——导致了阿多诺作品的这一方面被忽视或低估。其次，从阿多诺的角度来看，正是因为德里达思想中缺乏唯物主义的平衡砝码，没有对意识与自然尤其是"内在自然"之间相互关系的任何阐释，才导致了欲望哲学同样片面的反应。这样看来，不同的后结构主义思想家似乎不可避免地以各自的方式孤军奋战，而处理的是一系列复杂问题的不同方面。最后，阿多诺的和解概念虽然远不能免于批评，但与后结构主义更严苛、更执拗的观点相比，却也不能被简单地视为"缺乏勇气"，更不能被视为对"极权主义"的怂恿。毋宁说，它是试图超越一系列对立观点进行思考的逻辑结果——这些源自尼采的对立观点仍然是脆弱的、抽象的。简而言之，通过对同一性批判共同的核心主题的探讨，我想表明的是，阿多诺远不止是后结构主义和后现代主义思想风格的先驱，他还给我们提供了一些概念工具，利用这些工具，我们得以超越那些不断涌现的对理性和现代性结构的整体攻击，这些攻击自我解构式地泛滥，政治上含混不清，尤其是在法国。

意识批判

让-弗朗索瓦·利奥塔在 1973 年关于画家雅克·莫诺利（Jacques Monory）的论文中，引人注目地引用了博尔赫斯《想象的动物》（*Book of Imaginary Beings*）的以下故事：

在 18 世纪上半叶巴黎出版的《耶稣会士书信集》
(Lettres édifiantes et curieuses)其中的一卷里,耶稣会
的丰特吉奥神父(Father Fontecchio)计划做一项关于广
东民众的各种迷信和传说的研究,他在初步的大纲里提
到:鱼王是一种光灵的动物,多变,无法捕捉,许多人说,
只在镜子里见过。丰特吉奥神父 1736 年去世,他开始
的这项研究就此搁置。大约 150 年后,翟理斯(Herbert
Allen Giles)接续了这项工作。按照翟理斯的说法,鱼王
信仰是一个更大的神话的一部分,可以追溯至传说中的
黄帝时代。

在远古时代,镜中的世界与人的世界不像现在这样
泾渭分明,判然两分。但它们又截然不同,存在的生命
不同,颜色、形象都不一样。这像是两个王国,镜中的一
切和现实中的人和谐共处。人们可以任意往返于镜子
之间。有一个晚上,镜中的人攻击了地上的人。他们力
量强大,但在血战中,黄帝运用了法术,击败了入侵者,
将他们囚禁在镜中,并叫他们重复劳动,就像梦中的人
一样在那里活动着。黄帝解除了他们的力量,也改变了
他们的外形,只准他们像奴隶那样庸庸碌碌。然而,终
有一天魔力也会解除的。

第一个醒过来的镜中人却变成了一条鱼。他在镜
中深处,人们只能看到他微弱的一线影子,除了那条影
子的颜色以外,别无其他颜色。后来,别的形象也出现
了。渐渐镜中的人已完全不同于我们一般人;渐渐他们
不再模仿我们一般人。他们将会打破玻璃或金属物,再
出现时将不会再被击败了,这镜中的生物将与水中物并
肩作战。

在云南省,这东西不称为镜中鱼,而称为镜中虎。

有人相信，将来入侵人类的，是从镜子深处传来的武器的噼里啪啦声。①

在利奥塔看来，这个故事浓缩了他与绝大多数后结构主义思想家共有的对现代主体的批判。主体性预设了以反映为前提，预设了作为经验自我的经验再现。但是，这样的再现依赖于概念的综合作用，通过这个过程，直觉原初的流动性，以及人类与镜像世界之间的交流就丧失了。意识变成了一个独立自足的剧场，一边是舞台，一边是观众：意识的活动被转化成了意识活动的思想，意识的强度被转化成了意图倾向。因此，利奥塔写道：

> 博尔赫斯把这些生命想象成武装力量，把（再现与被再现物之间的）这种障碍想象成一道屏障，他想象，皇帝，还有一般说的暴君，只有镇压了妖魔鬼怪，把它们挡在透明墙的另一边，他们才能保住自己的地位。主体的存在依赖于这堵墙，依赖于被挡在墙外的流动的致命力量的奴役状态，依赖于再现它们的功能。②

这种对由自我意识、自我认同的主体概念所意涵的强制性统一的抗议，无疑是后结构主义的中心主题之一。它以一种与利奥塔的主题非常相近的构造，出现在德勒兹和加塔利的《反俄狄浦斯》等著作中，在这本著作中，精神分裂症分裂的体验和同一性的丧失，被赞美成摆脱俄狄浦斯情结所铸造

---

① 博尔赫斯：《镜中动物志》，载《想象的动物》，哈蒙兹沃思，1974年版，第67—68页。

② 利奥塔：《雅克·莫诺利绘画的贡献》，载格雷德·贾西奥-塔拉伯（Gérald Gassiot-Talabot）：《概览：1960/1973》，巴黎，1973年版，第155—156页。

的那个自我的一种解放。米歇尔·福柯的著作也包含了这样的抗议，不过形式更为间接隐晦。福柯终其学术生涯所研究的封闭与监视模式，从某种意义上说，是将秩序强加于各种混乱失序的冲动之上的意识概念具有历史特定性、制度性的化身。福柯在《规训与惩罚》中描述的圆形监狱最为清楚地说明了这一点。但事实上，早在《疯癫与文明》中福柯已经分析过"围绕某类绝对主体的疯癫状态的苦心经营和精心阐述，它完全是一种凝视，并赋予它纯粹客体的状态"①。贯穿其整部著作的无所不在的看视，将差异性还原为同一性。

从传统上说，在哲学领域，起源于黑格尔的辩证主义思想潮流或许是坚持反对这种僵化的类型化凝视的。黑格尔基于下述观点对"反思哲学"提出了批判：任何从经验中提取出来并被视为基础的假设，必然与自己发生矛盾。主观性本身就是一种独立的，与知识对象相隔离、相对立的东西，这个假设亦不例外。在黑格尔的思想中，经验在于主客体间不断变动的相互决定，并最终意识到，两者之间的区别仅在一个严格限定的立场上有效。早在关于费希特和谢林思想体系之差异的论文中，黑格尔就已经确立了这条哲学思考的基本原理。他写道："哲学需要的自我满足很简单，只要通过渗透到下面的原则，即取消所有僵化的对立，将有限与绝对联系起来，就可以实现。在绝对同一性的原则中找寻满足，正是哲学的特征。"②然而，正如这句引文所表明的那样，黑格尔哲学中主客体关系的辩证运动并不意味着对同一性原则的抛弃。因此，对于后结构主义思想而言，永恒的绝对相对化

50

---

① 米歇尔·福柯：《疯癫与文明：理性时代的疯癫史》，巴黎，1976年版，第479页。

② 黑格尔：《费希特与谢林哲学体系的差异》，纽约：阿尔巴尼出版社，1977年版，第112页。

并揭示了概念分解的"具体化"特征,即理解的运作,对这个绝对的依赖导致了一种更加不可避免的强制形式,因为从立场到立场的运动被引向了某个预定的目标。意识的航行只是为了获得可以积累并带回家的经验宝藏:其间的某些片刻不能只是自娱自乐。当然,这种对黑格尔的批判或隐或显地也是对马克思主义的批判,马克思主义被看作试图将多元的社会和政治运动强制地纳入一种单一而坚定不移的历史辩证法之中。

因此,如何摈弃自我意识和概念思维抑制性的僵化,同时又摈弃其他可用的辩证选择,这是后结构主义思想面临的基本问题之一,一个能解释其许多鲜明特征的问题。在寻求解决这一难题的过程中,尼采扮演了最为重要的角色。这是因为,在尼采的著作中,介于终极的生成世界的流动性与这流动性之上的静态概念系统之间、居于核心地位的想象的极性,使他能够揭示有关现实的所有片面看法的欺骗性,尽管同时也阻碍了整体性历史视角的形成,这种整体性视角可以揭示任何单一视角无法呈现的东西。尼采特有的合成动词明确无误地表达了他的观点:所有的意义、一致性和目的论运动都被投射到一个其本身是空白的、无目的的、冷漠的、混乱的世界。关于思想与现实之关系的这一思考,在20世纪六七十年代受尼采影响的法国哲学中很常见。利奥塔的《力比多经济学》(*Économie Libidinale*)对这种关系做了或许最为引人注目、最系统的阐述,堪称范例。这本著作主要论述了由身体展开的表皮所构成的"宏大的短暂的表面"这一概念,这些表皮被不断移动的力比多贯注所横扫,生成纯感觉或"强力"(intensity)的点。对力比多带的这一描述,或许最好看作一种哲学实验、一种自相矛盾的尝试,试图探索在经验的自我意识主体出现之前经验是什么模样。在利奥塔看

51

来,只有通过强度的冷却,即一种能量的转化,经验的自我意识主体的出现才会发生。为了更清晰地说明他评价博尔赫斯的假定性前提,利奥塔写道:

> 戏剧性和表征远远不是人们可以视之为力比多给定的某种东西,更不能视之为形而上学的假定预设,它们是作用于迷宫似的莫比乌斯环的某种运动的结果,是将这些特殊的皱褶和折痕印刻于自身的某种操作的结果,其效果是盒子的关闭,只允许现在起称之为外部却满足内部性条件的那些冲动出现在舞台上。①

一旦意识的表征空间(representational chamber)建构起来,力比多带就不可避免地被关闭:所有的表征都是错误的再现。对于利奥塔来说,力比多带的每个片段都是"绝对单一的",因此,意图将其划分为概念身份的尝试"意味着对差异性、异质性以及能量的传递与停止的否定,意味着对多态性的否定"②。这种对不可还原的多元化的本体论肯定——各种版本的复杂程度不同——一直是后结构主义最具影响力的主题之一,并且已经产生了广泛的政治影响。然而,它却布满了难点,我希望通过细致地考察给予了其灵感的尼采思想,对这些难点做一番探讨。

尼采思想中的知识与生成

从一开始,尼采的研究就专注于攻击将知识概念视为客

---

① 利奥塔:《力比多经济学》,巴黎,1974年版,第11页。
② 同上,第294页。

观现实纯粹再现的概念，相信知识形式必然是，而且应该是为人类利益服务并为人类利益所塑造。这个论点已经成为《悲剧的诞生》的核心思想。在这部著作中，尼采在处于巅峰时期的希腊悲剧与苏格拉底辩证法天真的乐观主义假设之间做了一个令人不快的对比。前者是一种艺术创作形式，融合了酒神狄奥尼索斯的洞察力和太阳神阿波罗的秩序，能够对抗存在的恐怖与混乱，并从这种对抗中得出肯定的结论；而后者认为，现实可以在概念中被完全理解掌握。《悲剧的诞生》针对的是这样一种"错觉，即认为思想在因果关系的引导下可以探索存在的最深处，甚至纠正它"①。尼采通篇都在强调人的理智对混乱的厌恶，对非中介直觉的恐惧，以及通过将多样性还原为同一性来简化世界的企图。然而，尼采思想中有一种同样强烈的实用主义倾向，表明这种秩序化和简化过程的发生并不仅仅是出于对安全的"生存的"需要，而是为了纯粹的生存：

> 为了使某一特定物种保存自身并增益力量，它关于现实的概念必须包含足够的可计算的常量，以使其行为方案有基础可依。保存的效用——不是一些不可蒙骗的抽象的理论需要——充当了推动知识器官发展的背后动机……②

正是基于这样的考虑，尼采以知识和真理的本质为基础发表了许多自相矛盾的观点，譬如，他有这样的论断："真理

---

① 尼采：《悲剧从音乐精神中诞生》（即《悲剧的诞生》），载 G. 考利（G. Colli）和 M. 蒙特马力（M. Montinari）主编：《批判理论研究全集》，柏林/纽约，1980 年版，第 1 卷，第 99 页。

② 尼采：《权力意志》，考夫曼（Walter Kaufman）编，纽约，1967 年版，第 266—267 页。

就是一种错误，没有它，某种生命就无法生存。"①

一些评论家暗示尼采在两种真理之间至少隐晦地做了区分，借此来试图缓和这些表述令人困惑和不体面的影响。他的攻击直接针对真理符合论，针对不考虑我们的语言和概念多大程度上影响世界的错误，但并不排斥探入现实本质的、配得上"真理"头衔的深刻洞见。这些使尼采的立场连贯一致的尝试并不是完全没有文本支持的，但它们也倾向于低估尼采的矛盾表达暴露其真正困境的程度。尼采思想中的康德元素推动他走向彻底的唯心主义认识论，因为——就像康德的直接继承者一样——他拒绝接受"物自体支离破碎、互不相干"的学说。因此，在《权力意志》中，他写道：

> 知识不能批评自己，仅仅因为它无法与其他智力物种进行比较，因为它的知识能力只有在"真实的现实"在场的情况下才会显露出来……这预示着，有别于每种视角观点或感性-精神的认同，存在着某种物自体。但是，由对事物的信仰衍生而来的心理却又禁止我们谈论"物自体"。②

然而，尽管有这些限制，从《悲剧的诞生》开始——在此，尼采将科学的浅薄乐观主义与狄奥尼索斯式的对事物本质的洞见做了对比——尼采便反复重申终极现实与已被接受之真理间的对立观点。的确，在《悲剧的诞生》中，尼采借用康德的本体概念来说明的正是这种对立："真正的自然-真理与将自己视若唯一现实的文化谎言之间的对比，类似于永恒

53

---

① 尼采：《权力意志》，第 272 页。
② 同上，第 263 页。

的事物核心即物自体与整个表象世界之间的对比。"①一般而论,尼采对形而上学的批判,对哲学能够确立认识论标准之能力的否定,驱使他走向一种唯心主义,即认为知识结构完全是客体对象建构的,而他坚持认为所有意识都应该将自己理解为观点性的,这个态度又推动他重申表象与现实之间的区别。

我认为,尼采的名言"知识与生成彼此排斥"包含了类似的两难困境,这个困境已经弥漫到受尼采范式直接影响的那些后结构主义思想家的著作中。② 我们之前已经讨论了力比多带的主题——融合了受弗洛伊德启发的力比多贯注理论与永恒回归学说——是如何能够将所有理论话语贬斥为"强度固定与耗尽机制"③。不过,利奥塔是个过于认真且不安分的人物,终究不会满足于力比多一元论形而上学。《力比多经济学》就是以此为基础的。这本著作出版后不久,利奥塔就着手开始了一个新的方向,用借自维特根斯坦的更少本体论色彩的"语言游戏"概念,来取代将话语形式作为"冲动装置"的描述,这个转向绝不是偶然的。就利奥塔的情况而言,从流动本体论的立场发展出对客体化理论的批判,这一努力和尝试只是其思想过程中一个明晰却短暂的阶段。但在福柯那儿,这种尝试所暗示的紧张关系却是其著作更为隐蔽也更为持久的一个特点。在《疯癫与文明》中,这个特点已经很明显,福柯希望建立起对现代精神病治疗及其理论之客体化、疏离化本质的批判,但同时也敏感地意识到诉诸可

---

① 尼采:《悲剧的诞生》,第 58—59 页。
② 尼采:《权力意志》,第 280 页。
③ 利奥塔:《力比多经济学》,第 295 页。

能"其本身就是疯癫"的"经验的原初运动"的困难。[①] 在《知识考古学》中，福柯放弃了这种方法："我们不是以疯癫后来被话语及间接的、通常扭曲的话语操作所组织（翻译、变形、歪曲，甚至可能是抑制）的方式，来试图重建疯癫可能是什么……"[②]他表面上采取了这样一种立场，即认为话语完全是由客体对象建构的。但矛盾仍然存在，因为他试图提出一种非辩证形式的批判的努力内在地包含了矛盾。例如，在《性史》第一卷中，认识论与本体论之间的摇摆振荡，是以性欲机制与一种暂时但持久的唤起前话语的"肉体及其愉悦"之间的对立形式出现的。[③] 在最后的几本出版著作中，唯其通过回归他一直以来拒斥为不正当的黑格尔式的自我建构和自我反思概念，福柯才得以避免这个进退两难的困境。当福柯重置知识与内在于意识的客体之间的关系时，当他质询"人在意识到自己疯了，病了，把自己看作活的、能说话会劳动的存在，把自己当作罪犯来审判和惩罚的时候，他们是通过怎样的真理手段使自己在自身的存在中被思考"之时，后结构主义思想的基本原则之一被默默抛弃了。[④] 这是一个明确无误的"修正主义者"的回顾。

54

阿多诺对同一性思想的批判

探讨了后结构主义者的这一根本难题之后，我想现在开

---

① 米歇尔·福柯：《疯癫与文明：理性时代的疯癫史》序言，巴黎，1961 年初版，第Ⅶ页。

② 米歇尔·福柯：《知识考古学》，伦敦，1972 年版，第 47 页。

③ 重点参阅米歇尔·福柯：《性史》，哈蒙兹沃思，1981 年版，第 150—159 页。

④ 米歇尔·福柯：《快感的享用》，巴黎，1984 年版，第 13 页。

始比较一下阿多诺与后结构主义者的异同。如下事实也许是显而易见的切入点：后结构主义者和阿多诺都受到了尼采的巨大启发，尤其是受惠于他那种通过编造一个自我认同、具有道德感的主体所强加的代价感（sense of the costs），尼采在《道德的谱系》的第二篇文章中对这种代价感做了最生动的阐述。但是，就像我前面已经提出过的，由于没有理解这些相似之处所发生的一般哲学项目之间的分歧，它们的全部重要意义一直被误解了。在这方面，最重要的一个区别是，阿多诺并不满足于尼采-弗洛伊德式的自然主义的意识批判，而是采纳了德国早期浪漫主义者的发现，即认为纯意识的哲学在内部是不一致的。在一篇富有启发性的文章中，乔肯·霍瑞希（Jochen Hörisch）证明，阿多诺敏锐地意识到了现代自治个体的形成所带来的自发性的丧失，意识到自我身份必须被强制维持以抵抗冲动的离心倾向，他的这些认识的先导性的本源可以追溯至比尼采更远的施雷格尔（Schlegel）和诺瓦利斯（Novalis）对费希特哲学的批判性参与。正是在这里，在部分地因理性的政治实现努力之失败而导致的沮丧情绪所启发的思想中——就像阿多诺自己的情形一样——阿多诺发现了一种主体性的隐藏历史，一种由逻辑不一致所暴露出来的个性化过程之痛苦的唤起。霍瑞希认为，"早期浪漫主义"发现，"痛苦是个人主义的原则，也是'个体性的秘密'，超验哲学只能以纠缠于未经证实的矛盾为代价来掩盖痛苦。个人化的痛苦源于对强制同一性的铭记，这种同一性以一种先验的理性结构做了自我终结……"[①]对既分裂又构成主体的矛盾结构的阐述，以及对形成这种主体

---

① 乔肯·霍瑞希：《统治者、上帝与法律》，载伯克哈特·林德纳（Burkhardt Lindner）和马汀·卢德克（W. Martin Lüdke）主编：《唯物主义与美学理论：阿多诺的调制解调器》，法兰克福，1980年版，第406页。

所要求的内在本性的压抑的敏锐感知，批判的这两个方面对于阿多诺来说都至关重要。因此，阿多诺对现代主体的批判与后结构主义者的一样无情，两者依据的基础却有所不同；但与福柯、德勒兹或利奥塔相比，他也没有极端到要废除现代主体性原则的地步。相反，阿多诺一直坚持认为，我们唯一的选择就是"利用主体的力量来打破建构的主体性的骗局"[①]。为了充分理解得出不同结论的原因，我们必须转向阿多诺关于概念与客体、普遍性与特殊性之间关系的论述，及其与尼采观点之间的对立。

从一开始，尼采的著作就被一种固有的对语言和概念性思想的虚构化和盲目崇拜倾向所困扰。尼采在他的早期论文《非道德意义上的真实与谎言》中写道：

> 词语由原始经验诞生，并作为提醒物存在，它们必须不仅仅服务于绝对个体化的原始经验，而是必须直接为无数个多多少少类似的原始经验服务，而且手段必须与每种完全不同的情况相匹配，经由这样的事实，每个词都立即成为一个概念。每个概念都产生于对不同事物的同等看待。[②]

关于语言的"粗糙"，关于对概念的使用导致的差异性的漠不关心，这类论述充斥着尼采的整部著作。"确定无疑的是"，尼采继续写道：

---

① 阿多诺：《否定的辩证法》，伦敦，1973 年版，第 xx 页。该段引文的翻译向来见仁见智。

② 尼采：《非道德意义上的真实与谎言》，载《批判性研究》第一卷，第 879—880 页。

没有两片叶子是完全相同的,因此,树叶的概念是通过随意省略单片叶子的差异,通过忘记使每种叶子得以互相区分的那些特征而建构起来的。这使我们想起了这样一种观点,即认为自然界中存在着叶子之外的叫作树叶的某种东西,也就是说,存在着一种原初形式,所有的叶子都是根据这种形式编织、绘制、限定、上色、卷曲、彩绘出来的,但是由于手太笨,还没有出现一个堪称原初形式正确无误、真实可靠的副本……对个体的忽视给了我们形式,但自然并不知道什么形式,什么概念,什么物种,只知道一个我们无法接近、难以确定的 X。①

如我们所见,正是概念所编造的骗人的同一性观念,激发了阿多诺对构成力比多带的不可思议的单一强度点的召唤,激发了福柯不情愿但反复诉诸的一种无法控制的前话语自发性,无论这种自发性名为"疯癫""抵抗",还是"身体及其快乐"。

尼采关于具体真实的叶子被看作对"树叶"这一概念的拙劣模仿的阐述方式,准确地捕捉到了阿多诺称之为"同一性思考"的过程。阿多诺写道:"概念的内在要求就是它的秩序,参照概念名下所囊括的各种变异创造了不变性。概念的形式否定了这一点,就那个方面来看,它是'假的'。"②然而,阿多诺并不认为这种情况可以简单地通过对比概念的偶然性和特殊性与普遍性来弥补。相反,他认为,被概念抛诸脑后的"非同一性"特征就是那个我们无法接近、难以确定的假设 X,相信"自然不知道任何形式和概念"的信念,其本身就

---

① 尼采:《非道德意义上的真实与谎言》,第 880 页。
② 阿多诺:《否定的辩证法》,第 153 页。

是普遍性在同一性思考中的首要地位的结果。阿多诺的哲学努力,旨在通过体验赤裸裸的事实和概念的确定性之间的分歧所暗示的矛盾来超越这种分裂。阿多诺认为,"仅当同一性提出整体性要求时,非同一性是不透明的"。① 在收录了有关胡塞尔现象学的系列批判文章的《反对认识论》一书中,阿多诺在导言部分引用了尼采《偶像的黄昏》中的下面段落,来证明尼采"低估了自己的洞见":

> 从前,一般来说,人们把转化、变化、生成看作假象的证明,看作必定有某种引我们入迷途的东西存在的标记。今天,我们反过来看,恰好至于理性的偏见驱使我们设置统一、同一、持续、实体、始因、物性、存在的地步,在一定程度上把我们卷入错误,强制我们发生错误。②

这段文本的倾向代表了尼采及其后结构主义追随者的特征,与之相反,阿多诺坚持认为:

> 如果被支配物中没有一个稳定的因素,那么,稳定与混乱的对立以及自然的统治都将永远不会成功,还会不断给主体制造谎言。完全抛弃那个稳定因素,并将其单独拘围于主体之中,与将概念秩序的模式绝对化一样,都是无比傲慢的。……为了自己的全部力量,反思精神将世界降格到纯粹的混乱;这个混乱是精神的产物,正如它也是作为其崇敬对象建立起来的宇宙。③

57

---

① 阿多诺:《否定的辩证法》,第163页。

② 尼采:《偶像的黄昏》,引自阿多诺:《反对认识论》,牛津,1982年版,第18—19页。此段中译文参见尼采:《偶像的黄昏》,李超杰译,商务印书馆,2009年。

③ 同上,第18页。

阿多诺的论点是，纯粹的个别性本身就是一种抽象，是同一性思考的废品。

这一立场包含了两个主要意思：后结构主义思想试图孤立个别性的尝试，不过是重新落入了另一种形式的抽象；被误认作直接性的东西实际上是被高度中介的。利奥塔在《力比多经济学》中对"欲望哲学"的透彻阐述，可以清楚地例证这些陷阱。由瞬间强度组成的力比多带的概念试图设想一种条件，在这种条件下，正如尼采所说，"没有一个瞬间为了另一个瞬间而存在"。但是，如果每一个瞬间都纯粹因为它的独特性而受到重视，不用考虑什么目的或意义，不用瞻前顾后，不涉及任何超越其自身的东西，那么，每个瞬间所享有的东西都会变得矛盾而单调地相同：在利奥塔七十年代中期的著作中，所有的行动、话语或审美结构都变成同样好——或同样糟糕的——强度的传递者。此外，利奥塔自己的召唤背叛了他的表面意图，因为它们清楚地表明，这种"强度"不能简化为纯粹的性欲贯注，它具有象征性的结构，富有非常明确的情境色彩：

> 一只眼睛缓慢地、轻盈地、专注地凝视着，然后，突然间，头转动了，只留下了一个轮廓，埃及。驻留在她周围的沉默，延伸到了似乎属于她身体的力比多带的广阔领域。这些区域也是沉默的，这意味着密集的排天巨浪悄无声息地、持续不断地移到"她的"各个区域，或是从这些区域流下长长的斜坡。[1]

值得注意的是，阿多诺并没有通过赞成黑格尔的立场来

---

[1] 利奥塔：《力比多经济学》，第 40 页。

避免这些困难。他同意黑格尔的观点，认为作为一种强加于特殊性的整体性，抽象的普遍性与其自身的概念形成了矛盾，其本身变成了一种随意而特殊的东西。但他认为，即使是黑格尔的解决方案，即一种内在的、自我实现的普遍性，也无法挑战这种普遍性的首要地位。即使是以黑格尔式的形式，同一性思考也违背了自己的目的，因为通过将客体中的非同一性还原为其本身，它最终将空手而归。对于阿多诺来说，这种矛盾的经验引发了更深的反思，走向这样一种立场：非同一性不再被视为一种孤立的特殊性，一种被同一性思考强制回归的特殊性。现在，特殊性被看作处于与其他特殊性的关系模式之中，处于界定了其同一性的日积月累的历史"星丛"之中。阿多诺写道："内在于非同一性之核心的，是它与其本身不是什么之间的关系，与它被建构的冷冰冰的同一性所扣除的东西之间的关系……客体本身向单子论的坚决主张敞开，这是对它居于其中的'星丛'的意识。"[①]反过来，这种意识又只能通过概念的"星丛"而不是等级序列来表达，从这些概念的差异性张力中产生出一个通向物自体非同一性的开口，这将是"与其标识相对的物的自我身份"。[②] 换句话说，对于阿多诺而言，概念性思想与现实之间没有必然的对立，知识与生成之间不存在不可避免的互相排斥。这个问题并不是由概念性的思想本身提出的，而是由概念的首要性假设、由心灵能够超越整个过程的错觉提出的，事实上心灵发现它自身只是其中的一个瞬间。被后结构主义思想本体化的现实的特征，实际上不过是对历史上过时的意识专横性的一种反映，对主客体之间缺乏平衡的一种反映。阿多诺写

①　阿多诺：《否定的辩证法》，第163页。
②　同上，第161页。

道:"只要我们的意识结构迫使自己追求统一,只要它对整体性的要求成为其衡量什么与之不同一的标准,那么,我们所区分的东西就会表现为歧义的、不和谐的、消极否定的。"①

解构主义与否定的辩证法

也许可以用下面这种方式来总结一下上述讨论:对阿多诺而言,同一性的强制性特征与其内在矛盾是分不开的,只有通过承认同一性具有自己的非同一性瞬间,同一性于其概念才是充分相称的。然而,在受尼采影响、更具自然主义倾向的法国思想家中,意识批判的这一逻辑维度是完全缺席的。自我不受任何质疑地被描述为冲动的自发性和特殊性一贯的内部驱逐者,其结果是,对立只能采取自我挫败的跳跃形式,从自我意识的"统一"跳跃到强度的分散,从俄狄浦斯化的主体跳跃到"欲望机器"的形而上学。相比之下,在雅克·德里达的著作中,出现了一种互补的片面性:偏爱于研究纯粹自我认同概念所隐含的矛盾,作者几乎完全排除了尼采思想的自然主义维度。换句话说,跟阿多诺一样,德里达也偏爱辩证法,他敏锐地感知到了哲学上物极必反的意外方式,却未能将这一关注点与有关自我的自然-历史起源的解释联系起来。

通过比较阿多诺和德里达对胡塞尔现象学的批评,可以非常突出地显示这一良机错失的重要意义。梅洛-庞蒂(Merleau-Ponty)对意识与自然之关系的描述带有很多自身的特点,与之相似,阿多诺对胡塞尔先验还原的可能性提出

① 阿多诺:《否定的辩证法》,第5—6页。

了疑问：

> 唯心主义者很可能将业已抽象出来的意识生命之可能性的条件称为先验的，这些条件反过来指涉一种确定的、"事实的"意识生命。它们"本身"并不是有效的。……最严格的先验概念也无法将自身从与事实的相互依存关系中释放出来。①

然而，值得注意的是，尽管阿多诺提到了"相互依存"，却绝不希望实现对意识的经验主义或自然主义还原。相反，简而言之，他的论证就是，"心灵的非存在瞬间与存在如此紧密地交织在一起，要将它干净地剔除出来，无异于将其断送、客观化或者伪造它"②。作为唯物主义者，阿多诺主张在自然中锚定意识，抵制试图将主客体的辩证法压入形而上学一元论的任何企图。

然而，在德里达的思想中，先验还原的可能性从来没有受到过这样的质疑。相反，解构主义将先验的视角纳入德里达称为"擦除"的一种操作中，这种"擦除"具有并存的取消和保护功能，与黑格尔的"消除"概念（Aufhebung）接近。在《论文字学》一书中，德里达认为"先验批评存在不足与太过"，因此，"先验本源的价值必须在尚未被抹除之前让人感觉到它的重要性"③。对于德里达而言，"擦除"操作所意味的，并不是坚持维护形而上学一直梦想克服的事实性和先验性之间不可还原的断裂，而是"还原的还原"，一种向他明确称为"超-超验文本"的层面的转移。在德里达看来，胡塞尔先验

---

① 阿多诺：《反对认识论》，第226—227页。
② 阿多诺：《否定的辩证法》，第201—202页。
③ 德里达：《论文字学》，伦敦，1976年版，第61页。

主体性理论所依据的自我-在场概念存在不一致性,揭示了先验主体及其客体以及形而上学思想的特征性对立,在某种意义上——他觉得解释起来很不舒服——是非同一性更高原则的"结果",德里达通常称之为"延异"。其结果是,最终的哲学立场显然让人想起了前黑格尔的唯心主义。绝对的差异和一切确定性的缺乏与绝对的同一性是无法区分的,鉴于此,德里达对踪迹(trace)的唤起,或许提供了 20 世纪中最接近年轻时谢林的同一性哲学的思想。德里达的踪迹,"是所有重复的本源,是理想的起源……不比现实更理想,不比理智更明白,不比晦暗的能量更具透明的意义"①。

因此,看起来德里达试图避开任何自然主义瞬间来发展对自我同一性主体的批判,这一努力似乎导致了跟利奥塔的力比多一元论形而上学一样站不住脚的立场。虽然阿多诺没有活得那么长寿,有时间来直接面对德里达的立场,但他对我们所进行的解构主义和否定辩证法的异同比较和相互同化会作出何种反应,却能够从他对海德格尔思想的批判中推断出来。海德格尔思想无疑对德里达产生了核心影响,对这一思想的批判也贯穿了阿多诺的整个哲学生涯。海德格尔认为,实体有"更多"的存在,不仅仅是作为意识对象的地位,这是正确的;但是,在阿多诺看来,通过在"存在"的标题下来对待这个"更多",黑格尔将其转化为一种自我消亡的实体化:

> 通过将哲学不能表达的东西变成一个直接的主题,海德格尔为哲学筑起了高坝,以至于到了废除意识的境地。借助惩罚,根据黑格尔的概念推理,那股被埋葬而

---

① 德里达:《论文字学》,第 65 页。

他想要重新发现的春泉,比起那个白白被摧毁、通过自我中介变得越来越难以表达的哲学洞察力,干涸得更加令人痛惜。[1]

对于阿多诺来说,"存在"一词可以传达的任何经验都可以通过一组实体来表达,而在海德格尔的哲学中,一种关系的不可还原性本身就可以被转化为一个终极。在唤起一个超越主客体区别的存在时,"中介瞬间变得孤立而直接。然而,正如主体与客体两极一样,中介极少能被实体化,它只在群落中有效。中介被它所中介的东西中介"[2]。加以必要的修正,人们还可以认为,德里达的"延异"必然被它所区分的东西区分。诚然如若自然与文化、能指与所指、主体与客体其间没有差异将不知所终,但这不足以保证对德里达的整个哲学立场至关重要的非同一性之于同一性的逻辑优先。在德里达看来,主体性与客体性一样,都是延异的结果,是刻写在延异系统中的一个结果。[3] 阿多诺与德里达二者立场的区别,通过《否定的辩证法》中的下面这段话展露无遗:

61

> 就其本身而言,主体与客体的极性很容易被当作一切辩证关系在其间发生的一个非辩证的结构。但主体和客体的概念都是由反思产生的范畴,都是表达不能被整合的某物的公式;都不是积极肯定的,都不是事物的本来状态,而是彻头彻尾消极否定的东西。尽管如此,主体与客体之间的差异却不能被否定。它们的关系既不是最终的双重性,也不是隐藏在背后的最终的统一

---

① 阿多诺:《否定的辩证法》,第110页。

② 同上,第99页。

③ 德里达:《立场》,伦敦,1981年版,第28页。

体。它们通过这样的建构，彼此构成，又彼此分离。①

镜子与咒语

到此为止，我们可以清楚地发现，后结构主义思想家以及受后结构主义影响的文学批评家和政治评论家们一再试图用尼采式的同一性批判来反抗辩证思维的强制性综合，这种种努力遭遇了难以解决的重重困难。与新近的法国思想家一样，阿多诺也批评黑格尔的辩证法在很多方面都是最隐蔽的、最不可避免的同一性思考形式。然而，与此同时，他深刻的辩证感知力又洞察到了特殊性、多样性和非同一性生硬的优先性的自我消亡力。德勒兹或利奥塔著作中自我的反思性统一的消解，只会导致对无限变化的漠不关心，走向单调重复的强度。而在德里达的著作中，抛弃尼采和弗洛伊德的意识批判这一唯物主义的压舱物，其结果是，安装上了延异这一新的"第一哲学"原则。相比之下，对阿多诺而言，非同一性不能通过完全抛弃同一性原则而受到尊重。阿多诺写道，"要将同一性定义为一种物自体与其概念的对应关系"

是傲慢的；但也不能简单地抛弃同一性的理想。在物与其概念不相符的责难中，活跃着概念对与物同一的渴望。这就是为什么非同一性之中包含了同一性。对同一性的假设的确是通往形式逻辑的纯思想的意识形态要素；但是隐藏在其中的还有意识形态的真理时刻，

---

① 阿多诺：《否定的辩证法》，第 176 页。

即那里应当没有矛盾、没有对抗的承诺。①

　　记住这个论点，我们现在也许可以更有洞见地回到文章开头博尔赫斯的故事。制服镜中动物的故事，既可以用对意识的力比多批判来解读，也可以用 20 世纪 40 年代早期由霍克海默和阿多诺首先提出并在《否定的辩证法》和《美学理论》中继续发展的"启蒙辩证法"来诠释，这一点已经很清楚。动物转化为镜像所代表的驱力的人性化，的确导致了一种自我的主宰。但这种主宰是以可怕的孤立为代价换取而来的：在《否定的辩证法》中，阿多诺一再地回到自我的悲苦境地，自我无助地被拘禁在自己内在的圈子里，无法与没有转变成其镜像的任何外在的东西接触。打破这种孤立隔离状态的需要，在主体性本身的核心地带产生出一种张力，一种后结构主义普遍不情愿或无法辨识的张力。这个缺陷表明，该故事可能还存在着利奥塔的解释未能清楚说明的实质性方面。

　　首先，利奥塔将对动物的驱逐和惩罚描述为一种简单的武力，一种镇压和遏制行为，而博尔赫斯的描述是黄帝使用了他的"法术"，给动物们施了魔咒。值得注意的是，咒语的概念在阿多诺的哲学中扮演了重要角色。因为施法可以构成一种特殊的、无形的、不明的强迫形式，说一个咒语意味着进入一种强制性的自我状态，在这种状态下，行动既是自治的，同时也是他治的，虽然伴随着夸大的主观自治幻觉，但仍是由主体实施的。换而言之，这个咒语的隐喻捕获了社会化过程的压抑和使动特征，被描绘为人类为了自我保护征服自然的一个方面。如阿多诺在《否定的辩证法》中所写的，"咒

------

① 阿多诺：《否定的辩证法》，第 149 页。

语是世界精神的主观形式,是内在重于外在生命过程的内在强化"①。在后来哈贝马斯的批判理论中,将对外在自然的工具性统治与对内在自然的压制平行并峙的做法受到了质疑。哈贝马斯没有落入阿多诺的暗示:通过将社会化和工具性行动归因于历史发展截然不同的维度,从自然中解放了关闭的所有交际敏感性。尽管如此,在阿多诺那里,批判理论的立场已经具备了对后结构主义的明显优势。尽管像利奥塔这样的人物将自己逼进了一个角落,只能将自我的统治贬斥为一种应该被废除的任意强制(是否可以废除则是另一个问题),阿多诺却认为,强制的同一性,为了未来而牺牲现在的瞬间,在某些历史阶段是必需的,其目的是使人类从对自然的盲从中自我解放出来。从这个意义上说,这样的同一性已经包含了自由的瞬间。因此,"自我的咒语"就不能被简单地看作自然强制的延伸;相反,它是一种原则上可以被它所生成的主体通过反思的方式打破的幻觉,尽管这一过程的完全实现与社会关系的转型密不可分。而且,打破咒语的结果不是像利奥塔所描述的,是"流体与致命力量"自我消亡的涌入,而是一个真实的同一性,一个会渗透到其自身非同一性瞬间的同一性。"即使我们只是限制了主体,我们已经终结了它的权力"②,阿多诺的这一观点总结了后结构主义和批判理论的一个主要区别。

这将我们带到了第二个要点。利奥塔把镜中动物描绘成"怪物",但博尔赫斯特别指出,广东人相信镜子里的是一

　　① 阿多诺:《否定的辩证法》,第344页。
　　② 同上,第183页。值得注意的是,后结构主义对意识的批判,虽然利用了尼采对特殊性和概念同一性的对抗,但在其他方面却极不忠于尼采。尼采完全没有提倡化解冲突,而是可以说"辩证地"充分意识到痛苦地获得的自律力量是从约束中得以解放的先决条件。

条鱼，"一种光灵的动物，多变，无法捕捉"；而云南人相信那是一只老虎。在阿多诺的思想中，正是在这个双重外表之下，非同一性呈现为同一性思考：一方面，它是我们永远无法捕捉的、诱人的尤物；另一方面，它又是充满威胁、无法控制的凶物，我们渴望控制它而不得。然而，我们既不能打碎镜子（这是欲望哲学的解决方案），也不能像德里达那样，声称人类世界和镜像世界都不过是其不可见的表面产生的结果而已，由此与这个生物建立起关系。相反，建立这一关系的唯一方法是，撤销黄帝对动物施加的咒语，正如我们所看到的，这也是黄帝施加于自己的咒语。

然而，如果不强调博尔赫斯故事的教义与阿多诺哲学立场之间的重要区别，我们是不能下结论的。这个故事确实包含了对乌托邦的召唤，但博尔赫斯把它置于遥远的、无法恢复的过去，那个"远古时代"。他告诉我们："镜中的世界与人的世界不像现在这样泾渭分明，判然两分。但它们又截然不同，存在的生命不同，颜色、形象都不一样。这像是两个王国，镜中的一切和现实中的人和谐共处。人们可以任意往返于镜子之间。"在博尔赫斯的讲述中，这个最初的和谐被打破了，先是无法解释的自然的冲击，虽然期间暂时被人类击退，但最终自然注定获得了胜利，"然而，终有一天魔力也会解除的"，这一次，动物"将不会再被击败了"。阿多诺并不否认这样一种灾难性的历史结论的可能性，"有人相信，将来入侵人类的，是从镜子深处传来的武器的噼里啪啦声"，对于我们20世纪晚期的耳朵来说，这个声音无疑相当于长达四分钟的核警告。但是阿多诺确实对这个结局的不可避免表示质疑。我们的历史困境在于这样一个事实：人与人之间、人与自然之间和解的必要物质先决条件，只能通过目前已经形成几乎不可阻挡势头的统治和自我强制的历史来提供。正如阿多诺在《否定的辩证法》中所写的："由于自我保护千百年来都是岌岌可危、困难重重的，即使在科学技术使自我保护变得易如反掌的时候，其工具权力和自我驱力仍然是不可抗拒的。"①面对这种两难困境，对伊甸园式的和谐的渴望，不过是滑入了保守主义的幻想。然而，博尔赫斯对人类世界与镜中世界之间和平交流状态的唤起，为没有同一性的亲和、没有支配关系的差异——而不是强制性的统一——提供了一个恰当的形象，阿多诺认为，这就是"那里应当没有矛盾、没有对抗"的承诺所暗示的。

---

① 阿多诺：《否定的辩证法》，第 349 页。

第3章 工具理性批判

塞拉·本哈比(Seyla Benhabib)

[· · ·]

社会研究所的成员和会员,包括马克斯·霍克海默、阿多诺、马尔库塞、利奥·洛文塔尔(Leo Löwenthal)、弗里德里希·波洛克(Friedrich Pollock)和瓦尔特·本雅明提出并发展其理论的时机,是欧洲法西斯主义的经历和欧洲犹太人的毁灭阻断了资本主义由内部进行革命性转变的所有希望之际。① 批判理论面临着思考"本质的他者"的任务。

在1971年为马丁·杰伊的《辩证的想象:法兰克福学派和社会研究所(1923—1950)》撰写的序言中,霍克海默写道:"向一个完全的他者而不是这个世界诉求,是社会哲学的首要推动力。希望尘世的恐惧不具备最后的决定权,的确是一个非科学的愿望。"② 在此,霍克海默对哲学真理和科学真理做了区分,把思考"完全的他者"的任务交给了哲学。在回应因霍克海默1937年发表的《传统理论与批判理论》在《社会研究杂志》上引发的讨论时,马尔库塞更为尖锐地阐明了这一点:

---

① 参阅马克斯·霍克海默为马丁·杰伊的《辩证的想象:法兰克福学派和社会研究所(1923—1950)》撰写的序言,波士顿,1973年版,第XII页。

② 同上。

当真理在现存的社会秩序中无法实现时,对于后者而言,真理就只是充当了乌托邦的角色……这种超越不是反对真理,而是支持真理。乌托邦元素长期以来在哲学中是唯一的进步因素:就像最好的国家、最强烈的快乐、最完美的幸福和永恒的和平的构造……在批判理论中,顽固将被作为哲学思想的真正品质被保持下去。①

　　这两种表述都没能充分反映出哲学反思与法兰克福学派成员 20 世纪 30 年代发展起来的以"批判理论"著称的社会科学研究的独特融合。② 他们将"历史唯物主义"应用于自身(柯尔施),这样就能够分析马克思主义政治经济学可能性的历史条件,从而面临着如何阐释从自由市场资本主义向一种新的社会形态"过渡的批判理论"的任务,他们含混地将这种新的社会形态称为"国家资本主义"。他们的努力改变了马克思主义社会批判的意义,以及意识形态批判的意义。

[· · ·]

---

　　① 赫伯特·马尔库塞:《哲学与批判理论》,见他与霍克海默合著的《哲学与批判理论》第二部分,《社会研究杂志》1937 年,第 637 页。马尔库塞的这部分内容没有包括在霍克海默的《传统理论与批判理论》的标准英译本中,见《批判理论:论文选》,M. J. O'康奈尔(M. J. O'Connell)译,纽约,1972 年版。

　　② 马丁·杰伊:《辩证的想象》;戴维·赫尔德(David Held):《批判理论导论》,伯克利与洛杉矶,1980 年版;安德鲁·阿拉托(Andrew Arato)与伊克·吉尔哈特(Eike Gebhardt)编:《法兰克福学派精华读本》,纽约,1978 年版,该书提供了法兰克福学派著作及相关研究非常有用的参考文献。近年来涌现出来的研究往往是由否认法兰克福学派在美国享有的影响力的政治意图推动的,其中包括佐尔坦·塔尔(Zoltan Tar)的《法兰克福学派:霍克海默和阿多诺的批判理论》,纽约,1977 年版;乔治·弗里德曼(George Freedman)的《法兰克福学派的政治哲学》,绮色佳、纽约,1981 年版;佩里·安德森(Perry Anderson)的《对西方马克思主义的思考》,纽约,1976 年版,以它们的误解而引人注目。道格拉斯·克尔纳(Douglas Kellner)和里克·罗德里克(Rick Roderick)在书评《批判理论新近文献》中对这些新的研究文献做了有益的概览,见《新德国批判》,1981 年春夏卷,第 141—171 页。关于德国新近的研究文献,参阅下一条注释。

1. 从政治经济学批判到工具理性批判

社会研究所研究项目的发展,可以分为三个独立的阶段:1932—1937 年的"跨学科唯物主义"阶段,1937—1940 年的"批判理论"方法阶段,1940—1945 年以"工具理性批判"为特征的阶段。[①] 每一次转向都是在动荡时期的历史经验之后发生的:对魏玛共和国工人阶级运动的前景展望,对法西斯主义的分析,都引起了理论上的根本转变。这些转变导致了对批判理论的自我理解的重新阐释:理论与实践之间以及理论的主体与理论接受者之间的关系被重新定义,同时,哲学与自然科学之间以及批判理论与马克思主义之间的相互依存关系也被赋予了新的概念。

《传统理论与批判理论》这篇论文写于 1937 年,正值德国工人阶级运动及其党派看来已经被法西斯主义彻底击败。这些经历反映在对理论-实践关系的重新阐述中,反映在对理论接受者的根本性的重新定义中。

然而,在 1937 年之前的时期,真理被定义为"一个正确的实践时刻"[②],它必须与直接的政治成功区分开来;而在《传统理论与批判理论》中,理论真理与特定社会群体的政治实践之间的关系开始显得越来越遥远。1934 年,霍克海默仍然这样写道:

68

---

① 赫尔穆特·杜彼埃尔(Helmut Dubiel):《科学组织的政治经验:早期批判理论研究》,法兰克福,1978 年版;阿尔封斯·索尔纳(Alfons Söllner):《历史与统治:唯物主义社会科学研究》,法兰克福,1979 年版;沃尔夫冈·邦伯(Wolfgang Bonß):《事实的实践》,法兰克福,1982 年版。

② 马克斯·霍克海默:《真理问题》,见安德鲁·阿拉托与伊克·吉尔哈特编:《法兰克福学派精华读本》,纽约,1978 年版,第 429 页。

一种理论的价值取决于它与特定历史时期最先进的社会力量所担负的任务之间的关系。其价值并不是对所有人类都具有直接效用,起初仅对对这项任务感兴趣的群体有用。在许多情况下,思想真正疏远了处于挣扎中的人类的问题,这证明了对知识分子的不信任……因此,这一针对显然不负责任的知识分子的指控是正确的,因为思想的自由漂移并不意味着判断的自由,而是意味着在思考自身动机方面控制力的缺乏。[①]

与之相反,在《传统理论与批判理论》中,霍克海默强调的不是目标的共性,而是阶级的先进部分与说出阶级真理的个人之间的可能冲突,以及阶级最先进的部分连同他们的理论家与阶级的其他成员之间的可能冲突。[②] 承诺带来解放的各社会力量的联合是一种冲突的统一。过去霍克海默强调的是与社会进步力量的联盟,是在与这些社会力量的关系中来确定理论的"价值";现在,他取而代之强调的是思想家的批判态度的价值,他们与这些社会力量的关系被视为一种潜在的冲突和激进的批评。"这个事实在理论家身上很明显:他既激进地批判现状的自觉辩护者,同时也反对自己阵营中离经叛道、墨守成规或乌托邦的倾向。"[③]在带有解放意图的社会理论与将要成为解放性变革代理人的社会阶级或群体的经验主义意识之间,没有必然的融合。

在《哲学与批判理论》中,为了回应霍克海默的论文所引发的讨论,马尔库塞表达了孤立并迫使知识分子"回到自身"

---

① 马克斯·霍克海默:《当代哲学思想中的理性主义争论》,载《社会研究杂志》,1934 年,第 26—27 页。

② 马克斯·霍克海默:《传统理论与批判理论》,见康奈尔:《批判理论:论文选》,第 215 页。最初发表在《社会研究杂志》,1937 年,第 269 页。

③ 同上。

的存在主义境遇：

> 当理论所勾勒描绘的发展并没有发生，当本该带来转变的力量被反击回去甚至被击败，那时该怎么办？理论的真理几乎没有因此陷入矛盾，相反，它以新的眼光出现，并照亮了其客体对象的新的方面和部分……理论在新形势下不断变化的功能使其具有更为尖锐的"批判理论"特征。[①]

"理论的这种不断变化的功能"标志着马克思主义的批判真理与无产阶级的经验意识之间日益扩大的差距，尽管如此，批判理论仍然指明了未来社会转型的客观代理人。

[···]

霍克海默坚持认为，马克思主义社会批判理论即使在致力于经济学批判时也仍然是一门哲学学科。他列出了构成政治经济学批判的"哲学时刻"的三个方面。首先，政治经济学批判表明了"支配经济学的概念向其对立面的转变"[②]。其次，批判与其目标是不同一的。政治经济学批判不会使经济学具体化。它既捍卫了"自由、自决的唯物主义的社会概念，同时也保留了唯心主义的信念，即人们除了听命于现状，迷失于积累权力和利润，还有其他的可能性"。[③] 最后，政治经济学批判将社会倾向视为一个整体，描绘了"正在走向终结的时期的历史运动"[④]。霍克海默将这些称为政治经济学

---

① 马尔库塞：《哲学与批判理论》，第636—637页。

② 马克斯·霍克海默：《后记》，见康奈尔：《批判理论：论文选》，第247页。最初作为他与马尔库塞合著的《哲学与批判理论》第一部分，发表于《社会研究杂志》，1937年，第627页。

③ 马克斯·霍克海默：《后记》，第248页，《社会研究杂志》第628页。

④ 同上，第247页，《社会研究杂志》第627页。

批判中的"哲学时刻",因为每一个概念程序的目的不仅仅是对社会特定法律和结构的经验主义理解,而且是根据规范的标准来判断和分析什么是通过社会的合理构成实现"个人的自由发展"。对霍克海默来说,正是以乌托邦式规范标准的名义对给定事实的批判,构成了哲学的遗产。

[·····]

(1) 声称政治经济学批判表明了"支配经济学的概念向其对立面的转变",霍克海默注意到了马克思的程序的以下方面:从政治经济学所使用的范畴的公认定义入手,马克思展示了这些范畴如何走向了它们的对立面。马克思没有将他自己的标准与政治经济学所使用的标准相提并论,而是通过对政治经济学可用结论的内部阐述和深化,揭示了这些概念是自相矛盾的。这意味着,当这些概念的逻辑含义被加以透彻的思考时,它们就无法解释资本主义的生产方式。政治经济学的范畴是根据它们自身的内容来衡量的,即根据它们试图解释的现象来衡量的,并且在这方面被证明是不充分的。马克思的程序的这一方面可以命名为内在的"范畴批判"。

(2) 去拜物教化(defetishizing)批判旨在表明资本主义的社会现实必然是以一种神秘的形式向个人呈现的。与古典政治经济学的话语一样,自发的日常意识也是从社会现实是一个客观的、法治的、类自然的领域这一假设中发展出来的。无论是社会关系还是产生了这种看似自然的客观性的人类活动都没有被考虑在内。只有假设个人是他们社会世界的构成主体,在此基础上,霍克海默所强调的"一个自由、自决的社会的唯物主义概念"[①]才是可能的。他们可以重新

---

① 马克斯·霍克海默:《后记》,第 248 页,《社会研究杂志》第 628 页。

利用这种社会现实并塑造它,以便使之与人类的潜能相符合,而不是简单地"听命于现状"。对霍克海默而言,马克思的去拜物教化批判程序证明了"人类具备这种可能性这一唯心主义信念"①。从这个意义上说,批判与其客体对象领域即政治经济学并不是同一的。通过分析这一客体领域的社会构成及其历史的短暂性,批判还揭示了客体领域内指向其超越性的种种内在的矛盾倾向。政治经济学批判旨在达到一种**摆脱经济支配**的社会存在模式。

(3)马克思主义对资本主义的批判揭示了制度的内部矛盾和功能失调,以显示这些制度如何以及为何会引起现在无法满足的对立要求和斗争。批判理论对社会危机作出诊断,以促成和鼓励未来的社会转型。正如霍克海默所阐述的那样:"在这里,至关重要的与其说是那些保持不变的东西,毋宁说是行将终结的这个时期的历史运动。"②他补充道:"经济是导致惨剧的罪魁祸首,无论是理论的还是实践的批判,都必须首先针对经济来发声。"③然而,"历史变革并没有触及文化领域之间的关系……因此,孤立的经济数据不能提供据以判断人类社群的标准"。④

尽管作为《传统理论与批判理论》一书后记的共同撰写者,霍克海默和马尔库塞认为"经济是导致惨剧的罪魁祸首",但他们也清楚地意识到,仅靠经济危机理论已不足以分析两次世界大战期间的矛盾。再者,由于历史变革具有文化维度,人们将体验到危机现象并不仅仅是经济的功能失调,而且也是**活的危机**。

---

① 马克斯·霍克海默:《后记》,第 248 页,《社会研究杂志》第 628 页。
② 同上,第 247 页,《社会研究杂志》第 627 页。
③ 同上,第 249 页,《社会研究杂志》第 628 页。
④ 同上,第 249 页,《社会研究杂志》第 629 页。

文化关系和心理关系已经被单列出来,作为个人在其中**度过**由经济引发的危机的领域。虽然这些现象是由经济原因引起的,但在本质上并不是经济现象。霍克海默及其同事们早期试图将埃里希·弗洛姆(Erich Fromm)的心理分析研究纳入社会研究所的项目计划,这一努力表明,他们已充分意识到需要提出新的社会科学危机理论来应对他们所面临的历史事件。[①]

以上简要分析了霍克海默 1937 年的论文以及他与马尔库塞共同撰写的《哲学与批判理论》后记,由此可以看出,这两篇文章的论述都存在着没有解决的张力:一方面,它们不仅表明理论家和工人阶级运动的观点立场之间没有融合趋势,而且事实上还存在着越来越大的差距。虽然批判理论将工人阶级的某些部门命名为"接受者",但后者越来越不被看作经验的社会群体;所有具有"批判意识"的人都被指定为该理论的接受者。另一方面,霍克海默坚持将政治经济学批判作为一种研究范式,并坚持认为这种批判具有内在的解放旨趣。

[· · ·]

历史发展颠覆了霍克海默在《传统理论与批判理论》中出色保持的那种不稳定的平衡。鉴于第二次世界大战的现实,整个马克思主义的政治经济学批判范式受到了质疑。当理论与实践之间、理论主体与理论的潜在接受者之间日益加

---

① 参见沃尔夫冈·邦伯与诺伯特·辛德勒(Norbert Schindler):《作为一种跨学科唯物主义的批判理论》,见沃尔夫冈·邦伯与霍内斯(A. Honneth)编:《作为批评的社会研究》,法兰克福,1982 年;英译版见塞拉·本哈比与沃尔夫冈·邦伯编:《马克思·霍克海默:回顾》;沃尔夫冈·邦伯:《批判理论和实证社会研究:案例研究的注释》,埃里希·弗洛姆:《第三帝国前夕的工人和雇员:社会心理调查》序言,沃尔夫冈·邦伯编,斯图加特,1980 年版,第 7 页。

剧的分裂导致了对政治经济学批判本身的根本质疑时,就发生了从"批判理论"到"工具理性批判"的范式转变。弗里德里希·波洛克在一篇论文中进一步论述了两次世界大战之间自由资本主义本质的转变及其对马克思主义政治经济学批判的影响。这篇文章发表于社会研究所的最后一期杂志上,即现在的《哲学与社会科学研究》。

在《国家资本主义:可能性与局限性》中,波洛克将第一次世界大战结束以来西方社会的政治经济结构转变描述为"从私人资本主义向国家资本主义的过渡进程"。① 波洛克补充道:

> 与国家资本主义的极权主义形式最为接近的做法出现在纳粹时期的德国。从理论上讲,国家资本主义的极权主义形式并不是目前的形式变革唯一可能的结果。然而,较之,为国家资本主义的极权主义形式建立一个模型要比为国家资本主义的民主形式容易得多,因为关于后者,我们的经验提供不了多少按图索骥的线索。②

"国家资本主义"一词表明,这种形式是"**私人资本主义**的继承者,表明国家承担了私人资本主义的重要职能,利益考虑仍然发挥着重要作用,而且它不是社会主义"。③

国家资本主义从根本上改变了市场的功能。市场不再是生产和分配的协调者。这一功能现在由一个直接的控制

72

---

① 弗里德里希·波洛克:《国家资本主义:可能性与局限性》,《哲学与社会科学研究》,1941年,第200页。
② 同上。
③ 同上,第201页。

系统承担。"贸易、经营和劳动的自由受到政府的高度干预，以至于它们实际上是被废除了。**所谓的经济规律随着自主市场一起消失。**"①如果自由贸易、经营企业和出售自己劳动力的自由——简而言之，即交换市场——正在成为过去，那么，对新兴社会和政治秩序的批判就不能再采取政治经济学批判的形式了。首先，这种新的社会秩序的**制度结构**不再能够根据它与市场规律以及国家对法制的非个人化管理的关系来界定。社会日益增长的国家化以及国家新的特权创造了制度结构，其社会学意义需要政治经济学之外的新的分析范畴。② 其次，如果所谓的经济规律随着"自主市场"一起消失，那么，新的社会秩序的动力和潜在危机就不能描述为仅仅是内在于经济运行的矛盾。③ 在国家资本主义之下，经济危机要么被悬置，要么被转变。最后，如果市场上的交换自由曾经实现了自由资产阶级社会的规范性理想——个人主义、自由和平等——那么，随着市场在直接控制体系背后的消失，自由主义的规范性理想也一并消失了。仅靠政治经济学批判已经无法触及并理解新的社会秩序的制度结构、规范性意识形态和潜在的危机。

马克思的政治经济学批判同时也是对作为一个整体的资本主义社会形态的批判。在自由资本主义时期，对这种社会形态的批判之所以可以通过政治经济学批判来呈现，原因

---

① 弗里德里希·波洛克：《国家资本主义：可能性与局限性》，《哲学与社会科学研究》，1941年，第201页。

② 马拉莫（G. Marramao）：《政治经济学与批判理论的关系》，载《美学与传播：对政治教育的贡献》，4(11)，1973年4月，第79—93页；安德鲁·阿拉托：《政治社会学与政治学批判》，载阿拉托与吉尔哈特编：《法兰克福学派精华读本》，纽约，1978年版，第3—5页。

③ 穆伊什·普斯通（Moishe Postone）与芭芭拉·布瑞克（Barbara Brick）：《批判理论与传统马克思主义的局限》，见邦伯与霍内斯编：《作为批评的社会研究》；该文的缩节版题为《批判的悲观主义与传统马克思主义的局限》，见《理论与社会》，1982(11)，第617—658页。

有二：首先，根据马克思的观点，社会生产关系通过合法化某种特定的社会财富、权力和权威分配模式来定义自由资本主义的**制度**支柱。在资本主义制度下，经济不仅"脱离"了社会和政治领域的限制，而且这种"脱离的经济"反过来又为社会权力和特权的重新分配提供了机制。其次，资本主义市场中的交换关系为这个社会提供了规范的合法性，以至于随之而来的社会权力和特权的差异被视为自由契约个体的活动结果。"自主市场"体现了自由、同意和个人主义的理想，这些理想提供了这种社会秩序的合法性。正如波洛克所假设的那样，"随着自主市场的消失"，政治经济学批判再也不能成为批判新社会形态的基础。

换句话说，**一个国家资本主义的批判社会理论不可能是国家资本主义的政治经济学批判**，原因有二：随着自主市场在直接的国家控制制度下的消失，财富、权力和权威的社会分配变得"政治化"。这种分配不再是市场规律而是政治指令的结果。要分析国家资本主义的社会结构，人们需要的不是政治经济学，而是政治社会学。随着曾经自主的市场的"政治化"，自由资本主义的规范理想和意识形态基础也发生了变化。国家资本主义的合法化形式必须要加以重新分析：随着自主市场的衰落，"法治"也衰落了；自由主义被变成政治威权主义，最后变成极权主义。①

自 20 世纪 60 年代后期以来在英语世界被称为"法兰克

---

① 在其富有争议的论文《犹太人与欧洲》中，霍克海默分析了欧洲经济自由主义的衰落，考察了反犹主义的作用，即容许部分人通过将犹太人等同于自由企业制度的代表来表达对这一制度的抵触情绪（《社会科学研究》，1939—1940 年，第 115—137 页）。这篇文章表明霍克海默对自由主义向法西斯主义过渡的思考仍存在一定的盲点。他没有区分自由市场制度和自由企业制度以及代议制政府、权力分立、宪法、法治等政治原则。

福学派的社会批判理论"的学说,其核心内容是分析 19 世纪自由资本主义如何一方面转变为大众民主,另一方面转变为国家社会主义(纳粹主义)的极权主义形态。1939 年至 1947 年间,法兰克福学派的成员致力于分析这种转变的经济、社会、政治、心理和哲学后果。波洛克的研究主要集中在政治经济学,弗朗茨·诺伊曼(Franz Neumann)[①]和奥托·基希海默(Otto Kirchheimer)[②]专注于政治社会学和政治理论,而霍克海默、阿多诺和马尔库塞则专注于探讨这种转变的社会学、心理学及哲学后果。[③]

[···]

尽管这一时期关于国家社会主义恰当的政治经济学定

对政治自由主义作用的贬低是法兰克福学派延续正统马克思主义传统并将政治结构与经济结构混为一谈的一种方式。在这方面,弗朗茨·诺伊曼的研究是个例外。诺伊曼对政治自由主义内在矛盾和模棱两可之处的分析,特别是他对"法治"与"主权"之间的矛盾的阐述,仍然是自由主义政治思想史上最好的研究之一。见弗朗茨·诺伊曼:《法治》(索尔纳编译,法兰克福,1980 年版)。该文最初以《法治治理》为题作为博士论文(1936)提交给伦敦经济学院,导师是哈罗德·拉斯基(Harold Laski)。另见诺伊曼论文集《经济、国家与民主》,法兰克福,1977 年版。

① 除上一条注释提到的著作外,参阅弗朗茨·诺伊曼:《庞然大物:国家社会主义的结构与实践》,伦敦,1942 年版;马尔库塞编:《民主国家与威权国家》,格伦科,1957 年版。

② 移居美国之后,奥托·基希海默在哥伦比亚大学担任政治学教授,直至 1965 年。他最重要的著作有《惩罚与社会结构》[与 G. 鲁瑟(G. Rushe)合著,纽约,1939 年];《政治正义:政治目的的法律程序运用》(普林斯顿,1961 年版);《政治与宪法》(法兰克福,1964 年版);《法治国家的作用》(法兰克福,1972 年版)。

③ 参阅阿多诺和霍克海默:《启蒙辩证法》(1947 年德文版),这里使用的是第 7 版(法兰克福,1980 年)。由约翰·库明(John Cumming)翻译的英文版(纽约,1972 年)不甚可靠,本文未采用该版本。参阅霍克海默:《理性的消逝》(1947 年;纽约,1974 年),德文版(法兰克福,1974 年)由 A. 施密特(A. Schmidt)翻译。这个一般性讨论还包括霍克海默的论文《犹太人与欧洲》《专制国家》,英文版收入阿拉托与吉尔哈特编:《法兰克福学派精华读本》,纽约,1978 年版,第 95—118 页,重印于赫尔穆特·杜彼埃尔和阿尔封斯·索尔纳合编的《国家社会主义的经济、权力与国家》(法兰克福,1981 年);《理性的终结》,载《哲学与社会科学研究》,1941 年,第 366—388 页(另见《法兰克福学派精华读本》第 26—49 页)。我将马尔库塞的《现代技术的一些社会意义》(载《哲学与社会科学研究》,1941 年,第 414—439 页)也纳入这个一般性讨论。

义,马尔库塞与霍克海默和阿多诺之间存在分歧[①],但以下几点描述了三者都使用的隐含的社会学模型:

- 自由资本主义和自由市场竞争与自由主义国家、宗法制资产阶级家庭、反叛人格类型或强大的超我有关;
- 国家资本主义(阿多诺和霍克海默)或垄断资本主义(马尔库塞)与法西斯国家、专制家庭和独裁人格类型有关;
- 或者,相同的经济现象与大众民主、资产阶级家庭的消失、顺从的人格类型以及超我的"自动化"有关。

这种社会学模型在生产力组织层面、社会制度结构和人格形成之间建立了功能关系,在这一框架内,"理性化"和"工具理性"的概念被用来描述社会形态的**组织原则**、人格的**价值取向**和文化的**意义结构**。

阿多诺、霍克海默和马尔库塞通过"社会理性化"指出了以下现象:行政管理和政治统治的机器延伸到了社会生活的所有领域。这种统治权的延伸是通过工厂、军队、官僚机构、学校和文化产业等机构更行之有效、更有预测性的组织技术来实现的。将科学技术不仅运用于对外在自然的控制,而且运用于对人际关系和内在自然的操控,使得这些新的组织技术更有效率,更具可预测性。这种科学技术性的控制机器,

---

① 诺伊曼、古兰德和基希海默用垄断资本主义为国家社会主义的政治经济秩序的连续性辩护,波洛克则与阿多诺、霍克海默一道,共同捍卫国家社会主义产生的新的社会秩序。马尔库塞在他的文章《现代技术的一些社会意义》中,一方面赞同诺伊曼和古兰德的连续性观点,另一方面又引入了一个新的"技术性"或"技术"理性概念,来描述国家社会主义下出现的新的统治形式的特征。见《哲学与社会科学研究》,1941 年,第 416 页。

其功能是将工作和生产过程分解为简单的同质单元；这种分解过程伴随着组织单元内部和外部的社会原子化。在组织机构内部，个体间的合作服从于控制机器的规章制度；在组织机构之外，家庭之经济、教育和心理功能的破坏将个体交到大众社会的非个人力量手中。现在，为了生存下去，个体不得不调整自己以适应控制机器。

"理性化"和"工具理性"的范畴被模棱两可地扩展到社会过程、人格形成的动态过程和文化意义结构，这一事实已经表明马尔库塞、阿多诺和霍克海默将社会理性化和文化理性化这两个过程不加区分地叠加在一起，而这正是马克思·韦伯试图区分的。① 这种异质合并给他们带来了一个主要问题：他们接受了韦伯对西方社会理性化**动态的**诊断，同时又从非工具理性范式的立场来批判这一过程。然而，这种非工具理性不再能够在现实中永久地固定下来，而且呈现出越来越乌托邦式的特征。通过这一步骤，"批判"概念发生了根本性的变化。这种被称为"工具理性批判"的理论范式导致

75

---

① "社会的理性化"过程可以从两个层面来进行分析：一方面，它们从制度上发起了一个区分化过程，其结果是，将经济与政治剥离，并归入各自独立的范围，一面是市场与生产，另一面是国家及其行政和司法官僚机构[参阅马克思·韦伯：《经济与社会》，冈瑟·罗斯（Günther Roth）和克劳斯·威蒂奇（Claus Wittich）英译本，伯克利，1978 年，第 1 卷，第 375 页]。在社会行动取向层面，韦伯分析了通过经济、国家管理和法律从实质理性向形式理性过渡的"社会理性化"（参阅《经济与社会》第1 卷第 85、107、178—180、217—226 页，第 2 卷第 666、875—889 页）。20 世纪 40 年代，阿多诺、马尔库塞和霍克海默正是将韦伯分析中的这个方面整合到了他们对国家资本主义的诊断中。奇怪的是，资本主义与官僚行政政治统治之间相互依存的关系，却为他们分析法西斯主义和1945 年战后工业大众民主提供了模型。

韦伯所谓的"文化理性化"，首先指的是各种世界观的系统化（《世界宗教的社会心理学》，见格斯与米尔斯编译：《马克思·韦伯社会学论文选》，纽约，1974 年，第293 页）。他将此描述为一个源于需求的过程，即"世界秩序就其整体性而言，某种程度上是，可能是，应该是一个有意义的'宇宙'"（同上，第 281 页）。这种系统化的努力在所有世界宗教中都有所表现，有时走向一神论，有时走向神秘的二元论，有时又会导致神秘主义。其次，几个世纪以来所有此类系统化的共同点是魔术作用的衰弱（同上，第 290 页）。韦伯将那些走向世界否定伦理的世界观与走向世界肯定伦理的世界观区分开来，通过这个重要的区分对这种文化理性化过程做了分析。参见韦伯：《宗教对世界的拒绝及其方向》，见《马克思·韦伯社会学论文选》第 233 页。

了内在的去拜物教的批判程序的彻底改变,而批判理论的第三种功能,即危机诊断,就消失了。

2. 工具理性批判及其困局

《启蒙辩证法》这个文本对这一新的批判理论范式做出了最明确的阐释,其中包含了第二次世界大战后法兰克福学派的许多理论立场。这是一个艰深难懂的文本[1],大部分内容是根据格雷特·阿多诺(Gretel Adorno)在阿多诺和霍克海默的讨论中做的笔记整理成的。该书完成于1944年,三年后在阿姆斯特丹出版,1969年在德国再版。一半以上的篇幅都是关于启蒙概念的阐述,还有两篇附录,其中一篇是阿多诺论《奥德赛》,另一篇是霍克海默论启蒙与道德。[2]

[· · ·]

在《启蒙辩证法》中,阿多诺和霍克海默坚持认为,启蒙运动能将人类从自我的监护状态下解放出来的承诺,无法通过仅仅作为自我保护工具的理性来实现:"对自然的全球统治反对思想主体本身;除了那个用于我的所有陈述的、永远自我认同的'我认为',思想主体什么也没留下。"[3]为了论证这个观点,他们研究了自我的精神考古学。奥德赛的故事向他们揭示了西方主体性构成中的黑点:自我对"他者"的恐惧在支配他者的文明进程中被克服,在这里,他们把他者等

---

① 参阅最近哈贝马斯的《神话与启蒙的纠葛:重读〈启蒙辩证法〉》,载《新德意志批判》第126期,1982年春—夏,第13页。

② F. 格伦兹(F. Grenz):《阿多诺哲学的基本概念》,见《关于一些问题的解释》,法兰克福,1974年版,第275页,注释26;转引自J. 施姆科尔(J. Schmucker):《阿多诺——衰落的逻辑》,斯图加特,1977年版,第17页。

③ 阿多诺与霍克海默:《启蒙辩证法》,第27页。

同于自然。然而,他者并不是完全异己的,作为自然的自我也是自身的他者,因此,自然的统治只能意味着自我统治。荷马史诗里的自我将自然的黑暗力量与文明进行了区分,表达了人类对于被他性所收纳的最初恐惧。神话讲述了英雄如何通过压抑自然的多样性来构成自己的身份,也表达了这个故事的另一面。人类通过内化受害者来克服对他者的恐惧,并因此付出代价。奥德赛只有心甘情愿地屈从海妖塞壬折磨人的魅惑,才能逃脱她们的召唤。牺牲行为一再表现了人类与自然的黑暗力量的认同,以使人们得以涤净人性本身中的自然性。[①] 然而,正如国家社会主义(纳粹主义)所带来的从文化向野蛮的倒退所表明的,奥德赛的阴险狡猾,即西方理性的起源,一直未能克服人类对他者的最初恐惧。犹太人是他者,是陌生人;是人同时也是低等人。奥德赛的阴险狡猾在于,他试图通过模仿行为来安抚他者,他给独眼巨人库克普洛斯人血供其饮用,与魔女喀耳刻同眠共枕,倾听塞壬的歌声;而法西斯主义通过投射使他者变得像它自己:

> 如果模仿使自己变得与周围的世界一样,那么,虚假的投射则使周围的世界变得与自己一样。如果说对于前者,外部世界是内部世界必须接近趋同的模型,陌生人由此变得熟悉;那么,后者则将内部的紧张状态转化到外部,将熟人践踏为敌人。[②]

起源于借由变成他者来掌控他者的模仿行为的西方理性,通过死亡技术这一投射行为达到了登峰造极的地步,继

---

① 阿多诺与霍克海默:《启蒙辩证法》,第 51、167 页。

② 同上,第 167 页。

而成功地将他者消亡。压制模仿的"理性"不仅仅是其对立面，它本身就是对死亡的模仿。①

在《启蒙辩证法》正文的附录里面有一则短文，题为《对身体的兴趣》，在其中，阿多诺和霍克海默写道：

> 在为人熟知的欧洲历史的下面，还奔流着另外一个潜在的历史。它是由被文明所压制、所放逐的那些人类本能的命运和激情构成的。从目前法西斯主义者的角度来看，隐藏的东西重见天日，在这之中，显在的历史与被民族国家传说和进步的批评一并遗漏的历史的黑暗面共同浮现出来。②

毫无疑问，这种对西方文明潜在历史的兴趣是《启蒙辩证法》一书正文部分所呈现的西方理性潜在历史的指导性的方法论原则。奥德赛的传说、大屠杀的故事、启蒙运动的迷思，以及成为神话的启蒙运动，都是西方历史的里程碑，记录了文明的起源及其向野蛮的转变。

然而，阿多诺和霍克海默强韧的悲观主义，他们对霍布斯、马基雅维利和曼德维尔（Mandeville）这几位"资产阶级的黑暗作家"以及尼采和萨德这样的虚无主义批评家表达的同情，仅仅用那个时候人类历史的黑暗是无法解释的。正如他们自己在 1969 年的序言中所承认的："我们不再坚持本书表达过的任何观点。这与将真理归因于时间内核而不是将其作为永恒不变的东西与历史运动并置的理论是不相容的。"③不过，他们坚持认为，启蒙运动向实证主义的转变，向

---

① 阿多诺与霍克海默：《启蒙辩证法》，第 37 页。
② 同上，第 207 页。
③ 同上，第 ix 页。

"何为事实的神话"的转变,以及知识与对精神的敌视的彻底认同,仍然是压倒性的事实。他们得出的结论是,"正如本书所承认的,朝着全面整合发展的趋势被中断了,却还没被终结"①。全面整合的概念已经呼应了阿多诺对"完全管控的社会"的诊断和马尔库塞的"单向度"观点②。启蒙运动的批判如同它所试图批判的虚假的整体性一样变得整体化了。

这种对启蒙运动的"总体批判"引发了与 1937 年的批判理论概念的根本决裂。人类与自然的关系史并非像马克思希望我们所相信的,呈现为一个解放的动态过程。生产力的发展和人类对自然掌控程度的提高,并没有相应地带来人际统治的减弱。恰恰相反,自然的统治越合理化,社会统治就变得越复杂、越难以辨识。人类作为自然力量利用自然达到目的的劳动活动(马克思),确实例证了人类的狡猾。然而,正如对奥德赛的阐释所揭示的,通过模仿自然以征服自然的努力,是以牺牲的内在化为代价的。劳动确实是欲望的升华;但将欲望转化为产品的客观化行为不是一种自我实现的行为,而是一种导致控制内在本性的恐惧行为。客体化不是自我实现,而是伪装成自我肯定的自我否定。

作为支配自然的劳动和作为自我否定的劳动这两点如果合在一起,则意味着马克思关于物种通过社会劳动实现人性化的观点必须被抛弃。1937 年时霍克海默还认为,社会劳动包含了解放的时刻和理性的内核,而今社会劳动中再也难觅这二者的踪迹。我们不得不到别的例子中去寻找解放和理性。但启蒙辩证法的综合诊断并没有告诉我们究竟到何处去寻找。劳动活动从自我实现转化为升华和压抑的过

---

① 阿多诺与霍克海默:《启蒙辩证法》,第 ix 页。
② 阿多诺:《最低限度的道德》,伦敦,1974 年版,第 50 页;马尔库塞:《单向度的人:发达工业社会意识形态研究》,波士顿,1964 年版。

程,在批判理论的逻辑中创造了一个真空。目前还不清楚究竟哪些活动(如果有的话)推动了物种在演变过程中的人性化,也不清楚批判本身究竟是以哪些活动(如果有的话)的名义发表看法。

[· · ·]

根据阿多诺和霍克海默的观点,文化任务是根据他者的观点来建立自我身份的,理性则是实现这一任务的工具。[1]理性就是自我命名的诡计。语言将对象与概念、自我与他者、自我与世界一一分离。语言掌握外在性,其方式不是像劳动那样让外在性为人类工作,而是将外在性还原为一个同一的基底。尽管在魔术中,名字与被命名之物是一种"亲属关系,而不是意图关系"[2],但是,西方文化进程中取代了魔法符号的概念,却把"存在的多重亲和关系"还原为仅仅是意义构造的主体与无意义的客体之间的关系。[3] 世界的祛魅和魔法的丧失,主要不是从前现代性向现代转变的结果。从符号到概念的过渡已经意味着祛魅。理性抽象试图通过概念和命名来理解世界。抽象只有将具象还原为同一性才能把握具象,也清除了他者的他性。凭着坚持不懈的辩论,阿多诺和霍克海默将文化理性的非理性源头追溯到了作为西方文化深层结构的同一性逻辑:[4]

当宣布一棵树不仅仅是树本身,而且是法术之座的

---

① 阿多诺与霍克海默:《启蒙辩证法》,第62—63页。

② 同上,第13页。

③ 同上。

④ 自从1931年关于《哲学的实在性》的讲座以来,阿多诺一直关注西方理性潜在的同一性逻辑批判。无论阿多诺和霍克海默在这方面存在什么分歧,对一种非话语的、非同一性逻辑的寻求是共同的,无论是在深奥的语言哲学、象征符号还是在物种的集体无意识中,而这是《启蒙辩证法》和《理性的消逝》的共同特征。

见证者，那么，语言就表达了一个矛盾，即某种东西既是自身，同时又是自身之外的另外一个东西，既是同一的，又是非同一的……人们往往把概念定义为其统摄的所有内容的特征化统一，概念从一开始就更多地是辩证思维的产物，因此，每一个都是它是什么，而后来变成了它不是什么。①

正如阿多诺和霍克海默所构想的，社会批判理论的自然结构在此变得清晰可见。**如果启蒙运动和文化理性化的困境只是呈现了同一性逻辑即建构理性的巅峰，那么运用同一个理性工具来实施批判的启蒙辩证法理论便延续了它所谴责的那个统治结构。**启蒙运动批判就跟启蒙运动本身一样，受到这一重负的诅咒。阿多诺和霍克海默自己也承认这一点②，这一点没有解决，而是通过希望启蒙运动批判可以唤起非同一性逻辑的乌托邦原则得到了补偿，一旦它以话语的方式来清晰阐述，就不得不对它予以拒绝否认。启蒙运动的结束，"人性之自然罪恶"的终结，是无法用话语来表述的。如果启蒙运动是同一性逻辑的集大成者，那么对启蒙运动的克服就不过是将存在的权力返还给非同一者、受压制和受统治者。就连语言本身也背负着在命名行为中压制他者的概念诅咒③，因此，我们只能唤起他者，却无法命名他者。就像犹太传统中那个只可唤起而不能呼其名的上帝一样，对理性历史的乌托邦超越不能被命名，只能在人类的记忆中被重新唤起。

---

① 阿多诺与霍克海默：《启蒙辩证法》，第17—18页。
② 同上，第3页。
③ 同上，第16—17页。霍克海默：《理性的消逝》，第181页；《工具理性批判》，第156页。

[• • •]

批判概念本身的转变，是这一被称为"启蒙辩证法"的项目最具深远意义的结果。"启蒙辩证法"也意味着对启蒙运动的"批判"。然而，当人们坚持自主的理性只是为自我保护服务的工具理性而已，那么，康德就"以其自身可能性为条件的理性的自我反思"这一意义上的批判课题被彻底改变了。正如托马斯·鲍迈斯特（Thomas Baumeister）和詹斯·库伦坎普夫（Jens Kulenkampff）的正确观察：

> 古典理性主义哲学以对自身纯粹概念的反思形式，对教条式的假设和不真实的理性内容进行了批判。然而，哲学思想仍然对理性的真正本质以及深藏在其基础中的缺陷视而不见。由此可见，仍然适用于这一理性主张的批判理论不再能够采用先验反思的形式，也不能依赖传统哲学的现有可用形式。只有基于这样一种立场，批判才具有可能性，即我们据此可以质疑支配性理性概念的构成，尤其是质疑理性和自然之间固化的普遍反差。批判理性概念无法从理性的自我保护中获得，而只能以其起源的更深维度为出发点从自然中获得。①

理性以其自身可能性为条件的自我反思，如今意味着对理性谱系的揭示，对理性与自我保护、自治与自然统治之关系的潜在历史的呈现。然而，因为谱系本身应该是一种批判，而不仅仅是历史知识的操练，那么，问题又回来了：批判理论的立场是什么？那个使批判理论可以进行理性谱系反

----

① 托马斯·鲍迈斯特与詹斯·库伦坎普夫：《历史哲学和美学哲学：阿多诺的美学理论》，载《新哲学期刊》1974 年第 6 期，第 80 页。

思的立场是什么？这种反思运用了同一个理性，又试图发现这个理性的病史。[1]

政治经济学批判向工具理性批判的转变，不仅标志着批判**客体**的转变，更重要的是，标志着批判**逻辑**的转变。上文所描述的三个方面，即内在批判、去拜物教批判和危机诊断批判，都受到了质疑。内在批判变成了否定的辩证法，去拜物教批判变成了文化批判，危机诊断则转化为一种具有乌托邦意图的回顾性的历史哲学。

作为否定的辩证法的内在批判

根据阿多诺的观点，内在批判的任务是将"它带来的概念从外部转变为客体对象自身寻求成为的东西，并与之正面相对。内在批判必须将时空固定的客体的刚性化解到一个可能的与现实的张力场中"。[2] 正如黑格尔对本质和现象的辩证关系所分析的，存在之物不是单纯的幻象，而是本质的现象。[3] 现象既揭示同时又隐藏了其本质。如果它没有隐藏本质，那么，它只是幻象；如果它没有揭示本质，那么，它就不是现象。反之，本质也不仅仅是一种不可及的超越。它通过现象在世界上得以体现出来。它是"存在之物非存在的实

---

[1]　在这个语境下，哈贝马斯对阿多诺和霍克海默所实践的"传统的意识形态批判"和"总体性批判"进行了区分："意识形态批判旨在证明，被调查理论的有效性并没有从其起源的背景中解脱出来。它想要证明隐藏在这个理论背后的是权力与有效性之间不可接受的紧张关系，而且正是有赖于这种紧张关系它才获得了承认。"（《神话与启蒙的纠葛》，第 20 页）而总体性批判假设理性"一旦被工具化，就会变得与权力同化，从而放弃其批判权力"（同上）。它被迫"以自己的方式放弃了启蒙运动的极权主义发展，这是阿多诺意识到的践言冲突（performative contradiction）"（同上）。

[2]　阿多诺：《社会学与实证研究》，见格林·阿迪（Glyn Adey）与戴维·福瑞斯比（David Frisby）译：《德国社会学界实证主义争端》，伦敦，1969 年版，第 69 页。

[3]　黑格尔：《逻辑学》，G. 拉森编，汉堡，1976 年版，第 2 卷第 11—12、101—102 页；《黑格尔的逻辑学》，A. V. 米尔译，纽约，1969 年版，第 396—397、479—480 页。

在"。将固定客体的刚性化解到一个可能的与现实的张力场中，就是将本质与现象的统一理解为一种实在。本质界定了存在之物的可能性范围。当现象的现实性在本质的烛照下被理解，即在它潜在可能性的背景下来理解时，现实就变成了实在。它就不再仅仅是自身了；它成为一种可能性的实现，其实在性在于，它总是能将未实现的可能性转化为实在。①

毫无疑问，政治经济学的内在批判的目标也是将政治经济学从外部带来的概念转变为"客体对象自身寻求成为的东西"。通过揭示政治经济学的范畴如何将自身转化为其对立面，马克思也将存在化解为"一个可能的与现实的张力场"。用黑格尔的话说，内在批判总是一种客体批判，同时也是一种客体概念的批判。将客体理解为实在，则意味着表明客体所指之物是假的。客体的真实性在于，它被赋予的真实性只是一种可能性，一种由一系列其他可能性定义的可能性，一种并非如此的可能性。否定存在之物的真实性意味着承认："众所周知是因为它是众所周知的，而不是为人所知的。"②这意味着实体化存在之物的认知模式并不是真正的知识。真正的思辨知识，即概念的立场，是抓住现象与本质的统一，理解实在之物因为是可能的，也就是必然的；因为是必然的，也就是可能的。

正是为了破坏黑格尔假定的概念与客体对象、现象与本质、可能性与必然性的思辨同一，阿多诺将内在批判转化为否定的辩证法。③ 否定的辩证法就是不断地将概念转化为

81

---

① 黑格尔：《逻辑学》，G. 拉森编，汉堡，1976 年版，第 2 卷第 180—184 页。《黑格尔的逻辑学》，第 550—553 页。

② 黑格尔：《精神现象学》，J. 赫夫迈斯特编，汉堡，1952 年版；《黑格尔的精神现象学》，A. V. 米尔译，牛津，1977 年版，第 18 页。

③ 阿多诺：《否定的辩证法》，法兰克福，1973 年版，第 32—42 页。

其对立面,将所是转化为似是而非。揭示它可能是并不意味着假定它必须是。恰恰相反,否定的辩证法力图证明,必然性与可能性没有和解的终点,也没有彼此洞穿的终点。事实上,阿多诺的任务是证明存在之物的过剩,证明对象违背其概念且概念必然无法寻找到其本质。阿多诺破坏了他所实践的内在批判的概念性预设。否定的辩证法成为一种纯粹否定性的辩证法,一种永远违抗实在性的辩证法。否定性的话语恰恰拒绝了马克思的可能预设:洞察存在之物的必然性也会走向对可能存在之物的理解,而这个可能之物是值得为之奋斗的。否定的辩证法恰恰相反,它否认解放的实在具有一种内在的逻辑。[①] 否定性、非同一性,以及对思想追求同一性的激情的去神秘化,都无法保证解放的效应。或者,用阿多诺的话说,它们之所以保证这些结果是解放性的,正是因为它们拒绝作出任何保证。阿多诺抛弃了内在的逻辑,却保留了内在批判。只要内在批判的方法预示着概念与现实之间更趋透明或充分的内在逻辑发展,批判就成为辩证法,一种由思想和存在的同一性信念引导的必然性神话。阿多诺虽然否认思想与存在的同一性,却坚持二者的调和:

> 整体性是一个调解范畴,它不是直接的控制与征服……社会整体性不会使其自身的生命超越和凌驾于它所整合和构建的部分。它通过个体的时刻实现自己的生产和再生产。[②]

否定的辩证法的任务是,揭示直接性的中介本质,而又

---

① 阿多诺:《否定的辩证法》,第295—354页。

② 阿多诺:《论社会科学的逻辑》,见《德国社会学界实证主义争端》,第107页。

不因此陷入一种所有直接性都必须经受中介的错觉。只有当整体性变为极权主义，当所有非同一性、他性和个体性的时刻都被吸纳到整体性中时，情况才会如此。

随着自由市场经济向组织化的资本主义转变，资产阶级个人主义的经济基础也被破坏了。通过自己的努力和活动在市场交换关系中实现了自由和平等的个人，现在却成为历史的时代错误。资产阶级意识形态的规范性批判再也不能作为政治经济学批判来实施。资产阶级社会的发展破坏了自己的理想。意识形态批判不仅无法再将既定规范与实在性并置，而且，它还必须揭开正处于消除规范过程中的实在性的神秘面纱，这个规范一度提供了其合法性的基础。规范批判必须当作一种文化批判来操作，既要揭开文化的神秘面纱，又要呈现文化内潜在的乌托邦可能性。①

作为文化批判的去拜物教批判

虽然马克思对商品拜物教的分析继续为文化批判提供了模型，但这种范式在阿多诺和霍克海默的研究中经历了严肃的修正。对商品拜物教的分析是围绕一种隐喻建构起来的，这个隐喻是将社会和历史现象作为"自然现象"的具体化。由于商品交换掩盖了商品生产的过程，市场规律掩盖了通过具体的人类活动和人际关系构建的准规律，去拜物教话语将生产与交换、使用价值与交换价值、人类的建构性活动与文化现象相提并论。交换关系自治领域的消失改变了马克思赋予生产的本体论优先权。生产领域与流通领域的关

① 阿多诺：《文化与管理》，见《社会学文集》第1卷，法兰克福，1979年版，第131页。

系,不再是本质与现象的关系。随着生产领域的日益合理化以及生产与交换的日益一体化,垄断资本主义开始发展成为一种社会现实,在这里,所有的对比都消失了,所有替代现在的可选方案都变得令人难以置信。早在 1941 年,霍克海默就将社会现实的这种转变描述为"语言向符号系统的语义分解"①。根据霍克海默的说法,个体

> 没有梦想,没有历史……总是高度警觉,时刻准备,总是瞄准直接的实际目标……他把所说的话只是当作传达信息、指引和命令的媒介。②

随着自我及自我反思理性的衰落,人与人之间的关系走向了这样一种境地:凌驾于所有人际关系之上的经济规则、商品对生命整体性的普遍控制,变成了一种新的、赤裸裸的命令与服从形式。③

83　　这种统治的整体化,即人类语言在其中消失的符号系统的整体化,不再表现为一种否定其自身历史性的准自然性领域。相反,自然与文化之间,即第一自然与第二自然之间的对比反差开始消失。④ 统治的整体化意味着对自然本身与日俱增的操控。自然与文化之间的矛盾对立现在变成了自然对文化的复仇。马克思已经揭开了历史自然化的神秘面纱,而批判理论家则试图将自然历史化去神秘化。这是被压制的自然对法西斯主义所操纵的整体统治的反抗,是被压制的自然在大众工业中以性、愉悦和虚假幸福的形象反复流通

---

① 霍克海默:《理性的终结》,见《哲学与社会科学研究》,第 377 页。
② 同上。
③ 同上,第 379 页。
④ 《今日之文化让一切变得千篇一面》,阿多诺与霍克海默:《启蒙辩证法》,第 108 页。

的反抗。对内在和外在自然的压制已经发展到如此前所未有的程度，以至于对这种压制的反抗本身成为新的剥削和操纵的对象。在这样的条件下，商品"拜物教"并没有将历史歪曲为自然，而是利用被压制的自然的反抗来神秘化我们身内和身外对自然的社会剥削。用阿多诺的话说，交换价值不再掩盖使用价值的产生；恰恰相反，商品现在彼此竞争，纷纷呈现为直接的使用价值，满足了人们对手工制品，对原始自然、简朴和非人为制品的怀旧情绪。在自由资本主义阶段，使用价值是交换价值的载体，而在有组织的资本主义阶段，交换价值是可以明码标价的，因为它呈现为无中介的使用价值的载体，这种交换价值的"自发"性是广告业诱惑我们去享用的。法西斯主义制度下自然的野蛮化，大众传媒和文化产业对自然的诱惑性剥削，以及保守主义文化批评表达的对自然和有机世界的怀旧情绪，都有一个共同的特点：它们都操控受压制的自然的反抗，将之变成屈服、遗忘和伪幸福。[1]

作为有乌托邦意图的回顾性历史哲学的危机诊断

如果有组织的资本主义已经消灭了自治市场，如果竞争的个人资本的非理性被一套垄断的国家控制制度所取代，那么，这些社会中的经济危机趋势和潜力又会变成什么呢？在1941年的文章中，波洛克已经宣称，这套制度管理与控制危机的能力大得出人意料。[2] 在战后时期，批判理论家们强

---

[1] "社会以永恒的有组织的强制形式不断威胁自然，这种威胁在个体中再现为持久的自我保护，作为对自然的社会统治反击自然"，阿多诺与霍克海默：《启蒙辩证法》，第 162 页。

[2] 波洛克：《国家资本主义》，见《哲学与社会科学研究》，第 217—221 页。

调,有组织的资本主义在不消除制度不合理性的情况下消除了潜在的危机。资本主义的制度不合理性不再表现为社会危机。对于这种现象,不仅仅是经济,而且文化的转变也是需要负责任的。

在《爱欲与文明》中,马尔库塞对工业技术文明条件下社会危机的不可能性做了如下概括:使克服工业技术文明成为可能的客观条件,也阻止了这种转变所必需的主观条件的出现。① 合理化的悖论在于,在祛魅的条件下,个人无法看到可能导致自由丧失逆转的条件。在工业技术文明中,科学技术转化为生产力以及随后从工作过程中消除直接劳动,为终止自由丧失提供了真正的可能性。个体不再将劳动当作一种为了完成特定任务动用有机能量的痛苦过程。劳动过程变得与人力无关,越来越依赖于人类集体努力的组织和协调。马克思在《政治经济学批判大纲》中早已分析过,直接劳动在工作过程中重要性的逐渐消失并没有带来社会文化对个人控制的相应减弱。

恰恰相反,权威关系的非人格化与合理化带来了个体身份形成动态过程中的相应转变。② 随着家庭中父亲角色地位的衰落,反对权威的斗争便失去了它的焦点:自我无法实现个性化,因为丧失了与之斗争的个人形象,他再也无法体验到个性化身份形成那种高度个人化和异质化的过程。在俄狄浦斯反对人的形象的斗争中无法解除的攻击性随后被内化并产生了罪恶。③

"个体与其文化之间活生生的联系"的弱化,是自主人格

---

① 马尔库塞:《爱欲与文明:对弗洛伊德哲学思想的探讨》,纽约,1962年版,第84页。下文将主要围绕这一文本讨论。

② 马尔库塞:《爱欲与文明:对弗洛伊德哲学思想的探讨》,法兰克福,1979年版,第80—81页。

③ 同上,第88—89页。

消失最为深远的后果。^① 伦理实体消失了。工业技术文明中伦理实体的消失抽干了群体反抗的文化源泉，那个一直以纪念过去的反叛之名发起的群体反抗的源泉枯竭了。作为集体记忆储存库的文化的丧失威胁着文明本身的活力：反抗，镇压，重新反抗。当文化不再是一个活生生的现实时，被镇压者以纪念未实现的和背叛的承诺之名义进行的反抗，在当前将不再具有历史可能性。

现代工业技术文明的转变，必须以释放被遗忘、被镇压、被否定的意义以及对历史既往反抗乌托邦式的希冀与热望的记忆行动为起点。马尔库塞没有批判西方的本体论和同一性逻辑，而是重新建构了西方本体论潜在的乌托邦维度。通过揭示西方本体论展开的双重结构——逻各斯（Logos）与爱欲（Eros）、时间永无止境的流逝与超越一切时间的愿望、存在之恶的无限性与存在的充实之间的两极对立——马尔库塞坚持维护了记忆的救赎功能。^②

然而，正是因为历史现在是以一种否定自己的过去、否定自己的历史的方式展开的，这种救赎的记忆无法在连续统一的历史中被重新激活。由工业技术世界创造的单向度的社会，消除了它在其中得以发展并呈现的本体论视野。这意味着以救赎理论为名的社会批判理论本身就外在于历史的连续性；为了努力消除时间的支配，它求助于记忆，希望从时间之外的点来终结所有的时间。^③ 通过恢复爱欲和逻各斯、"水仙花"美少年那喀索斯和俄狄浦斯之间的两极对立，马尔

---

① 马尔库塞：《爱欲与文明：对弗洛伊德哲学思想的探讨》，法兰克福，1979 年版，第 93 页。

② 同上，第 198—199 页。

③ "把自己抛向意识的爱欲被记忆所驱动；凭借记忆，它反对剥夺的秩序；利用记忆在时间统治的世界中克服时间。"同上，第 198 页。

库塞试图揭示被解放的感性具有的革命潜力。那喀索斯以一个新的本体论原则的信使身份出现。[1] 要转变成一种新的伦理道德,这种新感性的颠覆潜力必须重新融入历史组织中;但根据单向度理论的观点,不存在承担这一过程的集体性历史载体。

然而,如果理论所唤起的救赎记忆的颠覆性潜力仍然处于历史的连续统一之外,那么,批判理论难道不是承认了一个根本的难点,即其自身不可能的条件? 批判社会理论从社会基本结构可能转变的立场分析了现存社会,并根据这种预期的转变来解释新出现的需求和冲突。如果它恰恰是批判必须拒绝的历史的连续统一体,那么,它所阐明的被解放了的社会的愿景就成了一个特权之谜,与历史进程的连续统一体内产生的需求和冲突的内在自我理解毫无关联。批判理论要么必须修改单向度的一维论观点,要么必须质疑它自身的可能性。克劳斯·奥弗(Claus Offe)在 1968 年就认识到了这一点:批判理论"必须要么限制有关包罗万象的操纵的论证,承认抑制的理性体系内部存在结构性漏洞,要么必须放弃,不再声称它能够解释其自身可能性的条件"。[2]

这种批判不仅适用于马尔库塞的分析,同样也适用于一般被定义为"工具理性批判"的理论范式。如果认为社会理性化已经消除了社会结构中的危机和冲突倾向,认为文化理性化已经破坏了自主人格类型,那么,批判理论就不再在**预期的**未来变革视野中移动,而是不得不退回到过去的希望和回忆的**回顾性**立场。批判理论看取活生生的现在的

① 马尔库塞:《爱欲与文明:对弗洛伊德哲学思想的探讨》,法兰克福,1979 年版,第 146—147 页。

② 克劳斯·奥弗:《技术与单向度:专家政治的一个版本》,见哈贝马斯编:《对马尔库塞的回答》,法兰克福,1978 年版,第 87 页。

视角,不是未来可能发生的变革,而是过去的立场,因此,批判理论变成了批判思想家对这一历史过程整体性的回顾性独白。

[· · ·]

人们可以用两种方式来解释这种结果。首先,人们可以宣称社会批判再次成为马克思早期作品中嘲笑的批评,而社会批判理论必须证明其明确的规范性承诺是正当合理的。其次,人们可以争辩说,批判理论不仅仅是纯粹的批评,因为它仍然诉求于晚期资本主义社会自我理解所固有的规范和价值观,但是所诉求的规范的**内容**已经被改变了。

根据第一种解释,批判变成了纯粹的批评,其原因如下:如果晚期资本主义社会潜在的危机和冲突被消除了,如果这种社会结构破坏了政治经济学批判可能暗中吁求的理性、自由和平等的规范,更进一步说,如果历史与自然、文化与非人的自然之间的界限变得无法辨认,那么,批判理论可以诉诸的规范标准在哪里?它们如何被证明是合理的?批判理论家必须要么以只有他有权利用的未来乌托邦愿景的名义发言,要么必须在抹除了自己过往历史的文化中扮演记忆和良心的角色。这种乌托邦愿景和回顾性记忆都不是以这种文化和社会结构的自我理解所产生的规范和价值观为基础的。评论家的立场超越了当下,并将历史若未遭到背叛情况下的**应然**之物或**可能**之物与存在相提并论。因此,批判本身就是一种明确的标准探究模式。马克思对纯批评的评论现在也可以应用于法兰克福学派本身的立场:

> 批判主体相信自己以一种诉求的方式保留了真正的自由生活和历史未来,他们的反思对所有情况依然是自以为是的;马克思早就认识到了鲍威尔兄弟拥有的这

87

种特权，因此，嘲讽地称之为"神圣家族"。①

　　这种解释将法兰克福学派的立场归约为"神圣家族"的立场，要反驳这种阐释，我们可以说，虽然政治经济学批判不再充当法兰克福学派的范式，但具有解放内容的晚期资本主义社会的文化依然存在内在的规范与价值观。然而，这些规范和价值观不再由理性主义的自然法理论提供，自然法理论在自由资本主义社会制度中的体现被马克思视为理所当然。它不再是资产阶级公共领域的规范，不再是自由市场和自由主义国家的规范，实践着批判可以诉求的法治。随着政治统治向理性管理的转变，自然法传统的理性和解放内容已被清空。解放的标准在公共结构和体制结构中不再是内在的。相反，它们必须到文化、艺术和哲学尚未兑现的乌托邦承诺中去寻找（阿多诺），或者到反抗压迫社会的献身要求的人类主体性的深层结构中去寻找（马尔库塞）。

　　　　因此，那个坚决认为绝对精神具有未兑现的乌托邦可能性的阿多诺，会以下面的句子开始《否定的辩证法》："哲学，那个一度似乎被战胜的哲学，依然还活着，因为哲学现实化的瞬间已被错过。"②既然哲学没有兑现具有理性现实性（黑格尔）或者成为即将实现理性的群众的物质武器（马克思）的承诺，那么，它就必须进行无情的自我批判。哲学的这种自我批评必须重新激活哲学赖以继续存在的幻想，即哲学可以成为现实的幻想。这种幻想必须被去神秘化，因为它暴露了概念思维的傲慢自大，认为未被思考的其他东西都只是思想现实化的载体。现实不是思想倾空自己的容器，尽管追求思

----

　　①　鲁迪格·布勒纳（Rüdiger Bubner）:《这是批判理论吗?》，见《诠释学与意识形态批判》，法兰克福，1971年版，第179页。
　　②　阿多诺:《否定的辩证法》，第15页。

想和现实的统一的努力的确赋予了哲学其存在的理由。这个难题不能被放弃，而是要通过否定的辩证法不断地实践和复兴。阿多诺将他自己的批评命名为"不和谐"。思想与现实、概念与客体对象、同一性与非同一性之间的不和谐，正是必须揭示的东西。① 批评者的任务是阐明整体性中的那些裂缝、社会网络中的那些豁口，以及那些不和谐、不一致的瞬间，借此揭示整体性的不真实，呈现另一种生命的闪光。在一篇论述晚期资本主义社会中社会冲突的可能性的文章中，阿多诺因此提出了惊世骇俗的说法，认为社会潜在的冲突不在有组织的集体抗议和斗争中，而是要到诸如笑声这样的日常姿态中去寻找："所有的集体笑声都产生于这种替罪羊的心态，是释放敌意的快感和不允许这么做的支配性谴责机制之间的妥协。"② 当人们要求对社会冲突进行严格的社会学定义时，就堵住了通向不可理解的经验的道路，而这些经验的"细微差别同样包含了暴力的痕迹和可能的解放的密码"③。

通过解放的不和谐这一方法，阿多诺成为一个先进文明的民族学家，试图揭示隐含的抵抗和痛苦时刻，在这些时刻，人类违抗受管理的世界的潜能变得昭然若揭。阿多诺所吁求的这些可能的解放的"密码"能否证明批判理论之规范性立场的正确性，目前尚不清楚。认为工具理性批判表达了"神圣家族"的特权话语，这一指控还没有得到回复。从政治经济学批判向工具理性批判的过渡，不仅改变了批判的内容，而且也改变了社会批判和意识形态批判的逻辑。

----

① 阿多诺：《晚期资本主义还是工业社会》，见《社会学文集》第1卷，第369页。
② 阿多诺：《今日社会冲突评论》，见《社会学文集》第1卷，第193页。
③ 同上。

第4章 作为"我"之功能形成的镜像阶段

雅克·拉康（Jacques Lacan）

我在十三年前上届大会上提出的镜像阶段的概念，虽然此后曾或多或少地被法国学派应用于实践，但我认为还是有必要再次提出以重新引起大家的注意，尤其是在当下，因为这个概念使我们对精神分析中体验到的**我**的构成有更明晰的洞见。[①] 这种经验引导我们反对一切直接源自**我思**的哲学。

你们当中有人或许还记得，我们是以那个由比较心理学事实阐明的人类行为特征作为出发点的。人的童年有一段时间（不管这段时间多短），其工具性智力虽不及黑猩猩，但已经能够认出镜子中自己的形象之类的东西。这种认识表现在"顿悟"的启蒙性模仿中，在沃尔夫冈·柯勒（Wolfgang Köhler）看来，它是情境统觉这一智力行为关键时期的表达。

大猩猩一旦理解了图像，发现它是空的，就对此失去了兴趣；孩童却不一样，他会立刻产生一连串的动作反应，顽皮地去体验镜中形象的种种运动与投射的环境之间的关系，体验这个虚拟的混合体与其复制的现实之间的关系，包括与他自己的身体、与他身边的人或物的关系。

---

① 英译者注："我"在这里及全文中翻译拉康的"je"，例如在"le je"中；而"自我"翻译的是"le moi"，在精神分析文献的标准意义上来使用该术语。参见下条注释。

自鲍德温（Baldwin）以来我们就知道，这样的情况从六个月时就可能发生，它的反复出现常常促使我们思考乳婴在镜子前面的惊人举动。他还不会走路甚至站立，被局限在成人的或人造的（在法国，我们叫作"宝宝学步椅"）某种狭窄的支撑物中，可是他一阵欢愉地扑腾，越过了支撑物的羁绊，保持前倾的姿势，从而捕捉到这个形象的瞬间模样，并在凝视中将其固定保存下来。

在我们看来，这项活动将我们赋予它的意义一直保留到十八个月龄大。该意义不仅揭示了迄今仍有争议的力比多活力，也呈现了与我们对偏执知识的反思相一致的人类世界的本体论结构。

我们只需将镜像阶段理解为**一种认同**，一种分析理论所赋予该术语的充分意义上的认同，即当主体有了一个形象时在他身上发生的转变，分析理论中对**意象**（imago）这个旧有术语的使用已经充分表明了它对这种阶段效应的预言。

处在**婴儿**阶段的小孩，虽然还不太会运动，还依赖大人的喂养，却欣欣然地接纳自己的镜中映像，这种欣然接受似乎展示了一种典型情境中的象征矩阵，在这个矩阵中，**我**以一种原始的形式沉淀，然后，它在与另一方的认同辩证法中被客体化，语言开始恢复在普遍意义上作为主体的功能。

如果我们想要把这种形式归入一个熟悉的图式，将它当作次级认同的根源，我们将力比多正常化的功能也归为次级认同；那么，我们就应该把这种形式称为**理想-我**（Ideal-I, je-idéal）①。但是重点在于，这种形式将**自我**的实例于社会限定之前安置在一个虚构的方向上。对于单个个体而言，这个方

---

① 在这篇文章中，我们保留了之前翻译弗洛伊德的"理想-我"的译法而未做特殊说明，除非我们不再坚持这个译法。

向始终是不可还原的,或者更确切地说,它只会渐进地重新加入主体的发展,不管他必须借以作为**我**来解决他与其自身现实不一致的那些辩证合题成功与否。

作为格式塔的身体

主体在幻象中借以预见到自己能力成熟的身体的整个形式,事实上仅仅是作为**格式塔**赋予他的;也就是说,是以一种外在性赋予他的。在这种外在性中,该形式显然更多的是构成性的而不是被构成的,呈现给主体的首先是将其凝固的一种相对尺寸和将其反转的一种对称性,它们与主体感到模仿他的激烈运动形成了矛盾。这个**格式塔**的孕育过程应该被认为与物种有关,虽然它的运动风格仍然无法辨认,因此,格式塔表现出的上述两个方面象征着**我**的精神永久性,同时也预示着它的异化终点;它怀有的对应关系,将**我**与人类投射自己的雕像,与操纵他的幻影,最后与他创造的世界在一种含混关系里趋于完成的自动化结合起来。

事实上,我们很荣幸能在日常经验和符号功效的隐藏地带一睹**意象**遮遮掩掩的面孔轮廓①。如果我们依照幻觉或梦中呈现出的**我们自己身体意象**的镜像特征行事,无论它是否与其个体特点有关,甚至是否涉及其缺陷或客体投射;或者,如果我们注意到无论多么异质的心理现实都会在**双重镜像**中自我呈现的镜子装备的作用,那么,在涉及意象的地方,镜像似乎就成为可见世界的门槛。

格式塔应该能够在有机体中产生形成效应,这可以用一

---

① 参阅克劳德·列维-斯特劳斯:《结构人类学》,伦敦,1968年,第十章。

个生物实验来加以证明,但这个实验本身与心理因果关系的概念格格不入,因此无法用心理因果关系的术语来阐释实验结果。尽管如此,该实验还是认识到,雌鸽的性腺要达到成熟,一个必要条件是,它必须看到一个同类,不管是同性还是异性。这也是一个充分条件,只要将一只鸽子放在一面镜子的反射范围内,便可以得到期望的结果。迁徙的蝗虫的例子也是如此。只要让单个蝗虫在某一阶段接触一个相似形象特有的视觉行动,条件是这个形象的动作与蝗虫这一物种的特征足够接近,就可以看到蝗虫在一个世系中完成从独居形式到群居形式的过渡。这些事实都被记录在等价物认同序列中,其本身落入了作为形成性的和性感应的美的意义这一更大的问题范畴。

但是,当模仿事实被视为异形认同情况时,它们提出了空间对于有机体的意义问题,因此对我们同样具有启发性。比起试图将它们化简为所谓适应的首要法则的那些可笑的努力,心理学的概念未必更不适合于说明这个问题。我们只需回想一下罗杰·凯洛瓦(Roger Caillois)的做法(他当时还年轻,并且刚刚与曾培养过他的社会学派决裂),他使用"**传奇的神经衰弱**"这一术语,将形态模仿在其虚化效果上归类为对空间的偏执。

在将人类知识以偏执性方式①结构起来的社会辩证法中,我们自己已经证明,就其与欲望力领域的关系而言,为什么人类知识比动物知识具有更大的自主性,又为什么人类知识被限定在被超现实的不满所抨击的"现实缺乏"的方向上。这些思考促使我们甚至在社会辩证法之前就从镜像阶段表现出来的空间捕获中认识到了人类在自然现实中的器质性不

96

————————

① 参阅雅克·拉康:《拉康选集》,巴黎,1966 年,第 111、180 页。

足的影响，如果我们将任何意义赋予"自然"这一术语的话。

因此，我们倾向于将镜像阶段的功能视为**意象**功能的一个特例，该功能将建立起有机体与其现实的关系，或者，如人们所说的，建立起**内部世界**与**外部世界**的关系。

然而，在人类身上，这种与自然的关系在子宫中就被一种有机体的开裂损害，这是一种原始的不协调，其症候是新生儿头几个月的不适征象和运动失调。椎体系统在解剖学上的不完整性以及母亲生命体的体液残存，这些客观概念证实了我们提出的观点，即人类具有真正的**特定的早产**这一事实。

顺便提一下，这个事实已经得到胚胎学家的充分认识，他们使用的**胎化**这一术语确定了中枢神经系统的所谓高级装置特别是皮质的患病率，精神外科手术引导我们将皮质视为机体内的镜子。

这种发展是一种时间的辩证法，它决定性地将个体的形成投射到历史中；**镜像阶段**是一部戏剧，其内部冲动从力量不足发展到预期，为受制于空间认同诱惑的主体制造出接连不断的幻影，从支离破碎的身体形象，到我们称之为整形术的整体形式，再到最后假装披上陌生身份的甲胄，牢牢地将其结构烙印在整个主体的心智发展上。因此，从**内在世界**到**外在世界**循环圈的断裂，会造成**自我**清查的无穷积分。

碎片化的身体

当分析运动在个体身上遭遇一定程度的攻击性崩解时，碎片化的身体，这个我引入理论参照体系中的术语，便会时常出现在梦中。然后，它会以分离的四肢、内视镜下的器官的形式出现,因肠道压迫长出翅膀,拿起武器,这副面目正是耽于幻想的波兰画家希罗尼穆斯·波希(Hieronymus Bosch)在绘画中定格的,在 15 世纪达到了现代人想象的巅峰。但是,这种形式在有机层面上,在界定了人体幻想的"脆弱化"线路中,甚至呈现得触手可及,就像歇斯底里的精神分裂症和痉挛症状表现出来的那样。

相应地,"我"的形成在梦中是由一个堡垒或体育场象征的,被沼泽和垃圾堆环绕的内场和围栏,将堡垒或体育场划分为两个相对的竞技场,主体在那里艰难前行,寻找着高耸而遥远的内在城堡,它的形状(有时会并置出现在同一个场景中)以惊人的方式象征着**本我**。同样,在精神层面,我们发现防御工事的结构已经实现,这个隐喻是自发产生的,就好像是从症状本身发出的,其目的是描述强迫性神经症的机制——倒错、隔离、重复、取消和置换。

但是,如果我们仅仅以这些主观材料为立论依据,并且与原本可以使我们从语言技巧中派生出理论观点的经验条件剥离开来,那么,我们的这些理论尝试就得继续因为将自己投射到一个不可思议的绝对主体而遭到指责:这就是为什么我们必须要在以客观数据为基础的当前假设中找到一个**象征还原法**(a method of symbolic reduction)的指导矩阵。

它在**自我防御**中建立了一个与安娜·弗洛伊德(Anna Freud)小姐在其大作第一部分中表达的愿望相符合的基因顺序,并将歇斯底里的压抑及其反复(相较于我们经常说的偏见)而不是强迫性的倒错和隔离过程放在一个更古老的阶段,而后者是始于镜像**我**转变成社会**我**的偏执性异化的初步阶段。

通过与同伴**意象**的认同以及对原始嫉妒的戏仿[夏洛特·布勒(Charlotte Bühler)学派在婴儿**互易感觉**

（transitivism）现象中高度重视的］，镜像阶段结束的时刻，开始了由此将**我**与社会具体情境联系起来的辩证法。

正是这一时刻借助他者的欲望决定性地撼动了媒介化的整个人类知识，经由他者的竞争在一种抽象的对等中建构起自己的客体对象，并使**我**进入那个系统：每一个本能冲动都将构成危险，即使这个冲动对应的是自然成熟——在人类中，这种成熟的正常化因而依赖于某种文化的中介，正如俄狄浦斯情结之于性对象那样。

根据这种观点，分析学说用来指称这一时刻特有的力比多投资的**原初自恋**这个术语，显示了其创造者们对语义潜在性状的深刻感悟，但它同样也阐明了那种力比多与性的力比多之间的动态对立，当它们引起破坏性的甚至死亡本能时，他们试图去界定它们，以解释自恋力比多与**我**的异化功能之间显而易见的联系，解释**我**在与他者的任何关系中释放出来的攻击性，即使是最乐善好施的帮助关系也会释放出的进攻性。

存在主义

他们触及了其现实受到当代存在与虚无哲学热情鼓吹的那种存在的否定性。

但不幸的是，那种哲学只在意识的自足范围内来把握存在的否定性，作为其前提之一的意识的自足，联系着自我的构成性误认以及自我赋予的自主性假象。这种幻想的飞行非同寻常地借用了精神分析的经验，最终假装提供了一种存在主义的精神分析。

在一个社会历史性地试图拒绝承认具有功利主义之外

的其他功能的高潮时期,在个体面对似乎要将这种尝试推向成功之巅的社会纽带的集中形式而生的痛苦之中,存在主义必须通过对实际上由它产生的主体困境的阐释来加以评价判断:一种只有在监狱的高墙下才如此真实地显示出来的自由;一种表达了纯粹意识无法掌控任何情况的无力感的承诺需求;一种性关系的偷窥狂-施虐狂的理想化;一种只在自杀中得以实现的人格;一种只有通过黑格尔式的谋杀才获得满足的他者的意识。

我们所有的经验都是否定这些命题的,因为经验教导我们不要将自我看作**感知-意识系统**的中心,也不要将自我设想成是由"现实原则"组织起来的,这一原则表达了对知识的辩证法抱有最深敌意的科学主义的偏见。我们的经验表明,我们应该以**误认功能**为出发点,这一功能表现了**自我**在其所有结构中的特征,对此安娜·弗洛伊德小姐有出色的阐述。因为如果**否定**代表了误认功能的显在形式,那么,其效果只要没有被展示**本我**的死亡航班的反光照亮,在绝大多数情况下就依然是潜伏的。

我们因此可以理解**我**之形成的惰性特征,并从中发现对神经症最为宽泛的定义:情境对主体的捕获给出了对疯狂最普遍的概括性表述,既指疯人院高墙后面的疯狂,也指那种以声音和狂怒震慑世界的疯狂。

神经症和精神病的痛苦对我们而言是灵魂的激情学校,就好像精神分析天平的秤杆,当我们计算它们对整个社区的威胁的倾斜程度时,指示了城市激情的逐渐消弱。

在这个自然与文化的结合处,现代人类学进行了如此持久不懈的关注,但只有精神分析学认识到了这个想象的束缚之结:爱必须总是要么将它拆解,要么将它斩断。

对于这项工作,我们不依赖于任何利他主义的感觉,因为我们揭露了隐藏在慈善家、空想家、教育家甚至改革家们活动背后的侵略性。

在我们维护的主体诉诸主体的过程中,精神分析可以陪伴病人达到"你就是这样"的狂喜极限,在那里向他呈现出凡人命运的密码,但并不是单凭我们作为从业者的力量将他带到真正的旅途开始的那个起点。

——拉康于 1949 年 7 月 17 日在苏黎世第十六届国际精神分析大会上作的报告。根据让·鲁塞尔(Jean Roussel)的英译本翻译。

第5章 意识形态与意识形态国家机器——研究笔记

路易·阿尔都塞(Louis Althusser)

关于生产条件的再生产①

正如马克思所说,连每一个孩子都知道,一种社会形态如果在进行生产活动的同时不能对生产条件进行再生产的话,连一年也维持不了。② 因此,生产的最终条件是各种生产条件的再生产。它可能是"简单的"(复制原有的生产条件),也可能是"规模扩大的"(扩展原有的生产条件)。让我们暂时忽略后面这种情况。

那么,什么是**生产条件的再生产**呢?

在这里,我们进入了一个自《资本论》第二卷发表以来就为人们所熟悉却又恰恰被人们忽略的领域。孤立的生产观点甚或(在与生产过程的关系中本身就是抽象的)纯粹生产实践的观点,其顽固的显而易见性(在意识形态上显然属于经验主义的类型)已经如此深刻地与我们的日常"意识"融为

① 本文由作者当时正在撰写的研究著作中的两篇摘要连缀而成。副标题"研究笔记"系作者自己所加。文中阐述的观点亦应看作讨论的导引。

② 《马克思致路·库格曼》(1868 年 7 月 11 日于伦敦),《书信选》,莫斯科,1955 年版,第 209 页。

一体,以至于我们要提请大家接受**再生产的观点**,若非绝不可能,也是极其困难的。然而,脱离这个观点,所有的一切都仍旧是抽象的(歪曲的,这比片面更糟糕),甚至在生产层面也是如此,更不用说纯粹实践层面了。

让我们试着系统地来考察一下这个问题。

简而言之,我的观点是,如果假定任何社会形态都产生于一种占主导地位的生产方式,我们就可以断言,生产过程使生产力在特定的生产关系之中并在其制约之下发挥作用。

由此可见,为了生存,也为了能够进行生产,任何社会形态都必须在生产的同时进行生产条件的再生产。因此必须进行:

1. 生产力的再生产;

2. 现存生产关系的再生产。

生产资料的再生产

因为马克思在《资本论》第二卷中做出了令人信服的证明,现在所有人(包括那些从事国民经济核算的资产阶级经济学家或者现代"宏观经济学""理论家")都认识到,如果没有生产的物质资料的再生产,即生产资料的再生产,任何生产都是不可能的。

连一般的经济学家都知道,每年应预先明确需要哪些东西来替补生产中的损耗,比如原材料、固定设备(厂房)、生产工具(机器)等等。在这一点上,他们与一般的资本家没有什么差别。我说一般的经济学家等于一般的资本家,是因为他们都表达了企业的观点,认为只要对公司的财务核算操作进行评论就足够了。

多亏天才的弗朗斯瓦·魁奈(Francois Quesnay)首先提

出了这个"刺眼的"难题,也多亏天才的马克思解答了这个难题。于是我们知道,生产的物质资料的再生产不能在企业的层面上来思考,因为在实际条件下,企业层面并不存在这种再生产。在企业层面所发生的只是一种效应,它只是给出了再生产之必要性的观念,而绝没有考虑到再生产的条件和机制。

只要稍加反思就能证明这一点:一个开纱厂生产羊毛纱线的资本家 X 先生,必须"再生产"他的原材料、他的机器等等。但他不用自己生产这些东西,有别的资本家为他生产,比如澳大利亚的牧场主 Y 先生,生产重型机械的工程师 Z 先生,等等。有了他们的产品,X 先生才能进行生产条件的再生产,而 Y 先生和 Z 先生为了生产这些产品,也必须进行自己的生产条件的再生产,以此类推,直至无穷——从国内市场到国际市场,都照此进行,从而对(用于再生产的)生产资料的需求都可以通过供给得到满足。

这种机制导向了一根"无穷无尽的链条",要思考它,就102必须循着马克思所说的"全球性"进程,特别要研究《资本论》第二、三卷讨论的第一部类(生产资料的生产)和第二部类(消费资料的生产)之间的资本流通关系以及剩余价值的实现。

我们对此不再做深入的分析。关于生产的物质条件的再生产,我们只要指出其必要性的存在就足够了。

劳动力的再生产

然而,有一个问题读者是不会没有注意到的。我们刚才讨论的是生产资料的再生产,而不是生产力的再生产。因此我们漏掉了把生产力和生产资料区别开来的那个劳动力的再生产。

通过观察企业中发生的事情,特别是通过考察对分期偿还和投资进行预测的财务核算实践,我们已经能够获得关于再生产的物质过程存在的大致概念。但在我们现在进入的这个领域,对企业中发生的事情的观察即使不是完全盲目的,至少也是近乎于此。原因很简单:因为劳动力的再生产从根本上说是在企业之外进行的。

劳动力的再生产是如何得到保障的呢?

劳动力的再生产是通过付给劳动力用于自身再生产的物质资料即工资得到保障的。工资在每个企业的核算中都举足轻重,但那只是作为"工资资本"①,根本不是作为劳动力物质再生产的条件。

然而,这实际上就是劳动力"运作"的方式,虽然工资仅仅代表出卖劳动力所产生的那部分价值,但它对劳动力的再生产是必不可少的,对维持工薪劳动者的劳动力是必不可少的(支付住房、食物和衣服,简而言之,为了让他第二天乃至上帝给予他的每一天能够再次出现在工厂门口所需要的费用)。我们还应该补充:这部分价值也是抚养和教育子女所必不可少的,无产者也在子女的繁衍中(以 $n=0,1,2,\cdots$ 的任意数模式)进行着自身劳动力的再生产。

请记住,劳动力再生产所需的价值量(工资)不单单取决于对"生物学的"最低保障金的需要,而且还取决于历史的最低限度的需要(马克思特别指出,英国工人需要啤酒,而法国无产者需要葡萄酒),即一种在历史上不断变化的最低限度的需要。

我还想指出,这个最低限度具有两方面的历史性,因为

---

① 马克思给了它一个科学的概念:可变资本。

它不是由资产阶级"所承认的"工人阶级的历史需要所决定的,而是由无产阶级的阶级斗争(反对延长工作日和反对降低工资的两方面的阶级斗争)所加的历史需要所决定的。

然而,要进行劳动力本身的再生产,仅仅保障劳动力再生产的物质条件是不够的。我已经说过,可用的劳动力必须是"胜任的",即适合在生产过程的复杂系统内工作。生产力的发展以及特定历史时期构成生产力的整体方式都得出这样的结论:劳动力必须拥有(各种各样的)技能,然后以这种方式获得再生产。而各种各样的技能是根据劳动的社会技术分工以及不同的"工作"和"岗位"的要求来划分的。

资本主义制度下劳动力(多样化)技能的再生产是怎样获得的呢?不同于以奴隶制或农奴制为特点的社会形态,在资本主义社会,劳动力技能的再生产靠生产内部的学徒方式"现场"获得的情况逐渐减少(这是一个趋势性规律),而越来越多地通过生产之外的方式获得,如通过资本主义的教育制度,通过其他场合和机构。

孩子们在学校里学到了什么呢?尽管他们在学业上会有各种各样的差距,但至少学会了读、写、算之类的许多技能,同时也学到了许多别的东西,包括"科学"或"人文学科"的基本知识(可能是初步的,也可能是系统深入的),这些对于从事不同的生产工作都是直接有用的(有的培养体力劳动者,有的培养技术人员,有的培养工程师,还有的培养高层管理人员,等等)。就这样,他们学到了"技能"。

除了这些技术和知识,孩子们在学校还要同时学习良好的行为"规范",学习每个当事人在劳动分工中根据"被指定"要从事的工作所应遵守的态度:道德准则、公民和职业道德;实际上就是尊重劳动的社会技术分工的规范以及最终由阶级统治建立起来的那套秩序规范。他们还要学习"讲体面的法语"，学会正确地"管理"工人，实际上就是（作为未来的资本家及其雇员）学会恰当地"使唤他们"，学会用（理想化的）正确的方式"对他们讲话"，等等。

　　表达得更科学一点就是，劳动力的再生产不仅需要劳动力技能的再生产，同时还需要劳动力对现存秩序规范的服从的再生产，即再生产出工人们对于占统治地位的意识形态的服从，再生产出剥削和镇压的代理人正确运用占统治地位的意识形态的能力，以便他们也能"用话语"为统治阶级的统治提供服务。

　　换言之，学校（还有像教会这样的其他国家机构，或者像军队这样的其他国家机器）传授"技能"，但是以确保**臣服于占统治地位的意识形态**或掌握其"**实践**"的形式进行的。所有那些从事生产、剥削和压迫的当事人，更不用说那些"意识形态专家"（马克思语），都必须以这样或那样的方式"浸淫"在占统治地位的意识形态之中，以便"恪尽职守地"完成他们的任务——被剥削者（无产者）、剥削者（资本家）、剥削者的助手（管理者）或者占统治地位的意识形态的主教（其"公职人员"）等的各自任务。

　　由此可见，劳动力再生产的必要条件不仅是劳动力"技能"的再生产，而且还是劳动力对占统治地位的意识形态的臣服或这种意识形态"实践"的再生产。即使说"不仅……而且……"还是不够充分，因为很显然，**只有以意识形态臣服的形式并受这种形式的制约，劳动力技能的再生产才具备一切条件**。

　　不过，这就要承认一种新的现实——**意识形态**——的有效存在。

　　在这里我想做两点说明。

　　第一点说明是，我要完成对再生产的分析。

我刚才已经对生产力的再生产形式,即生产资料的再生产和劳动力的再生产,做了概览式的描述。

但我还没触及**生产关系的再生产**问题。对马克思主义的生产方式理论而言,这是一个**关键性**的问题。放过这个问题将是一个理论失误——说得更严重一点,就是一个严重的政治错误。

所以,我准备讨论生产关系的再生产问题。但是为了获得讨论这个问题的方法,我还得再兜个大圈子。

第二点说明是,为了兜这个圈子,我必须重新提出我的那个老问题:社会是什么?

基础结构与上层建筑

我在许多场合①都强调过马克思主义"社会整体"观的革命性,以便将它与黑格尔的"整体性"概念截然区分开来。我说过(而本文只是对历史唯物主义著名命题的重申),马克思把每个社会的结构都看作由不同的"层次"或"实例"所构成的,它们由某种特定的决定关系连接在一起:**基础结构**或经济基础(生产力与生产关系的"统一")和**上层建筑**。上层建筑又包括两个"层次"或"实例":一个是政治-法律的(法律和国家),另一个是意识形态(各种不同的意识形态:宗教的、伦理的、法律的、政治的等等)。

这种表述除了有理论教学上的好处(揭示了马克思和黑格尔的不同)之外,还有这样一种非常重要的理论优势:它使我们有可能把我所说的这些基本概念**各自的功效指数**写

105

---

① 参见《保卫马克思》(伦敦,1969 年版)和《读〈资本论〉》(伦敦,1970 年版)。

入这些概念的理论机制。这是什么意思呢？

把任何社会结构都说成由一个地基（基础结构）和两"层"上层建筑构成的大厦，这种描述显然是一个隐喻，更准确地说，是一个空间的隐喻，一个地形学的隐喻。[①] 同任何隐喻一样，它暗示着某种东西，揭示了某种东西。什么东西呢？那便是：上面的楼层如果不是刚好坐落在地基上，是无法孤立地"矗立"（在空中）的。

因此，大厦这个隐喻的目的首先是表示基础"最终的决定作用"。这个空间隐喻的作用就是赋予基础一种功效指数，即因那个著名的论断而众所周知的功效：上面"楼层"（上层建筑）所发生的一切归根到底是由经济基础中所发生的一切决定的。

根据这种"归根到底"的功效指数，上层建筑的各"楼层"都被清晰地赋予了不同的功效指数。是些什么样的指数呢？

人们可以说，上层建筑的各层不具有归根到底的决定作用，它们都是由基础的功效决定的；如果说它们以各自的（尚未决定的）方式具有某种决定作用，那也只是在被基础决定的范围内才如此。

对于由基础归根结底的决定作用所决定的上层建筑的功效指数（或决定作用），马克思主义传统是从以下两个方面来思考的：（1）上层建筑对基础有"相对独立性"；（2）上层建筑对基础有"反作用"。

因此，我们可以说，马克思主义的地形学即关于大厦（基础和上层建筑）的空间隐喻有着巨大的理论优势，它既揭示出决定作用（或功效指数）问题的关键性，又揭示出正是基础

---

① 地形学（topography）源于希腊文的 topos，意即"地方"。地形表示在一个特定空间里数个实体各自占据的位置：经济在底下（基础），上层建筑在它上面。

归根到底决定了整个大厦。其结果是,它使我们不得不提出关于上层建筑所特有的"衍生"功效类型这一理论问题,也就是说,它使我们不得不思考马克思主义传统相提并论的上层建筑的相对独立性和上层建筑对基础的反作用问题。

用大厦的空间隐喻来描述每个社会结构,这种做法最大的缺陷显然在于它实际上是隐喻性的,即它仍然是**描述性的**。

现在我似乎觉得,用另外一种不同的方式来表述不仅是可能的,也是必要的。注意:我这么说的意思不是因为这个隐喻本身要求我们去超越它,所以我们要抛弃它。我现在超越它并不是要把它当作旧货扔掉。我只是试图在思考,它以这样一种描述方式究竟要告诉我们什么。

我相信,**以再生产为基础**去思考上层建筑的存在和性质的本质特征,不仅是可能的,也是必要的。一旦我们采取再生产的观点,由大厦的空间隐喻所指出却又不能用概念来解答的许多问题,就都豁然开朗了。

我的基本论点是:**如果不采取再生产的观点,我们就不可能提出(并解答)这些问题。**

我将以**再生产的观点**对法律、国家和意识形态做一简要分析。我将一方面从实践和生产的观点,另一方面从再生产的观点来证明分别会发生什么情况。

国家

在《共产党宣言》和《路易·波拿巴的雾月十八日》(以及后来所有的经典文献,尤其是马克思关于巴黎公社的著述和列宁的《国家与革命》)中,国家都被明确地看作一部压制性的机器。在这一点上，马克思主义的传统是非常严格的。国家是一部镇压"机器"，它使得统治阶级（19世纪的资产阶级和大地主"阶级"）能够确保他们对工人阶级的统治，从而使得统治阶级能够强迫工人阶级服从于对剩余价值的榨取过程（即服从于资本主义剥削）。

因此，国家首先是马克思主义经典文献所称的**国家机器**。这个术语的含义不仅指（狭义的）专门化的机器，即警察、法庭和监狱，我已经认识到它们在与法律实践的要求之关系中的存在和必要性；而且指军队，它们在警察及其专门化的备用队伍"无法控制事态"时，作为最后的辅助性镇压力量直接干预介入（无产阶级为这一经验已经付出过血的代价）；还指在这个一切之上的国家元首、政府和行政机关。

以这种形式表述的马克思列宁主义的国家"理论"已经触及了实质性的要点，任何时候都不可否认这的确是国家的本质。国家机器将国家定义为在资产阶级及其同盟者展开的反对无产阶级的斗争中"为维护统治阶级的利益"而实施的镇压和干预力量。这样的国家机器的确就是国家，而且明确地界定了国家的基本"功能"。

从描述性理论到理论本身

然而，就像我之前关于大厦的隐喻（基础结构和上层建筑）所指出的那样，这里对国家本质的表述也仍然带有几分描述性。

鉴于我以后还要经常使用（描述性的）这个形容词，为了避免语义含混，在此有必要对它稍做解释。

提到大厦的隐喻或马克思主义的国家"理论"时，每当我说这些都是对其客体对象的描述性概念或表述，我本意上没有任何的批评动机。恰恰相反,我有充分的理由认为,伟大的科学发现都必须要经过我称之为"**描述性理论**"的阶段。它是所有理论的第一个阶段,至少在我们关注的领域(社会形态科学领域)如此。因此,我们应该——依我之见,我们必须——将它看作理论发展过程必不可少的一个过渡阶段。其过渡性在我的表述中就写作描述性理论。它在术语的结合中揭示了一种近乎"矛盾"的状态。事实上,这个理论术语与附加给它的"描述性"这个形容词在某种程度上是"相冲突的"。这非常准确地表明:(1)描述性理论毫无疑问确实是理论不可逆转的起点;但是,(2)恰恰作为这种矛盾的一个效应,表达理论的描述性形式要求理论的发展超越"描述"的形式。

为了将我的观点表述得更清晰一些,让我们回到当前的研究对象:国家。

当我说我们所引证的马克思主义的国家"理论"仍然带有部分的描述性时,首先是指这个描述性"理论"毫无疑问是马克思主义国家理论的起点,而且,这个起点为我们提供了基本点,即这种理论后来的每一步发展的决定性原则。

的确,我之所以认为描述性的国家理论是正确的,是因为它所关注领域的绝大部分事实与它给其客体对象所下的定义是完全可以符合的。因此,把国家看作存在于强制性国家机器中的阶级国家的定义,使我们得以洞明各种压迫秩序中所有可以观察到的事实,不论这种压迫秩序存在于哪个领域:从1848年6月的大屠杀、镇压巴黎公社、1905年5月彼得格勒的"流血星期日"、镇压抵抗运动、夏洪惨案等等,到单纯的(相对不那么痛苦的)"审查制度"的直接干涉,譬如禁止狄德罗的小说《修女》的出版以及加蒂(Gatti)在弗朗哥的某部戏剧的演出等一系列历史事件;这个定义还揭露了所有直接或间接剥削和灭绝人民大众的形式（帝国主义战争）；它还使我们能够在狡狯的日常统治下窥见以诸如政治民主的形式潜藏的东西，列宁追随马克思的说法，将之称为资产阶级专政。

然而，描述性的国家理论在整个国家理论的构成中只代表了一个阶段，而国家理论本身又要求"更代"掉这个阶段。原因很清楚：如果我们上面讨论的国家定义将压迫的事实与国家——被视为强制性国家机器的国家——联系起来，由此确实为我们提供了鉴别并认识这些压迫性事实的方法，那么，这种"相互关系"就导致了一种非常特殊的显而易见性。对此我在后面将有所论述，我要说："是的，就是这么回事，这的确是真的！"国家定义中不断积聚的事实，将使例证成倍增长，但无法真正推进国家理论的发展，即向科学的国家理论的发展。因此，每个描述性理论都有"阻碍"理论发展的风险，而发展才是根本。

为了把描述性理论发展成为真正的理论本身，为了进一步理解国家运作的机制，我认为必须对国家作为国家机器的经典定义加以补充，原因就在这里。

马克思主义国家理论的精髓

让我先澄清一个要点：国家（及其在国家机器中的存在）除了作为**国家权力**的功能之外没有任何其他意义。整个政治性的阶级斗争都是围绕国家展开的。我的意思是，都是围绕着占有展开的，即围绕某个特定的阶级或者阶级间或阶级分支间的联盟对国家权力的夺取和保持展开的。该要点的说明使我们必须做出以下的区分：一边是作为政治性阶级斗争之目标的国家权力（国家权力的保持与夺取），另一边是国家机器。

我们知道,国家机器可以不受影响或不被改变地幸存下来,也就是说,国家机器能够在经受危及国家政权的政治事件之后继续存在下去,这已经得到许多历史事件的证明,譬如,19 世纪法国的资产阶级革命(1830 年,1848 年)、1958 年 5 月和 12 月 2 日的政变、1870 年法兰西第二帝国的陨落和 1940 年法兰西第三共和国的倒台、1890—1895 年法国小资产阶级在政治上的崛起等等,都可引以为证。

即使在发生了 1917 年"十月革命"这样的社会革命之后,在无产阶级和小农阶级的联盟夺取了国家政权之后,大部分的国家机器仍然保留了下来,列宁一再重复过这个事实。

将国家权力与国家机器之间的区别描述为关于国家的"马克思主义理论"的一部分是可能的,因为这是自马克思的《路易·波拿巴的雾月十八日》和《法兰西的阶级斗争》以来就明确提出过的。

以此要点来概括"马克思主义的国家理论",可以说,马克思主义的经典文献总是主张:(1) 国家是强制性的国家机器,(2) 国家权力与国家机器必须区分开来,(3) 阶级斗争的目的涉及国家权力,因此阶级(或者阶级联盟或阶级分支的联盟)对国家机器的使用将国家权力作为其阶级目标的一个功能来掌握,以及(4) 无产阶级必须夺取国家权力,以便摧毁现有的资产阶级国家机器,并在第一阶段用一个完全不同的无产阶级国家机器取而代之,然后在后期阶段启动一个激进的过程,消灭国家(终结国家权力,终结每个国家机器)。

因此,从这个角度来看,我本打算为国家的"马克思主义理论"补充的内容已经无需赘述了,但在我看来,即使有了这个补充,这个理论仍然是部分描述性的,尽管它现在包含了各种不同的复杂的要素,如果不借助进一步的补充理论发展,它们的功能和作用是无法理解的。

国家意识形态机器

因此,要补充进国家的"马克思主义理论"的是某种别的东西。

在此,我们必须谨慎地进入一个领域:其实,在我们之前,马克思主义的经典作家们就已经进入这个领域了,只是他们没有用理论形式将自身经验和程序所暗示的决定性进展做系统化的表述,他们的经验和程序也确实主要局限于政治实践的范畴。

事实上,就在他们的政治实践中,马克思主义经典作家将国家视为一种比"马克思主义国家理论"中给出的定义更为复杂的现实,即使这个定义已经如我所建议的做了补充。他们虽然在实践中认识到了这种复杂性,却没有用相应的理论将它表达出来。①

我想尝试为这个相应的理论勾勒一个非常粗略的轮廓。为此,我提出下列论点。

为了推进国家理论的发展,我们不仅必须考虑**国家权力**和**国家机器**之间的区别,还要考虑到显然属于(强制性)国家机器但又不可与之混淆的另一个现实。我用概念将这个现实称为:**意识形态国家机器**。

———————————

① 就我所知,安东尼奥·葛兰西(Antonio Gramsci)是在我走的道路上唯一一走得这么远的人。他有一个"了不起的"观点,认为国家不能沦为(强制性)国家机器,而是如他所说的,还包括来自"文明社会"的一些机构:教会、学校、工会等。遗憾的是,葛兰西没有对他的机构研究进行系统化整理,只有一些观点尖锐但零散的笔记。参见葛兰西:《狱中札记》,国际出版社,1971年,第12、259、260—263页。另见葛兰西1931年9月7日写给塔蒂安娜·舒赫特(Tatiana Schucht)的信,《狱中书信》,伦敦,1988年,第159—162页。

何谓意识形态国家机器（ISAs）？

千万不能将意识形态国家机器与（强制性的）国家机器相混淆。切记，在马克思主义理论中，国家机器（SA）包括：政府、行政机关、军队、警察、法院、监狱等，这些构成了我将称之为强制性的国家机器的东西。强制性表明，这些所讨论的国家机器是"以暴力行事"的，至少根本上是暴力的（因为强制，即行政强制，也可以采用非物质的形式）。

我将把一定数量的现实称为意识形态国家机器，这些现实以各自独特的、专业化的机构形式呈现于直接观察者面前。我提出了一份有关它们的经验主义清单，但显然还需要详细的考察、检验、纠正和重组。为了保险起见，我们暂时可以将以下机构视为意识形态国家机器（以下排序没有任何特别的意义）：

宗教的意识形态国家机器（各种不同的教会的系统）；

教育的意识形态国家机器（各种不同的公立学校、私立学校系统）；

家庭的意识形态国家机器①；

法律的意识形态国家机器②；

政治的意识形态国家机器（政治系统，包括各个党派）；

工会的意识形态国家机器；

传媒的意识形态国家机器（出版、广播、电视等）；

文化的意识形态国家机器（文学、艺术、体育等）。

我说过，意识形态国家机器不能与（强制性的）国家机器混为一谈。那么，是什么构成了这种区别呢？

首先，很清楚，（强制性的）国家机器只有**一个**，而意识形

111

---

① 家庭除有意识形态国家机器的功能外，当然还有其他"功能"。它关系到劳动力的再生产。在不同的生产方式中，它是生产单位和/或消费单位。

② "法律"既属于（强制性）国家机器，也属于意识形态国家机器。

态国家机器却有**许多**。即使假设存在一个将这许多意识形态国家机器构成一体的统一体，这种统一体也不是直接可见的。

其次，很清楚，统一的（强制性的）国家机器完全属于公共领域，而绝大部分（处于明显分散状态的）意识形态国家机器是私人领域的一部分。教会、党派、工会、家庭、一些学校、大多数报纸、文化企业等等都是私有的。

我们可以暂时忽略第一点。但有人肯定会对第二点提出疑问，问我凭什么将大部分不具有公共属性而是**私人性质**的机构看作意识形态**国家**机器。作为一个清醒的马克思主义者，葛兰西早就用一句话反驳过这种异议。公共与私有之间的区别内在于资产阶级法律，并且在资产阶级法律行使其"权威"的（从属）领域有效。国家领域避开了这个区别，因为国家是"凌驾于法律之上"的：国家是统治阶级**的**国家，它既不是公共的，也不是私有的；相反，它是"公"与"私"之间一切区别的先决条件。以我们的国家意识形态机器为起点，可以得出同样的看法。这些意识形态国家机器在其中得以实现的机构是"公"还是"私"并不重要，重要的是它们是如何运作的。私人机构完全可以作为意识形态国家机器"发挥作用"。对任何一种意识形态国家机器进行合理彻底的分析都可以证明这一点。

现在该谈到实质问题了。意识形态国家机器与（强制性）国家机器的基本区别在于：强制性国家机器"通过暴力手段"发挥作用，而意识形态国家机器**"通过意识形态"发挥作用**。

我将修正一下这个区别，以便把问题说得更清楚。我要说的是，每一个国家机器，无论它是压制性的还是意识形态的，都是既通过暴力手段也用意识形态来"发挥作用"的，但是有一个非常重要的区别,使我们绝对不能将意识形态国家机器与(强制性)国家机器混为一谈。

这个区别就是,事实上,(强制性)国家机器大量地并且主要地是**通过强制手段**(包括物理上的强制)发挥作用,其次才是使用意识形态手段。(不存在纯粹的强制性机器之类的东西。)例如,军队和警察也要通过意识形态发挥作用,以确保其自身的内在凝聚力和再生产,同时也确保对外宣传的"价值观"的一致性。

以同样的方式,但情况正好相反,从根本上说,意识形态国家机器大量地并且主要地是**通过意识形态**发挥作用,其次才是使用强制性手段。即使最后,仅仅是最后,通过强制性手段起作用,这个作用也是很微弱的、很隐蔽的,甚至是象征性的。(不存在纯粹的意识形态机器之类的东西。)因此,学校和教会使用适当的惩罚、开除和遴选等方法来"训练"牧羊人和他们的羊群。家庭也是如此……文化意识形态国家机器(审查制度等)也是如此。

是否有必要补充说明:根据它是(强制性)国家机器还是意识形态国家机器,强制和意识形态的双重"功能"(主要的,次要的)的决定性表明,(强制性)国家机器和意识形态国家机器的相互作用可以编织出非常微妙的显性或隐性的结合体? 日常生活为我们提供了无数这样的例子,但如果我们不止步于这种观察,而是想更推进一步的话,就必须对它们进行细致的研究。

不过,这段评论引导我们去理解究竟是什么构成了显然彼此迥异的各种意识形态国家机器的统一性。如果说意识形态国家机器大量地并且主要地是通过意识形态发挥作用,那么,将它们的多样性统一起来的正是这种功能运作,因为它们据以发挥作用的意识形态虽然多种多样且不乏冲突,但

在占统治地位的意识形态即"统治阶级"的意识形态**之下**,实际上一直是统一的。"统治阶级"原则上(公开地,或更经常地采用阶级或阶级分支间的联盟方式)拥有国家权力,从而控制(强制性)国家机器,鉴于这一事实,我们认同,这同一个统治阶级在意识形态国家机器中也是活跃的,因为它就是最终在意识形态国家机器(准确地说,是意识形态国家机器的冲突矛盾)中实现自己的占统治地位的意识形态。在(强制性)国家机器中通过法律和法令"行事",与在意识形态国家机器中通过占统治地位的意识形态的中介作用"行事",自然是大不相同的。我们必须深入探究这种差异的细节,但这一差异却无法遮蔽二者深刻的同一性现实。据我所知,**如果不在掌握国家权力期间在国家意识形态机器中行使其霸权,任何阶级都不能长期掌握国家权力**。只需要举一个例子就能证明这一点:列宁痛切地关注教育的意识形态国家机器(以及其他)的革命,只是为了使已经夺取国家权力的苏维埃无产阶级能够确保未来的无产阶级专政和向社会主义过渡。①

上述评论使我们明白,意识形态国家机器不仅可能是**利益攸关的赌注**,也可能是阶级斗争,往往是激烈的阶级斗争的场所。在意识形态国家机器中,掌权阶级(或阶级联盟)不会像在(强制性)国家机器中那样轻易制定法律、发号施令,不仅因为之前的统治阶级能够在意识形态国家机器中长期保持强势地位,还因为被剥削阶级的抵抗能够在意识形态国家机器中找到表达自己的手段和场合,或者利用意识形态国家机器之间的矛盾,或者在斗争中占领意识形态国家

---

① 在 1937 年的一篇伤感的文章里,克鲁普斯卡娅(krupskaya)记叙了列宁不遗余力的一生和她所认为的列宁的失误。

机器的阵地。①

让我再梳理一遍,做个小结。

如果我提出的论点是有充分根据的,那么,它将把我带回到经典的马克思主义国家理论,并使之更为准确。我认为,将国家权力(及其掌握者)与国家机器区分开来是非常必要的。但我又做了补充,即国家机器包括两个主要部分:一个是代表强制性国家机器的机构,另一个是代表意识形态国家机器的机构。

但如果是这种情况,即使在总结阶段,也一定会提出以下问题:意识形态国家机器功能作用的范围究竟是什么? 它们的重要性以什么为基础? 换句话说:这些通过意识形态而不是通过强制手段来发挥作用的意识形态国家机器,其"功能"对应的是什么?

论生产关系的再生产

现在我可以回答前面花了好多笔墨却悬而未决的那个

---

① 在此,我只是对意识形态国家机器中的阶级斗争作了些简述,显然远远没有穷尽阶级斗争的问题。

探讨这个问题,必须牢记两个原则:

第一条原则是马克思在《〈政治经济学批判〉序言》中提出的:"在考虑到这些变革(社会革命)时,应始终将以下二者区分开来:一种是生产的经济条件方面所发生的物质的、可以用自然科学的精确性来指明的变革;另一种是人们借以认识到这种冲突并将其解决的法律的、政治的、宗教的、美学的或哲学的等简而言之为各种意识形态的形式。"阶级斗争因此以意识形态的形式得到表达和进行,因此也以意识形态国家机器的意识形态的形式得到表现和进行。但是,阶级斗争的范围**远远超出了**这些形式,正是因为它超越了这些形式,被剥削阶级的斗争也可以意识形态国家机器的形式进行,从而将意识形态的武器转向掌权阶级。

这依靠的是**第二条原则**:阶级斗争超越了意识形态国家机器的范围,因为它扎根于别处,而不是根植于意识形态之中,根植于经济基础和生产关系中,后者是剥削的关系,并构成了阶级关系的基础。

核心问题了,这个问题就是:**生产关系的再生产是如何得到保障的**?

用地形学的语言(基础结构和上层建筑)可以这样表述:在很大程度上①,它是由法律-政治和意识形态的上层建筑保障的。

但正如我曾经指出的,超越这种仍然带描述性的语言至关重要,同样,我想说:在很大程度上生产关系的再生产是通过在国家机器中行使国家权力来得到保障的,一方面是(强制性)国家机器,另一方面是意识形态国家机器。

我刚才所说的内容也必须考虑在内,它可以通过下列三个特征的形式来总结:

1. 所有的国家机器都是既通过强制手段也通过意识形态发挥作用,区别在于,(强制性)国家机器大量地和主要地是通过强制手段发挥作用,而意识形态国家机器大量地和主要地是通过意识形态发挥作用。

2. (强制性)国家机器构成一个有组织的整体,其不同的组成部分集中于一个权威的统一体之下,即掌握国家权力的统治阶级的政治代表所应用的阶级斗争政治;而意识形态国家机器是多重的、独特的、"相对自主的",能够为各种矛盾冲突提供一个客观的领域,以便这些矛盾冲突能以有限的或极端的形式表达资产阶级斗争与无产阶级斗争之间的冲突效应及其从属形式。

3. (强制性)国家机器的统一,是由行使掌权阶级阶级斗争政治的掌权阶级代表领导下的统一集中的组织来保障的;而各种不同的意识形态国家机器的统一,则通常是由占统治

---

① 在很大程度上如此。因为生产关系首先是由生产和流通过程的物质性所再生产的。但也不应忘记,意识形态的关系在这个相同的过程中也直接在场。

地位的意识形态或者统治阶级的意识形态以矛盾冲突的形式来保障的。

将上述特征考虑在内，我们就可能按照某种"劳动分工"以下面的方式来陈述生产关系的再生产。①

就其作为一种强制性机器而言，强制性国家机器的作用在本质上就是用武力（物质性的或其他手段）来确保生产关系（归根结底是**剥削关系**）的再生产的政治条件。国家机器不仅为自身的再生产（资本主义国家包含政治王朝、军事王朝等）不遗余力，而且最重要的是，国家机器通过强制手段（从最残酷的人身暴力、纯粹的行政命令和禁令，到公开或隐蔽的审查制度）确保了意识形态国家机器运作的政治条件。

事实上，正是后者在强制性国家机器提供的"盾牌"后面极大地保证了生产关系特定的再生产。正是在这里，占统治地位的意识形态的作用高度集中为掌握国家权力的统治阶级的意识形态。正是占统治地位的意识形态的居间调停，才确保了强制性国家机器与意识形态国家机器之间以及不同国家意识形态机器之间（有时磨合）的"和谐"。

115

于是我们导出这样的假设：各种意识形态国家机器的功能正在于生产关系再生产的单一（因为是共享的）作用。

诚然，我们罗列了一大堆当代资本主义社会形态中的意识形态国家机器：教育机器、宗教机器、家庭机器、政治机器、工会机器、传媒机器、"文化"机器等等。

但是，在以"农奴制"（通常称为封建生产方式）为特征的那种生产方式的社会形态中，我们观察到，尽管自从最早的古代国家（更不用说君主专制国家）以来，就存在一个单一的强制性国家机器，它们在形式上与我们今天所熟悉的强制性

---

① 就强制性国家机器和意识形态国家机器所促成的**那部分再生产**而言。

国家机器非常相似,但意识形态国家机器的数量较之现在更少,各自的类型也与现在不同。例如,我们观察到,在中世纪,教会(宗教意识形态国家机器)集许多功能于一身,这些功能,尤其是教育和文化的功能,今天已经转移到几个不同的意识形态国家机器身上,新的意识形态国家机器则与我所说的旧的相关。与教会并列的还有家庭意识形态国家机构,它发挥了与其在资本主义社会形态中的角色极不相称的巨大作用。教会和家庭意识形态国家机器尽管已经出现,却不是过去仅有的意识形态国家机器。还有政治的意识形态国家机器(1789 年前法国的三级会议、国会、不同的政治派别和联盟、现代政党的先驱、自由公社以及整个农奴制的政治体制)。还有强大的"原始工会"意识形态国家机器,恕我冒昧使用这个不合时宜的术语(强大的商人和银行家协会,以及技工工会等)。甚至出版和传媒,还有戏剧艺术,在那时都见证了其无可争议的发展,起初它们都是教会的组成部分,之后变得越来越独立。

在我广泛研究的前资本主义历史时期,**存在一个占主导地位的意识形态国家机器,即教会**,它集各种功能于一身,包括宗教功能、教育功能,以及通信传媒和"文化"的大部分功能,这一点是非常清楚的。从 16 世纪到 18 世纪,所有以宗教改革的冲突为开端的意识形态斗争都**集中**在反教会、反宗教的斗争中,这绝非偶然。相反,这恰恰是占主导地位的宗教意识形态国家机器的功能。

法国大革命最重要的目标和成就不仅仅是将国家权力从封建贵族转移到商业资本主义资产阶级,打破部分原有的强制性国家机器并用新的(例如,国民卫队)取而代之,还要攻击头号意识形态国家机器——教会。因此,出现了神职人员的世俗机构,教会财产被没收,新创造的意识形态国家机器取代了宗教意识形态国家机器的主导地位。

当然,这些事物并不是自发产生的:宗教协定、波旁王朝复辟、贯穿整个 19 世纪的地主贵族和工业资产阶级之间为了争夺先前由教会尤其是学校履行的职能的资产阶级霸权而进行的旷日持久的阶级斗争,在在都是明证。可以说,为了进行反对教会的斗争,剥夺其作为意识形态国家机器的功能,换句话说,为了确保资产阶级自身的政治霸权以及资本主义生产关系的再生产必不可少的意识形态霸权,资产阶级依赖新的政治、议会-民主制的意识形态国家机器,这些国家机器在法国大革命最初几年里建立,然后经过漫长的暴力斗争又得以恢复,在 1848 年恢复了几个月,在法兰西第二帝国覆亡后恢复了数十年。

因此,尽管论据还不太充分,我还是相信我有正当理由提出以下论点,原因就在于此。我相信,**教育的意识形态国家机器**是成熟的资本主义社会形态中占**主导**地位的意识形态国家机器,它是反对旧有占主导地位的意识形态国家机器的暴力政治与意识形态阶级斗争的结果。

乍看起来,这个论点似乎有点自相矛盾,因为对每个人来说,在资产阶级试图提供给自身及被剥削阶级的意识形态表征中,资本主义社会形态中占主导地位的意识形态国家机器似乎不是学校,而是政治的意识形态国家机器,即将普选权与党派斗争相结合的议会民主制度。

然而,历史(甚至是最近的历史)表明,资产阶级过去和现在都能够适应政治的意识形态国家机器,而不是议会民主的意识形态国家机器,仅就法国而言,有第一帝国和第二帝国、君主立宪制(路易十八和查理十世)、议会君主制(路易-菲利普)和总统民主制(戴高乐时期)。在英国,情况就更清楚了。从资产阶级的角度来看,革命在英国特别"成功",不

117

像在法国,部分因为小贵族阶级的愚蠢,资产阶级不得不同意农民和平民在"革命的几日"掌握权力,并为此不得不付出高昂的代价。英国的资产阶级能够与贵族"妥协",长期"分享"国家权力,共同使用国家机器(统治阶级中所有良善之人的和平)。德国的情况可以说是触目惊心。在政治的意识形态国家机器的掩护下,帝国的容克地主阶级(以俾斯麦为代表)以及他们的军队和警察,为其提供了保护盾牌和领导班子,帝国主义资产阶级摇摇晃晃地进入了历史,然后"穿越"魏玛共和国,将自己委身于纳粹主义。

因此,我相信我有充分的理由认为,站在占据前台的政治意识形态国家机器幕后的,正是教育的意识形态国家机器,资产阶级将它确立为头号的即占主导地位的意识形态国家机器,而且它实际上已经取代了教会这一过去占主导地位的意识形态国家机器。甚至可以说,学校-家庭组合取代了教会-家庭组合。

为什么教育机器实际上是资本主义社会形态中占主导地位的意识形态国家机器?它又是如何运作的?以下四点足以说明这个问题:

1. 无论哪种意识形态国家机器都促成了同一个结果:生产关系的再生产,即资本主义剥削关系的再生产。

2. 各个意识形态国家机器都以适当的方式促成了这个唯一的结果。政治机器使个人服从于政治的国家意识形态机器,服从于"间接的"(议会)或"直接的"(公民投票或法西斯的)"民主"意识形态。通过报纸、广播和电视,传媒机器每日给每个"公民"灌输一定剂量的民族主义、沙文主义、自由主义、道德主义等等。文化机器等等的情况也是如此(在沙文主义中体育的作用最为重要)。宗教机器通过布道和其他如诞辰、婚丧等重大仪式来提醒人们,人如不爱其邻到打了右脸将左脸伸过去的程度，就不过是一把尘土。家庭机器等等就无需赘述了。

3. 这场意识形态国家机器合奏的音乐会由一个乐谱主导指挥，即当前统治阶级意识形态的乐谱，其中融合了伟大先辈们宏大的人文主义主题，这些伟人甚至在基督教诞生之前就已创造出希腊的奇迹、罗马的辉煌以及永恒的天城，还融合了特殊的和一般的利益主题，以及民族主义、道德主义、经济主义等等主题，偶尔也会被（原统治阶级的残余、无产阶级及其组织的）不和谐音所干扰。

4. 在这场音乐会上，的确有一个意识形态国家机器起到了主导作用，它就是学校的意识形态国家机器！尽管它默不作声，几乎没有人注意到它的乐声。

学校接纳来自各个阶级的幼儿学童，然后让孩子们在最"脆弱的"几年里经受家庭的国家机器和教育的国家机器的挤压，不论是用新的还是老的方法，向他们反复灌输一定量的经过占主导地位的意识形态包装的"知识技能"（法语、算术、自然史、科学、文学）或纯粹的占统治地位的意识形态（伦理学、公民教育、哲学）。在大概 16 岁的时候，大批孩子被逐出学校"进入生产"，成为工人或小农。另一部分适应学校教育的青年人继续学业，不论好坏，总能更上一层楼，直到有些人中途掉队，填补了中小技术员、白领工人、中低级管理人员和各种小资产阶级的职位。最后一部分人到达顶峰，有的成为半雇佣型的脑力劳动者，有的作为"集体劳动者的知识分子"，成为剥削的代理人（资本家、管理者）、镇压的代理人（士兵、警察、政治家、行政人员等）或者职业的意识形态工作者（各种各样的牧师神父，其中大多数是有坚定信仰的"俗人"）。

社会为中途逐出的每一群人实际上都提供了适应其在阶级社会中所担当角色的意识形态：被剥削者的角色（有着

"高度发达的""专业的""道德的""公民的""国家的"和非政治的意识);剥削代理人的角色(具备向工人发号施令和与他们大谈"人际关系"的能力);镇压的代理人的角色(具备维护秩序和"无条件服从"强制执行的能力,或者能够应对处理政治领袖的言论引起的煽惑性后果的能力);还有职业的意识形态工作者的角色(具有以尊重的态度处理各种意识的能力,即根据各种意识应得的蔑视、讹诈和蛊惑的方式对待它们,以使其适合道德主义、美德至上、超验哲学、民族国家或法国的世界角色等不同腔调)。

当然,家庭、教会、军队、圣经、电影甚至足球场上,也会教授这些参差对比的品德(一方面是谦虚、顺从、温良,另一方面是玩世不恭、目空一切、骄横傲慢、厚颜无耻、自高自大,甚至口若悬河、巧言令色)。但是,没有哪个意识形态国家机器能像学校那样,在资本主义社会形态中使全部的孩子成为义务的(至少是免费的)听众,每周五至六天,每天八个小时。

但是,正是通过对统治阶级意识形态的大规模灌输包装起来的多种知识技能的学徒式学习,资本主义社会形态中的**生产关系**,即剥削者与被剥削者的关系,得以大量地再生产。为资产阶级政权生产出这个关键性结果的机制,被具有普遍统治力的学校意识形态自然而然地掩盖和遮蔽了。之所以说它具有普遍统治力,因为它是占统治地位的资产阶级意识形态的基本形式之一,它将学校描述为不受意识形态浸染的不偏不倚的中立环境(因为它是……世俗的),在这里,家长(作为孩子的主人,他们也是自由的)把孩子(绝对信任地)托付给老师,老师充分尊重孩子的"良心"和"自由",通过言传身教的榜样,通过知识、文学和他们"解放的"美德,为孩子们开辟了走向成年人的自由、道德和责任的道路。

那些于艰苦条件下试图利用在历史和"传授"的学问中找到的为数不多的武器转而对抗困缚他们的意识形态、制度和实践的老师们，我请求你们的原谅，你们堪称英雄。但是这样的英雄很少，多数人（绝大多数人）甚至还没开始怀疑（比他们庞大的、压倒性的）制度强迫他们从事的"工作"，或者更糟糕的是，多数人（绝大多数人）将全部的心血和聪明才智投入以最先进的意识（著名的新方法！）去执行它的行动中。他们很少怀疑是自己的奉献促成了学校这一意识形态表现方式的维持和滋长，这使得今日之学校对于当代人而言正如几个世纪前的教会对于我们的祖先而言，成为"自然的"、不可或缺的甚至是慷慨有益的东西。

事实上，教会作为**占主导地位的意识形态机器的角色**今天已被学校所取代。学校与家庭的联合一如过去教会与家庭的联合。一场史无前例的深层危机正动摇着世界上许多120国家的教育体系，与之往往相伴随的是（如《共产党宣言》已宣告的）动摇家庭制度的危机，鉴于学校（以及学校-家庭组合）构成了占主导地位的意识形态国家机器，鉴于该机器在其存在受世界阶级斗争威胁的生产方式的生产关系的再生产中起着决定性作用，我们现在可以断言：这场危机具有一种政治意义。

论意识形态

当我提出意识形态国家机器的概念时，当我说意识形态国家机器依靠意识形态发挥功能作用时，我引用了一个现成的概念：意识形态，现在需要对此稍加论述。

众所周知，"意识形态"一词是由卡巴尼斯（Cabanis）、德斯蒂·德·特拉西大公（Destutt de Tracy）和他们的朋友们发明的，用于指称（发生学的）观念理论的客体对象。50 年后，马克思在其早期著作中采用了这个词，但赋予了它完全不同的含义。在马克思这儿，意识形态指的是主导个人心理或社会集团心理的思想和表征系统。早在为《莱茵报》撰写文章时，马克思所从事的意识形态政治斗争就不可避免地迫使他迅即面对这一现实，迫使他进一步深化早期的直接认识。

然而，我们在这里碰到了一个令人非常吃惊的矛盾。一切似乎都在引导马克思提出并阐明意识形态理论，事实上，在《1844 年经济学哲学手稿》之后，《德意志意识形态》也确实为我们提供了一个明晰的意识形态理论，但那还不是马克思主义的（我们很快就会明白其中的缘由）。至于《资本论》，虽然它确实包含了许多导向各种意识形态理论的暗示（最明显的是庸俗经济学的意识形态），但并不包含意识形态理论本身，因为这在很大程度上依赖于普遍的意识形态理论。

我想冒险为这种理论尝试勾勒一个基本的简明轮廓。我即将提出的论点当然不是即兴发挥，但也无法证实和检验，也就是说，如果不经过深入的研究和分析，就不能对它轻易置以可否。

意识形态没有历史

首先要阐明的是原则性的理由，在我看来，这个理由奠定了或者至少是证明了**一般的**意识形态理论构想的合理性，而不是具体的意识形态理论，无论其形式如何（宗教的、道德的、法律的、政治的），具体的意识形态理论总是表达**阶级立场**的。显然应该从我刚才提及的两个方面来建立意识形态理论。然后我们就能清楚地看到,意识形态理论最终依赖于社会形态的历史,因此也依赖于融合在社会形态中的生产方式的历史,以及在社会形态中发展形成的阶级斗争的历史。从这个意义上说,**一般的**意识形态理论问题显然是不存在的,因为具体的意识形态(在上面提及的两个方面得到了界定:区域和阶级)有历史,尽管历史包含了各种具体的意识形态,但其最终决定性显然与这些意识形态无关。

相反,如果我能够提出**一般的**意识形态理论构想,如果这个理论确实是各种具体的意识形态理论所依赖的要素之一,那就会产生一个显然自相矛盾的命题,我将它表述为:**意识形态没有历史**。

我们知道,《德意志意识形态》其中一段用了大量篇幅来阐述这个观点。马克思是从形而上学的方面来做这番陈述的。他说,形而上学同伦理道德(以及其他形式的意识形态)一样没有历史。

在《德意志意识形态》中,这种表述出现在一个明显的实证主义语境中。意识形态被认为是一种纯粹的幻觉,一种纯粹的梦,即虚无。它的所有现实都是外在于它的。因此,意识形态被认为是一种想象的结构,其地位与梦在弗洛伊德之前的作家们心目中的理论地位如出一辙。在这些作家看来,梦是"白昼残迹"纯粹虚构想象的空幻的结果,它表现出任意的(有时甚至是"颠倒的")排列组合,换句话说,是"无序的"。在他们看来,梦是想象的东西,是空幻的,是人一旦合上双眼,那个唯一充实而肯定的白昼现实的残迹任意"拼合起来"的东西。这正是哲学和意识形态在《德意志意识形态》中的地位(在该书里,哲学就是典型的意识形态)。

因此,在马克思看来,意识形态是一种想象的拼合物,是纯粹、空幻而无用的梦,由唯一充实而肯定的白昼现实的残迹所构成,是具体的物质个体物质地生产其存在的具体历史的产物。正是以这一点为基础,《德意志意识形态》提出意识形态没有历史,因为历史外在于意识形态,唯一存在的只有具体个人的历史,等等。因此,在《德意志意识形态》中,意识形态没有历史的论点是一个纯否定命题,因为它同时意味着:

1. 意识形态是空无一物,因为它是一个纯粹的梦(这个梦若不是由劳动分工的异化制造出来的,那就是由了解权力的人制造出来的,但这也是一个**否定**的决定作用);

2. 意识形态没有历史,这强调的并不是意识形态中没有历史(正相反,意识形态恰恰是对真实历史苍白、空洞和颠倒的反映),而是说意识形态没有自己的历史。

至此,从形式上说,尽管我希望为之辩护的这个论点采用了《德意志意识形态》中的提法("意识形态没有历史"),但它与《德意志意识形态》中实证主义的、历史主义的命题截然不同。

因为,一方面,我觉得可以认为具体的意识形态**有其自己的历史**(虽然它最终是由阶级斗争决定的);另一方面,我觉得可以认为**一般的意识形态没有历史**,这不是在否定的意义上(其历史外在于它),而是在绝对肯定的意义上来说的。

意识形态的特殊性在于,它被赋予了一种结构和功能,以至于变成了一种非历史的现实,一个**无所不在的历史现**实,也就是说,这种结构和功能是不可改变的,以同样的形式贯穿了我们所谓的整个历史过程,即《共产党宣言》所定义的阶级斗争的历史(阶级社会的历史)。如果真是这样,那么意识形态没有历史的提法就具有了肯定的意义。

为了在这里提供一个理论参照点,让我们回到梦的例证,即弗洛伊德概念中的梦。可以说,我们的命题(**意识形态没有历史**)能够而且也应该与弗洛伊德的命题(**无意识是永**

恒的**,即它没有历史)直接联系起来(这种做法绝对没有任意的成分,恰恰相反,它在理论上是必然的,因为这两个命题之间存在着有机的联系)。

如果永恒并不意味着对所有(短暂)历史的超越,而是意味着它是无处不在的、跨越历史的,因而在整个历史进程中保持形式不变,那么,我要照搬弗洛伊德的表达方式,写下:**意识形态是永恒的**,就像无意识一样。我还要补充一下,我发现这样的比较在理论上是合理的,因为事实上无意识的永恒与一般的意识形态的永恒不无关系。

我之所以相信,我可以在弗洛伊德一般的无意识理论的意义上提出一般的意识形态理论,是有理论依据的,是站得住脚的,至少在假设上如此,原因就在这里。

简而言之,考虑到上面已经对各种意识形态有所讨论,为了方便起见,我将用"意识形态"这个说法直接称呼"一般的意识形态",我刚才说过,这个意识形态没有历史,或者说,它是永恒的,也就是说,它贯穿了整个历史(包括社会各阶级在内的社会形态的历史),无所不在,形式不变。目前,我的讨论将仅限于"阶级社会"及其历史的范围。

意识形态是个人与其真实的生存条件之想象性关系的"表征"

为了抵达我关于意识形态的结构和功能的中心论点,我要先提出两个分论点,一个是否定的,另一个是肯定的;前者涉及以意识形态的想象形式被"表征"的客体对象,后者涉及意识形态的物质性。

命题1:意识形态表征了个人与其真实的生存条件的想象性关系。

我们通常称宗教的意识形态、伦理的意识形态、法律的意识形态、政治的意识形态等等为各种"世界观"。当然，假设我们不把其中一个意识形态当作真理（比如"信仰"上帝、职责、正义等等），那么我们就会承认，我们像人种学家考察"原始社会"神话那样以批判的眼光正在探讨的意识形态，这些形形色色的"世界观"，大都是想象性的，也就是说，是不"符合现实的"。

然而，尽管承认这些世界观不符合现实，承认它们构成了一种幻觉，但我们也承认它们的确又在暗示着现实，承认只需对它们进行"阐释"就可以在它们对世界的想象性表征背后发现这个世界的现实（意识形态＝幻觉/暗示）。

有几种不同类型的阐释，其中最著名的是**机械论**阐释和**"解释学"**阐释，前者流行于 18 世纪，认为上帝是对现实的国王的想象性表征；后者最初由教父们所开创，后来由费尔巴哈及由他派生的神学-哲学学派［如神学家卡尔·巴特（Karl Barth）］所复兴（例如，费尔巴哈认为，上帝是现实的人的本质）。问题的关键在于，只要我们对意识形态的想象性置换（和颠倒）进行阐释，就会得出这样的结论：在意识形态中，"人们以想象的形式向自己表征其真实的生存条件"。

遗憾的是，这种阐释留下了一个小小的难题没有解决：人们为什么"需要"对这些真实的生存条件进行想象性置换，以便"对自己表征"其真实的生存条件呢？

第一种答案（18 世纪的答案）提供了一个简单的解决办法：教士或专制君主应当对此负责。根据相关"理论家"的政治见解，教士或专制君主们"杜撰"了一个美丽的谎言，使人们相信自己是在服从上帝，而实际上却是在服从教士和专制君主；而这两者通常狼狈为奸，教士为专制君主的利益服务，反之，专制君主也为教士的利益服务。因此，对真实的生存条件进行想象性置换的原因就在于,有一小撮欺世盗名的人把他们对"人民"的统治和剥削建立在他们想象出来的对于世界的虚假表征之上,这样他们就能用统治人们想象力的方法来奴役人们的思想。

第二种答案(费尔巴哈的答案,马克思在其早期著作里曾一字不变地接受了这个答案)虽然更为"深刻",但同样也是错误的。这种答案也在寻找并找到了对人们真实的生存条件进行想象性置换和歪曲的原因,简而言之,找到了在对人们的生存条件进行表征的想象中出现异化的原因。这个原因不再是教士或专制君主,也不再是他们的主动想象和受害者的被动想象,而是支配人们自身生存条件的物质异化。在《论犹太人问题》及其他著作中,马克思是这样为费尔巴哈的观点辩护的:人们之所以对其生存条件进行异化的(即想象的)再现,是因为这些生存条件本身发生着异化(在《1844年经济学哲学手稿》中,是因为这些条件受异化社会的本质即**"异化劳动"**的支配统治)。

因此,所有上述阐释都按照字面意思接受了它们所依赖的那个前提论点:我们于意识形态中发现的由世界的想象性表征所反映出来的东西,就是人们的生存条件,即他们的现实世界。

现在我可以回到前面已经提出的命题:"人们"在意识形态中"向自己表征"的并不是其真实的生存条件,并不是他们的现实世界,而首先是他们与在那里向其表征的真实的生存条件的关系。正是这种关系,占据了对现实世界的每一种意识形态的即想象性的表征的中心。正是这种关系,包含了必能解释对现实世界的意识形态表征的想象性扭曲的"原因"。或者抛开这套因果关系的说法,我们有必要提出这样的观点,即,**这种关系的想象性本质奠定了我们在所有意识形态**

中(如果我们不相信其真实性)能够观察到的所有想象性扭曲的基础。

用马克思主义的说法,那些占据生产、剥削、压迫、意识形态灌输和科学实践之代理人位置的个体的真实生存条件的表征,归根结底产生于生产关系及其衍生的其他关系,如果这一说法为真,我们就可以说,所有意识形态在其必然的想象性扭曲中所表征的,不是现有的生产关系(及其衍生的其他关系),而首先是个体与生产关系(及其衍生的其他关系)的(想象性)关系。因此,意识形态所表征的,不是左右个体生存的真实关系系统,而是这些个体与他们所处的真实关系的想象性关系。

如果此说成立,那么意识形态中真实关系的想象性扭曲的"原因"问题就不复存在了,取而代之的一定是个完全不同的问题,即,社会关系左右了个体的生存条件以及他们的集体生活和个人生活,个体与这些社会关系之(个人)关系的再现为什么必然是想象性的呢?这种想象性关系的本质是什么?这样的提问方式彻底摧毁了一小撮个体(教士或专制君主)即"宗派"①(他们是庞大的意识形态神秘化的作者)提出的答案,也彻底摧毁了关于现实世界异化特征的解释。我将在后面的论述中阐明原因,目前将不做进一步阐述。

命题 2:意识形态具有物质的存在。

我之前已经触及这一命题,我说过,看起来构成意识形态的"观念"或"表征"等并不具有理念的或精神的存在,而具有物质的存在。我甚至认为,"观念"之理念的和精神的存在完全出现在"观念"和意识形态的意识形态之中,我还要补充一句,出现在自科学出现以来似乎已经"建立"起这个概念的

---

① 我是故意使用这个非常现代的术语的。

意识形态之中,即科学实践者在其自发的意识形态中向自己表征为"观念"的东西,不论其是真是假。当然,虽然我是用肯定形式来表达的,但这个命题仍有待证实。我谨肯请读者朋友友好待之,如,以唯物主义的名义来看待它。要证明它还需要一系列冗长的论证。

如果我们要推进对意识形态本质的分析,那么这种关于"观念"或其他"表征"之物质的而非精神的存在的假定命题确实是必要的。或者更确切地说,不管具有多少批判性,只要它能更好地揭示出每个有关意识形态的严肃分析向每个观察者以直接的经验性展示的东西,它对我们就是有用的。

在讨论意识形态国家机器及其实践时,我说过,它们都是意识形态(宗教、伦理、法律、政治、美学等这些不同的局部性意识形态的统一体,通过其对占主导地位的意识形态的服从得以保证的统一体)的实现。我现在回到这个论点:一种意识形态总是存在于一种机器及其实践或诸实践中。这种存在是物质的。

当然,意识形态在机器及其实践中的物质存在,与铺路石或步枪的物质存在并不具有相同的形态。但是,冒着被认为是新亚里士多德主义者的风险(注意:马克思对亚里士多德有很高的评价),我要说,"物质在许多意义上被讨论",或者说,它以归根结底根植于"物理"物质的不同形态存在。

在上面的论述之后,让我们直接来看看生活在意识形态即世界某个确定表征(如宗教、道德等)之中的"个体"发生了什么情况;世界的想象性扭曲取决于与其存在条件的想象性关系;换而言之,归根结底取决于与生产关系和阶级关系的想象性关系(意识形态=与实际关系的想象性关系)。我要说的是,这种想象的关系本身就被赋予了物质存在。

现在我将做如下考察。

个体相信诸如上帝、责任或公正等概念。(对每个人,对所有生活在意识形态之意识形态表征之中的人而言,意识形态表征将意识形态通过定义还原为一种具有精神存在的观念)这种信念来源于该个体的思想观念,即来源于个体被赋予了意识的主体状态,其意识包含了该个体的信仰观念。通过这种方式,即通过绝对的意识形态"概念"装置手段(一个被赋予了意识的主体可以借此自由地形成或自由地认识他所信仰的思想观念),该主体的(物质)态度就自然而然地随之产生了。

该个体会如此这般地行事,会采取如此这般的实践态度,而且,更重要的是,他还会参加意识形态机器的某些例行的常规化实践,以此为基础,建立起其作为主体在意识中自由选择的那些思想观念。如果他信仰上帝,就会去教堂参加弥撒、跪拜、祈祷、忏悔、苦修(该术语在通常意义上一度是物质性的)和自然悔改等等。如果他信仰责任,就会有相应的态度,并按照正确的原则在仪式实践中体现出来。如果他相信公正,就会无条件地服从法律原则,在受到侵犯时也可能提出抗议、签署请愿书、参加示威等。

通过这一整套图式,我们观察到,意识形态的意识形态表征本身不得不承认,每个被赋予某种"意识"的"主体",只要他相信这样的"观念",认为其"意识"从内心激发了他,使他不受限制地接受,那么,他就必须"按其观念行事",因而必须将他作为一个自由主体的自身的观念刻写在其物质实践的行动之中。如果他不这样做,"那就是邪恶的"。

的确,如果他没有按照其所信仰的功能那样去行应行之事,那是因为他另行他事,此事依然是同样的唯心主义图式的一个功能,意味着其头脑中除了宣称的观念,还有其他的观念,意味着他是一个心口不一(没有人甘愿邪恶）、愤世嫉俗或行为乖张的人，他是按照这些其他的观念来行事的。

在每一种情况下，尽管存在想象的扭曲，意识形态的意识形态因而承认，人类主体的"观念"存在于其行动中，或者应该存在于其行动中，若非如此，它则会给他提供与其所施行为（无论多么有悖常理）相应的其他观念。这种意识形态涉及行动，应当介入**实践**的行动。**而且**，我要指出的是，这些实践是由刻写记载了它们的**仪式**所支配决定的，**在意识形态机器的物质存在**中，它可能只是其中的一小部分：一个小教堂里的一场小弥撒、一次葬礼、体育俱乐部里的一场小比赛、一个校庆日、一次政党会议等。

此外，我们要感谢布莱士·帕斯卡（Blaise Pascal）的防御性"辩证法"，因为这个奇妙的公式将使我们能够颠倒意识形态概念图式的顺序。帕斯卡说过，大意是："跪下，喃喃祈祷、相信。"他因此颠倒了事物的顺序，像基督一样，带来的不是和平而是冲突，此外还有说不上是基督教的东西（愿灾难与将诽谤带到世上的他同在！）——诽谤本身。一个幸运的诽谤，使他紧随詹森教派（Jansenist），蔑视直接命名现实的语言。

请允许我离开帕斯卡，转而讨论他与其所处时代的宗教意识形态国家机器之间的意识形态斗争。如果可以，我将使用更为直接的马克思主义的词汇，因为我们正在几乎尚未探索的领域前行。

因此，我要说，就单个的主体（某某个人）而言，其信仰的观念是一种物质的存在，**因为他的思想观念就是他的物质行动，这些行动嵌入由物质仪式支配的物质实践中，而这些仪式本身又是由物质的意识形态机器来规定的，从这个意识形态机器里面产生了该主体的思想观念**。当然，我的上述观点中出现了四次的形容词"物质的"受到不同形态的影响：做弥撒、跪拜、画十字，或是认罪、判决、祈祷、忏悔、赎罪、凝视、握手、外在的言说或"内在的"言说（意识），这些不断位移的物质性，并不是同一个物质性。关于不同物质性形态之间的差异是个理论难题，我将暂且搁置不谈。

事实上，在对事物这种倒置过来的陈述中，我们根本就没有处理"倒置"，因为显然有些概念已经完全从我们的陈述中消失了，而其他概念留存下来，甚至还出现了新的术语。

消失的术语：**思想观念**。

留存的术语：**主体、意识、信仰、行动**。

新生的术语：**实践、仪式、意识形态机器**。

鉴于我们获得的以上结果，可以说，这不是什么颠倒或颠覆（除非说政府被推翻了，或者玻璃杯被打翻了），而是一次（非改组型的）改组，一次相当奇怪的改组。

思想观念（就其被赋予观念的或精神的存在而言）就这样消失了，确切地说，是出现了这样的情况：思想观念的存在被刻入了由仪式所支配的实践行动之中，而这些仪式归根结底又是由意识形态机器所定义的。由此看来，主体似乎只有被以下系统操控才能行动。这个系统按其实际决定作用的顺序如下排列：意识形态存在于物质的意识形态机器中，规定了由物质仪式支配的物质实践，这些实践存在于主体的物质行动中，主体则听命其信仰的全部意识据以行动。

但是，以上表述本身表明，我们保留了下列概念：主体、意识、信仰、行动。从这个序列中，我将直接抽取出一个其他概念赖以存在的决定性的中心概念，即，**主体**的概念。

我还要直接提出以下两个相互关联的论点：

1. 如果不是借助**某种**意识形态并在**这种**意识形态之中，

就不存在实践；

2. 如果不是借助主体并且为了具体的主体,就没有意识形态。

现在,我可以得出我的中心论点了。

意识形态把个体询唤为主体

这个部分只是为了把我的第二个论点阐释清楚:不存在不依赖于主体并为主体服务的意识形态。其含义是:不存在不为具体主体服务的意识形态,意识形态的这一目标只有借助于主体才可能实现,即,**借助于主体的范畴**及其发挥的功能才可能实现。

我这么说的意思是,尽管主体范畴是随着资产阶级意识形态的兴起,尤其是随着法律意识形态的兴起①,才以(主体)这个名义出现的,但它(可能以诸如柏拉图的灵魂、上帝等其他名头发挥作用)却是构成所有意识形态的基本范畴,不管该意识形态是否具有(领域的或阶级的)规定性,也不管它出现在何历史年代,因为意识形态没有历史。

我说,主体是构成所有意识形态的基本范畴,但我同时要立即补充,**主体之所以是构成所有意识形态的基本范畴,只是因为所有意识形态都具有将具体个体"构建"(定义它)为主体的功能。**所有意识形态的功能运作存在于这双重构成的交互作用中;意识形态无非就是以功能的物质存在形式进行的功能运作。

为了理解后面的内容,我们必须认识到,无论是写下这几行文字的作者,还是读到这几行文字的读者,他们本身都

① 它借用了"法律主体"的法律范畴,提出了"人本质上是主体"的意识形态观念。

是主体,因而都是意识形态的主体(这是个同义反复的命题),这就是说,在我说过的"人生来就是意识形态动物"这个意义上说,这几行文字的作者和读者都"自发地"或"自然地"生活在意识形态中。

写下了这几行据称是科学的话语的作者,作为一个"主体"在"他的"科学话语中是完全缺席的(因为所有的科学话语按照定义都是无主体的话语,除了在科学的意识形态中,不存在"科学的主体")。这是另一个问题,我暂且搁下不谈。

圣保罗说得好,我们正是在"逻各斯"即意识形态中"生活、活动并存在"的。因此,对于你我而言,主体范畴是首要的"显而易见的东西"(显而易见的东西总是首要的);很显然,你我都是主体(自由的,伦理的……)。像所有显而易见的事物一样,包括创造一个词语来"命名某物"或"表明意义"(因而包括语言的"透明性"这一显而易见之事),你我作为主体的显而易见性——这个无可置疑的显而易见性——本身也是一种意识形态的效果、一种基本的意识形态的效果。① 把显而易见的事情(不动声色地,因为这些都是"显而易见的")当作显而易见的事情强加于人,这恰恰是意识形态的一种特性。我们**不会认不出**这些显而易见的事情,而且,在它们面前,我们不可避免地会产生一种自然反应,(大声地呼喊或"以良知的轻微之声")说出:"那是显而易见的! 对的! 没错!"

在这种反应中起作用的是意识形态的**识别**功能,它是意识形态的两种功能之一(其反面是**误认**功能)。

举一个非常"具体的"例子。我们都有一些朋友,当他们

---

① 语言学家以及那些出于各种目的诉诸语言学的人常常会遇到困难,因为他们忽视了意识形态在甚至包括科学话语在内的所有话语中的效用。

来敲门时,我们隔着门问:"谁呀?"回答是"我"(因为"这是显而易见的")。于是我们认出"是他",或"她"。我们开了门,"没错,真的是她"。再举一个例子:当我们在街上认出某个(过去的)熟人[即(老)相识]时,我们会说,"你好!老朋友",随后跟他握手(在日常生活中,这就是进行意识形态识别的一种物质性的仪式实践——至少在法国是这样;不同地方有不同的仪式),这就向他表明我们认出了他(而且已经知道他也认出了我们)。

通过这种初步的观察和这些具体的例证,我只想指出,你我**向来**就是主体,向来如此这般地不断操练着意识形态识别的各种仪式,它们由此向我们保证,我们的的确确是具体的、单个的、独特的、(当然也是)不可替代的主体。我目前正在从事的写作和你目前正在进行的阅读①,包括我思考中的"真理"或"错误"加之于你的"显而易见的事情",在这方面也都是意识形态识别仪式。

但是,认识到我们都是主体,认识到我们是通过最基本的日常生活实践仪式发挥功能的(握手,称呼你的名字,知道你"有"自己的名字,哪怕我不知道这个名字是什么,这也意味着你被承认是一个独一无二的主体,等等)——这种认识只会为我们提供我们在不断(永恒地)进行意识形态识别实践的意识——这种意识就是一种**识别**——却丝毫不能为我们提供关于这种识别机制的(科学)**知识**。而正是这种知识,是我们现如今必须获得的;如果你愿意,我们得以意识形态来言说,并且从意识形态内部勾画出一套意图与意识形态决裂的话语,以便敢于开辟出意识形态科学(即无主体)话语的

---

① 注意:这两个"正在"再次证明了意识形态的"永恒性"这一事实,因为这两个"正在"之间是一个模糊的时间间隔;我是在1969年4月6日写下这几行文字的,你可以在以后的任何时间读它们。

起点与开端。

因此，为了阐述"主体"为何是意识形态的构成性范畴，而意识形态也只有通过把具体的主体建构为主体才能存在，我将使用一种特殊的阐述方式：既"具体"到面貌清晰，又抽象到有思考空间，从而催发知识的生产。

我首先要提出的是：所有意识形态都通过主体范畴的运作，**将具体的个体询唤为具体的主体**。

这个命题要求我们暂时把具体的个体和具体的主体区分开来，尽管在这个层面上，具体的主体只有得到具体的个体的支持才能存在。

我接下来要指出，意识形态是以这样的方式"产生作用"或"发挥功能"的：它从个体中"征召"主体（将之全部收拢），或者，通过我称之为**质询**或传唤的实践操作，将个体"转换"为主体。从诸如警察最司空见惯的日常传唤"喂！不许动！"等实践可以想见其中的情形。①

假设我所构想的理论场景发生在大街上，被传唤的个体转过身来。通过 180 度的转身，他变成了一个**主体**。为什么？因为他认识到，这个传唤**"的确"**是对他发出的，**"的确是他**（而不是别人）被传唤了"。经验表明：不论是人声还是哨音，实际的电讯传唤都不会听不到，被传唤者总是能认识到，的确是他被传唤了。尽管大部分人会"为某事良心不安"，但这怎么说都是一个奇怪的现象，而且不是单靠"犯罪感"就能够解释的。

当然，为了方便起见，为了让我的理论剧更清晰，我不得不暂且按照时间的先后顺序和形式来描述。有些人在往前

---

① 打招呼是有特定仪式的一种日常实践活动，但其在警察的"打招呼"实践中具有相当"特殊"的形式，涉及传唤"嫌疑人"。

走。走到某处,有个声音(通常从他们身后)传来:"喂!不许动!"其中一人(十之八九正是那人)转过身来,相信/怀疑/知道是在叫他,认识到叫的"的确是他"。但在现实中,事情发生的顺序不是这样的。意识形态的存在与对个体作为主体的意识形态传唤是同一回事。

我要补充一下:貌似发生在意识形态之外(确切地说,发生在大街上)的事,实际上发生在意识形态之中。确实发生在意识形态之中的事,因而好似发生在其之外。那些身处意识形态之中的人,之所以相信自己在定义上处于意识形态之外,原因就在这里。通过意识形态,对意识形态的意识形态性质的实际否定,是意识形态的效用之一:意识形态从来不说"我是意识形态的"。必须在意识形态之外,即在科学知识之中,才能说:我现在意识形态之中(I am in ideology)(具体情况),或者我原来在意识形态中(I was in ideology)(普遍情况)。众所周知,对身处意识形态之中的指责,向来是对人不对己的(除非此人的确是斯宾诺莎主义者或马克思主义者,在此,二者是一样的)。这等于说,意识形态(对其自身而言)**没有外部**,但同时,(对科学和现实而言)**它只不过是外部而已**。

斯宾诺莎比马克思整整早了两个世纪对此做了解释,马克思虽然有所实践,却未做具体阐释。不过,让我们暂且离开这个论题,尽管这样做后果沉重,不仅是理论上的,而且直接是政治上的。因为,举例来说,整个批判与自我批判理论,马克思-列宁主义阶级斗争实践的金科玉律,皆仰赖于此。

因此,意识形态把个体询唤为主体。由于意识形态是永恒的,我现在必须取消我先前阐述意识形态运作的时间形式,指出:意识形态向来把个体作为主体进行询唤,这就等于

132

明确指出，个体向来被意识形态作为主体进行询唤。这必然导致我们得出最后一个观点：个体向来是主体。因此，个体对于他们向来是的主体而言是"抽象"的。这一观点似乎有些自相矛盾。

个体于出生之前就已经是主体，这是一个人人皆可理解的朴素现实，而非悖论。弗洛伊德表明，只要注意一下围绕着期盼孩子"降生"这一"幸福大事"的意识形态仪式就可发现，个体之于他们向来便是的主体而言总是"抽象的"。大家都知道，人们是多么地以某种方式期待着未降生的婴孩呱呱坠地。如果我们愿意撇开"情感"因素，那就相当于直白地说，这是期待未降生婴孩的家庭意识形态形式（父亲的/母亲的/夫妻的/兄弟的）：当然孩子事先就带上了父亲的姓，因而会有一个身份，一个不可替代的身份。因此，孩子在出生前就已经是一个主体，身处特定的家庭意识形态结构中，刚被孕育，就被"期待"了，并被这一结构指定为一个主体。我几乎不需要再补充说明，这个家族的意识形态结构在其独特性上是高度结构化的，而且在这一不可更改的、或多或少是"病态的"（前提是任何意义都可以被赋予这个术语）结构中，这个即将到来的主体必须"找到"它的位置，"成为"已经预先就是的性别主体（男孩或女孩）。显然，这种思想上的约束和预先设定，以及家庭中所有的教养和教育仪式，都与弗洛伊德所研究的性行为的前生殖器和生殖器"阶段"的形式有某种关系，也就是说，在弗洛伊德根据其反应称之为无意识的"控制"之下。不过，让我们把这一点也暂放一边。

让我再往前推进一步。我现在要关注的是，在这个质询场景中，"行动者"以及他们各自的角色是以什么方式在所有意识形态结构中被反映出来的。

一个例证：基督教的宗教意识形态

由于所有意识形态的形式结构总是相同的，我将把我的分析局限于一个单一的例子，一个人人都能接触到的例子，即宗教意识形态，但前提条件是，这个例证同样可以推及伦理、法律、政治、美学等意识形态。

那么，让我们来讨论基督教的宗教意识形态。我将使用一种修辞手法，"让它说话"，用一种虚构的话语来收集它所说的话，不仅是新约、旧约、神学理论、布道词等，还包括它的实践、礼仪、仪式和典礼。基督教的宗教意识形态是这样说的：

它说：我对你讲话，名为彼得的人（每个个体都是用他的名字来称呼的，在被动的意义上说，从来不是他自己提供了名字），是为了告诉你上帝的存在，告诉你你是对上帝负责的。它还补充说：上帝通过我的声音向你说话（《圣经》收集了上帝的话，传统传播了这些话，教皇绝对正确地把这些话永远固定在"美好"的观点上）。它说：这个人就是你，你是彼得！这就是你的本源，你是上帝为了永世而创造出来的，尽管你出生于主诞生后的第 1920 年！这是你在世界上的位置！这是你必须做的！因此，如果你遵守"爱的法则"，你，彼得，就会得救，成为基督光辉圣体的一部分！诸如此类。

这是一套现在大家非常熟悉的陈词滥调，但同时也是一套令人吃惊的话语。

之所以说它令人吃惊，是因为如果我们认为宗教意识形态确实是向个体说话[①]，"将他们转变为主体"，通过对个体

---

① 尽管我们知道个体向来已是主体，但我们继续使用这个词，因为它产生的对比效果很方便。

彼得的询唤,以使他成为一个主体,愿意听从或拒绝呼唤,即上帝的命令;如果它以个体的姓名称呼他们,从而承认他们向来是作为有个人身份的主体被询唤的(帕斯卡的基督甚至说:"我正是为了你流下这滴血的!");如果它以这样一种方式来询唤他们,主体回应:"**是的,的确是我!**"如果它从他们那里得到承认,认识到他们的确占据了它在这个世界上指定给他们的位置,在这个泪水的峡谷里的一个固定位置:"的确是我,我在这里,是一个工人,一个老板,或一个士兵!"如果它根据个体对"上帝诫命"的尊重或蔑视态度获得了他们对归属(永生或诅咒)的认可,那么,诫命就变成了爱——如果一切都以(按照大家熟知的洗礼、按手礼、圣餐、忏悔和临终圣事等一套实践)这样的方式发生,那么,我们应该注意到,确立基督教宗教主体的这所有"程序"都被一个奇怪的现象支配着,即这样一个事实:只有在存在独一的、绝对的**他者主体**即上帝的绝对条件下,才能有如此多的可能的宗教主体。

134　　　　为方便起见,用大写字母 S 来标识这个新的非凡的主体(Subject),以示与用小写字母 s 来标识的普通主体(subject)的区别。

于是,对个体作为主体的询唤预设了独一的核心的他者主体的"存在",以其名义,宗教意识形态将所有个体询唤为主体。所有这一切都清清楚楚地①写在被正确地称为《圣经》的文字里。"于是,上帝我主(耶和华)在云端对摩西说话。耶和华呼求摩西:'摩西!'摩西回答:'正是我! 我是你的仆人摩西,你说,我必听你的话。'耶和华对摩西说,'**我是自有永有的**'。"

---

① 我是采用一种组合的方式来引用的,不是原文照录,而是取其"精神实质"。

因此，上帝将自己定义为一个超群的主体，一个通过自己并为自己而存在的主体（"我是自有永有的"），并询唤他的属民，那个通过询唤使之臣属于他的个体，即名叫摩西的个体。而摩西，以他的名字被询唤的摩西，认识到"的确"是他被上帝所呼召，认识到他是一个属民、上帝的属民、臣服于上帝的属民，**一个通过大写的主体并臣服于大写的主体的主体**（a subject through the Subject and subjected to the Subject）。证据是：他服从上帝，并使他的人民服从上帝的命令。

于是，上帝是大写的主体，摩西和上帝无数的子民是属民，是上帝主体对话式的被询唤者，是上帝的**镜像**、**倒影**。人不就是**照着神的形象**创造出来的吗？正如所有的神学思考所证明的，虽然上帝"完全可以"在没有人的情况下做得很好，但上帝需要人，绝对主体需要属民，正如人需要上帝一样，属民也需要绝对主体。更好的说法是：上帝需要人，伟大的主体需要属民，即使属民（放浪形骸，沉溺罪恶）颠覆了上帝在他们身上的形象。

换个更好的说法：上帝复制他自己，把他的儿子当作被"牺牲"的微小而重要的主体派到地球上（对橄榄园的长期抱怨于十字架上终结），他是绝对主体的属民，是人神，是为最终救赎和复活做一切准备的基督。因此，上帝需要"使自己"成为人的肉身，绝对主体需要成为一个主体，好让其属民实实在在肉眼可见，触手可摸（参见圣托马斯），也就是说，如果他们是主体，是从属于绝对主体的主体，那也仅仅是为了在最终的审判日他们能像耶稣基督那样重新进入主的怀抱，重新进入绝对主体。①

---

① 三一律的教条正是这种复制理论：主体（圣父）复制变成属民（圣子）以及他们之间的镜像连接（圣灵）。

让我们把这种奇妙的必然性，即，将**主体复制变成属民**、
将主体本身复制变成属民-主体（subject-Subject）的必然性，
解码成理论语言。

我们观察到，以独一绝对主体的名义将众个体质询为主
体的所有意识形态的结构是**镜状**的，是一种镜面结构，而且
是**双重镜面结构**，这种双重镜面是意识形态的基本组成部
分，并确保其功能的发挥。这意味着：所有意识形态被聚焦
于一个**中心**，绝对主体占据了独一的中心位置，并将围绕它
的无数个体在双重镜面连接中质询为主体，以使他们**臣**属于
绝对主体，同时每一个属民主体在绝对主体中都可以想象自
己（现在和将来）的形象，并且**确保**这的确是与他们和他相关
的；既然一切都发生在家庭（神圣家庭：家庭本质上是神圣
的）中，"上帝会在其中**认出**自己"，那些认出上帝的人，那些
在上帝中认出自己的人，就会得救。

让我总结一下我们对意识形态的总体发现。

意识形态的双重镜像结构同时确保：

1. 将"个体"作为主体的质询；

2. 他们对绝对主体的服从；

3. 属民主体与绝对主体的相互辨认，属民主体的相互辨
认，以及最后属民主体对自己的辨认。①

4. 确保一切如上所述，只要主体认识到自己的身份，并
相应地据此行事，一切都会各就其位地平顺：阿门——**"就这
样吧"**。

结果：在对个体作为主体的质询、对绝对主体的服从、普

---

① 黑格尔（不知不觉地）成了一个令人钦佩的意识形态"理论家"，一个研究普
遍承认的"理论家"，尽管遗憾的是，他最后走向了绝对知识的意识形态。费尔巴哈
是一位令人惊叹的镜像连接的"理论家"，遗憾的是，他最终陷入了人类本质的意识
形态中。要想找到材料来构建担保理论，我们必须求助于斯宾诺莎。

遍承认和绝对保证的四重体系中,绝大多数情况下,主体"工作"并"自动工作",只有一小部分"坏主体"会偶尔引起(压制性)国家机器某支力量的介入干预。但是,绝大多数(好的)主体都是"完全自动"工作的,即按照意识形态(其具体形式在意识形态国家机器中实现)工作。他们被安插到由意识形态国家机器的仪式所支配的各种实践中。他们"承认"事情的现状,承认"情况就是这样,不能不是这样",承认他们必须服从上帝,服从良知,服从神父,服从戴高乐,服从老板,服从工程师,应该"爱邻如己",等等。他们具体的物质行为不过是在生活中铭刻那句令人钦佩的祷告词:"阿门——**就这样吧。**"

是的,主体"自动工作"。这个效应的全部奥秘就在于我刚刚讨论过的四重系统的前两个环节,或者,如果你愿意的话,也可以说,在于**主体**这个术语的模糊性。通常意义上说,主体实际上是指:(1)自由的主体,主动性的中心,主动行为的发出者和责任者;(2)服从于上级权威的属民,因而被剥夺了除自由地服从之外的一切自由。上面的第二种解释为我们提供了这种模棱两可的含义,它仅仅是产生这种模棱两可的效果的一种反映:个体被询唤为(**自由的**)**主体,是为了他能够自由地服从绝对主体的诫命,能够(自由地)接受自己的臣属地位,能够"完全自动地"展示其服从姿态,实施服从行为。除了遵照服从、为了服从的属民,没有别的主体。**这就是他们"完全自动工作"的原因。

"**就这样吧!**"这句记录了意图效果的祈祷词证明,它并不是"自然而然的"("自然而然的":不受祈祷人干预,不受意识形态介入的)。这句话证明,如果事情必须如此,那就**不得不这样吧,**于是,我们可以顺水推舟地说:如果要确保生产关系的再生产,甚至是在每天的生产和流通的过程中,在"意识"中,即在占据了劳动的社会技术分工于生产、剥削、镇压、意识形态化和科学实践所分派岗位的个体-主体的态度中,那就不得不这样吧。那么,在绝对主体和作为主体被询唤的个体的镜像识别中,在主体自由地接受其服从于绝对主体的"诫命"从而得到绝对主体的保证的这套机制中,真正的问题是什么? 在这个机制中所讨论的现实,恰是以承认的形式(意识形态=误认/无知)必然被忽视的现实,那就是,生产关系和由此产生的关系的再生产。

1969 年 1—4 月

附记

如果说这几个概略性的命题论证让我说清楚了上层建筑的功能及其对基础设施的干预方式的某些方面,那显然也是很抽象的,必定会留下几个重要问题尚未回答,在这里应该提及的有:

1. 生产关系再生产的实现的**全过程**问题。

作为该过程的一个要素,意识形态国家机器**有助于**生产关系的再生产。但单就其贡献而言的观点仍然是抽象的。

只有在生产和流通过程中,这种生产关系的再生产才能**实现**。它是通过"完成"工人的培训、分配好岗位等诸如此类的过程机制来实现的。正是在这些过程的内部机制中,人们感受到不同意识形态的影响和效用(首先是法律-伦理意识形态的效用)。

但这个观点仍然是抽象的。因为在阶级社会里,生产关系是剥削关系,因而是对立阶级之间的关系。因此,作为统治阶级的最终目的,生产关系的再生产不能仅仅是一种技术操作训练,也不能仅仅是将个人分配到"技术分工"的不同岗位。事实上，除了统治阶级的意识形态之外，没有"技术性"分工；每一个"技术性"分工、每一个"技术性"劳动组织，都是社会(阶级)分工和劳动组织的形式和面具。因此，生产关系的再生产只能是一项阶级的事业。它是通过将统治阶级和被剥削阶级置于对立面的阶级斗争来实现的。

因此，生产关系再生产的实现的总过程仍然是抽象的，因为到目前为止，它还没有采纳阶级斗争的观点。因而，采用再生产的观点，归根结底就是采用阶级斗争的观点。

2. 社会形态中意识形态存在的阶级性问题。

意识形态"机制"**总体上**是一回事。我们已经看到，它可以被简化为用几句话表达的一些原则(就像马克思所说的那些定义生产的一般原则，或者弗洛伊德所说的定义无意识的一般原则那样)。如果说其中有什么真理可言，那就是，对于任何实在形态的意识形态而言，这种机制必须是**抽象的**。

我曾提出，意识形态是在机构中，在机构的仪式和实践中，在意识形态的国家机器中**实现**的。我们已经看到，在这个基础上，它们有助于对统治阶级而言至关重要的那种阶级斗争形式，即生产关系的再生产。这一观点本身虽然符合实际，却仍然是抽象的。

事实上，只有从阶级斗争的角度出发，国家和国家机器作为保证阶级压迫、确保剥削及其再生产条件的阶级斗争机器才是有意义的。但是，没有相互敌对的阶级就没有阶级斗争。任何人，只要提到统治阶级的阶级斗争，就要提到被统治阶级的抵制、反抗和阶级斗争。

这就是为什么意识形态国家机器既不是意识形态的**一般**实现，甚至也不是统治阶级意识形态的无冲突实现。统治阶级的意识形态不是靠上帝的恩典，甚至也不是只靠夺取国家政权就能成为占统治地位的意识形态。统治阶级的意

138

识形态只有通过意识形态国家机器的安装，从中得以实现并自我实现，才能成为占统治地位的意识形态。但是，这种装置不是靠它自己就能实现的，相反，它是一场艰苦而持久的阶级斗争的赌注：首先要反对先前的统治阶级及其在新旧意识形态国家机器中占据的观点立场，其次要反对被剥削阶级。

但是，这个意识形态国家机器中的阶级斗争的观点仍然是抽象的。事实上，意识形态国家机器中的阶级斗争确实是阶级斗争的一个方面，有时还是一个重要的、症状性的方面：例如，18世纪的反宗教斗争，或者今天各个资本主义国家出现的教育的意识形态国家机器的"危机"。但是，意识形态国家机器中的阶级斗争只是阶级斗争的一个方面，而阶级斗争是超越意识形态国家机器的。掌权阶级用来作为在其意识形态国家机器中占主导地位的意识形态的意识形态，的确是在那些国家机器中"得到实现"的，但它超出了这些机器的范围，因为它来自别的地方。同样地，被统治阶级设法在上述意识形态国家机器中为了反对这些机器而努力捍卫的意识形态，也超出这些机器的范围，因为它也来自别的地方。

只有从阶级的角度，即阶级斗争的角度出发，才有可能解释某个社会形态中存在的各种意识形态。不仅从这一点出发才有可能解释占统治地位的意识形态在意识形态国家机器中的实现，才有可能解释把意识形态国家机器当作场所和赌注的各种形式的阶级斗争的实现；更重要的是，也正是从这一点出发，我们才有可能理解在意识形态国家机器中得以实现并在其中相互对抗的各种意识形态的来源。因为如果意识形态国家机器真的代表了统治阶级的意识形态在其中**必然**被实现的**形式**，代表了被统治阶级的意识形态在其中

必然被测量和抵抗的**形式**,那么,各种意识形态就不是从意识形态国家机器中"诞生"的,而是从阶级斗争中你争我夺的各社会阶级中诞生的:来自他们的存在条件,他们的实践,他们的斗争经历,等等。

1970 年 4 月

第6章 意识形态的（误）识别机制

米歇尔·佩肖（Michel Pêcheux）

论生产关系的再生产/变革的意识形态条件

我将首先解释"**生产关系的再生产/变革的意识形态条件**"这一表述。这一解释将在我的目标范围内进行，以此奠定唯物主义话语理论的基础。

然而，为了避免某些误解，我还必须就一些更具普遍意义的要点做具体的说明，这关涉到意识形态理论、知识生产实践和政治实践，不做这样的说明，接下来的一切论述都将显得非常"不合适"。

（a）如果我强调"生产关系的再生产/变革的**意识形态条件**"，这是因为意识形态领域绝不是某个社会形态的生产关系再生产/变革得以发生的**唯一要素**；这也许会忽略经济的决定性，而经济的决定性，正如阿尔都塞在其关于意识形态国家机器的文章开头所回忆的那样，即使在本身的经济生产中，也是生产关系再生产/变革的"归根结底"的条件。

（b）我用"再生产/变革"这个表达，意在指称任何以**阶级划分为基础的生产方式**，即以阶级斗争为"原则"的生产方式的矛盾特征。这尤其意味着，我认为，将有助于生产关系再生产的东西与有助于生产关系变革的东西截然分开是错误的:阶级斗争贯穿了整个生产方式,在意识形态领域,意味着阶级斗争"贯穿"了阿尔都塞所谓的意识形态国家机器。

在采用"意识形态国家机器"一词时,我打算强调一些我认为至关重要的方面(当然,除了提醒人们意识形态不是由"观念"而是由实践构成之外):

1. 意识形态不会以时代精神(即一个时代的精神、心理、"思维习惯"等)的一般形式自我生产,这种时代精神以一种均质化的方式强加于作为预先存在的阶级斗争空间的"社会"之上:"意识形态国家机器不是意识形态的**一般实现**……"

2. "……甚至也不是统治阶级意识形态没有冲突的实现",也就是说,**不可能将每个阶级的意识形态都归于这个阶级**,这样做的话,似乎每个阶级都存在于阶级斗争之前,在自己的阵营里,有自己的生存条件和具体的制度,因此,意识形态的阶级斗争就会成为各有自己的实践和"世界观"的截然不同、预先存在的两个世界的狭路相逢,随后是"更强的"阶级获得胜利,然后将其意识形态强加于另一个阶级。最终,这只会使作为时代精神的意识形态概念加倍强化。①

3. "统治阶级的意识形态不是靠上帝的恩典成为占统治地位的意识形态的……"也就是说,意识形态国家机器并不是占统治地位的意识形态其统治性的**表现**,即统治阶级的意识形态(果真如此,天知道占统治地位的意识形态是如何获得其至高无上的地位的!),而是实现这种统治的场所和手段:"……正是通过意识形态(统治阶级的意识形态)在其中得以实现并自我实现的意识形态国家机器的配置,它才成为

---

① 关于这一点,请参见阿尔都塞关于改革主义的分析,《对约翰·刘易斯的回答》(1972 年),载《自我批评文集》,格雷厄姆·洛克译,伦敦,1976 年,自第 49 页起。

占统治地位的意识形态……"

4. 然而，即便如此，意识形态国家机器也不是统治阶级的纯粹工具，意识形态机器只是再生产了现存的生产关系。"意识形态国家机器的配置并不是全凭自身实现的，相反，这是一场激烈异常、旷日持久的阶级斗争，一场利益攸关的生死搏斗……"①这意味着，意识形态国家机器同时且矛盾地构成了生产关系变革的场所和意识形态条件（即马克思主义-列宁主义意义上的革命的意识形态），**因此就有了"再生产/变革"的表达方式。**

现在我可以将研究生产关系再生产/变革的意识形态条件再向前推进一步，我要指出，这些矛盾的条件是在特定的历史时刻，为了特定的社会形态，由包含在那个社会形态中的**一套复杂的意识形态国家机器**所构成的。我说的**一套复杂的体系**，意思是，一套其"要素"之间是矛盾的、不平衡的、从属的关系的体系，而不仅仅是一系列"要素"的排列：事实上，认为在一个给定的情境中，**所有的**意识形态国家机器都对生产关系的再生产和生产关系的变革作出**同样的**贡献，这样的想法是荒谬的。事实上，它们的"领域"属性，它们对宗教、知识、政治等"显而易见的"专门化，决定了它们在意识形态国家机器中的相对重要性（它们之间的不平衡关系）以及作为特定社会形态中阶级斗争状态的功能。

这就解释了为什么在其具体的物质性上意识形态实例是以"意识形态构成"（即意识形态国家机器）的形式存在的，它既具有"领域性"的特征，又包含着阶级的立场：意识形态的"对象"总是与"使用它们的方法"——它们的意义，即它们的取向，即它们为之服务的阶级利益——被一并提供，由此

---

① 阿尔都塞：《意识形态与意识形态国家机器》，参见本书第 5 章。

人们评论说,实践的意识形态是意识形态中的阶级实践(阶级斗争的实践)。也就是说,在意识形态斗争中,根本没有**抽象存在**的"阶级立场",而只有**适用于**学校、家庭等具体情境的不同区域的意识形态对象,这一点不亚于在其他形式的阶级斗争中的情形。事实上,正是在这一点上,生产关系的再生产与变革之间的矛盾联系在意识形态层面上被联结了起来,因为它不是一个个分开的局部的意识形态"对象",而是被划分的不同领域(上帝、伦理、法律、正义、家庭、知识等等)以及在**意识形态阶级斗争**中至关重要的各领域间的**不均衡从属关系**。

主导意识形态(统治阶级的意识形态)的统治在意识形态层面上具有以下特征:生产关系的再生产"战胜"了生产关系的变革(在各种情形下阻碍它、拖延它、压制它),因此,主导意识形态更多的是回应解决这些意识形态领域之间的不均衡从属关系(连带着它们的"对象"以及它们所处的实践)的再生产,而不是去保持每个意识形态"领域"自认的**同一性**①:正是出于这一点,阿尔都塞提出了那个备受争议的观点,即资本主义社会形态中的那套意识形态国家机器也包括**工会和政党**(这里的政党是非特指的,事实上,阿尔都塞指称的是**主导意识形态即统治阶级意识形态支配下**的意识形态国家机器系统中政党和工会所赋予的职能),即统治阶级得以确保与无产阶级及其同盟等阶级对手进行"交流"和"对话"的从属的、不可避免的、极其必要的功能,一种无产阶级组织当然无法**照章执行**的功能。

144

如我一直所言,这个例子有助于解释各种不同的意识形

---

① "各种不同的意识形态国家机器的统一,则通常是由占统治地位的意识形态或者统治阶级的意识形态以矛盾冲突的形式来保障的。"阿尔都塞:《意识形态与意识形态国家机器》,参见本书第5章,第146页。

态国家机器（连同与之相应的领域、对象和实践）之间不均衡从属关系的构成方式在意识形态阶级斗争中具有生死攸关的重要作用。因此，在意识形态层面，为争取生产关系变革的斗争首先是要在意识形态国家机器的复杂结构中强加**新的不均衡从属关系**①（譬如"政治当家"的口号就表达了这样的意思），从而导致那套"意识形态国家机器复杂体系"与国家机器之关系的变革以及国家机器本身的变革。②

综上所述，特定意识形态的物质客观性是以某一特定社会形态的意识形态构成之"整体支配体系"中不均衡从属结构为特征的，这种结构无非就是构成了意识形态阶级斗争的再生产与变革之矛盾的结构。

同时，就这一矛盾的形式而言，应当明确指出，鉴于我刚才所说的，不能把这种矛盾看作**单一空间内互相对立的两股力量**的对抗。两个对立阶级之间的意识形态斗争所固有的矛盾形式是**不对称的**，因为每一个阶级都试图达到自己的利益，这一点与另一个阶级是**一样的**：如果说我坚持这一点，那是因为如我们所见，许多意识形态斗争的概念在斗争发生之前就将以下视为**一个显而易见的事实，即（国家居于其上的）"社会"是一个空间，一个斗争的地形**。正如埃蒂安·巴里巴尔所指出的那样，情况之所以如此，是因为阶级关系隐藏在使之得以实现的国家机器的运作中，从而使社会、国家和法律主体（在资本主义生产方式中原则上是自由和平等的）作为"天然的、显而易见的概念"被生产-再生产出来。这就产

---

① 通过阶级斗争中的从属关系的转变：例如，通过学校和政治之间的关系的转变，在资本主义生产方式中，这种关系基于学校在家庭和经济生产之间的"自然"位置的分离（否定或模拟）。

② 埃蒂安·巴里巴尔提醒我们，这是一个用另一个国家机器和国家机器以外的东西取代资产阶级国家机器的问题，见《〈共产党宣言〉之校正》(1972)，载《历史唯物主义五论》，巴黎，1974年，第65—101页。

生了与第一个错误孪生的第二个错误,它关注这一矛盾的本质,就像**惯性**与**运动**的对立那样,它将再生产与变革对立起来:认为生产关系的再生产无需解释,因为排除"制度"的**缺陷**和**失败**,只要**不去管它们**,它们就会"**自行其是**",这种想法不啻是一种永恒论的、反辩证法的幻想。在现实中,生产关系的再生产,同生产关系的变革一样,都是一个**客观的过程**,它的神秘性必须深入其中才能被洞察,而不仅仅是一种只需要观察的事实状态。

我已经多次提到阿尔都塞的核心命题:"**意识形态将个体询唤为主体**。"现在该来考察一下这个观点是如何"洞穿神秘性"的,具体地说,它洞穿神秘性的方式直接导向了思辨过程的唯物主义理论的前提问题,也就是说,阐明了生产关系的再生产/变革的意识形态条件的问题。

但首先要解释一下术语:在推进至此的讨论过程中出现了一些术语,如意识形态国家机器、意识形态构成、主导的或统治的意识形态等等。但无论是"**意识形态**"一词(除了"意识形态国家机器不是意识形态的一般实现"这句话中的否定词外)还是"**主体**"一词都没有出现(更不用说"个体"这个术语了)。作为之前论证的结果,而且正是**为了能够在结论中进一步强化这个结果**,我不得不改变我的术语,引入一些新的术语(单数的意识形态、个体、主体、询唤),原因是什么呢?答案就在于阿尔都塞提出其核心命题之前陈述的以下两个中间命题:

1. 如果不是借助**某种**意识形态并在**这种**意识形态之中,就不存在实践;

2. 如果不是借助主体并且为了具体的主体,就没有意识形态。

在转录这两个中间命题时,我强调了"意识形态"这一术语被界定的两种方式：在第一个命题中，不定冠词暗示了意识形态实例的差异多样性，其表现形式为各元素的组合（支配的复合整体），每个元素都是（上述所界定的意义上的）**一种意识形态构成**；简而言之，是**一种意识形态**。在第二个命题中，对"意识形态"一词是在"一般意义"上做出界定的，正如有人说"不是正数没有平方根"一样，这意味着**每一个平方根都是正数的平方根**；同理，第二个命题的意义实际上预示了"核心命题"①，其意义在于"主体范畴……是每一种意识形态的构成性范畴"。换言之，在理论阐述中，"**主体**"一词的**出现**（正如我们将看到的，这种出现在语法上的特点是，该词既不是主语，也不是宾语，而是宾语的一个定语）与每一种意识形态意义上的**单数形式的"意识形态"一词的使用**，确实是同时发生的。

自然，这使我能够对**意识形态的构成**、**主导的意识形态**和**意识形态**进行仔细的区分。

意识形态、询唤、"孟乔森效应"
（Münchhausen Effect）

正如我们所看到的，**一般意识形态**并不是在意识形态国家机器中实现的，因而它不能与历史上具体的**意识形态构成**相一致，与**主导的意识形态**也不一样，归根结底，在一个特定历史的社会形态中，它是由于不平衡、矛盾、从属关系而形成的历史具体形态，其特征是在其中运行的意识形态构成的

---

① "意识形态把个体询唤为主体"不过是为了把我的最后一个命题阐述清楚的一个问题而已。阿尔都塞：《意识形态与意识形态国家机器》，第128页。

"支配性复合整体"。换言之，"各种意识形态之所以有其自身的历史"，是因为它们有具体的历史存在；而"一般意识形态没有历史"，是因为它被赋予了一种结构和运转方式，使之成为非历史的现实，即一个全部历史的现实，从这个意义上说，这种结构和运转方式是不可变的，在我们可以称之为历史的整个过程中都以相同的形式出现；从这个意义上说，《共产党宣言》将历史定义为阶级斗争的历史，即阶级社会的历史。[①] 因此，在马克思列宁主义中，一般**意识形态**这一概念以非常具体的方式指明了以下事实，即生产关系是"人"之间的关系，**而不是事物、机器、非人类动物或天使之间的关系；在且只在这个意义上**，它没有同时秘密地引入作为反自然力、超验、历史主体、否定之否定等"人"的概念。众所周知，这是《对约翰·刘易斯的回答》的核心观点。[②]

　　恰恰相反，**一般意识形态的概念**使人们有可能把"人"看作"意识形态动物"，也就是说，把人的特殊性看作斯宾诺莎所说的"自然的一部分"：历史是一个运动着的巨大的"**自然-人**"系统，其动力是阶级斗争。[③] 因此，历史又一次**成为阶级斗争的历史**，即阶级关系的再生产/变革，具有相应的基础结构（经济）和上层建筑（法律、政治和意识形态）特征：正是在这一"自然-人"的历史进程中，"意识形态是永恒的"（全历史的）——这一说法让人想起弗洛伊德表达的"无意识是永恒的"；读者会意识到这两个范畴在此的重合不是偶然的。但读者也会意识到，在这个问题上，尽管最近进行了重要的研究，但**基本的理论工作仍有待完成**，我首先要避免给人一种如今非常常见的印象，即认为我们已经找到了答案。事实

147

---

① 阿尔都塞：《意识形态与意识形态国家机器》，第122页。
② 见《自我批评文集》，自第49页起。
③ 同上，第51页。

上，标语口号并不能填补**意识形态**和**无意识**之间缺乏明确的概念表达的巨大空缺：我们仍处在理论的"微茫"阶段默默探索，在目前的研究中，我将仅限于提醒人们注意某些可能被低估的联系，实际上却没有提出支配这两个范畴之关系的真正问题。① 简而言之，这两种分别称为意识形态和无意识的结构的共同特征是，它们通过编织一个"主观的"不言而喻的真理之网来隐藏自己的存在，"主观的"在这里的意思是：不"影响主体"而"主体在其中构成"：

> 对你和我而言，主体范畴是一个首要的"显而易见之事"（显而易见的总是首要的）；很明显，你我都是主体（自由的，伦理的……）。②

现在——就是在这一点上，我相信，必然开始了对一种唯物主义话语理论的需要——阿尔都塞立刻把主体（作为本源和起因）自发存在的不证自明性与另一种不证自明性即意义的不证自明性进行了比较。如我们所见，这种不证自明性在语言的唯心主义哲学中无所不在。请记住我在本研究一开始就提到的下面的比较：

> 像所有显而易见的事物一样，包括**制造一个词语来"命名一个事物"或"赋予一个意义"**（因此包括语言之

---

① 伊丽莎白·卢迪内斯库（Elisabeth Roudinesco）的作品《无意识理论与精神分析的政治》（1973 年）有一个优点，那就是，她展示了为什么"弗洛伊德-马克思主义"并置的优点不能解决问题。

可以说，正是因为意识形态和无意识之间没有建立起联系，让今天的精神分析研究饱受了各种不同形式的且经常矛盾的折磨。在此无法预见未来会有什么结果。我们至多可以说，唯心主义者对拉康作品的重新描述将不得不被记录在册，而这首先将是那些今天在精神分析领域工作的人们的事情。

② 阿尔都塞：《意识形态与意识形态国家机器》，第 129 页。

"透明性"的显而易见性），你我作为主体的显而易见性——这个无可置疑的显而易见性——本身也是一种意识形态的效果、一种基本的意识形态的效果。①

从关于**主体**之不证自明性的评价中获得了**意义**的不证自明性，我强调了这个指涉关系。我还应该补充一下，在这一点上，文本中有个说明直接涉及我在这里检视的问题：

> 语言学家以及那些出于各种目的诉诸语言学的人，因为忽视了所有话语甚至包括科学话语中的意识形态效用，而经常遭遇到各种困难。②

我所有的工作在这里都找到了它的定义，在意义的建构问题与主体的建构问题的联系中找到了它的定义，这个联系以**询唤**的方式位于"中心论题"本身的内部，而不是处于边缘地位（譬如，有关读与写的意识形态"仪式"的特例）。

我说以询唤的**姿态**是为了表明这样一个事实：正如阿尔都塞所说的，"询唤"是一个"说明"，一个适用于特定的解释模式的例子，"'具体'到足以识别，但又抽象到可以思考，可以被思考，从而产生知识"。③ 这种与宗教和警察都有关的（"你，正是为了你，我流了这滴血"/"那边的，站住！"）方式，其首要的优势在于，通过"询唤"这个词的双重含义，它使**强制性**国家机器（分配-验证-检查"身份"的法律-政治机构）与**意识形态**国家机器之间的上层建筑联系——由经济基础决定——变得清晰可见，譬如，"法律中的主体"（与法律中的其

148

---

① 阿尔都塞：《意识形态与意识形态国家机器》，第129页。
② 同上，注释15。
③ 同上，第130页。

他主体建立契约关系的人及其同等地位者)与意识形态主体（自诩"是我！"的人）之间的联系。它的第二个优势在于呈现这种联系的方式，意识剧场（我看见，我想，我说话，我看见你，我跟你说话，等等）是从幕后观察到的，是从一个可以抓住下述事实的地方来观察的：在主体说"我说"之前，主体已经被言说，主体是言说的对象。

最后，但并非最不重要的是，这个询唤的"小小的理论剧场"被视为意识剧场的一种说明性批判，其优势在于，它通过"个体"/"主体"形构的差异，指明了**主体被召入存在**的悖论：事实上，这个表述谨慎地避免了预设询唤在其之上运作的主体存在。它并没有说："这个主体是由意识形态询唤的。"

这就省去了颠倒任何简单地将主体与各种"法律实体"（法人）联系起来的隐喻的尝试，乍看起来，这个实体可能是由一群主体组成的主体；颠倒一下这种关系，人们可以说，就是这个集合作为一个预先存在的实体，在被视为主体间关系的"社会关系"中以个体的"社会化"形式，在每一主体上施加其意识形态印记。事实上，"意识形态将个体询唤为主体"的命题所实际指出的是，"非主体"被意识形态询唤-建构为主体。而悖论就在于，询唤确实具有**追溯作用**，其结果是，每一个体"总是已经是一个主体"。

149　　　主体作为独特的、不可替代的、与其自身同一的主体是**不证自明的**：对"谁在那儿？"这个问题做出"是我！"的回答是自然而然却荒诞的①，它呼应了这样的说法，即，当我在言说我的时候，**我**是唯一能说"我"的人，这是不证自明的；这种不证自明性掩盖了一些罗素和逻辑经验主义所没有揭示的东西：还是在阿尔都塞的例子的语境中，这个主体一直是"被询

---

①　这是阿尔都塞的例证。阿尔都塞：《意识形态与意识形态国家机器》，第129页。

唤为主体的个体"的事实,可以通过孩子们互相之间以绝妙的玩笑发出的荒谬命令来说明,"某某先生,提醒我您的名字!"这个命令的搞笑特征掩盖了其与警方分配核验**身份**之间的相似性。因为这确实涉及了:身份的"不证自明性"掩盖了这样一个事实,即,身份是对主体的辨识-询唤的结果,而主体对其不一样的起源却"似曾相识"①。

[·····]

现在,考虑到我刚才所阐述的内容,**将被预先构设的效用看作差异的话语形态**就成为可能。**借助此话语形态,个体被询唤为主体……同时总是保持为主体**,强调了(独立地发生于事前、位于别处的外部之似曾相识感,**与可识别的、负责任的、对其行为负责的主体之间的**)差异是通过"矛盾"来运作的。不管后者是否全然不知地遭受着主体的折磨,或者相反,他能将许多笑话或措辞的转换等瞬间捕捉住,作为"机智",放到思想的中心位置,事实上这些过程都是被内在于差异的矛盾所控制的。它们就这样构成了差异的症候,并且由所承受的矛盾(如,"愚蠢")与所捕捉并表现出来的矛盾(如,"反讽")连接而成的循环圈支撑着,这一点,读者可以用他发现的任何一个特别"雄辩的"例子来证明②。

就意识形态的询唤-辨识问题,我在某类笑话(其中最终

---

① 由此,有了孩子们众所周知的说话方式:"我有三个兄弟,保罗、迈克尔和我";或者,"爸爸出生在曼彻斯特,妈妈出生在布里斯托尔,我出生在伦敦:奇怪的是,我们三个竟然相遇了!"

② 这样的例子肯定还会成倍地增加:

(1) **关于家庭与学校的关系**:一个懒惰的学生打电话给校长,请假离开学校,当被问到"我在和谁说话?"时,回答"我父亲!";

(2) **关于意识形态的重复**:"我们的地区没有食人族了,我们上周吃了最后一个";

(3) **关于文化机器和伟人崇拜**:"莎士比亚的作品不是他写的,而是同名的一个不知名的当代人写的";

(4) **关于形而上学和宗教机器**:"上帝在任何方面都是完美的,除了一点:他不存在";"X不相信鬼魂,他甚至不怕鬼魂";等等。

涉及的是某个主体、某个事物或某个事件的同一性）的运作中所觉察到的症候的作用，引导我做出如下假定：与此症候相关，**能指过程存在于询唤－识别过程中**。让我解释一下：这里的问题不是唤起一般意义上的"语言的地位"或"词语的力量"，被唤起的究竟是个符号，如拉康所说的，是**为某人指明某物**的符号，还是一个能指，即**代表另一个能指的主语的东西**（又是拉康的表述），尚未确定。很显然，就我的目的而言，第二个假设是正确的，**因为在拉康的理论层面上，它把主体看作由能指的网络所构成的非主体内部的（表现）过程**：主体被"普通名词""专有名词""转换"效应、句法结构等构成的网络"捕获"了，就这样，**他最终成了斯宾诺莎所说的"自因"**（cause of himself）。正是这个（"自因"作为结果的产生与能指在询唤－辨识过程中的驱动作用之间的）矛盾，使我有理由说，它确实是一个过程的问题，里面的"客体"复制，分裂，身不由己地行动。①

我相信，由于主体是作为过程之结果的"自因"，主体在其内部的必然消除，其结果之一就是一系列形而上学的幻觉，所有这些都涉及因果关系问题：譬如，两只手各拿着一支铅笔，在同一张纸上互相画着另一只手所产生的幻觉；再如，一个人在接触地面之前，猛蹬一脚又重新跳起，感受永恒跳跃的幻觉；等等。我就不谈这个了，我提议把这种幻觉效应称为"孟乔森效应"，以纪念那个抓住自己的头发想把自己拔离地面的不朽男爵。

如果意识形态真的（就像从平民中招募士兵一样）从个体中"招募"了主体，并且招募了所有人，我们需要知道，在招

---

① 关于矛盾中的这种复制与分裂，以一种玩笑的方式来说："他们没有在这个国家建造城市，真是太可惜了——那里的空气要干净得多！"

募中"志愿者"是如何被指定的；也就是说，在我们所关心的方面，所有个体是如何作为"言说主体"接受了他们所听到的、所说的、所读的和所写的（他们打算说的，打算说给他们听的）意义是不证自明的：只有真正理解了这一点，才能避免以理论分析的形式不断重复"孟乔森效应"，这是唯一的途径，即，假定主体是主体的起源，即在与我们相关的范围内，把话语主体假定为话语主体的起源。

第7章 意识形态理论中的确定性与不确定性

尼古拉斯·阿伯克龙比(Nicholas Abercrombie)

斯蒂芬·希尔(Stephen Hill)

布赖恩·S. 特纳(Bryan S. Turner)

对意识形态以及知识和信仰形式的分析正处于一种无序的状态。在当代马克思主义中,意识形态的自主性与独立的重要性一直以一种可疑的经济还原论为代价被强调着。尽管在许多方面这是一个令人向往的发展,但正如我们在别处已经指出的①,它还是带来了一些误导性的后果。然而,当代马克思主义意识形态理论不得不面对的关键问题是:如何使唯物主义与意识形态的自主性相调和? 这也隐含着另一个难题,即,如何使作为批判的意识形态概念与一般的意识形态理论相调和? 就学科定义而言,还存在一个平行的问题:与经典马克思主义相对立发展的知识社会学和马克思主义意识形态理论之间的关系问题。

戈兰·瑟伯恩的《权力的意识形态与意识形态的权力》②对这些问题的重要意义做出了精妙的阐述,在这本著

---

① 尼古拉斯·阿伯克龙比,斯蒂芬·希尔和布赖恩·S. 特纳:《主导意识形态论》,伦敦,1980 年。

② 戈兰·瑟伯恩:《权力的意识形态与意识形态的权力》,伦敦,1980 年。后面标明页码之处,皆引用自此书。

作中，他试图澄清当代马克思主义和社会学中的各种理论问题。戈兰·瑟伯恩认为，他的研究计划是"以马克思的洞察力为出发点，试图建立一个更系统的理论"（第 41 页）。他在别的地方曾建议，马克思主义有很多可以从社会学的经验发现中学习的东西。在我们看来，他试图建构一种新的意识形态理论的雄心抱负，也可以看作试图将社会学的观点与马克思主义相结合的一种努力。这是一个非常有趣的计划。尽管如此，即使以马克思主义作为出发点，也显然会有各种各样的可能的目的地，因为无论在马克思主义传统之外还是在马克思主义传统之内，都可以很容易地结束，终点也无需是一个系统的或一般的理论。

恰当的中介

瑟伯恩反对意识形态包括人们头脑中的信念的观点，特别是那些虚假的、神秘化的或被误解的信念。他进一步否定意识形态是科学的对立面。意识形态是指所有具有话语性（与非话语性）的（区别于心理学的）社会现象。它们包括"日常观念和'经验'，详尽阐明了智识学说，这些学说既包括社会行为体的'意识'，也包括特定社会制度化思想体系和话语"（第 2 页）。这是一个有意为之的广义定义，在我们看来，它有效地重新生产了"文化"的社会学概念。继阿尔都塞之后，瑟伯恩提出："意识形态在人类生活中的运作，基本意涵了人类在一个结构化的、有意义的世界中如何以有意识的、反思的行动者来生活的构造和模式。意识形态的运作方式是话语、称呼，或者，正如阿尔都塞所说，将人类询唤为主体。"（第 15 页）意识形态的这种运作涉及两个过程：其一，是人这一意识动因的建制化与主体化；其二，是赋予他们在社会中实现其地位的资格。瑟伯恩认识到，以插入中介的方式对意识形态进行分析，类似于对社会角色的传统社会学分析，但他坚持认为，传统的角色分析过于主观主义。意识形态的主要责任是建构人的主体性，因此"寻找意识形态宇宙的结构就是寻求人的主体性的维度"（第 17 页）。这些维度构成"一个属性空间"：

"世俗的"主体性	"存在的"主体性	
	存在的	历史的
包容的	1. 关于意义的信仰（例如，生与死）	2. 关于历史的社会的世界（例如，部落、村庄、种族、州、国家、教堂）的成员身份的信仰
地位的	3. 关于身份（例如，个性、性别、年龄）的信仰	4. 关于"社会地理学"（例如，教育状况、血统、等级、阶级）的信仰

154　　因此，意识形态根据个人、地位和社会特征来定位个人在时间和空间上的位置。

瑟伯恩认为，意识形态是由物质决定的，而唯物主义的定义又有意为之地异常宽泛，涵盖了"一个特定社会的结构以及……它与自然环境和其他社会的关系"（第 43 页）。在马克思主义对经济结构的经典用法中，唯物主义被用来解释一种特定的意识形态装置的确定性，这套意识形态装置似乎包含了经济主体的从属化和资格认定所要求的阶级意识形态。尽管在这一点上瑟伯恩的表述并不清楚，不过，他明确指出："任何给定的力量和生产关系的组合，当然都需要经济主体的意识形态从属的特定形式……"（第 47 页）

意识形态的主要功能是吸收下属，充当"社会黏合剂"，这一观点常见于许多经典马克思主义的意识形态论述，但值得注意的是，瑟伯恩并不接受这种观点。相反，他认为下属会坚守对立的"变体-意识形态"(alter-ideologies),他甚至试图具体描绘这些变体-意识形态可能出现的条件。有三种可能的解释。瑟伯恩强调的第一个也是最普遍的解释是,就其本质而言,每一种立场的意识形态在产生自我与他人、我们与他们之间的差异的过程中,都必定会产生一种变体-意识形态。因此,这些意识形态具有"内在的双重性"(第27页),其含义是,任何占统治地位的意识形态在建立一个自我/他者的对立这一行为中都必定会产生抵抗。这一论点直接将瑟伯恩的立场与当前结构语言学的立场联系在一起,其关联点是,语言仰赖差异的作用存续。强加知识/意识形态则产生抵抗这一观点的一个困难是,要确切地表明抵抗是如何产生的,更重要的是,在什么条件下抵抗占了上风,这一困难在福柯身上也有所表现。第二个解释是,瑟伯恩提到,阶级意识形态"被写进生产关系中"(第61页)。例如,封建主义涉及农民和地主之间的权利和义务的等级制度,这是阶级斗争的焦点。农民权利的剥夺产生了不公正的变体-意识形态的思想观念,而这奠定了农民反对地主活动之非法性的基础。瑟伯恩在某个地方还谈到了"完成社会控制的心理动力过程的不可还原性",这就造成了"个体'不适'的小范围边缘状态"(第43页)。因此,询唤似乎永远不能真正奏效,因为意识形态具有内在的辩证性质,而复杂的社会过程意味着"意识形态重叠、竞争和冲突,相互淹没或彼此加强"(第vii页)。

155

事实上,意识形态实际上是在"无序状态"(第77页)中运作的,所以,意识形态理论本身是无序的也就不足为奇了。

在主要涉及马克思主义者和社会学家的阶级意识形态和变体-意识形态问题上,瑟伯恩有许多评论。他认为,阶级意识形态是典型的核心主题,而不是详尽的话语形式;他认为,阶级意识形态似乎基于生产方式的归因性功能要求而只

能从理论上推导出来；他认为，非阶级意识形态不可还原为
阶级，而是还原为模式化的或超定的阶级；他认为，阶级意识
形态必须与民族主义、宗教等非阶级立场的意识形态相竞
争、相联系。他对民族主义和宗教的简要分析表明，前者在
不同的社会中以不同的方式形成了阶级模式，而后者似乎根
本没有形成模式。上述意识形态询唤之宇宙的 2 乘 2 矩阵
清楚地表明，阶级意识形态主要分布在第 4 单元，有些维度
落在第 2 单元，它们在瑟伯恩的理论所涉及的总体内容中只
占很小的一部分。

马克思主义的困境

当代马克思主义意识形态理论面临着诸多困境，其中两
个尤为重要。首先是意识形态的自主性问题。几乎所有的
马克思主义理论家都认为，意识形态不能被看作由经济决定
的，而是相对自主的。这种自主性有三个结果。第一，意识
形态有其自身的运动规律。在早期的《科学、阶级与社会》一
书中，瑟伯恩引用恩格斯的话："在一个现代国家，法律不仅
必须与一般的经济状况相适应并表达这些条件，而且必须是
一种内在连贯的经验，不致因为自身的内在矛盾化为乌有。
为了实现这一目标，对经济状况的忠实反映日益遭到损
害。"[1]第二，意识形态可能有效地赋予经济某种特定的形
式。例如，有人可能会说，个人主义在 17 世纪至 19 世纪中
叶英国文化中的盛行，可能在一定程度上通过个人作为经济
主体的构成赋予了英国资本主义竞争的形式。第三，并非所

---

[1]　戈兰·瑟伯恩：《科学、阶级与社会》，伦敦，1976 年，第 404 页。

有的意识形态都可以还原为阶级意识形态,这是前两个结果在阶级与经济关系的特定假设下得出的命题。意识形态自主性问题构成了一个两难困境,因为如果给予意识形态过多的自主性,就失去了马克思主义强调经济的鲜明特色,而如果把意识形态看作与经济捆绑在一起的,那么,所有熟悉的经济还原论问题又都会出现。

当代马克思主义意识形态理论面临的第二个困境是意识形态的虚假性。如果一个人持意识形态是批判的观点,那么,这似乎就从分析中排除了一系列并不明显错误的意识形态。另一方面,如果"意识形态"被视为包含了所有形式的知识、信仰或实践的术语,那么,这个概念的临界点就丧失了。

正如我们前面指出的,瑟伯恩认为,他是以马克思的洞见为出发点的。他还指出,"除了经济地位的意识形态之外,其他意识形态的具体形式并不是由生产方式直接决定的,这表明了历史唯物主义的局限性"(第48页)。问题是,就这一立场而言,瑟伯恩是如何解决马克思主义之困境的。首先,他的语言带有明显的马克思主义色彩。然而,他的唯物主义观不一定是马克思主义的。在他广义的、符合传统的知识社会学的用法中,唯物主义只不过是假定了对意识形态的一种社会解释。在他狭义的经济唯物主义概念中,他采取了马克思主义的立场。对于瑟伯恩来说,阶级意识形态似乎是由经济唯物主义所决定的,但意识形态世界的其他部分却建立在一个不属于马克思主义的物质基础上。

他还强调了阶级在意识形态分析中的重要性。尽管瑟伯恩不遗余力地展示各种意识形态的重要意义,包括性别、种族或民族等非阶级因素,但阶级意识形态不仅是最基本的,而且决定着"……意识形态体系的结构,其阶级的和非阶级的因素,同样都是由汇聚在一起的阶级力量所决定的"(第

39 页）。对许多批评家来说，如此强调阶级的重要性足以将瑟伯恩坚定地放在马克思主义阵营（或某一个马克思主义阵营）中。这显然是大错特错的，因为马克思主义所特有的不是对阶级本身的强调，而是关于阶级的产生、位置和因果关系的特定理论。

将瑟伯恩与卡尔·曼海姆（Karl Mannheim）作一比较在这里是很有启发性的。许多社会学家在评论曼海姆时认为他是马克思主义者，因为他相信社会阶级是信仰体系中最重要的社会基础。然而，曼海姆著作的整体观点是，对他来说，社会阶级不是由它们在经济关系中的地位构成的，而是本质上的政治实体，代表着投入斗争的集体。关于这些阶级斗争，其解释不在经济，而在于人的条件的特征，尤其是明显的与生俱来的竞争倾向。当然，我们并不是说瑟伯恩采取了黑格尔的或本质主义的立场，这样的立场似乎常常隐含在曼海姆的作品中。尽管如此，在瑟伯恩的意识形态理论中，经济的作用本可以更清晰一些。

缺乏明确性确实会产生一些具体的后果。首先，为什么特定的阶级应该有特定的意识形态并不总是清楚的，尽管瑟伯恩所认为的适合于特定阶级的各种意识形态已经有了一个大致轮廓（第3章）。其次，我们不知道为什么意识形态体系是"由阶级力量过度决定的"——如果一个人想要确立阶级的首要地位，这是非常重要的一点（尽管，应该说，瑟伯恩确实暗示了他没有发展这一观点的空间）。最后，阶级与权力的关系是模糊不清的。瑟伯恩的文章题目暗示了权力是他的主要关注点，而且，这种态度在不同的观点中都有所体现。例如，他在开头说："本文主要关注的是意识形态在社会权力的组织、维护和转换中的运作。"（第1页）这绝不是马克思主义特有的一个目标，而是如韦伯式社会学这样的马克思主义的主要竞争对手的核心。权力、阶级和经济在分析上是截然不同的，正如我们对曼海姆的分析所表明的那样，人们可以对权力感兴趣，甚至对阶级权力感兴趣，而不必对马克思主义社会理论作出任何承诺。马克思主义者声称，通过对经济的分析上述三点都可以得到解答。

如果不对意识形态和经济之间的关系做更详尽的说明，就很难知道瑟伯恩是如何解决这些困境的。通过对上面提到的第二个困境的思考，即对意识形态概念本身定义之两难困境的思考，这里的紧张关系得到了进一步的说明：

> "意识形态"将在这里被广泛使用。它不一定意味着任何特定的内容（虚假、误解、与真实性相反的想象性），也不会承担任何必要程度的精致与连贯性。相反，它指的是人类作为有意识的行动者在一个于他们有着不同意义的世界中生活的那方面人的条件。意识形态是这种意识和意义运作的媒介。（第2页）

瑟伯恩明确地认为意识形态构成了人的主体性，故意打破了意识形态有缺陷的观点："这里所采用的广义的意识形态定义与通常的马克思主义定义不同，它不局限于幻觉和错误认识的形式。"（第5页）他将作为批判的意识形态确定为马克思主义理论的核心内容，当然是非常正确的。事实上，除非认为经济是首位的，否则很难想象马克思主义关于意识形态的描述还有其他的鲜明特征。马克思主义者经常攻击知识社会学，认为它采用了一种涵盖各种知识的意识形态概念，从而剥夺了这一概念在他们看来关键的批判锋芒。回到我们前面的比较，卢卡奇[1]认为曼海姆的作品掩盖了真假意

158

---

[1] 格奥尔格·卢卡奇：《理性的毁灭》，伦敦，1980年。

识的关键区别，而阿多诺①则认为曼海姆对一切都提出疑问，但什么都不批评。

构成（人的）主体

我们现在来谈谈瑟伯恩理论的核心要素之一：意识形态的作用。瑟伯恩确定了人的主体性的四个维度（而且只有四个维度），然后论证意识形态的功能是构建这些主体性："我的论点是，这四个维度构成了人的主体性的基本形式，意识形态的宇宙是由构成这四种主体性形式的四种主要的询唤形式所构成的。"（第 23 页）我们看到，瑟伯恩的理论立场造成了几个困难。首先，他近乎认为人的主体性的形式**决定**意识形态的形式，这使他无法摆脱将主体作为所有意识形态之基础的问题。这一理论以及其他询唤理论的第二个困难是，它们假设主体是个体中介，即个人，而与此相反，晚期资本主义的"人"的构成往往要求形成集体中介，如商业公司、专业协会、工会和行业协会。描述社会时代（古罗马时代或晚期资本主义时代）是完全可能的，在这些时代，法律的、社会的或宗教的"人"的定义与有效的经济中介并不一致。瑟伯恩的论点可能适用于"自然人"，但如何适用于"法人"还需要说明。人们可以进一步问：公司结构的形成是否必须通过询唤？最后，意识形态并非总是构成人，它也可以解构人。例如，夫妻一体主义原则（the laws of coverture）使妇女步入婚姻时就被剥夺了人格。更贴切的说法是，意识形态的作用是区分人与非人（例如，儿童、妇女、奴隶和外来者）。这些评论

---

① 西奥多·W. 阿多诺：《棱镜》，伦敦，1967 年。

提出了一个传统的哲学问题:主体是否需要身体?事实上,什么是"身体"?主体/身体的这种结合的变化是广泛的。在中世纪的政治思想中,国王有两个身体来反映他们的政治和精神地位。相比之下,公司有法人资格,但只有虚构的身体;而奴隶有身体,却不是人。

抛开意识形态如何构成集体中介的问题不谈,采用瑟伯恩的意识形态理论与人的主体有关的参照系,人们可能会接受他对主体意识形态分类的逻辑,但仍然会发现其说明有些不完整和模棱两可。因为瑟伯恩似乎理所当然地认为身体和主体是统一的,所以他没有考虑,例如,作为医学意识形态的疾病理论是如何融入他的询唤模型的。正如福柯提醒我们的,医学分类模式具有强大的政治意义。但这些是针对疾病、身体还是人的呢?关于疾病、疾病行为和异常情况的争论最终都涉及个人的道德责任问题,从而涉及行为的"原因"和"动机"。然而,我们很难知道在瑟伯恩的分类中哪里可以找到诸如"动机词汇"的社会学概念。这些词汇并不完全是"包容的-存在的意识形态"的组成部分,因为它们没有将人定位为世界的一员;它们只是简单地规定了什么才算是可接受的行为。这就引出了另一个关于主体意识形态分类的问题:在他的表格中,单元1和单元4,还有单元2和单元3,似乎有相当大的不甚清楚的重叠。例如,为什么一个(包容的-历史的)部落中的成员与一个(地位的-历史的)部落系统中的成员有着显著的不同?其原因并不明显。

瑟伯恩对意识形态的态度和处理办法代表了从意识形态信仰的虚假性问题到可能性问题的决定性转变——主体建构的可能性是什么?跟我们的《主导意识形态论》一样,瑟伯恩的著作较少关注合法化与并入性的问题,而更多关注可能性的问题。然而,他没有问的是:考虑到意识形态机器的不同,意识形态体系在确立可能性时的有效性有哪些变化?鉴于这本书的标题,这样的遗漏是很奇怪的,因此它从来没有明确说明意识形态的力量到底是什么。明确无疑的是,对瑟伯恩来说,意识形态是一种非常重要的社会力量。正如他自己指出的,这里有一个明确的阿尔都塞的印记。实际上,他的构想几乎可以用阿尔都塞的话来描述,"人类社会隐秘地将意识形态作为其历史呼吸和生活中不可或缺的元素和氛围"[1],更具体地说,"如果人要被形成、改造和武装以应对其生存条件的要求,那么,意识形态(作为一种规模化的表征系统)在任何社会都是必不可少的"[2]。然而,瑟伯恩对询唤的使用是对阿尔都塞概念的一种修正,比他自己所承认的更接近传统的结构功能社会学的角色理论。瑟伯恩也讨论了这一类似的问题,但只是简单地讨论了一下,并没有从社会学内部对关于这一理论的最新评论给予太多的关注。

因此,作为询唤以及构成人的主体性的意识形态一般理论,不仅与阿尔都塞的理论相呼应,而且也呼应了塔尔科特·帕森斯(Talcott Parsons)的理论,因而也容易受到这两位作者经常遭遇的批评:他们的叙述显示出一种不受欢迎的功能主义。特别是帕森斯,他采取的策略是,先确定社会的需求,然后参照服务于这些社会需要的方式来解释某些社会实践的存在。

同一类型的功能主义解释被用来确定阶级意识形态,瑟伯恩认为,阶级意识形态必须从生产方式的必要要求的理论规范中衍生出来:"必须从理论上来确定哪些意识形态是封建的、资产阶级的、无产阶级的、小资产阶级的或其他的;这

---

[1] 路易·阿尔都塞:《保卫马克思》,伦敦,1969年,第232页。
[2] 同上,第235页。

个问题不能单靠历史的或社会学的归纳推理来回答。"(第54—55页)这样的决定意味着找到"一类人履行其经济定义的角色所必需的……最低限度的主体资格"(第55页)。瑟伯恩对阶级意识形态的描述的一个主要问题是,他没有充分解释为什么他选出某些意识形态,认为它们在功能上是必不可少的,而且他所列出的意识形态询唤清单不论在理论上还是在经验上可能都没有充分的根据。例如,在具体说明资本主义阶级意识形态时,他不加解释地断言,资产阶级的自我意识形态要求"个人成就"(第57页),这一主张至少在日本这个发达的资本主义经济体中是矛盾的,在日本,资本主义管理者中的企业集体主义取向是典型的资产阶级询唤。此外,瑟伯恩断言,工人阶级的意识形态意味着"一种对工作,对涉及体力、韧性、耐力和灵活性的体力劳动的取向"(第59页),而这一主张并不适用于晚期资本主义,因为职业结构发生了变化,不仅创造了相当规模的非体力劳动的无产阶级,而且使许多妇女充当了工薪经济的角色。

当然,这种不受欢迎的功能主义论点所带来的困难与最近(和过去)马克思主义关于阶级斗争作用的辩论所提出的困难是相似的。早期阿尔都塞式的阐述方法强调生产方式决定社会实践形式的方式;生产方式具备各种不同实践所提供的存在要求和存在条件。阶级斗争在马克思主义理论中处于核心地位,鉴于这一点,马克思主义内部的这种论证显得尤为棘手,其困难在于,这些论证没有给独立于生产方式的要求而产生的阶级斗争留出空间和余地。

瑟伯恩试图通过开放意识形态的概念,强调意识形态斗争的重要性,展示意识形态形式内部的矛盾,来避免功能主义分析产生的一些问题。他在辩论中引入了一个备受青睐的偶然性因素,使得意识形态分析有可能成为一种功能循

161

环,在这个功能循环内,主体创造了意识形态,意识形态创造了主体。这种偶然性可以用多种方式来例证。例如,意识形态并没有统一的效用,不会以一种单一的方式运作,以创造出同质的主体性。在主体层面,谁可能居于一些相互冲突的意识形态的交汇点,处于诸如工人、丈夫、新教徒等不同主体性的交汇点,谁就可能会竞相争夺支配地位。此外,矛盾性实际上可能是意识形态概念本身所固有的。因此,对于瑟伯恩来说,主体性的创造实际上包括两个过程:使主体服从于对其角色的特定定义,以及使他具备符合其角色的资格。任何社会组织的再生产都需要服从与资格之间的一些基本的对应关系。然而,两者之间存在着内在的冲突可能性。例如,"可能需要和提供新的资格认定,新的技能与传统的从属形式相冲突"(第 17 页)。

同样,意识形态的任何顺利运作都可能被社会斗争所中断。就从属阶级的情况而言,变体-意识形态提供了意识形态的最终也是阶级斗争的基础。然而,瑟伯恩的论述于此的困难在于,他没有就变体-意识形态提供一个令人信服的理论探讨。它们在逻辑上被视为产生差异的立场的意识形态的必然结果,但它们在社会斗争中究竟如何维持,如何产生作用,却没有得到社会学的解释。

此外,瑟伯恩非常正确地强调了意识形态呈现出多样性和矛盾性的方式。它不仅是没有固定统一性和一致性的被询唤的主体,也是正在询唤的主体。意识形态本身也是千变万化的。为了分析的目的,不同的意识形态可以根据它们的来源、主题、内容或询唤的主体来识别。但是,作为不断进行的询唤过程,它们没有自然的界限,没有自然的标准来区分一种意识形态与另一种意识形态,或者将一种意识形态的一个元素与它的整体区分开来。特别是在当今开放和复杂的社会中，无论如何定义，不同的意识形态"不仅共存、竞争和冲突，而且相互重叠、影响和污染"（第 79 页）。

不确定性的困境

当然，偶然性会导致一种不确定性，使人们对具有普遍适用性的意识形态斗争很难展开充分论述。尽管瑟伯恩认为意识形态可以有一个普遍的理论，但他明智地坚持认为，意识形态内容不同，效用更是千差万别，即使在资本主义模式内，也是如此。例如，他注意到民族主义提供了一个有趣的例子，说明一个看似直截了当的意识形态话语是如何包含众多矛盾的。瑟伯恩注意到资产阶级革命和民族主义之间的历史联系，"民族主义通过提供一种与王朝的和（或）殖民的权力相对立的斗争意识形态而与资产阶级革命联系在一起，这种斗争意识形态是一定疆域内法律上自由和平等的公民的国家"（第 69 页）。但是，资产阶级的意识形态是复杂的，不一致的，因为民族主义与资产阶级坚持市场理性和竞争个人主义所暗示的国际主义（"世界主义"）是不一致的（第 69 页）。此外，瑟伯恩认识到，民族主义作为"统治阶级合法化的公式"之一（第 69 页），会产生不确定的结果，有时会导致下属阶级团结起来争取"国家利益"和对主导利益的支持，有时会形成斗争的"'国家-民众'传统"的一部分（第 70 页）。

我们赞同这一论点并认为，与许多现代马克思主义者所宣称的相反，民族主义最不容易被定性为晚期资本主义主导意识形态的一部分，至少在英国是这样。虽然资本主义是在民族国家内部发展起来的，仍然具有重要的民族取向，但晚期资本主义也具有明显的跨国性，这意味着民族主义作为资产阶级意识形态的地位是模糊的。因此,资本主义内部不同的经济利益及其相关的国家的和国际的阶级分支,在占主导地位的意识形态中便产生了矛盾的地位。民族主义对下属的影响也是矛盾的。一方面,民族主义通常构成流行的反意识形态的一部分。正如埃里克·霍布斯鲍姆(Eric Hobsbawm)[①]令人信服地提醒我们的那样,爱国主义和工人阶级意识的结合在历史上一直是激进社会变革的强大动力,就像第二次世界大战后和宪章时代早期的英国一样。近年来,民族主义为左派的政治纲领提供了信息,特别是在欧洲经济共同体的政策和旨在保护民众利益免受垄断资本侵害而对国外资本重新施加限制的政策中。另一方面,我们必须考虑民族主义作为对外部威胁尤其是战争的应对所产生的明显的统一作用。"福克兰危机"显然就是一个很好的例子。然而,虽然马尔维纳斯群岛问题在保守的沙文主义符号背后确实动员了广泛的社会各阶层,但爱国主义不太可能改变潜在的"绝望、冷漠和失败主义"的普遍情绪[②]。这种偶然发生的社会戏剧对于具有长期影响的意识形态的形成可能没有什么影响。除了霍布斯鲍姆关于某些时期工人阶级的激进主义和爱国民族主义之间的历史亲和力的例子外,我们注意到,边缘地区内的边缘民族主义——例如威尔士和苏格兰——对民族国家具有分裂性的后果,不能被视为一种主导意识形态,当然也不是资产阶级的意识形态。

关键是,即使把包容性历史意识形态的基本意识形态形式更具体地说成民族主义,也不必具有预测意识形态斗争结果的任何解释力。一般的确定性分析不容许意识形态的偶

[①] 埃里克·霍布斯鲍姆:《福克兰的尘埃》,《今日马克思主义》,1983年1月。
[②] 同上,第19页。

然性,而不确定性的分析则不容许一般的主张,显然,在这两者之间存在着某种两难境地。在我们的书中,我们试图展示意识形态与资本主义经济活动之间关系的偶然性。

从经验上看,资本主义生产方式似乎可以与各种意识形态的上层建筑共存。在宗教意识形态中,存在法国的天主教,荷兰的天主教和新教,美国的"民间宗教",海湾国家的伊斯兰教等。在法律体系中,存在韦伯提出的英国的"法官法"和德国的形式法都与资本主义相容的历史问题。在政治上,从法西斯主义到自由民主的各种政治制度似乎都是伴随着资本主义而发展的。具有相同的资本主义基础的社会形态表现出多种不同的意识形态体系。从这个角度来看,虽然有可能认为意识形态在某些历史条件下有助于阶级或经济组织的统一(例如家庭组织以及封建制度中天主教关于性的教学),但很难从这种特殊的观察中得出任何一般性结论。而要在社会形态层面上得出如下结论,说意识形态无论是在内容上还是在功能上总是可变的、偶然的,可能就夸大其词了。

有明显的反对意见认为,这些变化必须有一些限制,这些限制是由生产方式的"存在条件"的基本要求确定的。然而,相对于其他模式而言,资本主义的意识形态要求确实显得不同寻常。在《主导意识形态论》中,我们注意到这样一个悖论,即在资本主义晚期,意识形态机器被大大扩展了,而人们经济和政治的从属地位使得意识形态的整合性变得越来越多余。我们认为,随着晚期资本主义的发展,意识形态的变化也在增加,其原因有二:(1)日常生活中"单调的强迫"足以使工人处于从属地位;(2)对主流意识形态没有经济上的要求。简而言之,资本主义比任何其他生产方式都能更好地"容忍"偶然性。

也许,生产方式应该被看作确立了某种设定意识形态变量范围的广泛参数。例如,在早期资本主义时期,生产关系需要私人财产和经济合同稳定性方面的某些法律支持,但这些都可以通过各种法律制度得到保障。在社会形成层面上,按照韦伯的说法,意识形态只能根据可能有助于或无助于资本主义文化发展的某些特定历史的、预先存在的意识形态来研究(新教伦理命题)。意识形态不仅仅包含了阶级,它更是集体行动的"资源"。例如,正如马克思所指出的[①],资产阶级动员个人主义反对封建主义,却发现对立集团利用"公民自由"来反对资本主义的统治。因此,个人主义可以被视为政治斗争的资源。此外,正如我们前面所说的那样,以个人主义形式存在的意识形态在实际形成资本主义社会的具体形态上可能是有效的。然而,它不**必定**具有这种功能。

从上面的讨论可以得出,马克思主义者应该说明意识形态所处的抽象层次。意识形态不是经济基础存在的必要条件,在社会构成的层面上,阶级结构、政治冲突、民族构成、国家发展性质等决定了意识形态可变的作用和内容。没有一个普遍的理论可以说明不同社会中意识形态的作用和内容。意识形态的有效性是一个与意识形态的存在完全分离的问题。意识形态传播工具的作用是可变的(取决于工人阶级的政治教育水平、阶级组织水平、工人阶级激进主义传统的存在等等)。在马克思主义中,意识形态国家机器以及决定阶级意识尤其是企业意识的其他社会化机构的能力被大大夸大了。

社会需要瑟伯恩所暗示的那种水平的意识形态支持,无论在何种情况下都是不明显的。正如福柯所说,个体的个体

---

① 卡尔·马克思:《路易·波拿巴的雾月十八日》,出自《流亡者调查》,哈默兹沃斯,1974 年。

化、建构和训诫可以通过不需要个体主观意识的规制性的实践和制度［全景敞视主义（panopticism）］来得以保证。

我们的观点是，瑟伯恩高估了意识形态的重要性，这在他的意识形态建构主体性的观点中最为突出。我们提倡一种更加不确定的方法：意识形态只在某些时候对某些社会现象产生因果关系上的重要影响。例如，正如我们在《主导意识形态论》中试图表明的那样，意识形态一般不适用于被纳入的从属阶级。同样，意识形态在任何经济实践的形成和维持中可能起作用，也可能不起作用。或者说，从瑟伯恩提出的立场来看，为什么要假定意识形态的作用是形成主体性？同样，为什么不能假定主体性只是意识形态偶然形成的，并且可以同样有效地以其他方式创造出来呢？

我们认为，瑟伯恩并没有足够的不确定性，而且似乎还结合了极为不同的马克思主义和社会学形式的决定论。当然，我们不想说不确定性是没有限度的，是一种没有头脑的经验主义的立场。尽管我们在《主导意识形态论》中为英国勾勒出了一个可能的解决方案，但在这样一篇短小的评论文章中，我们不能试图解决什么是限度的问题。瑟伯恩写了一篇出色的论文，使意识形态研究摆脱了许多僵化性。不过，总而言之，我们希望他能在一些问题上有更充分的阐述，特别是关于主体性的隐性功能主义与意识形态的偶然性之间的关系，关于经济的确切作用，以及阶级对非阶级意识形态的过度决定机制。

第8章 关于主体性的一些新问题

戈兰·瑟伯恩（Göran Therborn）

尼古拉斯·阿伯克龙比、斯蒂芬·希尔和布赖恩·S.特纳的《主导意识形态论》①首先是关于狩猎战果的故事。它讲述了作者如何追捕并最终杀死一头名叫"主导意识形态论"的狗熊。为了节约一些空间来恰当地评价这项成就，狗熊将被缩写为 DIT，杀手则缩写为 AHT。虽然有时会用社会学的刺耳语调来讲述，但总体而言这是一个引人入胜的故事，评论家读起来充满了相当的愉快感。遗憾的是，评论通常说得过多的，是评论者的喜好与不快，或者评论者的放之四海而皆准的真知灼见，让可怜的读者对引起评论的实际对象一无所知。因此，在开始做出进一步的评价之前，请允许作者们先介绍一下他们的观点。

据 AHT 说："哈贝马斯、马尔库塞、米利班德（Miliband）和尼科斯·普兰查斯（Nicos Poulantzas）等马克思主义者之间存在着一种广泛的共识，他们都认为在当代资本主义社会中存在着一种强大、有效、占主导地位的意识形态，这种主导意识形态使工人阶级接受了资本主义。本书关注的正是这种主导意识形态的论题。"（第1页）AHT 将"意识形态"等同于"信仰"（第188页），没有针对必要的虚假性或误导性内容

---

① 伦敦，1980年。

做出任何假设。作者们以长达两章的篇幅，检视了他们所批评和反对的理论，作为论证的开始。第一章讨论的焦点是三位马克思主义理论家——葛兰西、哈贝马斯和阿尔都塞；第二章讨论的是社会学的"共同文化理论"，特别是塔尔科特·帕森斯及受其影响的其他人的理论。AHT 认为，新马克思主义 DIT 和社会学的共同文化理论对社会秩序的描述有着"显而易见的相似性"。有人认为，帕森斯等人以及现代马克思主义者们都倾向于关注社会的规范整合，从而偏离了涂尔干、韦伯和马克思本人在经典社会理论中对非规范约束这一核心的强调。

历史的争论

这本书的主要部分，以各一章的篇幅分别讨论了中世纪封建主义、19 世纪英国早期的工业资本主义以及二战后英国的晚期资本主义。AHT 使用了大量的历史参考文献（第三章还使用了社会学文献），断言 DIT 是一种不准确的理论。因此，在封建主义制度下，宗教并不是"一种能够成功地吸纳农民的主导意识形态"（第 94 页）；而是"一种在地主封建阶级中占主导地位的宗教意识形态，它主要通过天主教家庭道德对土地继承权的规范调节，帮助了封建主义经济条件的运作"（第 93 页）。早期英国资本主义经历了一种新的占主导地位的资产阶级意识形态的发展，这种意识形态来自哲学上的激进主义，摧毁了"传统主义"及其参照自然法对社会权威和政治权威的认可（第 96 页）。但是，AHT 强调，最为重要的一点是，工人阶级的文化和思想一直基本上没有被这种占主导地位的资产阶级思想所渗透。在封建主义和早期资本主义中,存在着一种虽然不完全统一但相当容易识别的、占主导地位的意识形态,它把**占统治地位的**阶级纳入其中,但这一意识形态传播机器的弱点是,它几乎没有触及从属的阶级。然而,在资本主义晚期,出现了一种倒挂现象。传播变得更为有效,而"早前时期有限的意识形态统一已经崩溃"(第156页)。国家干涉主义的福利资本主义,大公司给予工会和雇员个人的权利,表明了主导的资产阶级意识形态的内在矛盾及其在统治阶级不同派系之间的有限影响。AHT得出结论认为,"晚期资本主义基本上没有意识形态的运作",并且根据马克斯·韦伯的经济社会学和马克思的表述,认为"资本主义社会的连贯性是由'经济关系的迟钝强迫'产生的"(第165页)。他们解释道,"我们的立场"是:

169　　　　不管一个社会是否存在着共同的价值观,制度整合的非规范性方面都为这个社会的一致性提供了基础。社会整合和系统整合可以各自独立地发生变化。社会阶层确实有着不同的、相互冲突的意识形态,但仍然受到客观社会关系网络的束缚。(第168页)

这是关于一个非常重要的话题的一部非常严肃的著作:它对我们理解社会秩序和社会统治作出了富有价值的贡献,社会秩序和社会统治在人类历史上是一体两面,具有相同的意味。鉴于AHT也曾受邀评论拙著《权力的意识形态与意识形态的权力》,注意一下《主导意识形态论》与拙著的不谋而合之处会很有意思。这两本著作出版于同一年,探讨了差不多的问题,但作者的思想、政治和民族背景迥然不同,彼此之间显然互不了解。两本著作都认为,现存的秩序/统治在很大程度上并不是由被统治者对统治者之统治权的信仰来维持的。两本著作都强调了非规范性约束的极端重要性，强调了不同阶级对同一意识形态的不同关系，以及大多数意识形态缺乏连贯性和一致性。另一种情况可能是，两本著作之间有着互相助益的关系。我的许多主张和概念性区分，可以通过 AHT 收集并引入讨论的经验性阅读得到富有成果的具体化和确证。AHT 的论述可以通过拙著中开发运用的部分分析工具得到阐明和加强。尽管《主导意识形态论》与《权力的意识形态与意识形态的权力》有部分的融合，但二者有着根本性的不同。在至少某种意义上，二者甚至是截然对立的。因为《权力的意识形态与意识形态的权力》首先是一种建设性的努力，旨在开发新的工具来掌握意识形态和权力之间的复杂关系；而《主导意识形态论》主要是一项破坏性的工作。当然，这不仅仅是因为它讨论的是作者们意图摧毁的东西。它最后呼吁人们对意识形态保持沉默："最近几十年来，关于意识形态已经谈论得太多了，真正的任务始终是去理解塑造了人们生活的经济力量和政治力量。"（第191页）这句话似乎意味着两个主张：其一，AHT 实际上已经穷尽了关于意识形态的所有话题，至少就不久的将来而言是如此；其二，就所有的实用目的而言，意识形态与经济和政治力量如何影响人们的生活毫无关系。让我们来检验一下这些说法的分量。

如果说随着《主导意识形态论》的出版，关于意识形态的话题人们已经谈论得够多了，那么，可以说，关于《主导意识形态论》也已经谈论得够多了。这正是 AHT 在其著作中一直探寻的东西，而且大多数读者即使只读一遍也会注意到，他们的无数次射击有好几次"命中"。但是，这是什么动物，骄傲的猎人们把什么动物的皮革挂在社会学研究人员办公室的墙上？这可不好说。就在扳机扣下之前，DIT 才从杀手

170

那儿得到它的名字。

第二遍更仔细地阅读《主导意识形态论》,则可以发现该书有一个奇怪的结构。DIT首先是通过对马克思主义理论家的普遍参考来定义的,然后,又遭到一系列论据的驳斥,这些论据涉及到AHT所认为的意识形态在封建社会和早期资本主义、晚期资本主义中的运作的错误观念。这样的程序缺乏系统性的阐释意图,假定被批判的封建主义意识形态和资本主义意识形态的观念,就是那些其著作建构了DIT的作者们的观念。《主导意识形态论》包含了大量的参考文献,却没有将那些对作者的论点起决定性作用的参考文献包括在内。学术争论的一个普遍而值得尊敬的程序是,首先要清楚地说明什么是需要仔细审查和批评的,然后再提出证据以说明分析对象在逻辑上的不一致性,或证明其经验上的不足或错误。然而,由于某些原因,AHT选择了一条完全不同的道路。作者们先是以三种不同的方式来界定DIT,然后,又汇集他们的知识,对三种定义对象中的其中一个提出尽可能多的怀疑。结论是,DIT也许在三种意义上都是"经验上虚假的,理论上毫无根据的"。对大多数人来说,这很难成为一个令人信服的证明,不管他们对书中的反唯心主义旨趣抱有多大的同情。虽然AHT没有以令人信服的逻辑将他们的论点成功地汇集起来,但他们是否得出了正确的结论,还有待观察。

三种定义

AHT提供了如下三种关于DIT的定义。第一个,我们可以称之为"可识别的DIT",它是通过参照"哈贝马斯、马尔库塞、米利班德和普兰查斯"(第 1 页)或"葛兰西、哈贝马斯和阿尔都塞"(第 11 页及其后)等知名作者来定义的。第二个,我们发现了某种类似于 DIT 的"强调定义"的表述:"我们的论点是,在现代马克思主义中,人们越来越强调上层建筑元素的自主性和因果效力,尤其是越来越强调意识形态……这种对意识形态的强调相当于提倡我们所谓的主导意识形态理论。"(第 29 页)第三个也是最后一个定义是"被构想的 DIT",这是 AHT 公式化论述天才的最直接的产品:

171

> 该命题有如下几个要素:
>
> 1. 有一种占主导地位的意识形态……
>
> 2. 统治阶级受益于主导意识形态的影响……
>
> 3. 主导意识形态确实整合了从属阶级,使他们在政治上保持沉默……
>
> 4. 意识形态的传播机制必须是强有力的,足以克服资本主义社会结构内部的矛盾。(第 29 页)

如果这些定义要相互结合起来使用,至少必须满足以下两个最低要求:第一,必须能够从构成可识别定义的著作中定位或至少提炼出结构;第二,如此强调意识形态的"现代马克思主义"作者们,必须参照与 AHT 借意识形态来理解的相同的东西。否则,"强调意识形态"与"倡导主导意识形态论"之间奇怪的对等关系就是毫无根据的。关于第一个要求,关键是 AHT 在其结构定义中提出的第三个要素:"主导意识形态整合了从属阶级"的观点。其他几个要素都无关紧要。AHT 本身掌握了第 1 个和第 2 个要素,而第 4 个要素显然与他们后来对中世纪封建主义的讨论无关。AHT 甚至在此还给我们提供了一点帮助，澄清了结构定义的含义。他们宣告了马克思和恩格斯关于 DIT 的无罪，尽管《德意志意识形态》中的表述模棱两可，"在经济斗争和政治斗争中也有意识形态冲突。因此，我们坚持认为，马克思和恩格斯并没有采用合并理论"（第 8 页）。根据 AHT 的结构定义，那些认为"阶级斗争不仅发生在经济和政治层面，同样也发生在意识形态层面"（第 8 页）的人，**不应该**被包括在 DIT 的支持者中。

AHT 没有花费精力去论证，意识形态的阶级斗争概念已经从他们提及的 DIT 作者的作品中消失了。他们至少有一个很好的理由来说明为什么略而不论，然而，稍加反思，就会发现，任何类似的尝试都是徒劳的。从阿尔都塞开始，他在《意识形态与意识形态国家机器》一文的最后竭力强调自己的观点：

> 任何人，只要提到统治阶级的阶级斗争，就要提到被统治阶级的抵制、反抗和阶级斗争。这就是为什么意识形态国家机器既不是意识形态的一般实现，甚至也不是统治阶级意识形态的无冲突实现……因为如果意识形态国家机器真的代表了统治阶级的意识形态在其中必然被实现的形式，代表了被统治阶级的意识形态在其中必然被测量和抵抗的形式，那么，各种意识形态就不是从意识形态国家机器中"诞生"的，而是从阶级斗争中你争我夺的各社会阶级中诞生的：来自他们的存在条件，他们的实践，他们的斗争经历，等等。①

----

① 路易·阿尔都塞：《意识形态与意识形态国家机器》，参见本书第 5 章。

西方马克思主义中的意识形态

　　AHT 隐晦地承认，他们在将葛兰西纳入他们的框架时遇到了一些困难，在其他情况下，由于 AHT 采取了保持沉默的策略而避免了困难。一方面，我们被告知，葛兰西"凭借着具有粘合力和整合性的霸权概念和意识形态概念，对当代主导意识形态理论可能做出了比任何其他理论家都要大得多的贡献"（第 14 页）；另一方面，在同一页的几行后面，我们又了解到，"葛兰西并不**像马克思那样**深信工人阶级是完全从属的。他不是一个唯心主义者。对葛兰西来说，经济确实是最为重要的"①。毫无疑问，一些读者可能会产生这样的疑问：为什么把葛兰西归入 DIT 所谓的"比马克思的贡献还要大"的群体？事实上，AHT 接下来给出了答案。对葛兰西来说，"尽管工人阶级意识在某个层面上是存在的，这是事实，但工人阶级意识与主导意识形态的融合，则往往会产生'道德上和政治上的消极性'"，这种消极性只能通过"一个大众政党所支持的斗争"来打破，而斗争成功与否，则"部分取决于该政党的知识分子"（第 15 页）。不过，如果把阶级和政党、工人和知识分子做过细的区分，那么 AHT 也是不太明智的。在葛兰西看来，"政党只是阶级的称谓"，是阶级的政治组织："一个政党的所有成员都应被视为知识分子"，在群众的"自发感受"和政治上的"自觉领导"之间，只有"量"的差异，没有质的区别。② 我们现在要考虑的是，葛兰西关于产

---

　　①　着重号为英译者所加。
　　②　安东尼奥·葛兰西：《狱中札记》，伦敦，1971 年，第 227、16、199 页。

生"道德上和政治上的消极性"的观点,是否能够证明 AHT 将其同化为"经验上虚假的,理论上毫无根据的"DIT 是合理的。让我们注意一下,因为马克思说过"资本主义生产的进步发展出了一个工人阶级,他们通过教育、传统、习惯,会把资本主义生产方式的条件看作不证自明的自然规律"(引自第 166 页),AHT 没有对马克思严加斥责。如果马克思逃脱了他们的斥责,那么将葛兰西纳入对 DIT 的结构定义中,似乎没有什么道理可言。

应该承认,哈贝马斯和马尔库塞似乎更符合被诅咒的行列。但由于这更多地关乎他们对当代资本主义下的阶级斗争的怀疑,而不是对**意识形态**阶级斗争的任何否认,因此,将他们与 DIT 的"强调定义"联系起来考虑似乎更为可取。米利班德的情况也许是最简单、最直接的。如果 AHT 不那么在意他们**作为斗士**的形象,他们本可以让米利班德支持他们更合理的主张。米利班德征引《德意志意识形态》和"葛兰西式的霸权"概念,或者至少是对它的一些解释,写道:

> 此处涉及夸大了"统治阶级"的意识形态主导地位或这种主导地位的有效性……"掌握了物质生产资料的阶级,同时也掌握了对精神生产资料的控制",这句话当时是正确的,现在至少还是正确的。然而,"因此,一般来说,那些缺乏精神生产资料的人,其思想就会受制于精神生产",这句话只有部分的正确性。如同"霸权"概念一样,这种提法的危险性在于,它可能导致没有充分考虑到"统治阶级"意识形态主导地位的多个方面和永久性挑战……①

---

① 拉尔夫·米利班德:《马克思主义与政治学》,牛津,1977 年,第 53 页。

最后还有普兰查斯。同样，我们还是让他自己来为受到的指控辩护吧：

> 认为经济关系中存在着一个工人阶级，必然意味着这个阶级在意识形态关系和政治关系中有着特定的位置，即使在某些国家和某些历史时期，这个阶级没有自己的"阶级意识"或自治的政治组织。这就意味着，在这种情况下，即使这个阶级受到资产阶级意识形态的严重污染，它的经济存在在某些特定的、物质的、冲破了其资产阶级话语的政治-意识形态实践中还是得到了表达……当然，要理解这一点，就必须打破将意识形态作为"思想体系"或连贯的"话语"的整体概念，把它理解为一种物质实践的集合。这就证明了所有那些主张工人阶级"一体化"的意识形态都是虚假的谎言……①

构想与现实

AHT 的第一种定义和第三种定义不相吻合。除了出自西方马克思主义某一特定传统的哈贝马斯和马尔库塞这两个可能的特例之外，可识别的 DIT 论者，或者说，实际存在的 DIT 论者，是不能被 AHT 所构建的 DIT 所涵盖的。AHT 反对结构定义的部分论据要么完全符合可识别的 DIT 论者的主张，要么可以直接证明后者，这个事实也说明了可识别定义与结构定义之间的不相吻合。只需要简单罗列以下例证就足够了：事实上，这份清单不可能更长了，因

---

① 尼科斯·普兰查斯：《政治权力和社会阶级》，伦敦，1978 年，第 16—17 页。

为 AHT 几乎不理解阿尔都塞等人的目的,他们将大部分时间用于断章取义地说东道西。当阿尔都塞试图证明天主教会是前资本主义欧洲处于中心地位的意识形态国家机器时,他说:"从 16 世纪到 18 世纪……所有的意识形态斗争都集中在反教士和反宗教的斗争,这绝不是偶然的。这正是宗教意识形态国家机器之主导地位的一个功能。"[1]普兰查斯早些时候曾提出过一个相关的观点:"被统治阶级通过占主导地位的政治话语的方式,来实现其政治存在的条件,这个事实证明了这种(主导)意识形态的支配地位:这意味着,他们经常是在主导合法性的参照体系内来实现对统治制度的反抗的。"[2]

我们不能指望 AHT 会寻找支持或反对这些观点的证据。但是,在反驳他们自己的构想时,他们提出了阿尔都塞和普兰查斯的论证中一些相当有说服力的例证。例如,针对将农民纳入天主教的观点,他们写道:

> 在 1609 年工人区的黑人弥撒中,一位牧师以完全相反的方式来祝祷天主教弥撒,他脸朝地,抬起一具黑色的圣体。在同一时期加泰罗尼亚的巫术中,人们从后往前背诵拉丁文的祈祷词;而在米迪的愚人节上,滑稽歌剧弥撒和滑稽闹剧弥撒把教堂的神圣仪式变成了公开的滑稽表演。在缺少真正的革命策略的情况下,农民只能用纯粹的闹剧来表演"想要作首先的,必作众人末后的仆役"这一观念以自娱自乐(第 78—79 页)。

---

[1] 阿尔都塞:《意识形态与意识形态国家机器》,参见本书第 5 章。

[2] 尼科斯·普兰查斯:《当代资本主义中的阶级》,伦敦,1973 年,第一版,第223 页。

当谈到维多利亚时代中期的英国时,AHT 援引关于工党贵族的研究来支持他们的观点,即"资产阶级的信仰(自助、进步、独立、体面)对于无产阶级显然具有独特的、共同的阶级意义"(第 117 页)。

在 AHT 看来,阿尔都塞的论文《意识形态与意识形态国家机器》"正在走向主导意识形态理论的传统表述……阿尔都塞自己曾经很好地概括过这一立场:'据我所知,如果不同时对意识形态国家机器行使霸权,没有任何一个阶级能够长期掌握国家政权。'"(第 24 页,着重号在此省略)AHT 没有试图反驳阿尔都塞的说法。但他们确实提出了各种与之间接相关的观点。他们对教会和封建贵族之间支持关系的讨论,正是从阿尔都塞的角度进行的,这是我们所期望的。此外,在对保罗·威利斯(Paul Willis)的《学做工:工人阶级子弟为何继承父业》的总结(第 150 页)中,他们提到了学校的个人主义、成绩导向、等级制和非体力劳动的价值观,这些价值观似乎涉及在学校体系中并凌驾于学校系统的"资产阶级霸权",而这些正是阿尔都塞所谓的成熟资本主义中的核心意识形态国家机器。当然,AHT 介绍威利斯是为了表明学校向青少年工人阶级灌输思想的失败。然而,这些证据尽管不能证明阿尔都塞的"传统表述",但至少同样可以增强后者的说服力。譬如,假设学校体现了工人阶级青年的意识形态:"拒绝服从权威;团结集体主义的价值观;拒绝任何个人主义元素;对体力劳动的颂扬;对劳动在现代经济中只有商品地位的认识,以及对该事实的拒绝"。资产阶级国家政权可能将岌岌可危,这难道不是很有道理吗?

是强调的问题吗？

AHT 关于 DIT 的"强调定义"等同于对意识形态的强调，是三种定义当中最为松散的，但对作者而言显然又是最为重要的。如果说可识别的定义确定了目标，结构定义提供了一个简单的攻击路线，提供了一个吸引人的企业名称，那么，"强调定义"通过跨越所有逻辑漏洞，统领和连接了前两种定义，为整个论战提供了能量和意义。然而，正是因为"强调定义"，《主导意识形态论》的论证彻底失败了。因为 AHT 似乎并没有真正意识到，在意识形态的定义上，他们比其攻击对象还要严格得多。在这本书的近结尾处，AHT 声称："在我们的论证中，我们一直将'意识形态'等同于信仰。"（第188 页）这不完全正确。在现实中，他们把意识形态等同于**规范性**信仰，却没有清楚地阐明，可能还存在着其他信仰，譬如，关于存在与否、关于人是什么、关于可能与否等的信仰。"因为社会安排看起来公正，所以接受；仅仅因为社会安排存在，或者因为它是一个强制性的外部事实而接受，这两者之间有着至关重要的区别"，AHT 的这个断言是极其正确的。他们继续说，"我们不能将这种实用主义的接受理解为拥有**任何**一套信仰、态度或虚假意识。相反，实用主义的接受是日常生活及维持日常生活的规则的强制性的结果"（第 166页；着重号为引用者所加）。

176 如今，AHT 的意识形态概念并没有被第一种定义中提到的作为 DIT 支持者的理论家们所认同。马尔库塞根本没有坚持意识形态的限制性定义，尽管他的著作《单向度的人：发达工业社会意识形态研究》乍一看似乎最有资格被纳入

DIT 的结构定义之下。当马尔库塞谈到"劳动性质和生产工具的变化如何改变了劳动者的态度和意识,并在人们广泛讨论的劳动阶级的'社会和文化整合'中得到体现"时,他指的是"在需求与渴望、生活标准、休闲活动和政治中的同化"。[①]重点不在于马尔库塞对这个过程的分析正确与否,AHT 显然认为他是错的;而在于,他将这一过程看作 AHT 所谓的"日常生活规模性和强制性的"结果(第 166 页),看作工人通过"融入工厂和生产的物质过程"的方式被"纳入技术性的管制人口社区"的结果。[②] AHT 在对哈贝马斯关于合法化的讨论中,已经更接近目标了。不过,值得赞扬的是,他们还指出,哈贝马斯的合法化概念有时超出了对错的信仰。因此,哈贝马斯避免了针对 DIT 的炮轰式批判(第 16 页)。

从另一个角度来看,阿尔都塞关于意识形态的讨论尤其显著地关注于我们究竟是如何"认识到我们是主体,如何在最基本的日常生活的实践仪式中发挥作用"。[③] 至于葛兰西,他在关于"霸权"的分析中的"同意",既不是 AHT 意义上的完全规范性的接受,也不是一种简单的例行公事。相反,葛兰西认为,"这种同意是由统治集团因其在生产世界中的地位和作用而享有的威望(以及由此产生的信心)'历史性地'造成的"。[④] 虽然这一提法可能会有不同的解释,但葛兰西也可以就意识形态霸权的非规范成分做出明晰的阐释。在反思将意大利法西斯主义解释为"消极革命"的可能性时,葛兰西写道:

---

① 赫伯特·马尔库塞:《单向度的人》,伦敦,1968 年,第 39 页。
② 同上,第 37、39 页。
③ 阿尔都塞:《意识形态与意识形态国家机器》,参见本书第 5 章。
④ 葛兰西:《狱中札记》,第 12 页。

意识形态的假设可借以下术语来表述：为了强调
"生产计划"要素——通过国家的立法干预和法人组
织——该国的经济结构正在着手具有深远影响的调整，
这一事实牵涉到一场消极的革命……从政治和意识形
态的角度来看，重要的是，它能够创造——而且确实创
造了——一个**期望与希望**的时期，尤其是在某些意大利
社会群体中，例如广大的城乡小资产阶级中。因此，它
强化了霸权体系。①

关于主体性的不同概念

我们应该带着幽默感来阅读《主导意识形态论》。阿伯
克龙比、希尔和特纳声称从中世纪的法国到当代英国的每一
个巢穴里都曾猎获到的这种大喊大叫、饕餮贪吃的动物，只
不过是一个吹大的气球，只要一枚别针或一支尖头铅笔就能
戳破。（不过这是一个值得戳破的气球。）在夸大其词的断言
之下，《主导意识形态论》也包含了一些合理的社会学意义。
作者们非常正确地强调了主导意识形态通常的破碎和矛盾
特征，以及从属阶级具有弹性的意识形态自治。他们非常正
确地强调了"系统整合的非规范方面"的关键功能，而这是大
卫·洛克伍德(David Lockwood)几十年前就已经强调过的。
然而，他们的著作的确包含了对蒙昧主义的称颂，如果这种
蒙昧主义产生影响，将会带来非常严重的结果。他们慷慨陈
词"经济关系的迟钝强迫"，结尾又说"最近几十年来关于意
识形态已经谈论得太多了"，他们向所谓的人类主体性的"黑

---

① 葛兰西：《狱中札记》，第120页；着重号为英译者所加。

箱"概念表达了愚昧的敬意。黑箱理论在科学中确实有某些合理的功能:它们是经济实用的,通过绕开难以渗透的无知地带而使进步成为可能。但在这个理论从最初提出至今约115年后,将这样一个权宜之计的解决办法变成一项原则,似乎和对愚昧主义的称颂特别相符。那些"迟钝地被迫"成为并继续成为工薪劳动者,或是工资制的社会学讲师们的人们,情况究竟如何? 他们知道什么,感觉到什么,希望什么,害怕什么? 他们认为什么是"乐趣",什么是可能的,什么是不可能的? 或者他们根本就没有信仰? 阿伯克龙比、希尔和特纳完全有权将这些视为无聊或琐碎的问题。但是,如果社会科学和历史学限制别人去回答这些问题,它们自身将会变得枯燥乏味,了无生气。

AHT 依然受困于某种传统的意识形态观念:对错的规范信仰。对意识形态和话语的现代分析必须也正在打破这种束缚。请允许我引用拙著作为一个小小的例证。历史唯物主义并不是像 AHT 所主张的那样,将自己与主体性概念隔绝开来,而是要面对它并解释它的变迁。除非我们超越马克思和韦伯对市场之"迟钝强迫"的认识,否则,我们就无法理解新的社会运动(学生运动、妇女运动、生态运动与和平运动),也无法理解工人运动的现有历史和可能的未来。

最后,无论是支持者还是反对者,各种主导意识形态都需要从转化为命题的过程中解救出来。它们应该作为实证研究的假设加以发展。据我所知,AHT 拒绝认为无所不在的规范理论支配着发达社会成员的行为的观点,这是非常正确的。但是,同样,如果不去研究主导意识形态,那也是蒙昧主义。在这里,比较方法似乎是最有成效的。在复杂的社会中,通过与其他地方存在或已经存在的事物进行比较,最容易发现存在的东西。在我自己的研究中,我一直在观察1928

178

年至 1982 年瑞典竞选活动中政治意识形态的变化。在运作良好的民主国家里,说什么,不说什么,什么有吸引力,什么被视为竞选失误,挖掘出了复杂社会中意识形态权力关系的重要方面。鉴于竞选活动具有行为成分,似乎也比国际民意调查更为可靠。另外一种非常有希望的途径——无疑不是唯一的途径——是观察某些认同性的概念或标签如何流行或缺失及其历史轨迹。例如,用瑞典的话来说,大约自 1950 年以来就没有"中产阶级"或"中产阶层"了:但还存在"资产阶级政党"和(没有工人阶级的)"工人运动"。

我对《主导意识形态论》的睿智博学以及对过去的合理质疑充满了敬意,但我的根本反对意见是,现在摆在议事日程上的不是沉默,严肃的意识形态分析已经开始,并正在进行。最后,希望阿伯克龙比、希尔和特纳将他们无可置疑的卓越技能用于这项任务,且让我以此希望结束本文。

第9章 西方马克思主义中的意识形态及其兴衰

特里·伊格尔顿(Terry Eagleton)

从卢卡奇到葛兰西

把马克思主义看作对社会形态的科学分析,把它看作积极斗争中的思想,这两种看法会产生两种截然不同的认识论。在前一种情况下,意识本质上是沉思性的,寻求在更大可能的认知准确度上"匹配"或"对应"其对象。在后一种情况下,意识更明显地是社会现实的**一部分**,是其潜在转变的动力。如果是这样的话,那么对于格奥尔格·卢卡奇这样的思想家来说,谈论这样的思想是"反映"还是"符合"与其不可分割的历史,似乎并不完全合适。

如果意识以这种方式被理解为一种与其所寻求改变的现实相一致的变革力量,那么,它与那个可能滋生虚假意识的现实之间似乎不存在"距离"。观点如果实际上是其客体对象的一部分,那么,它们就不能"不忠实"于客体对象。用哲学家 J. L. 奥斯汀的话来说,一个旨在描述世界的"记述性"话语,我们既可以称它是真的,也可以称它是假的;但称一个"述行性"陈述正确地或不正确地"反映"了现实,则没有意义。当我答应带你去看戏,或者因为你把墨水泼到我衬衫上而诅咒你时，我并没有**描述**任何事情。如果我在仪式上给一艘船命名，或者和你站在牧师面前说"我愿意"，这些都是现实中的物质事件，是和熨袜子一样有效的举动，而不是某些可以被认为是正确的或错误的事态的"图像"。

那么，这是否意味着，作为**认知**（或错误认知）**的**意识模式应该被作为**行为的**意识图像所替代驱除？并不完全如此：因为很显然，这种对立关系在某种程度上可以被解构。如果上星期这个剧院因涉嫌严重的淫秽问题而被关闭，而我又不知道剧院关门这一事实，那我答应带你到这个剧院看戏是没有意义的。如果我认为衬衫上的墨水渍只是花朵图案的一部分，那么我的诅咒行为就是空洞的。所有的"述行性"行为都包含某种认知，意味着对世界实际情况的某种理解；如果一个政治集团想在与某个压迫性政权的斗争中磨砺自己的思想，却毫不知晓这个政权三年前已经垮台，那么，它的努力就是徒劳的。

匈牙利马克思主义哲学家格奥尔格·卢卡奇在其伟大的著作《历史与阶级意识》（1922）中充分考虑到了这一点。卢卡奇在书中写道："现实诚然是思想正确性的标准，但它不是思想，而是成为思想；要成为思想，就需要参与思想。"①我们可以说，思想是同时具有认知性和创造性的：一个受压迫的群体或阶级在理解其真实状况的行动中，就开始塑造有助于自身改变的意识形式。这就是为什么没有一个真正起作用的单纯的意识"反映"模式。卢卡奇写道："思想与存在并不是同一的，因为它们彼此'呼应'，或互相'反映'；它们'平行前进'或彼此'重合'（所有表达都隐藏着一个严格的二元性）。它们的同一性在于，它们是同一个真实的历史辩证过

---

① 格奥尔格·卢卡奇：《历史与阶级意识》，伦敦，1971年，第204页。

程的两个方面。"①对卢卡奇来说,革命无产阶级的认知是其认识到的状况的一部分,并一举改变了这种状况。如果这个逻辑被推到极端,那么我们似乎永远不能简单地知道某个"东西",因为我们的认知行为已经把它转化成了其他东西。这一学说背后隐含的是**自我**认识的模式;因为认识自我不再是我认识它之前的自我。无论如何,卢卡奇认为意识本质上是活跃的、实践的和动态的,这一整个的意识概念(卢卡奇将之归功于黑格尔)将使我们不得不修正关于虚假意识的任何过于简单化的观点,不再将虚假意识看作事物存在的方式与我们认识它们的方式之间的某种滞后、差距或脱节。

卢卡奇从第二国际那里接受了关于意识形态这个词语的积极的、非贬义一面的意义,将马克思主义极为自然地写成"无产阶级的意识形态表达"。这至少从一个方面解释了:意识形态于卢卡奇而言是虚假意识的同义词,这一广为人们所接受的观点是完全错误的。但卢卡奇同时保留了马克思批判商品拜物教的整套概念装置,从而使人们对商品拜物教这个术语有了更具批判性的鲜活认识。然而,这种消极否定意义上的意识形态的"他者"或对立者,首先不再是"马克思主义的科学",而是**整体性**的概念。在他的著作中,这个整体性概念的作用之一是,使他得以抛弃某些无利害关系的社会科学的思想,而又不因此堕为历史相对论的牺牲品。所有形式的阶级意识都是意识形态的,但可以说,有些形式比其他形式更具意识形态性。资产阶级意识形态的特异之处在于,由于物化的可怕影响,它不能把握整个社会形态的结构。物化使我们的社会经验支离破碎,产生错位,以至于在它的影响下,我们忘记了社会是一个集体的过程,而仅仅把它看作

181

---

① 格奥尔格·卢卡奇:《历史与阶级意识》,第204页。

这个或那个孤立的对象或制度。正如卢卡奇的同时代人卡尔·考什（Karl Kosch）所认为的，意识形态本质上是一种提喻形式，一种用局部代表整体的修辞手段。在其最充分的政治发展过程中，无产阶级意识所特有的是它对社会秩序的"总体化"能力，因为如果没有这种认识，工人阶级就永远无法理解和改造自己的状况。对无产阶级处境的真正认识，将不可分割地成为对其以受压迫地位身处其中的整个社会的敏锐洞察。因此，无产阶级自我觉醒的时刻，实际上也就是它认识到资本主义制度之真实面目的时刻。

换言之，科学、真理或理论，不再严格地与意识形态相对立；相反，它们只是**特定**阶级意识形态的"表现"，即工人阶级的革命世界观。真理就是：资产阶级社会达成作为一个整体的自我觉悟，而这一重大事件发生的"地点"就在无产阶级的自觉之中。由于无产阶级是典型的商品，为了生存被迫出卖自己的劳动力，它可以被视为基于商品拜物教的社会秩序的"本质"；因此，无产阶级的自我意识可以说就是这个商品形式达成自我认识并在自我认识中超越自己的过程。

在写作《历史与阶级意识》的过程中，卢卡奇发现自己面临着一种毫无选择余地或不可能反对的处境。一方面，存在着一种似乎抑制了其自身历史根源的马克思主义科学（继承自第二国际）的实证主义幻想；另一方面，存在着历史相对主义的幽灵。知识要么崇高地外在于它所寻求了解的历史，要么只是这种或那种特定的历史意识标签，除此之外，没有更坚实的依据了。卢卡奇绕过这种困境的方法是引入**自我反省**的范畴。某些形式的知识，尤其是被剥削阶级的**自我**知识，虽然完全是历史性的，却能够揭示其他意识形态的局限性，从而成为一种解放的力量。在卢卡奇的"历史主义者"的观点①中，真理总是与特定的历史情况相关，从来不是超越历史的形而上学的事件。但是无产阶级如此独特的历史定位，基本上能够解开整个资本主义的秘密。一方面是意识形态作为虚假的或偏颇的意识，另一方面，科学是某种绝对的、非历史的知识模式，我们已经无需困顿于两者之间毫无实际价值的对立。因为并非所有的阶级意识都是虚假意识，而科学只是"真实"阶级意识的表达或编码。

卢卡奇自己表达这一论点的方式今天不太可能赢得很多无条件的拥趸与忠诚。他声称，无产阶级是一个潜在的"普遍的"阶级，因为它肩负着全人类潜在的解放。因此，它的意识原则上是普遍的；但普遍的主体性实际上与客体性是一致的。因此，从其自身局部的历史角度来看，工人阶级所知道的一定是客观真实的。一个人不需要被这种相当宏大的黑格尔式的语言所说服，也能去挖掘拯救隐藏于其中的重要洞察力。卢卡奇无可置疑地看到，将局部的意识形态立场与对社会整体性的一些冷静看法做对比根本是误导的。因为这种对比没有考虑到被压迫群体和阶级的处境，他们需要对作为整体的社会制度以及自己在其中所处的位置有所了解，才能够实现自己局部的、特殊的利益。如果妇女要解放自己，她们需要有兴趣了解父权制的一般结构。这种理解和认识绝不是单纯的或无私的；相反，它是为迫切的政治利益服务的。但是，如果没有一个从特殊到一般的转折点，这些利益很可能会失败破产。一个仅仅为了生存的殖民地民族可能会发现自己"被迫"需去探究帝国主义的全球结构，而他

---

① 佩里·安德森将马克思主义意义上的"历史主义"优雅地概括为一种意识形态，在这种意识形态中，"社会变成了一个循环的'表现性'的整体，历史变成了线性时间的同质流动，哲学变成了历史过程的自我意识，阶级斗争变成了集体'主体'的斗争，资本主义变成了本质上由异化定义的世界，共产主义变成了超越异化的真正的人文主义状态"（《关于西方马克思主义的思考》，伦敦，1976年，第70页）。

们的帝国主义统治者则不必这样做。那些今天时髦地否认需要一种"全球的"或"整体的"视角的人，可以有足够的特权来免除这种需要。这样一种整体性迫切地影响到一个人自身的直接社会状况，正是在此处，部分与整体显而易见地交汇在一起。卢卡奇的观点是，某些群体和阶级如果要改变自身的状况，就需要在更广阔的背景下书写自己的处境；当他们这么做的时候，会发现自己正在挑战那些有意阻止这种解放性知识的人们的意识。从这个意义上说，相对主义的扰人之忧是无关紧要的：因为声称所有知识都来自一个特定的社会立场，并不意味着任何旧的社会观点对这些目的都是有价值的。如果我们所要寻找的是对帝国主义整体运作的某种了解，那么咨询总督或《每日电讯报》驻非洲记者的意见将是非常不明智的，因为他们几乎肯定会否认帝国主义的存在。

然而，卢卡奇关于"真实的"阶级意识的概念存在逻辑上的问题。如果工人阶级是这种意识的潜在承载者，那么**这种**判断是从什么角度作出的呢？它不能从（理想的）无产阶级本身的观点提出，因为这只是想当然的错误；但是，如果这个观点是正确的，那么它也不能从它之外的某个立场来提出。正如比库·派瑞克（Bhikhu Parekh）所指出的那样，声称只有无产阶级的视角才能使人从整体上把握社会的真理，这个观点就已经假定他知道这个真理是什么。[①] 似乎真理要么完全是内在于工人阶级的意识，要么陷入了从真理本身之外判断真理的不可能的悖论之中，在第一种情况下，它就不能被评价为真理，其主张也就变得简单地教条化了；在第二种情况下，声称这种意识形式是真实的只是削弱了其自身的力量。

[①]　比库·派瑞克：《马克思的意识形态理论》，伦敦，1982年，第171—172页。

对卢卡奇来说,如果无产阶级在原则上是社会整体知识的承载者,那么它就被看作与陷入直接性之泥淖中的资产阶级不偏不倚的对立面,无法对自己的处境进行整体的概括认识。就中产阶级的情况而言,阻碍这种知识的是其原子化的社会条件和经济条件:每个资本家个人都追求自己的利益,而很少或根本不考虑所有这些孤立的利益如何结合成一个整体的系统,这是一个传统的马克思主义案例。然而,卢卡奇更强调物化的现象,这是他从马克思的商品拜物教学说中衍生出来的一个概念,但他大大地拓展了这个概念的意义。他在《历史与阶级意识》一书中,将马克思的经济分析与马克斯·韦伯的合理化理论相结合,认为在资本主义社会,商品形态渗透到社会生活的方方面面,形成了人类经验的普遍机械化、量化和非人性化。社会的"整体性"被分解成许多离散的、专门的、技术性的操作,每一个都开始呈现出自己的半自主生命,并以一种准自然的力量支配着人类的存在。从工厂工作到政治官僚机构,从新闻到司法机构,纯粹形式化的计算技术充斥着社会的每一个领域;而自然科学本身只是又一个物化思想的例子。被一个由自主的物体和机构组成的不透明世界所压制着,人类主体迅速地退化为一个惰性的、沉思的存在,无法再在这些僵化的产品中认识到自己的创造性实践。当工人阶级承认这个被异化的世界是自己被没收的创造物,并通过政治实践重新获得它时,革命认识的时刻就到来了。用构成了卢卡奇思想之基础的黑格尔哲学术语来说,这将标志着曾被物化的作用严重撕裂的主体和客体的统一。无产阶级在认识自己的过程中就既成了历史的主体,也成了历史的客体。事实上,卢卡奇偶尔似乎暗示这种自我意识的行为本身就完全是一种革命性的实践。

卢卡奇在这里所做的,实际上是用无产阶级取代黑格尔

184

的绝对观念即历史主客体的绝对同一观念。① 为了证明这一点，或者至少是用无产阶级原则上**能够**达到的政治上需要的意识来取而代之，这种意识卢卡奇称之为"被归因"或"被推定"的意识。如果在这一点上卢卡奇足够像黑格尔的话，那么他同样会相信真理就在整体之中。对于黑格尔的《精神现象学》而言，直接经验本身就是一种虚假的或局部的意识，只有当它被辩证地斡旋调解，当它与整体之间潜在的多重关系被耐心地揭示出来之时，它才会展现出其真理。因此，有人可能会说，以这种观点来看，我们的日常意识就其局部性而言本身就是本质上"意识形态的"。这并不是说我们在这种情况下所作的陈述必然是错误的；而是说，它们在某种肤浅的、经验主义的意义上是正确的，因为它们是对尚未纳入其完整背景的孤立客体所做的判断。我们可以回想起这样一个论断，"查尔斯王子是一个深思熟虑、尽职尽责的人"，就现状而言，这也许是正确的，但它将被称为查尔斯王子的客体对象与皇室制度的整个背景隔离开了。对黑格尔来说，只有通过辩证理性的运作，这种静态的、离散的现象才能被重建为一个动态的、发展的整体。在这个程度上我们可以说，于黑格尔而言，某种虚假意识是我们的"自然"状态，是我们的直接经验所特有的现象。

相比之下，卢卡奇认为，这种片面的看法源于特定的历史原因，即资本主义的物化过程，但它也会以同样的方式通过"整体化"或辩证理性的运作加以克服。在卢卡奇这儿，资产阶级的科学、逻辑和哲学相当于黑格尔的常规的、未实现的知识模式，把事实上复杂的、不断演变的整体性分解成人

---

① 和大多数类比一样，这个类比也是蹩脚的；黑格尔的思想确实是其自己的创造，而无产阶级却绝不是自我生成的，对马克思主义来说，它是资本过程的一个结果。

为的自主的部分。因此,对卢卡奇而言,意识形态并不完全是一种不忠实于事物本质的话语,而是一种仅以有限的、肤浅的方式忠实于事物本质的话语,它并不了解事物的深层倾向及其联系。这在另一种意义上提供了与人们的普遍见解相反的看法:在卢卡奇看来,意识形态不是简单的错误或幻觉意义上的虚假意识。

把历史作为整体来把握,就是要把握它的动态的、矛盾的发展,而人的力量的潜在实现是其中的一个重要组成部分。从这个意义上说,对黑格尔和卢卡奇而言,一种特殊的**认识**——认识整体——是某种道德和政治**规范**。因此,辩证法不仅使主客体统一,而且使曾经将资产阶级思想撕裂开来的"事实"和"价值"统一起来。以一种特定的方式去理解世界,就离不开以行动来促进人类创造力自由、充分地展现。我们不会如实证主义或经验主义思想那样处于高高在上、孤立无援的境地,一方面拥有冷静的、价值中立的知识,另一方面又有一套武断的主观价值判断。相反,知识行为本身既是"事实"又是"价值",是政治解放不可或缺的一种准确认知。正如莱谢克·柯拉柯夫斯基(Leszek Kolakowski)所说:"在这个特殊的情况下(即解放的知识这一实例中),对现实的理解和转化不是两个独立的过程,而是同一个现象。"①

卢卡奇关于阶级意识的著述位居 20 世纪最丰硕、最富创见的马克思主义文献之列。尽管如此,它们还是受到了一些具有损害性的批评。例如,有人说,他的意识形态理论倾向于把经济主义和唯心主义混为一谈。之所以是经济主义,是因为他不加批判地采纳了后来马克思暗指的意思,即商品

---

① 莱谢克·柯拉柯夫斯基:《马克思主义主潮》,牛津,1978 年,第 3 卷,第 270 页(括号中内容为作者所加)。

形式在某种程度上是资产阶级社会所有意识形态意识的隐秘本质。对卢卡奇而言,物化代表的不仅是资本主义经济的核心特征,而且是"资本主义社会各方面的核心结构问题"①。因此,一种意识形态的本质主义在这里起了作用,同质化了实际上截然不同的话语、结构和效用。在最坏的情况下,这种模式倾向于将资产阶级社会简化为一套层次分明的物化"表现形式",其每个层次(经济的、政治的、司法的、哲学的)都顺从地模仿和反映其他层面。此外,正如西奥多·阿多诺后来提出的那样,这种把物化作为所有罪行之线索的一意孤行的坚持,其本身就是一种明显的唯心主义:在卢卡奇的文本中,物化倾向于取代诸如经济剥削这样更基本的概念。他对黑格尔的整体性范畴的使用也大致如此,这种范畴有时会使人不再那么关注生产方式、各种力量之间的矛盾和生产关系之类的内容。马克思主义是否像马修·阿诺德(Matthew Arnold)的理想诗学视野一样,只是一个有规律地整体性看待现实的问题?稍微模仿一下卢卡奇的做法:革命仅仅是一个建立联系的问题吗?对于马克思主义(如果不是黑格尔)来说,社会整体性不是"扭曲的"和不对称的吗?不是因为其中的经济决定因素的优势而被扭曲了事实吗?卢卡奇对"经济基础"和"上层建筑"的"庸俗"马克思主义版本持谨慎态度,他希望抹除这样的机械决定论的烙印,将注意力转移到社会整体性的概念上;但这样一来,这个社会整体就有可能变成一个纯粹的"循环"整体,在这种循环中,每一个"层次"都被赋予与其他"层次"同等的效力。

──────────

① 卢卡奇:《历史与阶级意识》,第 83 页。关于卢卡奇思想的有益讨论,参见 A. 阿拉托和 P. 布赖内斯:《青年卢卡奇》,伦敦 1979 年,第 8 章;迈克尔·洛伊(Michael Löwy):《格奥尔格·卢卡奇:从浪漫主义到布尔什维克主义》,伦敦,1979 年,第四部分。

和马克思一样,卢卡奇也认为,商品拜物教是资本主义的一种客观物质结构,而不仅仅是一种精神状态。但在《历史与阶级意识》里,另一种残余的唯心主义意识形态模式也在令人不解地发挥作用,似乎将资产阶级社会的"本质"铆定在资产阶级自身的集体主体性中。卢卡奇写道:"对于一个阶级来说,称霸时机的成熟意味着它的利益和意识使它能够按照这些利益来组织整个社会。"①那么,是什么提供了资产阶级秩序的意识形态关键呢? 究竟是大概会给所有阶级打上其烙印的商品拜物教的"客观"系统,还是主导阶级意识的"主观"力量? 盖瑞斯·斯特德曼·琼斯(Gareth Stedman Jones)认为,就后一种观点而言,卢卡奇的意识形态似乎是通过"纯粹阶级主体的意识形态本质"掌控了"社会整体性的饱和状态"。正如斯特德曼·琼斯继续指出的那样,这种观点没有看到的是,意识形态不是不同阶级的"权力意志"的主观产物,而是"由竞争阶级之间的**整个**社会斗争**领域**所决定的客观系统"。② 对于卢卡奇来说,就一般的"历史主义"马克思主义而言,有时似乎每个社会阶层都有自己独特的、集体的"世界观",直接反映其存在的物质条件的观点;而意识形态的主导地位则在于其中一种世界观在整个的社会形态上打上了自己的烙印。这种意识形态权力不仅很难与商品拜物教这一更具结构性的客观信条相一致,而且还大大简化了意识形态"领域"真实的不均衡性和复杂性。正如尼科斯·普兰查斯所说,和社会阶级本身一样,意识形态是一种内在的**关系**现象;它所表达的与其说是一个阶级在其生存条件下的生活方式,毋宁说是**一个阶级在与其他阶级的生活经**

---

① 卢卡奇:《历史与阶级意识》,第 52 页。

② 盖瑞斯·斯特德曼·琼斯:《关于早期卢卡奇的马克思主义的评论》,《新左派评论》,第 70 期,1971 年 11 月/12 月。

验之关系中的生活方式。^① 正如没有无产阶级就没有资产
阶级一样,反之亦然,没有资产阶级就没有无产阶级,因此,
每一个阶级的典型意识形态都是由其对立者的意识形态构
成的。正如我们前面所说的,占统治地位的意识形态必须有
效地与从属阶级的生活经验相结合;而这些从属阶级在其自
身世界中的生存方式将典型地受到主导意识形态的塑造和
影响。简而言之,历史主义马克思主义假定"阶级主体"与其
"世界观"之间存在过于有机和内在的关系。有一些如马克
思所说的"矛盾的化身"的社会阶级,譬如小资产阶级,他们
的意识形态通常是由上层阶级和下层阶级的因素混合而成
的;还有一些重要的意识形态主题,譬如民族主义,它们不属
于任何特定的社会阶级,而是提供了各社会阶级之间争论的
焦点。^② 每个人有自己独特的步态和行姿,社会各阶层却不
会如此来表现各自的意识形态:意识形态是一个复杂的、冲
突的意义领域,其中一些主题将与特定阶级的经历紧密联系
在一起,而另一些则会更加"自由浮动",在相互抗衡的权力
斗争中忽而被拖向这边,忽而被拽向那边。意识形态是一个
争论不休和谈判斡旋的领域,在这一领域里,交通繁忙不息:
意义和价值观被窃取、被转化,跨越不同阶级和群体的边界
被侵占、被放弃、被收回、被再现。一个占统治地位的阶级可
能会部分地通过前一个统治阶级的意识形态来"活出自己的
经验":想想英国贵族阶层的贵族色彩便可明白。或者,统治
阶级也可能部分地借助从属阶级的信仰来塑造自己的意识
形态——比如法西斯主义,金融资本主义的统治部门为了自

---

① 尼科斯·普兰查斯:《政治权力与社会阶级》,伦敦,1973 年,第 3 部分,第 2
章。应该指出的是,卢卡奇确实认为意识形态存在异质的"层次"。
② 参见恩内斯特·拉克劳(Ernesto Laclau):《马克思主义理论中的政治与意
识形态》,伦敦,1977 年,第 3 章。

己的目的接管了中下层阶级的偏见和焦虑。阶级和意识形态之间不存在整齐划一的、一一对应的关系，这在革命社会主义的情况下是显而易见的。任何革命思想要想在政治上有效，就不能仅仅停留于卢卡奇所谓的"纯粹的"无产阶级意识；除非它给众多的反对力量提供某种暂时的一致性，否则成功的机会非常渺茫。

作为卢卡奇著述的核心思想，社会阶层作为"主体"的观点也受到了质疑。一个阶级不仅仅是一种集体化的个体，它也具有人文主义思想赋予个体的各种属性：意识、统一、自主、自决等等。阶级当然是马克思主义的历史**中介**，但它既是结构的、物质的形态，又是主体间的实体，问题是如何把这两个方面结合起来思考。我们已经看到，统治阶级通常是复杂的、内部冲突的"集团"，而不是同质的团体；他们的政治对手也是一样的。那么，"阶级意识形态"很可能表现出同样的不均衡和矛盾。

对卢卡奇的意识形态理论最严厉的批判认为，在一系列逐步的糅合中，他把马克思主义理论瓦解为无产阶级的意识形态；继而把意识形态瓦解为某种"纯粹的"阶级主体的表达；又使这个阶级受制于社会形态的本质。但是这种批评需要至关重要的限定条件。卢卡奇并非全然没有觉察到工人阶级的意识被其统治者的意识所"污染"的方式，而且似乎认为，工人阶级的意识在非革命条件下不具备有机的"世界观"。实际上，如果无产阶级在其"正常"状态下只不过是物化的商品，那么就很难看出它是如何成为一个**主体**的，因此也很难看到它究竟是如何过渡转化，成为一个"自为的阶级"的。但是，这种"污染"的过程似乎并没有起到相反的作用，在这个意义上，**主导的**意识形态似乎不会以任何方式受到与下属对话的显著影响。

188

我们已经看到,在《历史与阶级意识》中确实存在两种不同的意识形态理论:一种来自商品拜物教,另一种来自将意识形态看作阶级主体之世界观的历史主义的观点。就无产阶级而言,这两种观点似乎分别对应着无产阶级"正常的"存在状态和革命的存在状态。在非革命条件下,工人阶级的意识被动地受制于物化作用的影响;我们不知道这种情况是如何由无产阶级的意识形态积极**建构**的,也不知道它是如何与这种经验中不太顺从的方面相互作用的。工人如何在客体化的基础上将自己建构为一个主体? 但是,当阶级(神秘地)转变为一个革命的主体时,一个历史主义的问题接踵而至:他们用自己的意识形态观念"浸透"了整个社会形态,这适用于工人的统治者,现在也可以适用于工人本身。然而,人们对这些统治者的看法并不一致:因为就统治者的情况而言,这种**积极的**意识形态观念与他们也不过是商品拜物教结构的受害者这一观点相抵触。当中产阶级和其他阶级一样只能受制于物化结构时,他们如何能够凭借其独特的、统一的世界观来进行统治? 主导的意识形态是资产阶级的问题,还是资产阶级社会的问题?

可以说,对"意识"本身典型的唯心主义的过高评价损害了《历史与阶级意识》。卢卡奇写道,"只有无产阶级的意识才能指明走出资本主义僵局的道路"[①];虽然这在某种意义上足够正统,因为一个无意识的无产阶级很难做到这一点,但这般强调仍然具有启示意义。因为首先不是工人阶级的**意识**使马克思主义选择它作为革命变革的主要动力,无论这种意识是现实的还是潜在的。如果说工人阶级是这样一个动力,那也是从结构上和物质上而言的;事实上,工人阶级是

---

① 卢卡奇:《历史与阶级意识》,第 76 页。

唯一一个居于资本主义生产过程中的实体，它受到资本主义生产过程的训练和组织，是资本主义生产过程中不可或缺的，继而有能力接管资本主义的生产过程。从这个意义上说，是资本主义而不是马克思主义"选择"革命性颠覆的工具，耐心地培育自己潜在的掘墓人。当卢卡奇注意到，一种社会形态的力量归根结底总是一种"精神的"力量，或者当他写到"革命的命运……将取决于无产阶级意识形态的成熟程度，即取决于无产阶级的阶级意识"时①，他有可能陷入将这些物质问题替换成纯粹的意识问题的危险，正如盖瑞斯·斯特德曼·琼斯所指出的那样，这是一种仍然奇怪地脱离实体和虚无缥缈的意识，是一个"观念"而不是实践或体制的问题。

卢卡奇将意识放在首位，如果说就此而言他是位残余的唯心主义者，那么，他对科学、逻辑和技术的浪漫敌视也表明如此。② 形式话语和分析性话语仅仅是资产阶级物化的模式，正如所有形式的机械化与合理化似乎都是内在的异化。带着一种浪漫保守主义思想典型的挽歌式怀旧情绪，资本主义历史中这些过程所具有的进步的、解放的一面被轻而易举地忽视了。卢卡奇不想否认马克思主义是一门科学，但这门科学是"无产阶级的意识形态表达"，而不是一套永恒的分析命题。这无疑对第二国际的"科学主义"——唯物史观是对历史发展内在规律的纯粹客观认识——提出了强有力的挑战。但是，把马克思主义理论**简化**为革命意识形态来应对这种形而上学的幻想，也是不够充分的。《资本论》复杂的计算

---

① 卢卡奇：《历史与阶级意识》，第 70 页。

② 参见卢西奥·科莱蒂（Lucio Colletti）：《马克思主义与黑格尔》，伦敦，1973年，第 10 章。

公式不过是社会主义意识的理论"表达"吗？难道那种意识不是由这种理论的劳动所部分**建构**的吗？如果只有无产阶级的自觉意识才能把真理展现给我们，如果不是通过某种必须相对独立于它的理论认识，我们怎么能将这个真理首先作为真理来接受呢？

我已经指出，认为卢卡奇将意识形态简单地等同于虚假意识是错误的。在他看来，工人阶级的社会主义意识形态当然不是虚假的，甚至说资产阶级的意识形态是虚假的，也只是就虚假这个词语非常复杂的意义而言的。确实，我们可以宣称，早期的马克思和恩格斯认为，意识形态相对于真实情形是虚假的，而卢卡奇则认为，意识形态对于虚假情形而言是真实的。资产阶级的思想诚然准确地反映了资产阶级社会的状况，但正是这种状况不知怎么地被歪曲得失了真。这种意识忠实于资本主义社会秩序的物化性质，并且经常对这种状况作出正确的主张；它是"虚假的"，因为它不能穿透这个表面冰冷僵硬的世界，暴露出它背后隐藏的所有倾向和联系的整体性。在"物化与无产阶级的意识"这一《历史与阶级意识》中最令人叹为观止的中心章节里，卢卡奇大胆地改写了整个后康德哲学，使之成为商品形式的秘密史，成为空洞的主体与僵化的客体之间分裂的神秘史；从这个意义上说，这种思想对于资本主义社会占主导地位的社会范畴而言是准确无误的，彻彻底底是由这些范畴构成的。资产阶级意识形态之所以是虚假的，与其说是因为它歪曲、颠倒或否定了物质世界，不如说是因为它不能超越资产阶级社会结构的某些限度。正如卢卡奇所写的："因此，把资产阶级的阶级意识转变为'虚假'意识的障碍物是客观的，它就是阶级状况本身。它是经济体制的客观结果，既不是随意的，主观的，也不是心理上的。"①关于意识形态,我们这里还有另外一种定义,即"结构上受限制的思想",它至少可以追溯到马克思的《路易·波拿巴的雾月十八日》。在文章中,当讨论到是什么使得法国的某些政治家成为小资产阶级的代表时,马克思评论道:"他们在思想上没有超越(小资产阶级)于生活中没能超越的限度,就是这一事实使然。"因此,虚假意识是一种思想,它发现自己受到社会的而非精神的某些障碍的阻遏与反对;只有通过改造社会本身,虚假意识才能因此被消解。

我们可以换一种方式来表达。有些种类的错误仅仅是由于智力或信息的失误而造成的,这些错误可以通过进一步改进思想来解决。但是,如果我们不断地遭遇观念上的限制,它们顽固地挡住道路,拒绝让步,那么这种障碍可能是植入我们社会生活的某种"限制"的症候。在这种情况下,再多的智慧和聪明才智,再单纯的"思想的进化",都不能使我们更前进一步,因为是我们受到某些物质限制的意识的整体结构和框架出了问题,偏了方向。我们的社会实践对那些试图解释它们的思想构成了障碍;如果我们想推进这些思想,我们就必须改变我们的生活方式。正是在这一点上,马克思对资产阶级政治经济学家进行了讨论,这些政治经济学家们发现他们的理论探索不断地遭到问题的阻遏,这些问题标识了他们关于周边社会条件的内在话语。

因此,卢卡奇才能将资产阶级意识形态书写成为"社会和历史条件下**主观上**认为正当合理的某种东西,成为可以而且应该被理解为诸如'正当'的某种东西。同时,**客观上**,它忽略了社会进化的本质,没有对其进行准确的解释说明和充

① 卢卡奇:《历史与阶级意识》,第54页。

分的表达"①。意识形态现在远远不止是某种纯粹的幻想；如果把"客观的"和"主观的"这两个词语颠倒过来，情况也是如此。正如卢卡奇所言，有人可能同样会宣称，资产阶级意识形态"主观上"未能实现其自封的目标（自由、正义等等），但恰恰是这样的失败有助于推进其实现某些它所忽略的客观目标。他的意思大概是，帮助改善使社会主义最终能够掌权的历史条件。这样的阶级意识包含了一个人对真实的社会状况的**无意识**，因此是一种自我欺骗；但正如我们所见，恩格斯倾向于把这里所涉及的有意识的动机视为纯粹的幻觉而不予以考虑，卢卡奇却准备赋予它某种有限的真理性。他写道："不考虑其所有客观的虚假性，我们在资产阶级身上发现的自欺欺人的'虚假'意识至少是符合其阶级状况的。"②从某种假定的社会整体性的观点来看，资产阶级意识形态可能是虚假的，但这并不意味着就其目前的情况而言它是虚假的。

这样的阐述方式或许有助于我们理解意识形态这个令人费解的概念，否则会认为它是对虚假情况的真实理解。因为这样的阐述之所以貌似谬误，正在于如下的想法，即认为**一种情况**可以被说成虚假的。关于深海潜水的说法可能是真的或是假的，但无关乎深海潜水本身。然而，作为一个马克思主义的人文主义者，卢卡奇本人对这个问题有自己的答案。对卢卡奇而言，一个"虚假的"情况是，人的"本质"即人类在历史上逐渐发展出来的那些能力的全部可能性正在这种处境中受到不必要的阻碍和疏离；而这样的判断总是站在某个可能的和理想的未来的立场上做出的。一个虚假的情况只能通过主观的或回顾性的方式从一个有利的视角来识

① 卢卡奇：《历史与阶级意识》，第 50 页。
② 同上，第 69 页。

别确定,如此才可能会消除这些阻碍性的、疏离的力量。但这并不意味着我们要站在某个预测未来的空洞空间,要采取"糟糕的"乌托邦主义的方式和立场。因为在卢卡奇看来,当然这也是马克思主义的普遍观点,在当前激荡着的某些潜在的可能性中,那个理想未来的轮廓已经若隐若现,可以略见一二。因此,现在与其自身并不同一:现在之中,存在着超越现在的指向,正如历史上的每一个现在,其状貌都是由它对可能的未来的预期和憧憬所构成的。

如果说对意识形态的批判启动了对思想之社会基础的考察,那么,它必须能够从逻辑上解释它自己的历史渊源。产生意识形态概念本身的物质史是怎样的? 对意识形态的研究是否可以围绕其自身的可能性条件展开?

可以说,意识形态概念产生于思想体系第一次意识到自己的局部性和片面性的历史瞬间;当这些思想不得不面对异样的或另类的话语形式时,就产生了意识形态。首先,资产阶级社会的兴起为意识形态概念的产生提供了背景,做好了准备。因为正如马克思所指出的那样,资产阶级社会的特征是,它的一切,包括它的意识形式,都处于一种不断变化的状态,与一些更受传统束缚的社会秩序形成了对比。资本主义只能依靠生产力的不停发展而生存;在这种狂热不安的社会条件下,新的思想就像商品时尚一样,层出不穷,令人目眩。任何单一的世界观,其根深蒂固的权威都会遭到资本主义自身本质的削弱和损害。此外,正如它确信无疑地滋生了社会剥削一样,这种社会秩序也必然滋生多元化和碎片化,它超越了不同生活形式之间在时间上神圣不可逾越的界限,并将它们统统扔进俚俗习语、种族血统、生活方式、民族文化的大熔炉中。这正是苏联批评家米哈伊尔·巴赫金(Mikhail Bakhtin)所说的"复调"的意思。在这个以智力劳动不断增生的分工为标志的原子化空间里,形形色色的各种信条、各派学说和感知模式竞相争夺权威;这个看法应该让那些后现代理论家们停下脚步,在这些理论家看来,差异性、多元性和异质性毫无疑问都是"进步的"。在各种信条你争我夺的混战中,任何一个特定的信仰体系都会发现自己与不受欢迎的竞争对手紧紧地楔合在一起;因此,它自己的疆界也将变得极其松弛。于是,这为哲学怀疑主义和相对主义的发展布设好了舞台,因为人们坚信,在知识市场不体面的喧嚣中,没有任何一种思维方式可以宣称比任何其他方式更为有效。如果所有的思想都是片面的、有党派的,那么所有的思想都是"意识形态的"。

这不啻一个惊人的悖论:正是资本主义制度的动态性和易变性,威胁着要从自己脚下彻底挖开资本主义制度权威地位的根基,这也许在帝国主义现象中最为明显。帝国主义需要在其价值观与外来文化对抗的时刻,坚持捍卫自己价值观的绝对真理;这证明会是一种显而易见地令人不知所措的经历。当你忙于征服另一个社会,而这个社会以一种截然不同却明显有效的方式来管理其事务时,你很难继续确信你自己的做事方式是唯一可能的。约瑟夫·康拉德(Joseph Conrad)的小说揭示了这一令人沮丧的矛盾。在这一点上,和其他方面一样,意识形态概念的历史性出现证明了一种腐蚀性的焦虑——一种尴尬的意识,即你自己的真理在你看来是可信的,只是因为你当时所处的位置和立场。

因此,现代资产阶级陷入了某种分裂的困境。它既无法退回到旧的形而上学的确定性,也同样不愿意接受一种只会颠覆其权力合法性的纯粹的怀疑论。20世纪早期,卡尔·曼海姆的《意识形态与乌托邦》(1929年)是试图解决这一困境的一个尝试,该书是在魏玛共和国政治动乱中受到卢卡奇的历史主义的影响写成的。曼海姆很清楚地看到，随着中产阶级社会的崛起，传统秩序的旧的单一世界观已经消失殆尽。一个曾经自信地垄断着知识、掌握着神权与政治等级制度的权威人士，现在已经让位给一个"自由"的知识分子，在相互冲突的理论观点之间徘徊不前，不知所措。因此，"知识社会学"的目标将是摒弃所有先验真理，研究特定信仰体系的社会决定因素，同时防范将所有这些信仰归为一类的无效的相对主义。正如曼海姆不安地意识到的那样，问题在于，任何将他人的观点视作意识形态的批评，总是很容易滑入"五十步笑百步"的境地，很可能会搬起石头砸了自己的脚。

曼海姆反对这种相对主义，力挺他所谓的"关联主义"，意思是确定思想在产生了它们的社会系统中的位置。他认为，这种对思想之社会基础的探究，不必违背客观性的目标；因为尽管思想是由其社会根源内在塑造的，但它们的真理价值却不能还原为其社会根源。任何一个特定的观点都有不可避免的片面性，但都可以通过将它与其反面综合起来加以纠正，从而建立一个临时的、动态的思想整体。同时，通过自我监控的过程，我们可以认识到自己观点的局限性，从而达到一种有限的客观性。因此，就像魏玛德国的马修·阿诺德，曼海姆关注的是稳定地看待生活，并将生活看作一个整体。闪烁其词的意识形态观点会被那些足够冷静的、与卡尔·曼海姆有着惊人相似之处的"自由"知识分子耐心地纳入某个更庞大的整体性之中。这种方法的唯一问题是，它只是把相对主义的问题推后了一个阶段；因为我们总是可以提出这样的问题：这个综合实际上是从什么倾向性的立场出发 194的？对整体性的兴趣难道不是另一种兴趣吗？

对于曼海姆来说，这样的知识社会学是一个取代意识形态批判旧式风格的受欢迎的替代品。在他看来，这样的批判本质上就是**揭露**对手的观念,把它们暴露为受有意识或无意识的社会动机所助长的谎言、欺骗或幻想。简而言之,意识形态批判在这里被简化为保罗·利科(Paul Ricoeur)所说的"怀疑的解释学",要探幽烛微地洞察到一个群体的偏见和信仰背后所隐藏的整个"心理结构",要完成这样精微的、雄心勃勃的任务,这样的方法显然是力不能逮的。意识形态只与特定的欺骗性断言有关,曼海姆一度认为,其根源可以追溯到特定个体的心理。毫无疑问,这是某种意识形态的稻草靶子:曼海姆对商品拜物教之类的理论不屑一顾,在这类理论中,欺骗被看作由整个社会结构产生的,而远远不是从心理根源上产生的。

"知识社会学"的意识形态功能实际上是消解了整个马克思主义的意识形态概念,代之以不那么激烈、有争议的"世界观"概念。诚然,曼海姆并不相信这样的世界观能够永远不带价值判断地予以分析,但他的作品倾向于以对历史意识形式演变的某种概要性的调查这一名义,来贬低神秘化、合理化和观念的权力功能等概念。从某种意义上说,这种处理意识形态的后马克思主义方法回到了前马克思主义的观点,即简单地将意识形态视为"社会决定的思想"。既然这适用于任何思想,那么意识形态的概念就有可能面临被一路抹杀的危险。

如果说曼海姆**确实**保留了意识形态的概念,就这一点而言,他也是以一种独特的不具启发性的方式做到的。作为一个历史主义者,真理对于曼海姆来说意味着适合历史发展特定阶段的思想;而意识形态则意味着与时代不相符合、与时代要求不同步的一套信仰体系。反过来说,"乌托邦"是指超前于时代的思想,虽然同样与社会现实存在差异,但它能够打破当前现实的结构,并超越其边界。简而言之,意识形态是一种过时的信仰,是一套与现实脱节的陈旧神话、规范和理想;乌托邦是不成熟的、不真实的,但应该将它当作一个术语保留下来,为那些确实能成功实现一种新的社会秩序的概念预设做准备。从这个角度来看,意识形态以一种失败的乌托邦的面目出现,无法获得物质的存在;而对意识形态的如此定义,又将我们简单地扔回到早期马克思主义关于意识形态的显然不充分的观念,即意识形态是无效的超现实性。曼海姆似乎完全缺乏将各种意识形态视为意识形式的理解能力,意识形式往往非常适应于当前的社会要求,并能富有成效地与历史现实交织在一起,能够以高效的方式组织实际的社会活动。同样地,他将乌托邦诋毁为"对现实的扭曲",而对"时代的要求"可能恰恰是一种超越时代的思想这样的方式视而不见。"思想",他说,"应该包含的内容既不少于也不超过作为其运作媒介的现实"①——具有讽刺意味的是,这种将概念与其客体同一的做法,会被西奥多·阿多诺斥为意识形态思想的真正本质。

其结果是,曼海姆要么将意识形态一词延伸到所有有用的用途之外,将其等同于任何信仰的社会决定,要么过度地将其缩小到具体的欺骗行为。他没有领会到意识形态不能等同于片面的或视角性的思考——什么样的思考不是真实的呢?如果这个概念不是完全空洞的,它就必须有更具体的内涵,关于权力斗争和合法化、结构性的分裂和神秘化的特定内涵。然而,他所做的有益的建议是另辟蹊径,提供了不同于以下的第三条道路,既不是像有些人那样认为陈述的真

①　卡尔·曼海姆:《意识形态与乌托邦》,伦敦,1954 年,第 87 页。对曼海姆的暗示性批评,参见乔治·拉伦(Jorge Larrain)的《意识形态的概念》(伦敦,1979 年)和奈杰尔·阿伯克龙比(Nigel Abercrombie)的《阶级、结构与知识》(牛津,1980 年)。另见比库·派瑞克的论文,收入 R.贝尼维克(R.Benewick)主编的《政治中的知识与信仰》,伦敦,1973 年。

伪完全不受其社会根源的污染，也不是像另一些人那样将陈述的真伪归因于社会根源。对于米歇尔·福柯来说，似乎一个命题的真理价值完全是其社会功能的问题，是它所提倡的权力利益的反映。正如语言学家可能认为的那样，所表达的内容完全可以被阐释的条件所摧毁；重要的不是说**什么**，而是谁为了什么目的对谁说。这忽略了一点，虽然表达肯定不是独立于其社会条件，但像"总的来说，因纽特人和其他人一样善良"这样的说法是真的，是正确的，不管是谁为了什么目的说的；而像"男人比女人优越"这样的说法的重要特征是，不管它促进的是什么权力利益，事实上，它是假的，也是错误的。

[····]

在卢卡奇的西方马克思主义同僚葛兰西的著述中，关键范畴不是意识形态，而是**霸权**；这两个词之间的区别值得深思。葛兰西通常使用"霸权"一词来表示一个统治权力使它所征服的人同意其统治的方式，尽管他偶尔也会使用这个词来同时表示同意和强迫。因此，霸权的概念与意识形态的概念有着直接的区别，因为意识形态显而易见是可以被强行施加的。例如，想想南非种族主义意识形态的运作方式。但霸权也是一个比意识形态更广泛的范畴：它包括意识形态，但不可还原为意识形态。一个统治集团或阶级可以通过意识形态的手段获得对其权力的同意；但也可以采取其他的方式，比如，通过改变税收制度，使其有利于其需要支持的群体，或者创造一个相对富裕的、因而在政治上保持沉默的工人阶级。霸权可能采取政治的形式，而不是经济的形式：西方民主国家的议会制度是这种权力的一个重要方面，因为它助长了民众自治的幻觉。这种社会的政治形式的独特之处在于，它假定人们相信他们自己统治自己，这是古代的奴隶或中世纪的农奴所不被期待赋予的信仰。事实上，佩里·安德森甚至把议会制度描述为"资本主义意识形态机器的枢纽"，媒体、教会和政党等机构在其中发挥着关键但又相辅相成的作用。正是出于这个原因，正如安德森所指出的，葛兰西只在"公民社会"而不是国家中确定霸权的位置是错误的，因为资本主义国家的政治形式本身就是这种权力的一个关键机构。[1]

政治霸权的另一个强大来源是资产阶级国家假定的中立性。事实上，这并不仅仅是一种意识形态的幻觉。在资本主义社会，政治权力确实是相对独立于社会和经济生活的，而不是前资本主义形态中的政治设置。以封建政权为例，在经济上剥削农民的贵族在生活中也行使一定的政治、文化和司法职能，经济权力与政治权力的关系在这里更为明显。而在资本主义制度下，经济生活不受这种持续不断的政治监督：正如马克思所说，它是"经济力量的无声强制"，即生存的需要，它使男人和女人的工作脱离任何政治义务、宗教制裁或习惯责任的框架束缚。就好像在这种生活形式中，经济开始"完全独立"地运转，因此，政治国家可以在某种程度上退居二线，维持这种经济活动在其中运行的总体结构。这是资产阶级国家是极其无私的这一信念真正的物质基础，它控制着相互竞争的社会力量之间的关系环；从这个意义上讲，再重复一遍，霸权是资产阶级国家内在的本质。

因此，霸权不仅是一种成功的意识形态，而且可以从意识形态、文化、政治和经济等各个方面加以区分。意识形态具体指的是权力斗争在意义层面上的斗争方式，虽然这种意

---

① 佩里·安德森：《安东尼奥·葛兰西的矛盾》，《新生活评论》，第 100 期，1976 年 11 月/1977 年 1 月。

义涉及所有霸权过程，但它并非在所有情况下都是维持统治的**主导**层面。人们可以想象唱国歌接近于一种"纯粹"的意识形态活动；除了可能惹恼邻居们之外，它肯定不会达到其他目的。同样，宗教可能是各种民间社会机构中最纯粹的意识形态。但是，霸权也以文化的、政治的和经济的形式存在——以非话语的实践和修辞话语存在。

以某种显而易见的前后矛盾，葛兰西将霸权与"公民社会"的竞技场联系在一起，他所谓的"公民社会"的竞技场指的是介于国家和经济之间的所有各种机构。私人拥有的电视台、家庭、童子军运动、卫理公会教会、幼儿园、英国退伍军人协会、《太阳报》：所有这些都将被视为霸权的装置，通过同意而不是强迫的方式将个人束缚在统治权力之下。相比之下，强迫是保留给国家的，国家垄断了"合法的"暴力。（但是，我们应该注意到，一个社会的强制机构——军队、法院等，要想有效地运作，就必须得到人民的普遍同意，这样强迫与同意的对立关系才能在一定程度上被解构。）在现代资本主义政治制度下，公民社会已经开始拥有一种强大的权力，与之形成鲜明对比的是，布尔什维克人生活在一个缺乏这种制度的社会中，他们可以通过对国家本身的正面攻击来夺取政府的控制权。因此，霸权的概念属于这样一个问题：占主导地位的权力巧妙地、普遍地渗透扩散到习惯性的日常实践中，与"文化"本身紧密地交织在一起，铭刻在我们从幼儿园到殡仪馆的全部经历中，在这样的一个社会形态中，工人阶级如何掌握权力？一个已经成为整个社会秩序的"常识"的力量，而不是一个被广泛视为异类的、压迫性的力量，我们如何与它斗争，打败它？

[・・・]

如果霸权的概念拓展和丰富了意识形态的概念，它也使这个原本有些抽象的术语具有了一个物质实体和政治利刃。正是在葛兰西的帮助下,意识形态实现了从作为"思想体系"到作为活生生的、习惯性的社会实践的关键性转变,而这一转变大概必须包含社会经验的无意识的、难以表达的维度以及形式上的机制运作。路易·阿尔都塞则继续强调这两个方面:在他看来,意识形态在很大程度上是无意识的,也总是制度化的;而霸权作为一种"活的"政治统治过程,在某些方面则接近于雷蒙·威廉斯(Raymond Williams)所说的"感觉结构"。在对葛兰西的讨论中,威廉斯承认,相对于意识形态潜在的静态内涵,霸权具有**动态**特征:霸权从来不是一劳永逸的成就和结果,而是"需要不断更新、再造、捍卫和修改的"①。因此,作为一个概念,霸权与斗争的意味是分不开的,而意识形态也许就不是这样。威廉斯因而认为,没有一种单一的霸权模式能够穷尽任何社会的意义和价值;因此,任何统治力量都被迫以某些方式与反霸权势力打交道,这些方式证明了其自身统治的部分构成。因此,霸权是一个内在关联的、实际的和动态的概念;从这个意义上说,它提供了一个标志性的进步,攻击了某些"庸俗"马克思主义思潮中可以找到的对意识形态的僵化的学术定义。

那么,我们或许可以粗略地将霸权定义为一整套的实践策略,主导的权力就是借助这些实践策略从它的被征服者那里获得对其统治的认同。在葛兰西看来,要赢得霸权,就是要在社会生活中建立起道德、政治和知识上的领导地位,把自己的"世界观"传播到整个社会的结构中,从而使自己的利益与整个社会的利益等同起来。当然,这种协商一致的统治

198

---

① 雷蒙·威廉斯:《马克思主义与文学》,牛津,1977年,第112页。关于18世纪和19世纪英国政治霸权的历史研究,参见弗朗西斯·赫恩(Francis Hearn):《统治、合法化与抵抗》,韦斯特波特,1978年。

并不是资本主义所特有的;事实上,人们可能会声称,任何形式的政治权力要想持久和获得充分的基础,就必须至少得到其下属的某种程度的同意。但有充分的理由相信,特别是在资本主义社会中,同意和强迫的比例会决定性地转向前者。在这样的情况下,国家规训和惩罚的权力——葛兰西所说的"统治"——依旧岿然不动,而且在现代社会中随着各种强迫技术的开始扩散,这种权力变得更加强大。但是,"市民社会"的机构——诸如学校、家庭、教堂、媒体等等——现在在社会控制过程中扮演着更为重要的角色。资产阶级国家在不得已的情况下将会诉诸直接的暴力,但这样有可能使其意识形态的可信度大打折扣的危险。总的来说,更可取的是让权力继续便利地处于隐秘状态,传播到整个社会生活的肌理中,从而"自然化"为习俗、习惯、自发的实践。一旦权力赤裸裸地露出手来,它就可能成为政治角逐的对象。[1]

[···]

在他的《狱中札记》中,葛兰西不假思索地拒绝任何对意识形态这个术语纯粹负面的使用。他说,这个词的"坏"意思已经广为传播,"其结果是,对意识形态概念的理论分析已经被修改,改变了性质"。[2] 意识形态常常被视为纯粹的表象或单纯的迟钝,而事实上,必须区分"历史的有机的"意识形态(即特定社会结构所必需的意识形态)和个人武断推测意义上的意识形态。这与我们在别处观察到的"意识形态"和"世界观"之间的对立在某种程度上是相似的,尽管我们应该注意到,对马克思本人来说,意识形态的消极意义绝不局限于武断的主观臆断。葛兰西还驳斥了任何将意识形态还原

---

[1] 参阅拙著《美学的意识形态》,牛津,1990 年,第 1、2 章。
[2] 安东尼奥·葛兰西:《狱中札记》,伦敦,1971 年,第 376 页。

为经济基础之噩梦的做法；相反，意识形态必须被视为心理上"有效的"积极的组织力量，形成了男人和女人行动、斗争以及获得其社会地位意识的场所。葛兰西建议，在任何"历史集团"中，物质力量是"内容"，意识形态是"形式"。

[···]

葛兰西认为，社会中从属群体的意识典型地是分裂的、不平衡的。这样的意识形态中通常存在着两种相互冲突的世界观，一种来自统治者的"官方"观念，另一种来自被压迫人民对社会现实的实践经验。这种冲突可能在形式上表现为我们之前所看到的"述行矛盾"，即一个群体或一个阶级所说的话与它在行为中默默展现出来的内容之间的矛盾。但这不应被视为纯粹的自欺欺人：葛兰西认为，这样的解释也许对特定的个人来说是适当的，但对广大的男人和女人来说则不然。这些思想上的矛盾必须有历史的基础；一个阶级在充当"有机的整体"时表现出新的世界概念，而在更"正常的"时期则会屈服于统治它的那些人的思想，葛兰西在这二者之间来定位思想的矛盾。因此，革命实践的一个目的必须是明晰地阐释隐含在对被压迫者的实际理解中潜在的创造性原则，把这些不那么成熟的、模棱两可的经验因素提升到一种连贯的哲学或"世界观"的地位。

[···]

然而，要做到这一点，就意味着要与人们经验主义意识中的许多消极的东西作斗争，葛兰西将其称为"常识"。这样的常识是各种迥然不同的概念的乱哄哄的集合体，一个总体上政治落后的含混、矛盾的经验区。如果一个统治集团有几个世纪的时间来完善它的霸权，我们怎么能指望它会是别的呢？葛兰西认为，在"自发的"意识和"科学的"意识之间存在一定的连续性，不应过分高估后者的困难；但革命理论与大众的神话或民俗观念之间也存在着一场持久的战争,而后者不应以牺牲前者为代价自以为高人一等地被浪漫化。葛兰西认为,某些"民间"概念确实自发地反映了社会生活的重要方面;"大众意识"不应被贬斥为纯粹消极否定的,而其更加进步的、更加反动的特征反倒必须加以仔细的区分。① 例如,大众道德部分是早期历史的僵化残余,部分是"一系列与社会统治阶层的道德相悖或者仅仅不同的常有创造性和进步性的创新"。② 我们需要的不仅仅是对现有的大众意识的某种家长式的认可,而是建构"一种新的常识,一种新的文化和新的哲学,它将植根于与传统信仰具有同样牢固的和必要的品质的大众意识之中"。③ 也就是说,有机知识分子的功能是在"理论"和"意识形态"之间建立联系,在政治分析和大众经验之间创建一条双向通道。"意识形态"一词在这里"被用在最高意义上的世界概念,这一概念隐含在艺术、法律、经济活动以及个人和集体生活的所有表现形式中"。④ 这种"世界观"将一个社会和政治集团凝合在一起,凝成一个统一的、有组织的、鼓舞人心的原则,而不是抽象的思想体系。

[· · ·]

从阿多诺到布尔迪厄

我们已经看到,一个意识形态理论是如何从商品形态中

① 关于这个话题,参阅阿尔贝托·玛丽亚·西瑞斯(Alberto Maria Cirese):《葛兰西对民俗的观察》,见安妮·肖斯塔克·沙宣(Anne Showstack Sassoon)主编:《走近葛兰西》,伦敦,1982年。

② 引自西瑞斯:《葛兰西对民俗的观察》,第226页。

③ 葛兰西:《狱中札记》,第424页。

④ 同上,第328页。

产生的。但马克思经济分析的核心是另一个同样与意识形态相关的范畴，这就是交换价值的概念。在《资本论》的第一卷中，马克思解释了两种"使用价值"完全不同的商品是如何平等交换的，其原则是这两种商品含有等量的抽象劳动。如果生产一个圣诞布丁和一只玩具松鼠需要等量的劳动力，那么这些产品就具有相同的交换价值，也就是说，它们可以用同样的钱购买。然而，这些物品之间的具体差异因此被抑制了，因为它们的使用价值变得从属于它们的抽象等价物了。

如果这一原则在资本主义经济中占主导地位，那么在"上层建筑"的更高层面也可以发现它在发挥作用。在资产阶级社会的政治舞台上，作为选民和公民，所有的男人和女人在抽象意义上都是平等的；但是这种理论上的对等掩盖了他们在"公民社会"中具体的不平等。房东和房客，商人和妓女，他们之间的差别在走进临近的投票站时可能就结束了。司法机构也是如此：法律面前人人平等，但这只是掩盖了法律本身最终站在有产者一边的方式。那么，有没有什么方法可以追踪到这种错误的平等原则，甚至深入所谓的上层建筑，深入意识形态令人兴奋疯狂的领域？

对于法兰克福学派的马克思主义者西奥多·阿多诺来说，这种抽象交换的机制就是意识形态本身的秘密。商品交换在事实上不可通约的事物之间建立了一个等式，在阿多诺看来，意识形态思想也是如此。这种思想受到"他者"景象的反叛，受到威胁着要逃离自己封闭的系统并暴力地要还原为自己的形象和相似物的观点的反叛。阿多诺在《否定的辩证法》中写道："如果狮子有意识，它对它想吃的羚羊的愤怒就是意识形态。"[1]事实上，弗雷德里克·詹姆逊曾提出，所有

① 参见弗雷德里克·詹姆逊：《政治无意识》，伦敦，1981 年，第 114—115 页。

意识形态的基本姿态,正是在自我或熟悉者与非自我或外来者之间的一种僵硬的二元对立,前者被积极地赋予了价值,后者则被推出了可理解性的边界。詹姆逊认为,善与恶的道德准则是这一原则的最典范的模式。因此,对阿多诺来说,意识形态是一种"身份思维"的形式——一种隐蔽的偏执的理性风格,它无情地将事物的独特性和多样性转化为仅仅是自身的一种模拟,或者以一种惊慌失措的排斥将它们驱逐出自己的边界之外。

因此,意识形态的对立面不是真理或理论,而是差异或异质性。在这一点上,就像在其他方面一样,阿多诺的思想鲜明地预示了他是我们这个时代后结构主义者的先驱。面对这种观念的束缚,阿多诺肯定了思想与现实、概念与客体之间本质上的非同一性。假设自由的观念与资本主义市场上对自由的拙劣讽刺是相同的,那就是没有看到这个客体与其概念的不相符合。相反地,想象任何客体的存在都可以被它的概念所穷尽,这就是抹去它独特的物质性,因为概念不可避免地是普遍的,而客体则顽固地保持其特殊性。意识形态使世界趋于**同质化**,虚假地将不同的现象等同起来;因此,要消除这种同质化,就需要一种"否定的辩证法",它(也许不可能地)力图将与之异质的思想包含进思想中。对阿多诺来说,这种否定理性的最高范式是艺术,它为差异性和非同一性辩护,支持感性的特殊性对抗某种天衣无缝的整体性的暴政。①

因此,在阿多诺看来,同一性是所有意识形态的"原初形式"。我们的物化意识反映了一个由客体构成的世界,这些客体被冻结在它们单调的、同一的存在之中,从而把我们束

202

---

① 参见西奥多·W. 阿多诺:《美学理论》,伦敦,1984 年。

缚在实相上,与纯粹的"已知事物"联系在一起,使我们看不到"所存在的,不只是其所是"这一真理。① 然而,与许多后结构主义思想相反,阿多诺既没有不加批判地颂扬差异的概念,也没有毫不含糊地谴责同一性原则。尽管存在着种种偏执的焦虑,但同一性原则带来了一线微弱的希望:真正的和解总有一天会实现;一个纯粹差异性的世界将与纯粹同一性的世界无法区分。乌托邦的思想超越了这两个观念:不同的是,它将是一种"多样性的整合"②。社会主义的目的,是把感性的使用价值的丰富多样性从交换价值的形而上的牢房中解放出来,把历史从意识形态和商品生产强加于它的似是而非的等价物中解放出来。阿多诺写道:"和解将释放非同一性,使它摆脱强迫,包括精神化的胁迫;它将为不同事物的多样性开辟道路,剥夺辩证法凌驾于它们之上的权力。"③

然而,这一目标如何实现并不容易预见。因为对资本主义社会的批判要求使用分析理性;而这种理性对阿多诺来说,至少在他的一些情绪中,本质上是压抑性的和物化的。事实上,马克思曾描述为"精神货币"的逻辑,其本身是一种广义的实物交换或类似于市场交换的概念的虚假均衡。因此,一个主导的合理性只能跟已经被它不可救药地污染了的概念一起被解开;而这个命题本身既然遵循分析理性的规则,就必定已经站到了统治者的一边。在阿多诺与他的同事马克斯·霍克海默合著的《启蒙辩证法》(1947)中,理性已经变得天性暴力,富于操控性,凌驾于自然和身体的感官特性之上。简单的思考就是,与意识形态的统治罪恶地共谋;而完全放弃工具性思想,则会陷入野蛮的非理性主义。

---

① 西奥多·W. 阿多诺:《否定的辩证法》,伦敦,1973年,第161页。
② 同上,第150页。
③ 同上,第6页。

同一性原则力图压制一切矛盾，在阿多诺看来，这一过程在发达资本主义物质化的、官僚化的、管理化的世界里得到了完美的体现。阿多诺的法兰克福学派同人赫伯特·马尔库塞在《单向度的人》(1964)中也提出了同样黯淡悲观的看法。简而言之，意识形态是一种"极权主义"体系，它管理和处理了所有的社会冲突，使之不复存在。这个命题不仅会让那些真正运行西方制度的管理者感到几分惊讶，而且它还拙劣地模仿了意识形态本身的整个概念。法兰克福学派的

203 马克思主义者，其中有好几个是纳粹主义国家的流亡者，他们只是简单地将法西斯主义的"极端"意识形态世界投射到完全不同的自由资本主义政权的结构之上。**所有的**意识形态都是无情地排除了任何与之异质的东西并按照同一性的原则来运作的吗？例如，自由人文主义的意识形态，无论以多么似是而非和受到限制的方式，它能为多样性、多元性、文化相对性和具体的特殊性腾出空间来，它又是如何的呢？阿多诺和他的同人们给我们提供了一些意识形态的稻草靶子，其使用的方式与那些后结构主义理论家们的一样，认为所有的意识形态似乎都无一例外地依赖于形而上学的绝对性和先验的基础。西方资本主义社会现实的意识形态状况无疑是更加混杂和自相矛盾的，以各种手段混合了"形而上学的"话语和多元的话语。单调的自我同一性的对立面（"需要各种各样的东西才能创造一个世界"）；对绝对真理主张的怀疑（"每个人都有权拥有自己的观点"）；拒绝还原论的陈词滥调（"我以发现他人的方式对待他人"）；赞颂差异性（"如果我们的所思所想都是一样的，这将是一个奇怪的世界"）：这些都是流行的西方通俗智慧中的一部分，讽刺对手是没有任何政治利益的。正如更为敏感的解构主义者所充分意识到的那样，简单地将差异性与同一性、多元性与统一性、边缘与中心

对立起来,就是倒退回到二元对立之中。把他者性、异质性和边缘性视为无条件的政治利益,而不管其具体的社会内容如何,这是纯粹形式主义的想象。正如我们所看到的,阿多诺并不是简单地用差异性来取代同一性,但他对等价物暴政的暗示性批判导致他过于频繁地将现代资本主义"妖魔化"为一个天衣无缝的、抚慰人心的、自我调节的制度。毫无疑问,这正是资本主义制度**希望**被揭示的;但在白宫和华尔街的走廊里,它可能会遭到某种怀疑。

后来的法兰克福学派哲学家尤尔根·哈贝马斯追随阿多诺,摒弃了马克思主义科学的概念,拒绝赋予革命无产阶级的意识以任何特殊的特权。但是,阿多诺除了艺术和否定的辩证法之外,几乎没有留下什么可以与制度相抗衡的东西,而哈贝马斯却转而求助于交际语言的资源。意识形态对他来说是一种被权力系统地扭曲的交流形式——一种已经成为支配媒介的话语并服务于有组织力量的合法关系的话语。对于像汉斯-格奥尔格·伽达默尔(Hans-Georg Gadamer)这样的阐释学哲学家来说,误解和沟通失误是需要通过感性的阐释来纠正的文本障碍。相比之下,哈贝马斯提请人们注意整个话语系统的可能性,它在某种程度上是变形的。使这种话语偏离事实的是额外话语的力量对它的影响:意识形态标志着语言由于权力利益的冲击而偏离了交往形态的节点。但是,权力对语言的这种围困并不仅仅是一个外在的问题:相反,这种支配性将它自己铭刻在我们的言语内部,因此意识形态成为内在于特定话语本身的一系列作用和影响。

如果一个交往结构被**系统地**扭曲,那么它就会呈现出规范性和公正性的表象。一种如此普遍的扭曲倾向于彻底取消并从视线中消失——正如我们不会把每个人跛行或发不

204

出"H"的状况描述为反常或残疾一样。因此，一个系统性的畸形的交往网络往往会掩盖或根除那些被认为变形的规范，因此变得特别不易于受到批评的打击。在这种情况下，不可能在这个交往网络内部提出它自己的运作方式或可能性条件的问题，因为可以说，它从一开始就取消了这些质疑和探询。该系统的历史可能性条件由系统本身重新定义，从而蒸发到其中。就一个"成功的"意识形态而言，这并不是说，一个思想体系被认为比另一个更强大、更合法或更具说服力，而是在它们之间进行理性选择的理由已经被巧妙地消除，以至于在该系统本身的条件之外思考或渴望成为不可能。这样一种意识形态的形成像宇宙空间一样弯向自身，否认任何"外部的"可能性，阻止新的欲望的产生，同时挫败我们已有的欲望。如果一个"话语的宇宙"真的是一个宇宙，那么在它之外没有任何立场可以让我们找到批评的杠杆点。或者，如果承认存在其他的宇宙，那么它们就被简单地定义为与自己的宇宙不可通约的宇宙。

值得称道的是，哈贝马斯并不赞同一个无所不能、无所不吸收的意识形态的反乌托邦幻想。如果意识形态是歪曲真实的语言，那么我们大概应该对怎样是一个"真实的"交往行为有一些了解。正如我们所注意到的那样，在这方面会在相互竞争的习语中作出裁决的某种科学的元语言，对哈贝马斯而言没有任何吸引力。因此，他必须从我们的语言实践中提取一些潜在的"交往理性"的结构，即某种"理想的言语情境"，它在我们真实的鄙俗话语中隐约闪现，因此可以为批判性的评价提供一个准则或规范的模式。[①]

理想的言语情境应该是一个完全不受支配的情境，在这

---

① 参见尤尔根·哈贝马斯：《交往行为理论》，第2卷，波士顿，1984年。

种情境中,所有的参与者都有对称的平等机会来选择和运用言语行为。说服力只取决于更好的论据的力量,而不是依赖于修辞、权威、强制性的制裁等等。这个模型不过是一个启发性的手段或必要的虚构,但在某种意义上它是隐性的,即使在我们日常的、不可再生的口头交流中也是如此。在哈贝马斯看来,所有的语言,哪怕是一种支配性的语言,都是天生地倾向于交流的,因此也就默契地走向了人类的共识:即使我诅咒你,我也希望别人能理解,否则我为什么要浪费自己的口舌呢?尽管如此,我们最专制的言语行为暴露了交际**理性**的脆弱轮廓:说话者在说出话语时,会含蓄地声称,她所说的话是可理解的、真实的、真诚的,并且适合于话语情境的。(这究竟是如何适用于诸如笑话、诗歌和欢呼声等言语行为的,却不是如此一目了然。)换言之,无论我们实际说了什么,在我们的语言结构中都植入了一种"深刻的"合理性;正是这种合理性为哈贝马斯提供了批评我们的实际言语实践的基础。在一种奇怪的意义上,表达行为本身可以成为对所表达内容的规范性判断。

哈贝马斯坚持一种真理的"共识"理论而不是"相应"理论,也就是说,他认为真理与其说是心灵与世界之间的某种平衡,毋宁说是一种主张的问题,即每个人只要能与说话人进行无拘无束的对话,就会接受的主张。但是,社会和意识形态的统治目前禁止这种无拘无束的交流;除非我们能够改变这种局面(对哈贝马斯来说,这意味着形成一种参与式的社会主义民主制度),否则真理必然会被延宕推迟。如果我们想知道真理,我们就必须改变我们的政治生活方式。因此,真理与社会正义有着深刻的联系:我的真理主张盼望某种改变了的社会状况,在那里它们可能会被"救赎"。因此,哈贝马斯能够观察到,"在最后的分析中,陈述的真实是与善和真实生活的意图联系在一起的"。①

这种思想风格与法兰克福学派中资深成员的思想风格有着重要的区别。对他们来说,正如我们所看到的,现存的社会似乎完全地物化了,堕落了,它在"管理处置"矛盾使之不复存在的能力上获得了邪恶的成功。这种悲观的看法并没有阻止他们去发现一些理想的替代品,就像阿多诺在现代主义艺术中发现的那种类型,但它是一种替代品,在既定的社会秩序中缺乏基础。它与其说是那种秩序的辩证功能,不如说是从某种本体论的外层空间空降下来的"解决方案"。因此,它充当了"坏"乌托邦主义的一种形式,而不是那种"好的"乌托邦主义,后者在某种程度上寻求将所渴望的东西锚定在现实之中。一个堕落的现在必须为了那些与之紧密相连的倾向被耐心地审视,而这些倾向——以某种方式来解释——可以被视为指向现实之外的东西。因此,例如,马克思主义不仅仅是某种一厢情愿的想法,而且是一种试图在那种生活形式的动态中发现潜在的资本主义替代品的努力。为了解决其结构性矛盾,资本主义秩序**必须**超越自己进入社会主义;这不仅仅是一个相信它乐于这么做的问题。交往理性的思想是确保现在和未来之间的内在联系的另一种方式,因此,就像马克思主义本身一样,它是一种"内在的"批判。它不是从某种绝对真理的奥林匹亚式的高度来判断现在,而是把自己安置在当下**之中**,以便破译那些薄弱的断层线,在这些断层线中,统治的社会逻辑紧贴着自身的结构界限,因此有可能超越它自己。在这种内在的批判和今日所知的解构主义之间有着明显的相似之处,解构主义同样寻求从内部

① 引自托马斯·麦卡锡(Thomas McCarthy)的《哈贝马斯的批判理论》,伦敦,1978年,第273页。

占领一个系统,以暴露其统治惯例开始松散瓦解的那些僵局或不确定点。

　　哈贝马斯经常被指责为理性主义者,毫无疑问,这一指摘有几分公正性。譬如,要把"更好论据之力量"从传达它的修辞手段中分离出来、从生死攸关的主体地位、由内部塑造了这种话语的权力和欲望的游戏中分离出来,究竟有多大的可能性? 但如果一个理性主义者是将某种崇高无私的真理与纯粹的局部利益对立起来的人,那么哈贝马斯肯定不属于这个群体。相反,在他看来,真理和知识与其根源是"利益攸关的"。我们需要工具性知识,因为我们需要为了生存而掌控我们的环境。同样,我们需要在实际交流中能够获得的道德或政治知识,因为没有它,就根本没有集体的社会生活。哈贝马斯说:"我相信我可以证明,一个其生存依赖于语言交流的结构,依赖于合作的、有目的的理性行动的物种,必然要依赖理性。"①简而言之,推理符合我们的利益,基于我们所属于的生物物种。否则我们为什么还要费心去找出什么呢? 这种"特定物种"的利益自然而然地在一个高度抽象的层面上运行,它并不会告诉我们是否应该投票给保守党以压低税率。但是,与甚至可以作为一种政治规范的交往理性一样,损害实际交往结构的意识形态利益可以被认为是有损于我们的整体利益的。正如托马斯·麦卡锡所说的,我们对于"确保和扩大生活行为中的相互理解和自我理解的可能性"②有着一种实际的兴趣,因此可以从我们这种动物身上衍生出来一种政治。利益是**构成**我们知识的组成部分,而不仅仅是(如启蒙运动所认为的)道路上的障碍。但这并不是

207

---

①　引自彼得·杜斯主编的《哈贝马斯:自治与团结》,伦敦,1986 年,第 51 页。
②　麦卡锡:《哈贝马斯的批判理论》,第 56 页。

否认有各种利益威胁着我们作为一个物种的基本要求，而这些正是哈贝马斯所说的"意识形态"。

对哈贝马斯来说，意识形态的对立面并不完全是真理或知识，而是我们称之为**解放性批判**的那种特殊形式的"关乎利益的"合理性。摆脱加之于我们共同对话的不必要的限制，这符合我们的利益，因为我们若不这样做，我们所需要确立的各种真理将是我们无法企及的。一种解放性批判就是把这些制度的限制约束带到我们的意识中，而这只能通过集体的自我反思的实践来实现。为了获得自由，我们不惜一切代价需要某种形式的知识；而诸如马克思主义或弗洛伊德主义这样的解放性批判，不过是目前碰巧发生的任何形式的知识。在这种话语中，"事实"（认知）和"价值"（或利益）并不是真的可以分开的：例如，接受精神分析的病人有兴趣开始一个自我反省的过程，因为如果没有这种认知方式，他将继续被囚禁在神经症或精神病中。同样地，一个被压迫的群体或阶级，正如我们在卢卡奇的思想中所看到的，有兴趣去了解它的社会处境，因为如果没有这种自我认识，它将仍然是这种处境的受害者。

这个类比可以做更进一步的探讨。对哈贝马斯来说，支配性的社会制度有点类似于神经质的行为模式，因为它们将人的生活僵化为一套强制性的规范，从而阻碍了批判性自我反思的道路。在这两种情况下，我们都变得依赖于实体化的权力，受制于文化的约束，这种约束虽然实际上是文化性的，却让我们清晰地认识到自然力量的全部残酷无情。遭到这些制度挫败的满足的本能，要么被赶到地下，被驱赶到弗洛伊德称之为"压抑"的现象中，要么升华为形而上学的世界观、这种或那种理想的价值体系，有助于抚慰和补偿个人在现实生活中必须忍受的限制。因此，这些价值体系有助于使社会秩序合法化，将潜在的异议导引为虚幻的形式；而这，概括起来说，就是弗洛伊德的意识形态理论。哈贝马斯和弗洛伊德一样，也不遗余力地强调这些理想化的世界观**不仅仅**是幻觉：无论多么扭曲，它们都为人类真实的欲望发声代言，从而隐藏了一个乌托邦式的内核。我们现在只能梦想的东西，也许会在某个解放了的未来得以实现，因为技术的发展将个人从劳动的强迫中解放出来。

哈贝马斯把精神分析看作一种话语，一种试图将我们从被系统地扭曲的交流中解放出来的话语，因此，它与意识形态批判有着共同的基础。病态行为，即我们说的话掩盖了我们的行动的病态行为，因此大致相当于意识形态的"述行矛盾"。正如神经症患者可能强烈地否认以象征形式在身体上表现出来的愿望那样，统治阶级也可能宣称自己信仰自由，同时又在实践中阻碍自由。解读这些变形了的话语，不仅意味着把它们翻译成其他的术语，而且要重建它们的可能性条件，要阐释哈贝马斯所谓的"无意义的遗传条件"。① 换句话说，仅仅解读一个扭曲变形的文本是不够的：我们需要阐明文本失真的原因。正如哈贝马斯异乎寻常地一语中的："（文本的）残缺是有意义的。"②这不仅仅是一个破译一种语言的问题，这种语言意外地受到了滑脱、含糊和无意义的折磨；而是对正在运作的各种力量的解释问题，文本的晦涩含混是这些力量作用的一种必然的影响。哈贝马斯写道："文本中的断裂，就是解释强行占据上风的地方，尽管它是由自我产生的，但它是自我-排异（ego-alien）的……结果是，自我必然会

---

① 麦卡锡：《哈贝马斯的批判理论》，第 201 页。

② 哈贝马斯：《知识与兴趣》，剑桥，1987 年，第 217 页。在我看来，哈贝马斯对弗洛伊德的描述理当被批评为过于理性主义。

在它有意识地产生的象征结构中就自己的身份自欺欺人。"①

分析一种被系统扭曲的交流形式，无论它是梦还是意识形态，都是为了揭示它的缺陷、重复、省略和模棱两可其本身是如何具有意义的。正如马克思在《剩余价值理论》中所说的："亚当·斯密的矛盾有着重要的意义，因为它们包含了他通过自相矛盾的方式有所揭示却没能解决的问题。"②如果我们能够揭露使某一特定的话语"被迫"成为某种欺骗和伪装的社会条件，那么我们同样可以研究被压抑的种种欲望，这些欲望会扭曲神经病患者的行为或梦的文本。换句话说，精神分析和"意识形态批判"都关注**意义**和**力量**的交叉点。在社会生活中，仅仅关注意义，就像在阐释学中一样，将无法揭示隐藏的权力利益，就是它们内在地塑造了这些意义。在精神生活中，仅仅专注于弗洛伊德所说的梦的"显相"，就会使我们对"梦的工作"本身视而不见，在那里，潜意识的力量秘密地运作，发挥着作用。在这个意义上说，梦和意识形态都是"双重"文本，是符号和力量的结合；因此，接受一种意识形态的表面价值，就像落入弗洛伊德所说的"二次加工"，即梦者醒来时所传达的多少有些连贯的那个版本的梦文本。在这两种情况下，被生产的**东西**必须根据其生产条件加以理解和把握；在这个程度上，弗洛伊德自己的论点与马克思的《德意志意识形态》有许多异曲同工之处。如果梦用象征性的伪装掩盖了潜意识的动机，那么意识形态的文本也是如此。

这暗示了精神分析学和意识形态研究之间更多的类比性，而哈贝马斯本人并没有对此进行充分的探讨。弗洛伊德将神经症的症状描述为一种"妥协的形态"，因为在它的结构

---

① 哈贝马斯：《知识与兴趣》，第 227 页。

② 马克思：《剩余价值理论》，第一卷，莫斯科，第 147 页。

中,两种对立的力量不安地彼此共存。一方面是无意识的愿望寻求表达;另一方面是自我的苛责力量力图把这个愿望推回到无意识之中。神经症的症状,就像梦境中的文字一样,可以同时显现和隐藏。但也有人可能会说,主导的意识形态也是如此,不能被还原为纯粹的"伪装"。中产阶级关于自由和个人自治的意识形态并不仅仅是虚构的:相反,它在那个时代标志着对残酷镇压的封建主义的一次真正的政治胜利。但同时,它也掩盖了资产阶级社会真正的压迫性。这种意识形态的"真理"与神经症的症状一样,既不在于揭示,也不在于隐藏,而在于它们二者所构成的矛盾统一体。这不仅仅是为了揭露真相而剥去一些外在的伪装,正如一个人的自欺欺人只是一种伪装。更确切地说,被揭示的事物发生在被隐藏的事物中,反之亦然。

马克思主义者经常谈到"意识形态的矛盾",也谈到"现实中的矛盾"(尽管后一种说法是否有意义是他们之间争论的焦点)。人们可能会认为,意识形态矛盾在某种程度上"反映"或"对应"社会本身的矛盾。但事实上,情况比这表明的要复杂得多。我们假设资本主义社会中资产阶级的自由和它的压迫效用之间存在着一种"真正的"矛盾。资产阶级自由的意识形态论述也可以说是矛盾的,但这并不完全是因为它再现了问题中讨论的有关"真正"矛盾。相反,意识形态将倾向于代表这种自由的积极方面,同时掩盖、压制或取代其可恶的必然结果;而这种掩盖或压制的工作,就像神经症的症状一样,很可能从内部干扰真正表达的内容。那么,也许可以宣称,意识形态的模棱两可、自相矛盾的本质,恰恰源于它没有真正再现真实的矛盾;事实上,如果它真的这样做了,我们可能会对是否将这种话语称为"意识形态"犹豫不决。

在意识形态和精神紊乱之间还有一个最后的相似之处,

我们可以简略地考察一下。在弗洛伊德看来,神经症的行为模式并不是某种潜在问题的简单**表达**,而是一种试图解决它的方法。因此,弗洛伊德可以把神经症说成解决任何乖违错误的办法的一种迷茫的微光。神经症的行为是一种应对、包容和"解决"真正的冲突的**策略**,即使它是以想象的方式解决它们的。行为不仅是这种冲突的被动反映,而且是一种积极主动的(如果说是神秘的)参与形式。意识形态也是如此,它不仅仅是社会矛盾的惰性的副产品,而且是包含、管理和想象性地解决这些矛盾的足智多谋的策略。埃蒂安·巴利巴尔和皮埃尔·马舍雷(Pierre Macherey)认为,文学作品并不是简单地把意识形态的矛盾原封不动、原汁原味地"拿"过来,并开始给予它们一些人为的象征性的解决办法。如果说这样的解决办法是可能的,那是因为这些矛盾已经被秘密地加工处理和转化了,从而**以潜在的消解形式**出现在文学作品中。① 这一点可以应用于意识形态话语本身,这种话语作用于它试图协商处理的矛盾,软化、掩盖和取代了这些冲突,就像梦的工作改变和转化了梦本身的"潜在内容"。因此,意识形态的语言具有了无意识所使用的某个手段,即它们在各自的劳动中加工原材料的手段:浓缩、置换、省略、情感的转移、象征性表征的考虑等等。在这两种情况下,这种劳动的目的都是以潜在的解决方案的形式重铸一个问题。

精神分析和意识形态批判之间的任何类比平行必然是不完美的。一方面,哈贝马斯本人倾向于以理性主义的风格来分析,将精神分析疗法通过病人和分析师之间的转移戏剧而不是病人的自我反省来实现的程度淡化降低。我们很难

---

① 参见埃蒂安·巴利巴尔和皮埃尔·马舍雷:《论文学作为一种意识形态形式》,收入罗伯特·M. 杨(Robert M.Young)主编:《解开文本》,伦敦,1981年。

想出一个确切的政治意识形态可以与之类比。另一方面，正如拉塞尔·基特(Russell Keat)所指出的，精神分析学所带来的解放是一个记忆或"处理被压抑的材料"的问题，而意识形态与其说是一个我们已经**遗忘**了什么东西的问题，不如说是我们一开始就不知道是什么东西的问题。① 最后我们可以注意到，在哈贝马斯看来，神经症患者的话语是一种私人化、符号象征性的习语，已经从公共交流领域中分离出来，而意识形态语言的"病理学"则完全属于公共领域。正如弗洛伊德可能说过的，意识形态是日常生活的一种心理病理学——一种无所不在的扭曲系统，它抵消了所有的一切，呈现出了规范性、常态性的每个表象。

与卢卡奇不同的是，西奥多·阿多诺几乎没花多少时间来讨论"物化意识"的概念，他怀疑这是唯心主义的残余。意识形态，对他和后来的马克思来说，首先不是意识的问题，而是商品交换的物质结构的问题。哈贝马斯也认为，对意识的首要地位的强调属于一种过时的"主体哲学"，转而转向他认为更为肥沃的社会话语基础这片领地。

法国马克思主义哲学家路易·阿尔都塞同样对物化学说持谨慎态度，尽管原因与阿多诺的不同。② 在阿尔都塞看来，物化和与之相伴的异化范畴一样，是以预先假定的某种"人的本质"为前提的，而这些"人的本质"随后又逐渐疏远了；由于阿尔都塞是一个严格的"反人文主义"马克思主义者，他抛弃了"本质的人性"的所有观念，因此他的意识形态

---

① 拉塞尔·基特：《社会理论的政治学》，牛津，1981年，第178页。

② 关于阿尔都塞思想的卓越阐释，请参阅亚历克斯·卡里尼科斯(Alex Callinicos)：《阿尔都塞的马克思主义》，伦敦，1976年；泰德·本顿(Ted Benton)：《结构主义马克思主义的兴衰》，伦敦，1984年；格雷戈里·艾略特：《阿尔都塞：理论的迂回》，伦敦，1987年。

理论很难建立在这种"意识形态的"概念之上。然而,他也不能把它建立在另一种"世界观"的概念上;因为如果阿尔都塞是反人文主义者,那么他同样是反历史主义者,对"阶级主体"的整个概念持怀疑态度,并坚信历史唯物主义的科学是完全独立于阶级意识的。那么,他所做的就是,从拉康的精神分析学和葛兰西作品中不那么明显的历史主义特征的结合中,得出一种意识形态的理论。这是一种具有震撼性力量和原创性的理论,在他的著名文章《意识形态与意识形态国家机器》以及专著《保卫马克思》的片段中可以找到。[①]

阿尔都塞认为,所有的思想都是在一个默默支撑着它的无意识的"或然性问题"的范围内进行的。或然性问题更像米歇尔·福柯的"认识论",是各种范畴的一个特定的组织,它在任何特定的历史时刻构成了我们所能表达和构想的限度。或然性问题本身并不是"意识形态的":譬如,它包括真实科学的论述,对阿尔都塞来说,这种科学完全不受任何意识形态的玷污。但是,我们可以谈论一个特定意识形态或一组意识形态**的**或然性问题;这样做,我们指涉的是各种范畴的基本结构,它们如此具有组织性,排除了某些概念的可能性。一个意识形态上的或然性问题会绕过某些雄辩的沉默和省略;它这样被结构起来的方式,使得在其中可能提出的问题早已预先假定了某种类型的答案。因此,它的基本结构是封闭的、循环的和自我确认的:无论你在其中移动到什么地方,你最终都会回到确知的事物,而未知的东西只是一种延伸或重复。意识形态永远不会让人感到惊讶,因为就像律师在法庭上引导证人一样,它们以其问题的形式指明了一个可以接受的答案。相比之下,科学的或然性以其结论的开放

---

① 参阅本书第 5 章。

性为特点：随着新的科学对象的出现和新的问题前沿的展现，它可以被"革命化"。科学是一种真正的探索性的追求，而意识形态在固执地原地踏步，却给人一副前进的假象。

在西方马克思主义内部的一场论争中①，阿尔都塞坚持认为，要对"科学"（尤其指马克思主义理论）和"意识形态"做严格的区分。前者不仅仅是以历史主义的风格被理解为后者的"表现"；相反，科学或理论是一种特定的劳动，有其自身的规程和程序，通过阿尔都塞所说的"认识论断裂"与意识形态划清了界限。尽管历史主义的马克思主义认为，理论是通过历史实践来证实有效或是无效的；而阿尔都塞则认为社会理论就像数学一样，是通过纯粹内在的方法来验证的。理论命题的真假与否，无关乎是谁出于什么历史原因碰巧提出它们，也无关乎产生它们的历史条件是怎样的。

[···]

认为历史环境完全限定了我们的知识，相信我们的真理主张的有效性只不过是为了我们的历史利益，这两种观点之间是有区别的。弗里德里希·尼采就属于后一种情况；尽管阿尔都塞关于知识和历史的看法与尼采的观点相去甚远，但具有讽刺意味的是，他关于意识形态的主要论断都受到了尼采的某种影响。对尼采来说，所有的人类行为都是一种虚构：它假设了某种连贯的、自主的人类主体（尼采视之为一种幻觉）；暗示着我们行动所依据的信念和假设是有坚实基础的（对尼采而言，情况并非如此）；并假设我们的行为效用是可以被理性地计算的（在尼采看来，这是另一种悲哀的错觉）。对尼采来说，行动是对世界深不可测的复杂性的极大

---

① 关于西方马克思主义的论述，请参阅佩里·安德森：《关于西方马克思主义的思考》，伦敦，1976 年。

的过度简化，因此不能与反思共存。采取任何行动都意味着压抑或悬置这种反思，遭受某种自我诱导的健忘症或遗忘。那么，我们存在的"真实"条件必然在行动的那一刻从意识中消失。可以说，这种缺失是结构性的和决定性的，而不仅仅是一个疏忽的问题——而对于弗洛伊德来说，无意识的概念意味着，决定我们存在的力量不能根据定义出现在我们的意识中。我们之所以成为有意识的行动者，只是因为某种确定的缺失、压抑或遗漏，而它们是再多的批判性自我反省都无法弥补的。人类这一动物的悖论在于，它只有在粉碎了先前参与其诞生的压迫性力量的基础上，才能成为一个作为主体的存在。

理论与意识形态之间阿尔都塞式的对立大致沿着这些路线展开。我们可以用一个粗浅的近似的表述方式斗胆地提出，在尼采看来，理论与实践是相悖的，因为他对理论持有一种非理性主义的怀疑；而在阿尔都塞看来，理论与实践是永远不一致的，因为他对实践怀有理性主义的偏见。对阿尔都塞而言，一切行动，包括社会主义的革命，都是在意识形态的范围内进行的；正如我们稍后将看到的那样，正是意识形态赋予人类主体足够虚幻的、暂时的一致性，使其成为一个实际的社会主体。根据苍白的理论立场来看，主体根本不具有这种自主性或一致性：它只是这个或那个社会结构的"过度决定"的产物。但是，如果这个真理固着于我们的头脑，我们就不愿意被唤醒，它必须从我们的"实践"意识中消失。正是在这个意义上，在阿尔都塞和弗洛伊德看来，主体是必须在"主体化"的那个时刻被必然压抑的结构的产物。

因此，我们可以理解，为什么在阿尔都塞看来理论和实践总是有些冲突的，这与坚持二者存在辩证关系的古典马克思主义是相悖的。但要看出这种差异到底**意味着**什么难度更大。声称一个人不能同时行动和理论化,就好比说,你不能同时演奏《月光奏鸣曲》又分析它的音乐结构;或者说,你在高谈阔论、谈兴正酣的时候不可能意识到主导谈话的语法规则。但这并不比说你不能一边嚼香蕉一边吹风笛更有意义;它根本没有**哲学**意义。仿照尼采的方式来说,这与坚持认为所有行动都需对其使成条件保持必要的无知和忽略的主张相去甚远,有着天壤之别。至少对于一个马克思主义者来说,**这种**情况的困境在于,它似乎排除了理论指导下的实践的可能性,而这是作为正统的列宁主义者的阿尔都塞很难摒弃不顾的。当然,声称你的实践是有理论根据的、有理论指导的,并不等同于你可以想象在将警察关闭在工厂大门之外时可以从事密集的理论活动。那么,必定会发生的情况是,理论的理解的确在实践中实现了自我,但实际上只是通过意识形态的"传递"——相关行动者的"活生生的虚构"的传递来实现的。这将是一种完全不同于理论家在研究中的理解形式,因为它包含了一种阿尔都塞所认为的不可避免的错误认知元素。

214

意识形态中被误认的主要不是世界,因为对阿尔都塞来说,意识形态根本不是认识或不认识现实的问题。在此所讨论的误认本质上是一种自我误认,这是人类存在的"想象的"维度的一种效用。"想象的"在这里的意思不是"不真实",而是"与图像有关的":这个典故出自雅克·拉康的文章《作为"我"之功能形成的镜像阶段》,拉康在文章中指出,小婴儿面对镜子中自己的映像时,对自己实际的、身体上不协调的状态有一个高兴的误认,想象它的身体要比实际的更统一。①

---

① 拉康的文章可参阅本书第4章,以及他的《文集》,伦敦,1977年。另见弗雷德里克·詹姆逊:《拉康著作中的想象与象征》,《耶鲁大学法国研究》,第55/56期,1977年。

在这种想象的情况下，主客体之间还没有出现真正的区别；婴儿认同自己的映像，在镜子里和镜子前立刻感觉到自己，于是主体和客体在一个封闭的回路中不停地来回滑动。同样地，在意识形态领域，人类主体超越了其真实的扩散或离心化的状态，并在主导意识形态话语的"镜子"的反射中看到一个令人安慰的一致的映像。由于武装了这样的想象的自我，这个自我在拉康看来包含了主体的"异化"，主体能够以适合社会的方式行动。

因此，意识形态可以被概括为"个人与其现实状况之间的想象关系的表现"。阿尔都塞写道，在意识形态中，"人们确实表达的不是他们和他们的生存条件之间的关系，而是他们在和他们的生存条件之间的关系中生活的方式：这既假定了一种真实的关系，也预设了一种**'想象的''活生生的'**关系……在意识形态中，真实的关系不可避免地被投射到想象的关系中"。[①] 意识形态只存在于人的主体之中，并通过人的主体而存在；说主体存在于想象之中，等于说它强制性地将世界指涉回自身。意识形态是以主体为中心的或"拟人化"的：它使我们将世界看作以某种方式自然地导向我们自己，自发地"被赋予"主体；而反过来，主体则感到自己是那个现实的自然的一部分，被它需要，受它要求。阿尔都塞评论说，通过意识形态，社会"询唤"或"招呼"我们，似乎将我们当作具有独一无二价值的人物，用名字来称呼我们。它培育了一种错觉，似乎没有我们它就无法生存下去，正如我们可以想象的那样，小婴儿相信，如果它消失了，那么世界也会随之消失。意识形态就这样来"识别"我们，亲自将我们从个人的泥潭中召唤出来，将面孔仁慈友善地转向我们，从而使我们

---

① 路易·阿尔都塞：《保卫马克思》，伦敦，1969 年，第 233—234 页。

成为作为个体主体的存在。

从马克思主义科学的观点来看,所有这一切实际上都是一种幻觉,因为令人沮丧的真相是,社会根本不需要我。它可能需要**有人**来完成我在生产过程中的角色,但没有理由这个特定的人就是我。理论意识到一个秘密,即社会根本没有"中心",它只不过是"结构"和"区域"的集合;它同样意识到,人类主体同样是无中心的,只是这些不同结构的"承载者"。但是,为了有目的的社会生活得以展开,这些令人不快的事实真相必须在想象的记录中被掩盖。因此,在某种意义上,想象显而易见是虚假的:它掩盖了主体和社会实际运作的方式。但是,如果说想象只是随意的欺骗,从这个意义上说,它就不是虚假的,因为它是社会存在的一个完全不可或缺的方面,与政治或经济一样重要。就我们根据自己的社会条件生活的**真正**方式投资于想象而言,想象也不是虚假的。

这一理论有许多逻辑问题。首先,如果个体还不是一个主体,他怎么识别和回应使其成为主体的"招呼"? 反应、认知、理解、主观能力,难道不是为了成为一个主体而必须已经是一个主体吗? 在这种程度上,荒谬的是,主体必须先于自己的存在。阿尔都塞意识到这一难题,他认为我们确实"一直已经"是主体,甚至在子宫里就已经是了:可以说,我们的降临一直是有准备的。但如果这是真的,那么很难知道他对询唤"时刻"的坚持有何意义,除非这只是一个便利的虚构。我们甚至在胚胎时就是"中心的"主体,这样的暗示似乎是奇怪的。另一方面,这一理论一头扎进了任何基于自我反省的同一性概念的困境。主体如果还没有以某种方式认识自己,它如何能在镜子中认出自己的形象? 照镜子并断定自己看到的形象是自己,这并不是显而易见的或自然而然的。这里难道不需要第三个、更高层次的主体,他可以来比较真实的主体和它的映像，并确定一个与另一个是完全同一的吗？而这个更高层次的主体是如何自我认同的呢？

阿尔都塞的意识形态理论至少包含了对雅克·拉康的精神分析著作的两个至关重要的误读——考虑到后者深奥神秘的蒙昧主义，这样的误读也不足为怪。首先，阿尔都塞的想象的主体确实对应于拉康的自我（ego），对于精神分析理论来说，自我仅仅是自体（self）的冰山一角。对于拉康来说，在想象中被作为一个统一的实体建构起来的，是自我；"作为一个整体"的主体是无意识分裂、缺乏、渴望的效果，对拉康来说，它属于"象征符号的"和想象的秩序。因此，这种误读的结果是，它使阿尔都塞的主体比拉康的主体更加稳定和一致，因为衣冠楚楚的自我站在这里，代表了衣衫凌乱的无意识。在拉康看来，我们存在的想象性维度被永不满足的欲望所刺破和穿透，这意味着一个比阿尔都塞所谓的平静地居于中心的实体更为动荡不安的主体。这种误读的政治意涵是显而易见的：将欲望从主体中驱逐出去，就是要平息它潜在的反叛的喧嚣，忽略它可能只是含糊其词、岌岌可危地在社会秩序中获得被分配的位置的方式。实际上，阿尔都塞生产了一种自我的意识形态，而不是人类主体的意识形态；在这种错误的阐述中，弥漫着某种政治的悲观主义。阿尔都塞对"小写的"或个体的主体做了意识形态的曲解，与之相对应地，他对支配着个体与之认同的意识形态符号的"大写的"主体则做了具有倾向性的解释。在阿尔都塞的解读中，这个大写的主体似乎或多或少地等同于弗洛伊德的超我，一种使我们顺从地待在自己位置上的监督力量；然而，在拉康的著作中，这个角色是由"他者"扮演的，它指的是类似于整个语言和无意识领域的某种东西。在拉康看来，这是一个出了名的难以捉摸、险象环生的地界，没有什么东西是固定不变的，因此，它与个体主体之间的关系比阿尔都塞的模型所暗示的要复杂得多，也脆弱得多。① 同样，这种误读的政治意涵是悲观主义的：如果支配我们的力量是单一的、独裁的，更像弗洛伊德的超我，而不是更像拉康的易变的、自我分裂的他者，那么，有效地反对它的可能性似乎微乎其微。

如果阿尔都塞的主体与拉康的自我一样是分裂的、充满欲望的和不稳定的，那么，询唤的过程可能会被认为是一个比实际情况更为偶然的、矛盾的事情。"经验表明"，阿尔都塞用严肃而平淡乏味的笔调写道，"实际的电讯传呼几乎总能到达被传呼的人，不论是口头的呼喊还是口哨，被招呼的人总是意识到，他就是那个被招呼的人。"② 路易·阿尔都塞的朋友们显然从来没有误解过他在大街上欢快的问候声，这个事实在这里提供了无可争辩的证据，证明意识形态的询唤总是成功的。但的确如此吗？ 如果我们没有认出并回应大写主体的呼唤，情况会怎样呢？ 如果我们的回答是"对不起，您认错人了"，情况又会怎么样呢？ 很显然，我们必须作为某种主体被询唤：对于拉康来说，另一种选择是完全脱离象征符号的秩序而陷入精神病状态。但我们没有理由总是接受社会对我们这种特殊主体的身份认同。阿尔都塞只是把某种"一般"认同的必要性与对特定社会角色的外在服从结合在一起。毕竟，有很多不同的方式可以让我们被"招呼"，一些欢快的叫声、高兴的喊叫和口哨声在我们听起来也许比其他一些方式更有吸引力。有些人可能同时是母亲、卫理公会教徒、家政工人和工会成员，没有理由认为这些不同形式的意识形态介入将是相互和谐的。阿尔都塞的模式太过于一

---

① 参阅科林·麦凯布（Colin MacCabe）：《论话语》，见《经济与社会》，8，3，1979 年 8 月。

② 路易·阿尔都塞：《列宁与哲学》，伦敦，1971 年，第 174 页。

元论,忽略了主体可能在意识形态上被各种话语(部分地、完整地或几乎没有地)招呼搭讪的各种不同的、矛盾的方式,而话语本身并没有形成明显一致的统一体。

正如彼得·杜斯所说,大写的主体问候我们时所发出的呼喊声必须总是要**被解释**的;而且没有保证我们会以"恰当的"方式来做这件事。[①] 我怎么能确切地知道,人们对我的要求是什么,知道被招呼的人是**我**,知道大写的主体是否正确地认出了我? 既然对拉康来说,我永远不能作为一个"完整的主体"完整地出现在我的任何回应中,那么又如何将我同意加入被询唤的行列视为"真实的"呢? 此外,就像拉康所说的那样,如果他者对我的反应与我对它的反应紧密相连,那么情况就变得更加不稳定了。在寻求他者的认可的过程中,我正是被这样的一种欲望所引导着,错误地认识它,以想象的方式去把握理解它;因此,阿尔都塞忽略了这样一个事实,即这里有欲望在起作用,这个事实意味着我永远无法完全把握大写的主体及其召唤的本来面目,就像它永远不知道我是否"真的"回应了它的召唤一样。在拉康自己的著作中,他者仅仅表示所有个体的主体最终无法理解的本质。没有一个**特定的**他者能够让我确信我所寻求的自己的身份,因为我对这种确认的渴望总是"超越"这个指示符号;而把特定的他者写成大写的他者,是拉康表示这个真理的方式。

在主体如何产生的观念中,阿尔都塞的理论于政治上的惨淡表现是显而易见的。在某种终极意义上说,"主体"一词的字面意思是"存在于下面的东西";在整个哲学史上,承担这种功能的候选词语还有好几个。只有在现代,个体主体才在这个意义上成为基础性的。但是,可以通过文字游戏使

[①] 彼得·杜斯:《瓦解的逻辑学》,伦敦,1987年,第78—79页。

"存在于下面的东西"意味着"被隐藏的东西",阿尔都塞的意识形态理论的一部分就打开了这张便利的词语幻灯片,便利地在语词间滑动。"被主体化"(subjectified)就是"被臣服"(subjected):我们正是通过顺服地屈从于大写的主体或法则,成为"自由的""自主的"人类主体。一旦我们"内化"了这条法则,使之完全成为我们自己的法则,我们就开始自然而然地、毫无疑问地将之付诸行动。正如阿尔都塞所评论的那样,我们开始工作,"完全自觉地"工作,不需要不断的强制性监督;正是这种可悲的条件,我们错误地将它认作我们的自由。作为影响阿尔都塞全部著述的后盾,哲学家巴鲁赫·斯宾诺莎曾经说过,男人和女人们"为他们的奴役而战,就好像他们是在为他们的解放而战"(《神学政治论》序言)。这个论断背后的模式是弗洛伊德的自我对作为所有良知和权威之源泉的超我的屈从。因此,自由和自主似乎是纯粹的幻想:它们只是简单地表明,法则深深地铭刻在我们的心中,与我们的愿望如此紧密地结合在一起,以至于我们误以为它是我们自己的自由主动权。但这只是弗洛伊德叙述的一个侧面。对弗洛伊德来说,如果主人的要求变得难以接受,自我就会反抗其专横的主人;这种时刻在政治上的对等物将是起义或革命。自由,简而言之,可以逾越作用于它的法则;然而,对于这样一种就其论证更有希望的必然结果,阿尔都塞保持了症候性的沉默。对他来说,就像米歇尔·福柯更为明显地主张的那样,主体性本身似乎只是一种自我监禁的形式;因此,政治抵抗从何而来的问题必须保持模糊。正是面对显然无所不在的力量或不可避免的形而上学的封闭,这种斯多葛主义(禁欲主义)将流入后结构主义的潮流。

[····]

尽管存在这样的缺陷和局限性,阿尔都塞对意识形态的阐述仍代表了现代马克思主义思想在主体问题上的重大突破之一。意识形态现在已不仅仅是一种扭曲或虚假的反映，一种介入我们与现实之间的屏障，或是商品生产的自动化效应。它是人类主体生产不可缺少的媒介。在任何社会的各种生产方式中，有一种生产方式，其任务是主体性形式本身的生产；这与巧克力或汽车的生产一样具有物质性和历史性。意识形态主要不是"思想观念"的问题：它是一种结构，它根本不必通过意识而把自己强加给我们。从心理学的角度来看，它不是一个清晰的教义体系，而是一套图像、符号，偶尔还是我们"活"在无意识层面上的概念。从社会学的角度来看，它包含了总是被植入于物质机构之中的一系列的物质实践或仪式（投票、敬礼、跪拜等等）。阿尔都塞继承了葛兰西的意识形态观念，认为它是习惯性的行为，而不是有意识的思想；但他宣称，主体的思想"**是他介入受物质仪式支配的物质实践中的物质行为，而这些仪式本身又被物质的意识形态机器所定义……**"①，则将葛兰西的例证推到了一个准行为主义的极端。我们不能仅仅通过催眠般地重复"物质"这个词来废除意识。事实上，在阿尔都塞的著作出版之后，"物质"这个词迅速地缩小到一个最微不足道的姿态，其意义被严重夸大了。如果**一切**都是"物质的"，甚至思想本身也是"物质的"，那么这个词就失去了所有的辨识力。阿尔都塞对意识形态物质性的坚持——事实上，意识形态始终是具体的实践和制度的问题——是对格奥尔格·卢卡奇基本上无实体性的"阶级意识"的一种有价值的纠正；但它同样也是源于结构主义者对意识本身的一种敌意。它忘记了意识形态是一个意义的问题，而那个意义不是物质的，在其流血或咆哮

① 阿尔都塞：《列宁与哲学》，第169页（着重号为作者所加）。

的意义上说不是物质的。诚然，意识形态与其说是观念的问题，不如说是感情、形象、本能反应的问题；但思想观念往往在其中占有重要的地位，正如它在阿奎那和亚当·斯密的"理论意识形态"中那样显而易见。

如果"物质的"一词经阿尔都塞之手受到了过度的膨胀，那么，意识形态概念本身也会受到过度的膨胀。事实上，它与"实际经验"变成了同一的东西；但是否所有的实际经验都可以有用地被描述为意识形态的，这无疑是个无法决断的问题。以这种方式扩展的话，意识形态概念就面临着可能丧失所有精确的政治指涉的危险。如果爱上帝是意识形态的，那么，爱戈贡佐拉干奶酪大概也是意识形态的。意识形态是"永恒的"，即使在共产主义社会中也会存在，这个阿尔都塞最具争议的主张之一，就是在逻辑上从意识形态这个词的延伸意义推出来的。因为既然共产主义下会有人类主体和实际经验，那就必然也会有意识形态。阿尔都塞宣称，意识形态没有历史———种改编自《德意志意识形态》的表述，但被用于完全不同的目的。当然，尽管它的内容是有历史易变性的，但它的结构机制是不变的。在这个意义上，它类似于弗洛伊德的无意识：每个人的梦都不同，但是"梦的工作"的运作在不同的时间或地点保持不变。很难看出，我们怎么可能知道意识形态在其基本手段上是不变的；但是，反驳这种说法的一个有力证据是，阿尔都塞提出了一个可以说是资产阶级时代特有的意识形态的**一般**理论。我们的自由和自治在于服从法则这一观点，起源于启蒙运动时期的欧洲。在何种意义上，雅典的奴隶认为自己是自由的、自主的、具有独特的个性化的，这是阿尔都塞没有回答的问题。如果意识形态主体"完全自觉地"工作，那么有些主体似乎比其他主体工作得更多。

220

那么，就像贫困一样，意识形态始终伴随着我们；确实，对于正统马克思主义而言，阿尔都塞的理论的恶名在于，它实际上会比它们更为长久。意识形态是所有历史社会生活中必不可少的一种结构，它有机地"隐藏"于其中；在这个方面，后革命社会也不例外。但关于为什么意识形态首先在商业中存在，阿尔都塞的思想在三个完全不同的观点之间滑动。正如我们所看到的，其中第一个观点本质上是政治性的：意识形态的存在是为了让男人和女人们在阶级社会中处于他们被分配指定的位置。因此，一旦阶级被废除，**这种意**义上的意识形态就不会继续存在；但是在更具功能主义或社会学的意义上，意识形态显然还会苟延残喘。在一个没有阶级的社会秩序中，意识形态将承担起使男人和女人们适应社会生活的迫切需要的任务："如果人们是被构造、改造和装备起来，以回应其生存条件的要求，那么，意识形态在任何社会中都是不可或缺的。"①正如我们所看到的，这样一种情况从逻辑上来自意识形态一词有点含混不清的延伸含义；但为什么意识形态会在与这个社会不太一致的后阶级社会中持续存在，还有另一个原因。因为社会进程不可避免的复杂性和不透明性，在这样一个未来，意识形态将是必要的，正如它在现在是必要的一样。在共产主义中这样的过程对于人类意识变得透明，这种希望被阿尔都塞斥为一种人道主义的错误。整个社会秩序的运作只有通过理论才能知道；就个人的实际生活而言，需要意识形态为他们提供一种想象的社会整体性的"地图"，以便他们能够找到绕过它的道路。当然，这些个体也可以获得社会形态的科学知识，但他们不能在日常生活的尘土飞扬中运用这些知识。

---

① 阿尔都塞：《保卫马克思》，第 235 页。

我们可以注意到,这一例证在意识形态的论辩中引入了一个迄今未经审查的因素。这种观点认为,意识形态产生于这样一种情况,即社会生活变得过于复杂,无法被日常的意识作为一个整体来把握。因此,我们需要一个想象的模型,它带有一些与社会现实过于简单化的关系,就像地图与实际地形的关系那样。这种情况至少可以追溯到黑格尔,对黑格尔来说,古希腊是一个对所有成员直接透明的社会。然而,在现代社会,劳动分工、社会生活的碎片化、专业化话语的泛滥,把我们逐出了那片幸福的花园,只有哲学家的辩证理性才能知道社会的隐秘联系。用 18 世纪的术语来说,社会已经变得"崇高":它是一个不能被**表征**的客体对象。作为一个整体,人们要在其中找到自己的方位,就必须建立一个神话,将理论知识转化为更形象、更直接的术语。"我们必须有一个新的神话",黑格尔写道:

221

> 但这个神话必须是为思想观念服务的;它必须是**理性**的神话。除非我们以美学的方式,也就是说,以神话的方式来表达这些思想,否则它们对**人民**而言毫无益处;反之,除非神话是理性的,否则哲学家一定会为之感到羞耻。因此,开明的人与蒙昧的人最终必须握手言欢:神话必须成为哲学的,才能使人理性;哲学必须成为神话的,才能使哲学家明智。①

[· · ·]

因此,黑格尔的神话就是阿尔都塞的意识形态,至少是阿尔都塞的某个版本的意识形态。意识形态通过为个体提

---

① 被乔纳森·瑞引用,参见《哲学故事》,伦敦,1958 年,第 59 页。

供一个关于整体的想象的模型,根据他们的目的进行适当的图式化和虚构化,从而使个体适应其社会功能。由于这个模型是象征性的和情感性的,而不是严格的认知,它可以提供行动的动机,而一些纯粹的理论理解可能无法提供。未来的共产主义的男人和女人们,将和其他人一样,都需要这样一个赋能的虚构;但与此同时,在阶级社会中,它还有一个额外的功能,那就是帮助阻遏对社会制度的真正洞察,从而使个体与他们在社会中的位置相协调一致。换言之,意识形态的"想象地图"功能,在当前既有政治作用,又有社会学作用;一旦剥削被克服,意识形态将以其纯粹的"社会学"功能继续存在,而神秘化将屈服于**神话**。意识形态在某种意义上仍然是虚假的,但它的虚假性将不再服务于占统治地位的利益。

我曾说过,对阿尔都塞而言,意识形态并不是贬义词;但这种说法现在需要一些限定条件。阿尔都塞的著作在这一点上是根本不一致的,这样说或许更为准确。在他的作品中,有时候他会明确地说,意识形态是虚假的、虚幻的,间接地说明了那些认为他与这种认识论观念彻底决裂的评论家是错误的。[①] 从理论知识的角度来看,意识形态虚构的想象性图绘是虚假的,从某种意义上说,它们实际上误导了社会。所以,这并不是一个简单的**自我**误认的问题,就像我们在想象主体的例子中看到的那样。另一方面,这种虚假性是绝对不可或缺的,具有重要的社会功能。所以,虽然意识形态是虚假的,但并不是**贬义**的。只有当这种虚假性被用来复制剥削性的社会关系时,我们才需要抗议。毋庸置疑,在后革命社会里,普通的男人和女人们不会具备对社会整体性的理论

---

① 参阅阿尔都塞未发表的论文《理论、理论实践与理论形态,意识形态与意识形态斗争》(1969),艾略特在《阿尔都塞》中引用了该文,第172—174页。

理解;正因为这种理解不能被"实践下去",因此意识形态在这里也就必不可少。然而,在另一些时候,阿尔都塞好像认为"真实"和"虚假"这样的词语特别不适用于意识形态,因为它根本不是一种知识。意识形态涉及主体;但对阿尔都塞而言,知识是一个"无主体"的过程,因此意识形态从定义上说必须是非认知的。这是一个经验的问题,而不是洞察力的问题;在阿尔都塞看来,相信经验可以生产知识是经验主义的错误。意识形态是一种以主体为中心的现实观;就理论而言,从某种欺骗性的"中心"立场来看,世界实际上是无中心的,鉴于这一点,主体性的整体视角必然会具误导性。但是,尽管从理论外部的有利角度来看,意识形态是虚假的,但它**"就其本身"**并不是虚假的,因为对于世界的这种主观倾向是一个活生生的实践关系问题,而不是可争论的命题。

如果换个方式来表达上述观点,可以说,阿尔都塞在**理性主义**和**实证主义**的意识形态观之间摇摆不定。对于理性主义者来说,意识形态意味着错误,与科学的真理或理性相对立;对于实证主义者来说,只有某些类型的陈述(科学的、经验主义的)是可证实的,而其他的——例如道德规定——甚至不够资格做真实/虚假的判断。意识形态有时被认为是错误的,有时甚至连错误的都算不上。当阿尔都塞把意识形态贬为真实知识的虚假"他者"时,他说话的方式像个理性主义者;当他驳斥道德话语在任何意义上都是认知的观点时,他又像个实证主义者。在埃米尔·涂尔干的著作中也可以观察到一种类似的紧张关系,因为他的《社会学方法的准则》只是对科学知识的一种非理性的阻碍,而他的《宗教生活的基本形式》则将宗教视为社会团结的一套必不可少的集体表现形式。

[· · ·]

阿尔都塞关于意识形态的思考是相当宏大的，围绕着诸如大写的主体和意识形态国家机器这样的"全球的"概念，而法国社会学家皮埃尔·布尔迪厄则更关注意识形态在日常生活中的作用机制。为了解决这个问题，布尔迪厄在《实践理论大纲》(1977)中提出了**习性**(habitus)的概念，意思是在男人和女人身上灌输一套能产生特定实践的持久性情。正是因为社会中的个人按照这种内在化的系统行事——布尔迪厄称之为"文化无意识"——我们才能解释他们的行为如何能够被客观地规范和协调，而不会在任何意义上成为有意识地服从规则的结果。通过这些被结构化的性情，人类的行为可以被赋予一种统一性和一致性，而不需要任何有意识的意图。因此，在我们习惯性行为的"自发性"中，我们复制了某些深为默契的规范和价值观；因此，习性是心理和社会结构在日常社会活动中得以具体化的接力或传递机制。习性，就像人类语言本身一样，是一个开放的系统，它使个体能够应付不可预见的、不断变化的情况；因此，它是一个"策略生成原则"，允许不断的创新，而不是僵化的蓝图。

意识形态一词在布尔迪厄的作品中并不是特别重要；但如果习性与意识形态概念相关，那是因为它倾向于在社会主体中诱导出与其社会环境的客观要求相适应的愿望和行动。在最强大的时候，习性排除了所有其他形式的欲望和行为，认为它们都是不可想象的。习性就这样使"历史变成了自然"，对于布尔迪厄来说，正是通过这种主客观的匹配，即我们自发地倾向于去做与我们的社会条件要求我们去做这二者之间的匹配，权力才确保了自己的地位。一个社会秩序通过主观愿望和客观结构的辩证法，通过二者的互相定义，努力将自己的任意性自然化；因此，"理想的"条件是，在这个条件下，主体的意识将与产生它的客观系统具有相同的限度。

布尔迪厄指出，对合法性的承认"是对任意性的错误认识"。

布尔迪厄所说的**信念**(doxa)属于稳定的、受传统约束的社会秩序之王，在这种秩序中，权力是完全自然化的，是不容置疑的，因此根本无法想象任何与现在不同的社会秩序。在这里，主体和客体不加区别地融合在一起。在这样的社会里，重要的是由传统决定的"不言而喻"的东西，而传统总是"沉默的"，尤其是关于传统的传统。任何对这种信念的挑战都是**异端邪说**，为了反对这些异端邪说，既定的秩序必须在一个新的**正统学说**中维护自己的主张。这种正统学说与信念的不同之处在于，传统的即"不言而喻"的东西的守护者，现在被迫为自己辩护，因此，含蓄地将自己呈现为不过是其他立场中的一种可能的立场。

社会生活包含许多不同的习性，每个系统都与布尔迪厄所说的"场"相适应。他在《社会学的问题》(1980)中指出，"场"是一个竞争性的社会关系系统，它按照自身的内在逻辑运作，由为了相同的利益相互竞争的机构或个人组成。在它们内部实现最大限度的支配地位——使得那些获得这种支配地位的人能够将合法性赋予其他参与者，或者从他们那里取得合法性，这是这类"场"中普遍的利益攸关的东西。要实现这种支配地位，就意味着要积累最大量的适合于这个场的"象征资本"；而要达到使这种权力变成"合法"的目的，它就必须不再被认为是其本身。一种被默许而不是明确认可的权力，是一种成功地使自己合法化的权力。

任何一个这样的社会场域，都必然是由确保在场域中有效地言说或感知的一套未说出口的规则构成的，这些规则于是发挥了布尔迪厄所说的"象征性暴力"模式的作用。因为象征性暴力是合法的，它通常不被辨识为暴力。布尔迪厄在《实践理论大纲》中说，这是一种温和的、无形的暴力形式，这

224

种暴力从来没有被这样辨识过，与其说它是被经历的，毋宁说它是被选择的，即信用、信心、义务、个人忠诚、好客、馈赠、感激、虔诚……的暴力①。例如，在教育领域，象征性暴力的运作与其说是通过教师对学生"意识形态地"说教，不如说是通过教师被认为拥有学生需要获得的一定的"文化资本"。因此，教育制度有助于再生产主导的社会秩序，其方式与其说是通过它所培养的观点，不如说是通过文化资本的这种受管制的分配。正如布尔迪厄在《区隔》(1979)中指出的那样，在整个文化领域，类似形式的象征性暴力正在起作用，那些缺乏"正确"品味的人会被小心翼翼地排除在外，陷入羞耻和沉默。因此，"象征性暴力"是布尔迪厄重新思考和阐述葛兰西的霸权概念的方式；他的著述作为一个整体，代表了对可以称之为意识形态的"微观结构"的独创性贡献，通过对作为"日常生活"的意识形态的经验主义详细描述，使马克思主义传统的一般的概念更为完整，更具吸引力。

---

① 皮埃尔·布尔迪厄：《实践理论大纲》，剑桥，1977年，第192页。

第 10 章　女性主义、意识形态与解构主义：一个实用主义的观点

理查德·罗蒂（Richard Rorty）

无论是一般意义上的哲学，还是特殊意义上的解构主义，都不应被视为女性主义政治的开拓性、突破性的工具。最近的哲学，包括德里达的哲学，帮助我们看到实践和思想（包括父权制的实践和思想）既不是自然的，也不是必不可少的——但它所做的就是这些。当哲学业已证明一切都是一种社会结构时，它并不能帮助我们决定哪些社会结构应该保留，哪些应该替换。

大多数知识分子都想设法参加弱者反对强者的斗争。因此，他们希望自己特殊的天赋和能力能够与这场斗争联系起来。近几十年来，人们最常用来描述这种希望的术语就是"意识形态批判"。其理念是，哲学家、文学评论家、律师、历史学家以及其他善于进行区分、重新描述和重新语境化的人，可以通过"揭露"或"解密"当前的社会实践来发挥他们的才能。

但揭露或解密现行实践的最为有效的方法，似乎不是批评现行的实践，而是建议另一种可供选择的实践。在政治领域，就像库恩的科学理论变迁模型一样，旧范式中的异常现象可能会无限期地堆积起来，而不会为批评提供太多依据和

基础,除非有新的选择出现。对旧范式的"内在"批判相对而言是无效的。更具体地说,要批评当前将压迫弱者的特定实例描述为"必要的罪恶"(政治上相当于"一个微不足道的异常"),其最有效的途径是,通过解释一种具体的制度变革将如何消除这种罪恶,来解释为什么它实际上不是必要的。这意味着勾勒出一个可供选择的未来,以及一个可以把我们从现在带到未来的政治行动图景。

马克思和恩格斯在《德意志意识形态》中指出了这一点,他们批评费尔巴哈将在现实世界中表示某一特定革命党之追随者的"共产主义者"变成了一个纯粹的范畴。[①] 他们相信,他们对德意志哲学传统的批判以现实取代了幻象,以科学取代了妄想;他们拥有一个革命的政党,有一个纲领,还有具体的构想,可以为验证他们所声称的某些当代罪恶(例如收入差距、失业)并非必要这一主张提供经验主义的证据,这些大大地增强了他们对德意志哲学传统批判的信心。他们的情形与我们的不同之处主要在于,在我们的国家中,现在没有人想要他们心目中的革命,不再有人想把生产资料国有化,也不想废除私有财产。因此,马克思和恩格斯宣称,他们的思想是"科学的"而不是"乌托邦的",是现实的而不是虚幻的声音,而当代左派则缺乏支持马恩主张的那种政党和图景。[②]

我们这些富裕民主国家的左派知识分子中,现在最接近于拥有这样一个政党和这样一个纲领的就是女权主义运动。

① 罗伯特·C. 塔克(Robert C. Tucker)编:《马克思-恩格斯读本》,第二版,纽约,1978 年,第 167 页。

② 关于这种幻想-现实之对比的出色表达,请参见恩格斯的《社会主义:乌托邦与科学》,塔克:《马克思-恩格斯读本》,第 693—694 页。

但在政治方面,女权主义看起来像是一个改良派,而不是一个革命运动。因为它的政治目标相当具体,而且不难想象会实现;这些目标是通过呼吁普遍的关于公平的道德直觉来论证的。因此,当代女性主义政治更像是18世纪的废奴主义,而不是19世纪的共产主义。虽然在19世纪很难设想没有私有制的情况会是什么样子,但在18世纪和19世纪初,设想一个没有奴隶制度的世界,并将奴隶制视为野蛮时代的残余物——在道德上与广泛拥有的直觉相抵触的残留物,则相对容易。类似地,设想一个同工同酬、平等分担家庭责任、女性与男性的职权岗位数量对等的世界,认为目前的不平等与广泛认同的关于何为正义和公正的直觉相冲突,也相对容易一些。只有当女权主义不仅仅是一个具体改革的问题时,它才能与19世纪的共产主义相提并论。

女权主义者的处境是这样的:像马克思和恩格斯一样,她们怀疑零星的改良将基本上无法触动潜在的、不必要的邪恶。但与马克思和恩格斯不同的是,她们不能轻易勾勒出一个革命的政治图景或后革命的乌托邦。其结果是连篇累牍地谈论哲学革命、意识中的革命;然而这些革命并没有反映在马克思和恩格斯认为的"物质层面"上。因此,不难想象,就像调侃黑格尔、费尔巴哈或鲍威尔一样,马克思和恩格斯会批评大量的当代女权主义理论。他们可能会说,女权主义理论家已经把"女权主义"变成了"一个纯粹的范畴";只要这个词不表示"一个明确的革命党的追随者",她们就没希望有何作为。

这些思考使我们不禁要问,女权主义者是否可以保留"意识形态批判"的概念,而不必援引《德意志意识形态》中使用的"物质"和"意识"的区分。有大量令人沮丧的文献论及

229

"意识形态"一词的模棱两可、含混不清。最新的例子是特里·伊格尔顿《意识形态》的第一章。① 伊格尔顿拒绝认为这个词语引起的麻烦已经超过了它的价值这一常见的看法，并给出了如下定义："特别是通过扭曲和掩饰的方式帮助统治集团或阶级使其利益合法化的思想和信仰。"作为另一种定义的表述，他还提出了"虚假的或欺骗性的信仰"，认为这些信仰"不是产生于统治阶级的利益，而是来自整个社会的物质结构"。② 后一种表述包含了《德意志意识形态》中关键的物质/非物质的对比。但是女权主义者很难恰当地运用这种对比，因为这种对比所具有的任何具体的相关性，都是从马克思关于生产机制组织的末世变迁史的"物质变化"阐释中获得的。这段历史与男人对妇女的压迫基本无关。③

然而，如果我们放弃了物质-意识的区分，回到伊格尔顿对"意识形态"的两个定义中的第一个，那么，我们就与大部分当代女性主义知识分子所持的关于真理、知识和客观性的哲学观点相冲突，她们希望运用自己的天赋和能力去批判男权主义意识形态。因为"扭曲"预设了一种表现媒介，它闯入我们和被调查的客体对象之间，产生一种与客体对象的现实

---

① 关于马克思主义对"意识形态"的运用的一种通货紧缩式的阐释，参见丹尼尔·贝尔（Daniel Bell）的《意识形态的误读：马克思著作中思想观念的社会决定》，《伯克利社会学杂志》第35期，1990年，第1—54页。这篇文章有助于说明为什么马克思会感到"马克思主义意识形态"这个短语令人讨厌，说明马克思对"意识形态"的使用如何与他将自己的思想定性为科学的是密不可分的。

② 特里·伊格尔顿：《意识形态》，伦敦，1991年，第30页。伊格尔顿进行了一系列越来越充分、越来越鲜明的区分，我引用的是其中的第五个和第六个。关于该书的进一步讨论，参阅理查德·罗蒂：《我们这些反表征主义者》，见《激进哲学》，第60期，1992年，第40—42页。

③ 正如凯瑟琳·麦金农（Catharine MacKinnon）所言，男人与女人之间关系的历史（不同于性史——"让历史学家感觉到色情的历史"）是平淡单调的："在所有这些峰峦与山谷之下，潮涨与潮落之下，有一个牢固的基岩，男性至上和女性从属的这股潮流并没有太大的改变。"（麦金农：《性行为有历史吗？》，《密歇根评论季报》，1991年第30期，第6页）这种从属关系延续了几个世纪，就像（通常听不见的）单调的低音——男人殴打女人的声音。戏剧性的夫妻相随，琴瑟和鸣似乎没有任何可能。

不符的表象。实用主义者坚持真理不是一个与现实的内在本质相一致的问题，解构主义者拒绝德里达所说的"在场的形而上学"，而这种表征主义与此二者都不相符合。[①] 实用主义者和解构主义者一致认为，一切都是一种社会结构，试图区分"自然的"和"纯"文化的是没有意义的。他们一致认为，问题是要抛弃哪些社会结构，保留哪些社会结构，在为谁构建什么而斗争的过程中，吁求"事物的真实面貌"没有任何意义。这两个哲学流派都赞同伊格尔顿的观点："如果没有不与权力联系在一起的价值观和信仰，那么，意识形态这个术语就有可能无限扩展，直至消失。"[②]但是，与伊格尔顿不同的是，两个流派都发觉，这是一个对"意识形态"概念的效用持怀疑态度的理由（如果"意识形态"被认为不仅仅意味着"一套糟糕的观念"，那么它的效用至少是值得怀疑的）。

230

马克思主义科学与纯粹的哲学幻想之间的区别，贯穿了《德意志意识形态》全书，绝佳地例证了其主张已经达到德里达所说的"超越游戏范围的完全在场"。[③] 当德里达说，"客体对象完全内在于构成它们的话语这一命题提出了一个棘手的问题，即我们如何才能判断一个话语有效地构建了它的客体对象"，并追问，"如果使我的社会解释获得有效性的依据是它们为之服务的政治目的，那么我如何验证这些目的？"作为一个优秀的马克思主义者，伊格尔顿必须对德里达标准

---

① 约翰·墨菲(John Murphy)的《实用主义：从皮尔斯到戴维森》(博尔德，科罗拉多州，1990年)的前言论述了作为反表征主义的实用主义，另见理查德·罗蒂的《客观性、相对主义和真理》导言(剑桥，1992年)。关于戴维森的反表征主义和德里达的反形而上学之间的相似性，参见塞缪尔·惠勒(Samuel Wheeler)《法国阐释的不确定性：德里达和戴维森》，载于欧内斯特·勒波尔(Ernest Le Pore)主编《真理与阐释：透视唐纳德·戴维森的哲学》，牛津，1986年，第477—494页。

② 伊格尔顿：《意识形态》，第7页。

③ 雅克·德里达：《书写与差异》，芝加哥，1978年，第279页。

的右翼批评做出回应。① 不相信客体对象外在于话语，相信客体对象能够被那些话语准确地或不准确地、科学地或纯粹虚幻地表征，就无法谈论"扭曲的交流"或"扭曲的观念"。

因此，必须有所付出。女权主义知识分子想要批判男权主义意识形态，并用解构主义来批判男权主义意识形态，必须(1)为"意识形态"想出新的含义；或者(2)将解构主义与反表征主义脱钩，与否认我们可以回答"我是否**有效地**构建了这个客体对象"这个问题（与之相对的是，例如，对女权主义的目的的有用性）脱钩；或者(3)指出，她们对男权主义社会实践的批评是"科学的"还是"有哲学根据"的问题，就像男权主义是否"扭曲"了事物的问题一样，都是不着边际、无关紧要的。

最好的选择是最后一个。第一种选择根本不值得花费精力，第二种选择我认为也是根本不可能做到的。在我看来，不幸的是，一些认同解构主义的人试图重建马克思主义的物质-意识的区分，就像德·曼说的那样，"把能指的物质性与它所指的物质性混为一谈是不幸的"，进而将"意识形态"定义为"语言与自然现实的混淆，指称与现象主义的混淆"。② 反驳文学理论或解构主义"无视社会和历史现实"的指责，其方法是矢志不渝地坚持"通过话语建构客体对象"的观点，坚持"尊重现实"（社会现实，历史现实，天体物理学的或任何其他类型的现实）只是尊重过去的语言，尊重描述"'真的'是怎么回事"的旧有方式。③ 有时这种尊重是好事，有时不是。这取决于你想要什么。

---

① 伊格尔顿：《意识形态》，第205页。
② 保罗·德·曼：《对理论的反抗》，明尼阿波利斯，1986年，第11页。
③ 华莱士·史蒂文森说过，想象是心灵对现实的压迫。德里达和杜威都帮助我们看到，这相当于压迫对过去的想象。

女权主义者想要改变社会世界，所以她们不能过于尊重过去对社会制度的描述。关于解构主义对于女权主义的效用，最有趣的问题是，一旦尼采、杜威、德里达等人使我们相信，任何既定的男权主义实践或描述都不存在什么"自然的""科学的"或"客观的"东西，所有的客体对象（中微子、椅子、女人、男人、文学理论、女权主义）都是社会结构，解构主义就会提供进一步的支持，决定保留哪些结构，置换哪些结构，或者找到后者的替代品。对此我表示怀疑。

人们常说，解构主义提供了"工具"，使女权主义者能够证明，正如芭芭拉·约翰逊（Barbara Johnson）所说，"实体（散文和诗歌、男人和女人、文学和理论、有罪和无辜）之间的差异被证明是基于对实体**内部**差异的抑制，即一个实体借以区别于自身的方式"。① 这些差异究竟是存在的（在实体深处挤作一团，等待着被解构主义的挖土机揭示出来），还是只有在女权主义者把实体重塑成一个更接近她内心所愿的社会结构之后，这些差异才在实体中存在，这个问题在我看来毫无意义。事实上，在我看来，后尼采学派（实用主义者和解构主义者都一样）共同的反形而上学论战的一个重要部分就是证明：发现与创造（finding-vs-making）的差异没有什么意义。因此，正如约翰逊所说的，"差异是在超越了任一主体控制的层面发挥作用的运作形式"②，我并不认为这样的表达是出于任何政治目的。不管是上帝的命令，还是"生产力总量"的辩证展开，或是差异性的作用，都在我们任何人的控制

---

① 芭芭拉·约翰逊：《关键差异》，巴尔的摩，1980 年，第 x—xi 页。参见琼·斯科特（Joan Scott）在其《解构平等-差异：或后结构主义理论之于女权主义的用处》一文中对约翰逊的引用，参见玛丽安·赫希（Marianne Hirsch）和伊芙琳·福克斯·凯勒（Evelyn Fox Keller）主编：《女性主义中的冲突》，纽约，1990 年，第 137—138 页。

② 芭芭拉·约翰逊：《关键差异》，第 xi 页。

之外,都是无关紧要的。重要的是,我们能做些什么来说服人们采取不同于过去的行动。到底是什么最终决定了她们是否会改变自己的方式,这个问题是女权主义者可以放心忽略的形而上学的话题。①

总而言之,哲学在解放我们的想象力方面所能做的任何一点微小之举,都是服务于政治利益的,因为现在的想象力越自由,未来的社会实践就越可能不同于过去的实践。基督和克尔凯郭尔对爱的论述使我们获得了一点自由,马克思和凯恩斯对金钱的研究使我们获得了一点自由,尼采、杜威、德里达和戴维森对客观性、真理和语言的阐释,也使我们获得了一点自由。但是,哲学并不是像马克思主义传统不幸地告诉我们的那样,是开辟政治道路的工具的来源。只有当人们开始说出以前从未说过的话,从而使我们能够设想新的实践,而不是去分析旧的实践时,政治上有用的事情才会发生。库恩的科学哲学具有重要的教益:没有一门叫作"批判"的学科,可以用来获得绝佳的政治学,正如没有一种叫作"科学方法"的东西,可以用来获得绝佳的物理学。意识形态批判充其量只是扫尾工作,而不是开辟道路。它寄生在预言上,而不是预言的替代品。就像洛克(他将自己描述成一个清理垃圾的"底层劳动者")支持波义耳和牛顿的立场一样,意识形态批判代表了对正在发生的事情(例如,男人对女人做了什么)的新的描述方式的想象性生产。哲学作为开拓者的图画,是一种以逻各斯为中心的智力思想的一部分,我们这些德里达的粉丝们不应该掺和进去。

许多女权主义者之所以抵制这种实用主义的哲学的政

<hr>

① 在《女权主义和实用主义》一文中,我展开论述了"当代女权主义与 17 世纪新科学之间的类似性",载《密歇根评论季刊》,1991 年第 30 期,第 231—258 页。

治效用观,原因之一是,在当代社会,男权主义似乎已经完全融入了我们所做的一切和所说的一切之中,似乎只有一些真正巨大的思想变革才能改变它。因此,许多女权主义者认为,只有通过接受哲学家们擅长发现的某种智性的大恶(在"逻各斯中心主义""二元主义"或"技术思维"中发现的某种东西),将这种邪恶解释为内在的男权主义,将男权主义阐释为与恶相伴共存的东西,她们才能实现其任务似乎要求的激进性和广度。在她们看来,如果不与反对某个庞大的哲学怪兽的运动结盟,反对男权主义的运动在目前的实践中就似乎注定会变成某种形式的共谋。①

在我看来,这种观点把相对的大小全搞错了。实用主义者和解构主义者斗争的怪兽都是小的,狭隘的;与之相比,男权主义是一个更大、更凶猛的怪物。因为自有历史以来,男权主义就是维护身处高位的人们,反对颠覆他们的种种企图;这种怪兽具有很强的适应性,我怀疑它在反逻各斯中心和逻各斯中心的哲学环境中可以生存得一样好。诚然,正如德里达敏锐地指出的那样,以逻各斯为中心的传统以微妙的方式与追求纯洁的动力——避免被女性的混乱所玷污的动力——联系在一起,以德里达所说的"男性同性恋的本质形

---

① 对这种共谋的指控,一个很好的例子是德鲁西拉·康奈尔(Drucilla Cornell)在《不可调和:伦理女权主义、解构主义和法律》(纽约,1991年,第3章)中对凯瑟琳·麦金农的批评。康奈尔认为,尽管麦金农"表面上拒绝了对称的梦想,拒绝以男性的标准来衡量我们",但她"由于自身理论论述的局限性,只能从她自己的男性视角来'看',必然导致她否定女性的女性气质,而不可避免地陷入那个非常古老的梦想"(第151页)。康奈尔认为,要避免与男权主义共谋,需要比麦金农希望参与的更多的哲学思考(特别是解构主义的那种)。她还认为,麦金农将女权主义简化为一种权力攫取,从而背叛了女权主义独特的伦理立场。我同情麦金农。我看不出权力攫取有什么不妥,对解构主义哲学的政治效用也不像康奈尔那样乐观。关于这种效用的更多疑问,请参见托马斯·麦卡锡的《不可言喻的政治:德里达的解构主义》(《哲学论坛》第21期,1989年,第146—168页)。对于麦金农的观点,即"男人之所以如此,是因为他们拥有权力",以及"女性继承了男性权力的形式,在很大程度上也是如此",见凯瑟琳·麦金农:《女权主义没有改变》,剑桥,1987年,第220页。

象和本质上的崇高形象"①为象征。但这种对纯洁的追求和"崇高形象"可能会以某种更崇高的形式存在,即使我们的哲学家们以某种方式设法实现了形而上学的超越(甚至仅仅是一次扭转)。

就其作为一套关于真理、知识、客观性和语言的哲学观而言,实用主义在女权主义和男权主义之间是保持中立的。因此,如果关于上述话题,想要具体的女权主义学说,实用主义恐怕提供不了。但是,像麦金农那样的女权主义者们将哲学看作一种根据场合的需要可以招之即来挥之即去,拿得起放得下的东西,而不是作为一个强大而不可或缺的盟友,她们将在实用主义中找到反逻各斯中心的学说,就像她们在尼采、福柯和德里达的理论中找到的那样。实用主义者提出这些学说的方法的主要的有利之处在于,他们清楚地表明,他们并没有揭示女权主义者为了成功必须知道的深层次的秘密。他们承认,他们不得不提供的一切,只是偶尔的一点特别的忠告,即当男权主义者试图使目前的实践看起来不可避免时,该如何回应的建议。无论是实用主义者还是解构主义者,能够为女权主义所做的,无非是帮助女权主义驳斥了将这些实践建立在比偶然的历史事实——长期以来,肌肉发达的人们一直在欺负肌肉不那么发达的人们这一事实——更深层的基础之上的种种企图,除此之外,别无他用。

---

① 我同意康奈尔的观点:德里达对女权主义的一个重要贡献是"他明确指出,基本的哲学问题不能脱离对性别差异的思考"(《不可调和》,第 98 页)。实际上,我应该更进一步说,德里达对哲学最具原创性和最重要的贡献是,他将弗洛伊德和海德格尔编织在一起,把"本体论的差异"与性别差异联系起来。这种交织使我们第一次看到了哲学家们对纯洁的追求,认为女性在某种程度上不纯洁的观点,女性的从属地位,以及"男性同性恋"[伊芙·塞奇威克(Eve Sedgwick)称之为"同性-同性恋"的男性同性恋,这集中体现在让·吉奈特(Jean Genet)的一句话中:"干另一个男人的人是双倍的男人。"]之间的联系。与这一洞见相比[德里达的《海德格尔的手》(Geschlecht I)最令人信服地做出了阐述],贴上"解构主义"标签的简单复制的噱头,在我看来,就显得相对不足轻重了。

第11章　意识形态、政治、霸权：
从葛兰西到拉克劳和墨菲

米歇尔·巴雷特(Michèle Barrett)

　　葛兰西是激进政治思想领域的一个悖论。一方面，他的著作被赞誉为马克思主义经典传统中对文化和意识形态政治最具同情心的研究。例如，在意大利、西班牙和其他国家，他已经成为被欧洲共产主义战略采纳的理论家，而在英国，他又成为希望以新的现实模式重新调整工党政治的诸多人士的灵感来源。他研究意识形态的方法和态度，他的霸权理论，他对知识分子角色的描述，他对策略和说服之重要性的坚持，他对文化问题以及日常文化政治的细致关注，都被厌倦了工党左派的道德教条的一代人满怀热情地全盘接受了。

　　然而，从理论上讲，葛兰西的著作在意识形态理论领域提出了许多尚未解决的问题，部分原因是(也许像马克思一样)他的那些真知灼见往往是孤立的，或者彼此之间存在某种紧张关系。譬如，我们还不真正清楚，他研究意识形态的方法是如何与现在著名的霸权概念的定义和运用联系起来的，对这个例子我将做更详尽细致的讨论。更广泛地说，葛兰西的思想对当代左派来说具有标志性的意义，无论是知识界还是文化界，但也正是葛兰西——至少是恩内斯特·拉克劳和尚塔尔·墨菲解读的葛兰西——站在了马克思主义作为一种可行的政治理论的关键突破点上。这一在马克思主义理论和政治学中居于核心地位的后一种观点,将占据本章的大部分篇幅。正如我们将看到的,那场辩论的一个非常重要的特点是,特定的意识形态是否必然属于不同的社会阶级的问题,或者这种对政治意识形态的"阶级归属"性质的指责是不是一个错误。

毫无疑问,所有读者都知道,葛兰西是在意大利法西斯监狱非同寻常的压迫环境中写下了流传至今的大部分作品,这些也是其著作的主体。他写作的条件,包括他每况愈下的健康状况,显然对我们所看到的文本的性质产生了影响;而另一个重点考虑的事实是,他的作品包含了许多与监狱审查有关的策略和迂回路线。这些赤裸裸的事实在某种程度上解释了为什么这些重要的著述具有相对零碎的和"开放的"特征。

如果我们首先来看《狱中札记》里葛兰西直接论述马克思主义传统中的意识形态概念的一段话,则会发现以下几个要点。葛兰西指的是马克思主义哲学中(错误地)依附于意识形态意义的"否定的价值判断";在此我们应该注意到乔治·拉伦的观点,即首先必须确定葛兰西对意识形态采取的是"肯定的"而不是"批判的"立场。葛兰西认为——尽管这不是他的原话——马克思主义思想中对意识形态苍白无力的理解,可以归咎于那些认为意识形态仅仅是由经济基础决定的,因此是"纯粹的"表象、无用的垃圾等等之流。在这方面,他赞同柯尔施对"庸俗马克思主义"的批判。葛兰西接着强调,(那些"必要的")"历史性有机的意识形态"具有心理上的有效性,它们"创造了人类在其中活动、获得位置意识、斗争等等的地带":正是这种对"心理有效性"的关注,使葛兰西在某种意义上在马克思主义传统中独树一帜。

以同样简洁而高度浓缩的一系列论文,葛兰西提出,"有机"意识形态可以与个人意识形态的论战区分开来,他将意识形态区分为"一个特定结构的必要的上层建筑"和个体"随心所欲的苦思冥想"的意识形态。葛兰西援引马克思的观点,即"大众信仰通常具有与物质力量相同的能量",并用下面正式的声明结束了文章:

> 我认为,这些命题的分析有强化**历史集团**概念的倾向,在历史集团概念中,物质力量是内容,意识形态是形式,尽管形式和内容之间的区分只有纯粹说教的价值,因为没有形式,物质力量在历史上是不可想象的;而没有物质力量,意识形态就会成为个人的幻想。[①]

在考虑这些相互关联的论点时,一个困难是,即使是这么短的一段话,也包含了一些复杂而不同的立场转变。最后一句话本身就足以将葛兰西标记为一个不折不扣的"历史主义者",但当这句话出现在一段话的结尾时,就很难做此评估了,在这个段落中,葛兰西提出了今天被认为是经典的"葛兰西"的观点,即意识形态是"斗争的地带"——这种观点与根据"表现的整体性"进行思考的历史主义倾向相抵牾。另一个问题是,葛兰西对于某个东西是否可以被认为是一种"有机的意识形态"常常不是很明确,因此他对文化斗争和思想斗争的讨论常常有些模棱两可。(这不是一种批评,但它与葛兰西的作品已经成为一个可供不同阐释的富饶领域这一

---

① 安东尼奥·葛兰西:《狱中札记》,昆廷·霍尔(Quintin Hoare)、杰弗里·诺威尔-史密斯(Geoffrey Nowell-Smith)编,伦敦:劳伦斯和威斯哈特出版社,1976 年,第 376—377 页。

事实肯定有些关系。）这些模棱两可的地方甚至涉及相当基本的问题。例如，人们通常认为，葛兰西对文化现象和知识现象的一般性讨论是在意识形态的标题下进行的，但事实并非如此。我们目前尚不清楚，葛兰西对"世界的意义建构"的不同层次（从哲学到民俗学）所做的富有启发性的分类，是否应被视为意识形态研究。在《狱中札记》的另一个著名段落中，葛兰西将哲学、宗教、常识和民间传说这些在系统性和连贯性上有程度变化（递减）的关于世界的概念进行了区分。哲学涉及知识秩序，宗教和常识则不涉及，"因为即使在个人意识中，它们也不能还原为统一和连贯的整体，更不用说集体意识了"。葛兰西接着说："每一种哲学思潮都会留下'常识'的沉淀，这是其历史有效性的凭证……'常识'是哲学的民俗学，它总是介于民间传说与专家们的哲学、科学和经济学之间。常识创造了未来的民间传说。"①

因此，我们有了一个形式的等级，其中哲学——可以得到一致支持的系统的思想体系——凌驾于宗教之上，而宗教则受到哲学的批评。"常识"可以有多种形式，但它是一堆零碎的规范戒律；"民间传说"则被描述为"僵化的"通俗规则。葛兰西指出，这些层次之间可能存在相当大的冲突，尤其是，一个人在系统（理性）层面所支持信奉的哲学与由"常识"决定的行为之间可能存在矛盾。因此，我们到达了葛兰西的"矛盾的意识"概念，抵达了智性选择与"实际行为"之间的区别概念。② 正如英国人通过葛兰西文化著作的新译本对他与日俱增的赏识所显示的，③葛兰西本人对大众文化和意识

---

① 安东尼奥·葛兰西：《狱中札记》，第325—326页。

② 同上。

③ 安东尼奥·葛兰西：《文化论述选集》，大卫·福加斯（David Forgacs）、杰弗里·诺威尔-史密斯主编，伦敦：劳伦斯和威斯哈特出版社，1985年。

形态给予了相当大的关注,涉及建筑、流行歌曲、连载小说、侦探小说、歌剧、新闻等不同的领域。

然而,葛兰西在多大程度上将这些不同的现象看作意识形态,仍然不甚清楚。葛兰西是在哲学的标题下讨论这些形式的,但大多数人倾向于认为它们是意识形态的形式。对意识形态概念相当印象主义的使用,之所以可以不受惩罚地出现在葛兰西的方法之中,主要是因为葛兰西从意识形态的肩膀上卸下了阐释的重负。反之,他有效地利用了另一个概念,来承担其他作家赋予意识形态概念的理论负担。因此,为了明白葛兰西对意识形态的处理是如何与传统交织在一起的,我们必须将意识形态与它的伴生词——霸权——联系起来。尽管意大利语的霸权(egemonia)一词经常被视为葛兰西的贡献的同义词,但正如佩里·安德森及其他人所强调的那样,它的根源是关于俄国革命前无产阶级对农民的"霸权"(具有说服力的影响)的必要性的辩论。①

"霸权"概念是葛兰西的政治思想和意识形态思想具有组织性的核心焦点,他对这一概念与众不同的运用,使之成为葛兰西一般研究方法的标记特征。霸权最好被理解为**同意的组织**(the organization of consent)——通过这个过程,从属的意识形式不诉诸暴力或胁迫得以建构。葛兰西认为,统治集团不仅在政治领域运作,而且在整个社会中运作。葛兰西强调对世界"较低"的、不那么系统的层次的意识和理解,他对"大众"知识和文化确保大众能够参与统治集团的计划的发展方式尤其感兴趣。

在这一点上,值得一提的是关于霸权的阐释的一个重大

---

① 佩里·安德森:《安东尼奥·葛兰西的矛盾》,《新左派评论》第100期,1976年7月。

的区别。葛兰西是用霸权来严格地指同意的组织的非强制性(意识形态的?)方面,还是用它来探讨确保同意的强制和非强制形式之间的关系,目前尚不明晰。斯图亚特·霍尔(Stuart Hall)等人提出,葛兰西的基本问题——国家如何在没有强制的情况下进行统治?——使他注意到阶级统治的非强制性方面。但是,他们认为,这是缘于他对国家与"公民社会"之间的关系的潜在兴趣,而不是对"上层建筑"或抽象的"文化"的兴趣的产物。① 佩里·安德森对这个问题的看法稍有不同,他指出,葛兰西对霸权的使用是不一致的,因为有时他用霸权来表示同意,而不是胁迫;有时霸权又似乎意味着两者的综合。安德森的解释基于认为国家权力是资产阶级霸权之"关键"的观点,这个解释等于说,葛兰西"滑向"了对同意的关注,部分原因是,与强迫有关的论点难以逃过监狱的审查。②

暂且不谈这一点,我们可以说,葛兰西强调的是与社会主义的政治文化战略有关的霸权,这也是他最大的兴趣所在。他的"阵地战"和"机动战"的概念构成了战略概念化的核心,用壕堑战来打比方,它包含了阶级向更佳的有利位置和"阵地"的移动:因此,"阵地战"是赢得政治霸权的斗争,是确保同意的斗争,争取民心的斗争,而不仅仅是他们暂时的服从或选举支持。相比之下,"机动战"发生在一个更晚的阶段:夺取国家政权的阶段,但是(直接与列宁主义的政治思想传统相对抗)只有在霸权主义已经得到保障的情况下才能

---

① 斯图亚特·霍尔、鲍勃·卢姆利(Bob Lumley)、格雷戈尔·麦克伦南(Gregor McLennan):《政治和意识形态:葛兰西》,收入当代文化研究中心《论意识形态》,伦敦:哈金森出版社,1984年;最初发表于《文化研究工作论文》第10期,1977年。在这一点上,我要感谢这篇文章对葛兰西非常清晰的阐述。

② 佩里·安德森:《安东尼奥·葛兰西的矛盾》,第49页。

发生。

这种社会主义战略模式已经将知识分子的政治功能理论纳入其中。葛兰西没有将这些看作特定阶级的表现，或是被锁定于特定的社会定义的角色；他将知识分子看作在意识形态层面"上演"阶级冲突的重要角色。特别是，他从左派的立场认为霸权主义是这样的一个过程：它将传统知识分子从统治集团的基础上分离出来，发展他所说的工人阶级的"有机"知识分子。

葛兰西对这些过程的看法，将意识形态理论折叠成一个更为普遍的政治和文化构想，他将前者解释为上文讨论过的各种形式的通俗的系统知识，将后者从更宽泛的霸权概念进行了理论化。他对国家和公民社会之间关系的兴趣，直接引导他致力于研究所谓的意识形态的社会"巩固"功能，以及在非暴力层面获取同意的方式。

[···]

葛兰西作为一个非确定性的意识形态理论的倡导者，表现得非常出色。斯图亚特·霍尔关于"基础与上层建筑"的文章已经明确地阐述了在马克思主义意识形态理论内争论决定论的条件。霍尔将葛兰西解读为发动了一场"反对对上层建筑做还原论描述"的论战，他认为葛兰西向我们展示了资本主义如何不仅是一种生产体系，而且是一整套社会生活形式。在霍尔对葛兰西的解读中，上层建筑至关重要，因为它们使得文化和公民社会越来越符合资本的需求。它们通过各种民间社会机构，如家庭、法律、教育、文化机构、教会和政党进行运作，**扩大了**资本主义的影响力，创造了新型的个体和文明。这不仅仅是经济利益的问题，因为葛兰西反对经济还原论，将霸权概念化为政治、文化和社会的权威。然而，

240

斯图亚特·霍尔总结道,在葛兰西看来,"上层建筑**做**这一切,都是为了资本"。①

然而,有一个问题在古典马克思主义传统内部从未得到完整的阐述,但葛兰西思想的某些方面最近产生了惊人的重大影响,这个问题就是:意识形态是否应该被描述为"阶级归属"。我们将看到,对这一问题的探索给马克思主义带来了重大挑战,恩内斯特·拉克劳和尚塔尔·墨菲认为,马克思主义现在已经被取代。这是一个在马克思主义传统中从未被提出的问题,因为它被认为是理所当然的,无论你的意识形态理论是什么,它都将围绕着社会阶级来组织,作为分析资本主义的一个基本的形式范畴。因此,如果你将意识形态看作特定社会阶层意识的表现(如果你是"历史主义者",那么最常见的,是将它看作积极的方法的变体),或者如果你认为意识形态是为阶级利益服务的神秘化手段,那就不重要了。无论是哪种情况,或是在其他的定义中,意识形态在资本主义分析中的作用和功能都是根据社会阶级来解释的,这一点是不言而喻的。正是这一点,现在在一个非常基本的层面成为论争的问题,其结果显然招致了女权主义者和一直质疑阶级分析的地位的学者的兴趣,他们的质疑参照了从其他显著的社会分工中提出的相互竞争的理论和政治主张。

阶级的与非阶级的政治意识形态

让我们先来看一下恩内斯特·拉克劳在《马克思主义理论中的政治和意识形态》(1977)中的表述,首先要提请注意

---

① 佩里·安德森:《安东尼奥·葛兰西的矛盾》,第49页。

的是，这本书中的论点比他后来的作品，特别是与尚塔尔·墨菲①合著的《霸权与社会主义战略》(1985)更能为大多数马克思主义者所接受。拉克劳的早期著述涉及马克思主义政治理论中的"还原论"问题，特别是他批评了那些倾向于将政治意识形态(几乎是根据定义)完全视为阶级意识形态的人。

从哲学的角度讲，"还原"是指通过援引(或简化为)另一种东西——术语 B——来解释术语 A 出现的现象。在马克思主义中，还原论的问题一直很尖锐，因为经典的解释策略是说，一种特定的现象(通常是一种尴尬的现象，例如工人阶级的保守主义、种族主义或同性恋恐惧症)实际上是由阶级和阶级冲突凌驾一切的动力造成的或起作用的。马克思主义并没有垄断这种思维方式：例如，精神分析学有一种甚至更为明显的解释还原论的倾向。但在马克思主义理论中，这一问题近年来一直备受争议，特别是在回答性别和种族问题时，性别和种族是思考社会不平等之产生的具有竞争力的解释因素。② 无论如何，拉克劳感兴趣的是，马克思主义者如何忽略了不符合下述分析的政治意识形态的某些方面，这种分析即，政治意识形态是由社会阶级利益的效用来解释的，或被还原为社会阶级利益的效用。

---

① 恩内斯特·拉克劳：《马克思主义理论中的政治和意识形态：资本主义、法西斯主义、民粹主义》，伦敦：新左翼书局，1977 年；《霸权与社会主义战略》，伦敦：维索出版社，1985 年。

② 关于马克思主义对妇女压迫的解释中作为主要问题的还原论的讨论，参见米歇尔·巴雷特《今天的女性压迫：当马克思主义遭遇女权主义》(第 2 版)，伦敦：维索出版社，1988 年，第 23 页起。最近的一个趋势是，通过抛弃经典马克思主义特有的预设利益的关注，来清除还原论的整个问题；例如，见巴里·辛德斯(Barry Hindess)：《还原论问题》，载《政治与阶级分析》，牛津：巴兹尔·布莱克威尔出版社，1987 年；里斯·约翰斯通(Les Johnstone)：《阶级与政治意识形态：一个非还原论者的解决方案？》，载《马克思主义、阶级分析与社会主义多元主义》，伦敦：艾伦和安温出版社，1986 年。

尼科斯·普兰查斯是这场辩论中的一个关键人物。他试图在马克思主义理论中界定"政治的特殊性"的努力,大体上得到了拉克劳的认可。然而,根据拉克劳的说法,"统领其整个分析的一般假设"削弱了普兰查斯所做出的巨大贡献:"把每一个矛盾简化为一个阶级矛盾,把阶级归属分配给每一个意识形态因素。"①拉克劳提出了一个不同的、完全独创的方法。他认为,阿尔都塞的意识形态主体借以建构的询唤(传唤)过程理论可以应用于政治意识形态分析。这将使我们看到,譬如,非阶级的意识形态因素在将大众民主的主题纳入法西斯主义意识形态结构的过程中发挥作用,看到这些过程在历史上可能是独立于阶级的,或是与阶级联系在一起的,但在任何情况下都不可**还原**为阶级的意识形态。拉克劳认为,在他所描述的特定的历史情境下,法西斯主义意识形态可以被理解为政治话语中的"大众民主"元素的表达,而不是(马克思主义政治分析中常见的)极端保守团体的自然政治话语。拉克劳所说的"大众民主"是指意识形态将其主体称为并建构为"人民"而不是"工人阶级"。拉克劳理由充分地宣称,他对法西斯主义的反思"完美地展示了大众询唤的非阶级性质"。②

有趣的是,在《马克思主义理论中的政治和意识形态》中,拉克劳竭力不让自己过于激进地背离马克思主义公认的智慧。在有一处,他明确地重复了这样的信念,即"我们不打算怀疑生产关系在最终决定历史进程中的优先地位"③:这个表述他现在可能将彻底放弃。更有趣的也许是他为了表达下面二者的关系所提出的说法,即他以灼见所揭示的非阶

---

① 拉克劳:《马克思主义理论中的政治和意识形态》,第113页。
② 同上,第142页。
③ 同上,第135页。

级的意识形态因素与阶级斗争的传统基础之间的关系。有一个片段表明,在那个时期,某种程度上他还没有从马克思主义理论封闭的逻辑中解放出来,转向了一种反常的还原论形式:

> 大众民主询唤不仅没有确切的阶级内容,而且是意识形态的阶级斗争领域的佼佼者。每一个阶级在意识形态层面上同时作为阶级和人民斗争,或者更确切地说,都试图通过将其阶级目标表述为大众目标的实现赋予意识形态话语以一致性。[①]

这之所以有趣,恰恰是因为它用另一只手拿走了拉克劳刚刚给我们的东西:他没有让我们去品尝他曾如此雄辩地解释过的政治意识形态中非阶级因素的完全独立性,而是命令我们在这里恢复"阶级目标"作为争取(如果是隐藏的)大众民主表象议程的奋斗目标。我们将会在讨论拉克劳后来的著作时再次遇到这些模棱两可的状态。

同时,必须要强调的是,拉克劳的著作尽管饱受争议,却对政治意识形态领域的研究产生了巨大的影响。科林·默瑟(Colin Mercer)对意大利法西斯主义的研究就是一个例子。默瑟讨论了由玛丽娅·马齐奥奇(Maria Macciocchi)和其他人曝光的关于墨索里尼歌剧事件的引人入胜的素材:妇女们(为了生产武器)将黄金结婚戒指换成了铁箍,象征她们嫁给了"领袖"墨索里尼。默瑟将这一事件及许多其他事件理论化为社会领域的"性化"和政治的"审美化",认为这些是使大众民主话语在法西斯政治意识形态中自由传播的策略。

[①]　拉克劳:《马克思主义理论中的政治和意识形态》,第108—109页。

他认为这是"对葛兰西的下述主张的一个证明,即在这种性质的政权中,**人民**和**文化**的地带具有关键的战略重要性和预见性",他引用葛兰西的话总结道,在这些情况下,"政治问题被伪装成文化问题"。[1]

这个棘手的问题一直困扰着政治意识形态和"阶级归属"问题,没有比这更清楚不过的了。默瑟从反还原论学派的宠儿葛兰西那里引用的话,向我们呈示了这样的一个葛兰西:他当然以很严肃的态度对待意识形态、文化和民粹主义,最终却把它们当作了"政治的"(在实践中,可以解读为阶级)政治幌子。这就是对葛兰西的解释一直存在分歧的基础。

斯图亚特·霍尔论"撒切尔主义"作为一种政治意识形态的著作,或许是试图将拉克劳的见解运用于对当代英国政治的葛兰西式的阐释语境的最著名的尝试之一。[2] 进入这种思维方式的最容易接近的途径之一可能是,将撒切尔夫人在马尔维纳斯群岛战争爆发时果断地"俘获"的爱国主义的主题,看作之前从未有过的保守党的党派-政治认同。这种做法的成功是惊人的,以至于"爱国社会主义"的理念在英国已经变得有些异乎寻常。长久以来,我们一直听到坚持政府和国家之间的身份认同,正如玛格丽特·德拉布尔(Margaret Drabble)最近所说的,听到"女王陛下忠诚的反对派"这样的旧的议会用语时,我们真的会感到吃惊意外。

斯图亚特·霍尔将"撒切尔主义"当作一种政治意识形态来分析,这种意识形态将有机托利主义(保守主义)的嘹亮主题与复兴的新自由主义的激进主题结合起来,将前者所指

---

① 科林·默瑟:《法西斯主义意识形态》,载詹姆斯·唐纳德、斯图亚特·霍尔主编:《政治与意识形态》,米尔顿·凯恩斯:开放大学出版社,1986年,第237页。

② 参见斯图亚特·霍尔、马丁·雅克(Martin Jacques)主编:《撒切尔主义的政治》,伦敦:劳伦斯和威斯哈特出版社,1983年;尤其是霍尔1979年的论文《伟大的右翼运动秀》,见斯图亚特·霍尔:《艰难的复兴之路》,伦敦:维索出版社,1988年。

的国家、家庭、责任、权威、标准、传统主义与后者所指的利己主义、竞争的个人主义、反国家主义结合起来。[①] 在这一领域的后续著述中,霍尔详细阐述了这些论点,这些论点最初是在撒切尔政府当选之前发展起来的,历史性地讨论了英国政治"战后共识"崩溃给左翼带来的后果。在他更早前的分析陈述中,霍尔集中解释了撒切尔主义是如何不应被视为大众(一个已经倾向于不代表他们真正利益的政治右翼的大众)的某种判断错误,而是应该从反映了人民生活中的实际情况、经历和矛盾的意识形态的发展来看,然后用新的术语来重塑它们。"威权民粹主义"一词的提出就是为了尝试和探索这些思想。

撒切尔主义就其意图(即使不那么成功)而言是"霸权主义"的,因为它的计划是重建社会生活的整体结构,改变主体性和政治身份认同的整个形态,而不是简单地推行一些经济政策。在葛兰西的模式下,斯图亚特·霍尔对这一政治意图做了如下的概括:

> 撒切尔主义政治就其理念和计划而言是"霸权主 244义"的:目标是同时在多个战线上斗争,而不仅仅是在经济合作方面;这基于如下一种知识,即为了真正地支配和重组一个社会形态,政治、道德和知识的领导权必须与经济的主导相结合。撒切尔的支持者们知道,他们必须既要在公民社会也要在国家中"获胜"。[②]

值得注意的是,斯图亚特·霍尔相当多地关注了撒切尔

---

① 霍尔:《伟大的右翼运动秀》,第29页。

② 斯图亚特·霍尔:《威权主义的民粹主义:一个回复》,见《新左派评论》,第151期,1985年,第119页。

主义主题的变化，关注在性别、家庭和性的政治建构中与种族主义和种族政治有关的"有机托利主义"和激进的新自由主义意识形态。因此，如果像我所相信的那样，他的分析经常针对"左派"的读者（尤其是那些人：他们坚持希望，有一天早上醒来会发现这一切都是噩梦，工人阶级已经觉醒过来），尽管如此，他还是把"左派"视为一个在很大程度上存在内部差异并按性别和种族划分的群体。在我看来，斯图亚特·霍尔对撒切尔主义的解释引发了如此多的左翼批评，这是意识形态理论所承载的政治影响力的征兆。鲍勃·杰索普（Bob Jessop）和其他人在对霍尔著作的长篇大论中批评道，霍尔的主要错误之一是"意识形态主义"，或者是在专注于意识形态进程、分析诸如媒体等明显的意识形态机构时存在一种忽视撒切尔主义的"结构性基础"的倾向。① 这是对唯心主义的经典指控，正如我们将看到的，它在当代关于意识形态的辩论中大量出现。霍尔的回答是恰当的：他觉得，仅仅因为战术上引起人们对撒切尔主义重要的特别是意识形态方面的关注而被指责为意识形态主义，是很令人愤怒的。② 对经典马克思主义者来说，关于意识形态的**任何**严肃的思考，在实践中几乎总是过于严肃。

后马克思主义

　　一种政治意识形态的所有要素是否都应被指定为与本标题所述的地位相联系的阶级，这个问题似乎还要经历很长

---

① 鲍勃·杰索普等：《威权主义的民粹主义，两个国家和撒切尔主义》，见《新左派评论》，第 147 期，1984 年。

② 霍尔：《威权主义的民粹主义》，第 120 页。

的争论。然而,这是恩内斯特·拉克劳(到目前为止)的轨迹的终点,它标志着一个非常有趣的点,即马克思主义内部的批判性论点与一些重要的"后结构主义"思想的交汇点,从而挑战了马克思主义作为一种系统理论的可行性。在我看来,不管"范式转变"这个表达已经被经常使用得多么宽松,我们仍然可以说这里存在着一种"范式转变",因为后结构主义思想的哲学构想虽然很难赢得所有人的支持,却带来了对马克思主义必然性的重新思考,而这种反思即将带来一场重大的变革。"意识形态"是其中的一个关键因素;实际上,在我看来,它是辩论的中心焦点,正是因为意识形态理论在马克思主义中所承载的认识论的和政治的重担。

在考虑这种转变时,值得注意的是,拉克劳在他早期的著作中提出了一个预言性的观点,追随阿尔都塞,他表明,严格地说,理论问题永远不会"解决",它们是"被取代的"。这是因为,如果它们可以在现有理论的范围内得到解决,它们就不是这样的"理论"问题了,而是在那种特定情况下应用理论框架的经验主义的或局部的困难。拉克劳说,根据定义,如果存在真正的理论问题(即包含理论逻辑结构不一致的问题),那么唯一的出路就是接受"它不能在理论的假设体系内解决",这意味着理论体系会陷入内部矛盾或冲突。拉克劳认为,从这一点出发,"唯一的出路是否定理论所依据的公理体系,即从一个理论体系走向另一个理论体系"。而且,正如他正确地指出的那样,最初的问题是在新体系中"溶解"的,而不是在旧体系中"解决"的。①

如果你拒绝承认马克思主义是目前不通行的几种一般理论之一这个出发点,那么读拉克劳和墨菲的《霸权与社会

---

① 拉克劳:《马克思主义理论中的政治和意识形态》,第60—61页。

主义战略》就没有多大意义了:他们在导言中明确地指出,
"正如规范化的认识论时代已经结束,普遍性话语的时代也
是如此"。拉克劳和墨菲对马克思主义产生了影响的观点是
后结构主义思想的中心主题,它们构成了更一般的理论视角
的重要组成部分。有时,他们的论点特别得益于(尤其是)德
里达或拉康的理论。在马克思主义和政治理论领域,拉克劳
和墨菲自己构建的这些论点与其他人在譬如文学批评、精神
分析或经济学领域等其他地方提出的论点相辅相成,但又有
所不同。拉克劳和墨菲对马克思主义的理论批判所达到的
深度是值得重点注意的。在我看来,马克思主义者们对他们
的论点作出的回应是不恰当的,譬如有些人将他们个人斥为
背信弃义的前马克思主义者或反马克思主义者。①

246   对拉克劳和墨菲来说,马克思主义是建立在一个政治
"想象"之上的:它是一个社会主义的构想,它依赖于社会各
阶级的利益是预先给定的假设,依赖于工人阶级在本体论和
政治上都享有居于"中心地位"之优势的公理,依赖于政治在
革命建立一个新的、同质的社会秩序后将变得毫无意义的幻
想。拉克劳和墨菲浓缩了一些后结构主义思想的中心主题,
用一句话描述了在最后解体阶段之前的这个"雅各宾派的想
象":"它充满了'普遍的'主体,围绕着单数的历史被概念性
地构建,假定'社会'是一个立足于一定的阶级地位基础可以
通过智力掌握和重构的可理解的结构,通过具有政治特征的
创始行动,可以理解并重构为一个理性的、透明的秩序。"②
对社会和政治理论认识论中的"基础主义"的后结构主义批

---

① 例如,参见艾伦·麦克森斯·伍德(Ellen Meiksins Wood):《退出阶级:一
种新的"真实的"社会主义》,伦敦:维索出版社,1986 年;诺曼·格拉斯(Norman
Geras):《后马克思主义?》,见《新左派评论》,第 163 期,1987 年。
② 拉克劳与墨菲:《霸权与社会主义战略》,第 2 页。

判的影射,对统一主体的(笛卡尔)模型的批判,对作为一个单一线性过程的历史的批判,对指称统治权的男权主义的轻视,诸如此类,在这里都是值得注意的。还有一点值得注意的是,"想象的"(与日常使用的形容词"想象的"不同)当然是一个拉康式的概念,对一些读者来说,这个概念会产生特殊的共鸣。[1]

拉克劳和墨菲坚持认为,他们不是在悄无声息地抹杀马克思主义(对于优秀的德里达的拥护者来说,这当然是一个不可能的计划),而是在某种意义上完成马克思主义:他们是**后-马克思主义者**也是后-**马克思主义者**。正如我们将看到的,这招致了对他们著作的一些批评,认为拉克劳和墨菲本身并没有真正摆脱他们在穿越马克思主义的长途跋涉中所获得的总体主义和本质主义思想的残余。(有人可能会问:如果你想以一种色彩斑驳的彩虹般的组合理论来结束,为什么选择考茨基作为起点呢?)

《霸权与社会主义战略》的实质性论点是以拉克劳和墨菲对葛兰西的解读为基础的,在这里,正如他们所说,"一切都取决于意识形态是如何构想的"。[2] 他们对葛兰西的意识形态和霸权理论的描述,(至少最初)强调了他与意识形态批判理念的决裂,支持积极肯定的(他们称之为"物质的")观点,强调他对意识形态决定性的经济基础/上层建筑模式的拒绝。他们也坚持认为,对于葛兰西来说,"霸权阶级所表达的意识形态要素并不具有必要的阶级归属"。[3]

---

[1] "根据雅克·拉康赋予这个术语的意义(一般是实质性使用的):精神分析领域的三个基本秩序,即实在界、象征界和想象界……"关于这个概念的进一步阐述,参见尚·拉普朗什(J. Laplanche)、让-贝尔特朗·彭塔力斯(J.-B. Pontalis):《精神分析的语言》,伦敦:霍格思出版社,1973年,第210页。

[2] 拉克劳与墨菲:《霸权与社会主义战略》,第67页。

[3] 同上。

对拉克劳和墨菲而言，葛兰西是一个关键性的人物，因为他代表了马克思主义所能达到的最远点和理论问题的内在局限性。因为在他们对葛兰西的解读中，即使是工人阶级的"链接"的角色，也是基于经济位置而被分配给它的，因此，它具有一种必要的而不是他们偏爱的偶然性。因此，他们的最后分析得出，葛兰西的观点是"本质主义"的观点。就工人阶级的特权地位而言，就"经济"这一"本质主义的最后堡垒"而言，它是本质的。

他们以令人振奋的标题"直面后果"作为结论，否认经济是自我调节并受内生法则制约的，否认社会主体最终是在阶级核心中被建构的，否认阶级地位必然与"利益"相联系。新理论的命题可以极简化为两个。它们是：(1)在题为"超越社会的实证性"的章节中阐明的"社会的不可能性"的一般哲学立场；以及(2)在一个阶级本质主义已经被女权主义、反种族主义、男同性恋与女同性恋权利、生态、和平等诸多"新社会运动"的多元化要求所取代的时代，激进民主政治中的主体性问题的理论化。

社会的不可能性

《社会的不可能性》是恩内斯特·拉克劳于 1983 年发表的一篇文章的标题，是《霸权与社会主义战略》①中关于这一主题的更详尽讨论的一个先声。拉克劳和墨菲在文章中提出了一个德里达式的观点：不是说不存在社会这样的"东

---

① 恩内斯特·拉克劳：《社会的不可能性》，见《加拿大政治和社会理论杂志》第 7 卷，第 1、2 期，1983 年。

西",而是说——呼应德里达著名的"文本之外无物"——"'社会'不是一个有效的话语对象。"①

他们这么说是什么意思？这是他们论证过程中决定性的一步,引述这段篇幅更长的话可能不无裨益,因为它包含了许多关键的暗示和一些特征性的"步骤"。他们写道:"每一个整体的不完整性必然导致我们放弃将作为缝合和自定义的整体性的'社会'的前提当作分析的地带。'社会'不是一个有效的话语对象。不存在一个组织确定从而建构整个差异性领域的单一的基本原则。"②从中提取的第一个也是最明显的观点是:拒绝将社会作为一个整体性的模式。诚然,马克思主义者在多大程度上把社会看作一个整体性的整体存在着分歧,但他们肯定倾向于至少把社会看作有界的实体。然而,近年来,这种社会"整体性"的观念受到了新的审视和反思。在社会学中,随着更多微观社会学和现象学方法的兴起,也存在一种我们可以称之为反整体性模式的倾向。这个现象的另一个方面是,目前对有效地基于单个民族国家的社会实体的模型的重新思考:就好像"英国社会学"或"印度社会学"在日益全球化的社会环境中是一个可行的项目。安东尼·吉登斯(Anthony Giddens)对支撑某些"社会"构想的天真假设提出了尖锐的批评,事实上,"全球化思考,本土化实践"的口号最近已经过时了。③

248

[····]

拉克劳和墨菲并没有停留在对社会"整体性"概念的批判上,而是推进到了一个有关社会之"不可能性"的更基本的

---

① 拉克劳与墨菲:《霸权与社会主义战略》,第 111 页;雅克·德里达:《论文字学》,G. C. 斯皮瓦克(G. C. Spivak)译,巴尔的摩:约翰·霍普金斯大学出版社,1974年,第 158 页。

② 拉克劳与墨菲:《霸权与社会主义战略》,第 111 页。

③ 约翰·厄里(John Urry),在萨里大学的演讲,未发表稿,1990 年。

哲学的而非社会学的论点。在讨论这些论点之前，先把他们为分析社会关系提出的相互关联的概念范式做个总结概括，或许不无裨益。他们定义了四个术语：**链接**、**话语**、**时刻**、**要素**，其中第二个术语"话语"引起了最大的争议。**链接**被定义为"在要素之间建立联系从而使它们变成统一身份的任何实践"；**话语**是"由链接实践产生的结构化整体"；**时刻**是"它们在话语中被链接所在的差异性的位置"；**要素**是"没有以话语方式被链接的任何差异"。① 关于这些定义，需要提请注意的最重要的一点是，并不像一些唯物主义者立即得出的结论所认为的，拉克劳和墨菲对"话语"的非常广泛的定义代表着一种令人眩晕的向唯心主义的飞跃。在他们手上，话语概念是一个唯物主义的概念，使他们能够在不同的框架内重新思考对社会和历史现象的分析。他们的话语概念是在一种对传统上支配了马克思主义理论中的"唯物/唯心"分裂讨论的假设进行明确批判的模式下发展起来的，因此不能（或至少不应该）自动地被同化到他们已经断然拒绝的唯物或唯心这对立两极中的某一个位置。它与福柯对"话语"的使用有一些共同之处，但也存在一些重要的区别。我将稍后阐明，无论与他们的话语概念相关联的是什么问题，就其一般的认识论取向而言，拉克劳和墨菲并没有占据他们的批评者们试图将他们推入的"唯心主义者"和"相对主义者"的盒子。

我要暂时离开《霸权与社会主义战略》中备受争议的"话语"概念，转而思考该书中提出的与社会之"不可能性"的定义相关的一系列命题，这些命题在接下来的段落的句子中得到了表述："不存在一个组织确定从而建构整个差异性领域的单一的基本原则。"他们说意义的"绝对固定性"（和绝对的

---

① 拉克劳与墨菲：《霸权与社会主义战略》，第 105 页。

不固定性)是不可能的,这句话意味着什么? 他们的论证的一个复杂之处在于,除了承担自己相当大的重负外,它还运用了其他理论家的概念,这些理论家们之于拉克劳和墨菲的论证的重要性,读者会有不同的理解。为了一窥拉克劳和墨菲的论证方式,我建议看一下这种类型的两个关键概念:**缝合与差异**。

缝合这个术语目前的理论用法来自拉康的精神分析,如拉克劳和墨菲所描述的,[①]如今已经发展到符号电影理论。传统上,"缝合"一词在英语中的意思是"针脚",《牛津英语词典》把这个词解释为"伤口边沿的接合",这个原始的外科医学的意义在兰德里(Landry)和麦克莱恩(Maclean)的评论中被赋予了光鲜、现代的解释:"'缝合'标志着过去身份同一性的缺席,就像割肉愈合后留下的疤痕标志着差异一样。"[②]拉克劳和墨菲给我们呈现了一个皮肤永远裂开的政治体,这就必然要求那些霸权的外科医生在急诊室里不停地履行职责,不断尝试暂时地、艰难地弥合这些裂口。(这个病人从来没有到过康复病房。)他们提到斯蒂芬·希思(Stephen Heath)对缝合的描述,来强调一种"双重的运动"——一方面是拉康的以分裂和空缺为特点的"我",另一方面是同时存在连贯性或"填补"那个空缺的可能性。他们将缝合的概念应用于政治领域的做法也带来了一个观点,即德里达关于解构主义的著作已经产生重大影响:旧的痕迹不能被摧毁,只能作为残存的沉积物保留下来——在新事物极力排斥旧事物的地方,尤其如此。(解构主义是揭示这些被掩盖的痕迹的方法。)因此,拉克劳和墨菲说:"霸权主义的实践是缝合的,因为它们

---

① 拉克劳与墨菲:《霸权与社会主义战略》,第88页,注释1。
② 唐纳·兰德里、杰拉尔德·麦克莱恩:《解读拉克劳和墨菲》。

的运作领域是由社会的开放性决定的，是由每个能指最终的不固定性特征决定的。这种最初的空缺，正是霸权主义实践竭力想填补的。"他们的结论是，隐含在完全缝合的社会的观念中的闭合是不可能的。①

　　拉克劳和墨菲解释道，"意义的终极固定性"的命题受到了"从海德格尔到维特根斯坦"的强大哲学思想的挑战，就我们的目的而言或许更重要的是，受到了后结构主义哲学家雅克·德里达的挑战。现在不是试图总结德里达的观点的时候，但是这里可以提到德里达对意义不是绝对的而是随位置发生变化的这一观点的坚持。德里达阐述了一种语言理论，即，语言是无限的"能指游戏"，语言的意义是通过链条中的差异关系构建的。

250

　　在广泛的现代社会理论中，**差异**已经开始充当这种语言研究方法的典范，并成为拒绝绝对意义，或者像拉克劳和墨菲所说的，拒绝意义的"终极固定性"的标志。在这一点上，他们引用了德里达在《书写与差异》中的概括，即话语概念是一种"与我们的文本相符"的方法。德里达写道：

　　　　这是语言侵入普遍的或然性问题的时刻［他给出了尼采、弗洛伊德和海德格尔作为现时的例证］，在没有中心或起源的情况下，一切都变成了话语——只要我们能同意这个词语——也就是说，都变成了一个系统，在这个系统中，核心的所指，原始的或先验的所指，永远不是绝对地存在于差异的系统之外。先验所指的缺席无限地拓展了意义的领域和意义的游戏。②

----

①　拉克劳与墨菲：《霸权与社会主义战略》，第88页，注释1。
②　同上，第112页；雅克·德里达：《书写与差异》，伦敦：劳特里奇与凯根·保罗出版社，1978年，第280页。

因此,对于拉克劳和墨菲来说,话语"被建构为试图主导话语性领域、阻止差异性流动、建构一个中心的努力尝试",参照拉康的"**缝合点**"(将意义固定在一个链条中的有特权的能指),他们把"这种具有部分固定性的特权话语点"描述为**节点**。①

就社会的不可能性而言,我们可以在拉克劳和墨菲的研究视角中发现对拉康和德里达的紧密而有力的融合。这些意象和隐喻跨越了精神分析、哲学和政治学领域的划分,其指导原则是分析总是-已然(always-already)(实际是本质上的)的分裂和去中心的事物与"缝合"霸权的一致性计划之间的张力,无论这个分裂的和去中心的事物是拉康的心理还是德里达的含义。因此,拉克劳和墨菲得出的结论是:"如果社会不能设法将自己固定在一个社会的可理解的和既定的形式中,那么社会尽管存在,也只是作为一种构建那个不可能的目标的努力。"②"社会"是社会之操作的不可能的客体对象,我们可以说,就像"雅各宾派的想象"充当了一个政党之操作的空想和虚幻的前景。

令人不满的术语"新社会运动"

在将社会构建为一种"不可能性"的过程中,如果拉克劳和墨菲借鉴德里达和拉康等其他后结构主义思想家的思想,即使是最严厉的批评者也会承认,在对"新社会运动"的分析中,拉克劳和墨菲创造性地、极具影响力地推进了政治思想

---

① 拉克劳与墨菲:《霸权与社会主义战略》,第112页。

② 同上。

的发展。关于目前人们对他们的著作产生的浓厚兴趣，一个显而易见的解释是，这说明了一个问题：对社会阶层而不是与之对立的性别、种族、年龄等其他显著区分的重视，在跨越传统的左/右光谱的学术分析和实际政治活动中，都牢牢占据了主要的位置。

在学术阵线，我们已经看到了围绕这个话题的各种争论，(毫不奇怪)这些争论主要发生在马克思主义的社会学、政治学和经济学研究中。在一定程度上，这些争论涉及大规模的理论化，这种理论化需要将马克思自己的概念和描述应用于其阶级结构和关系在随后的一个世纪里发生了根本性变化的社会——在这里，人们可以示意性地指出以下论争：围绕埃里克·奥林·赖特（Erik Olin Wright）和卡切迪（Carchedi）论阶级的著作的辩论，围绕从普兰查斯关于政治和阶级的著作、经济学家史蒂夫·雷斯尼克（Steve Resnick）和里克·沃尔夫（Rick Wolff）领导的"反思马克思主义"革命中不断产生的那些问题的论争，以及，事实上，我们还可以提到在"理性选择理论"这一总括性标题下所知的重大发展，因为这个理论继续横扫我们仍然可以粗略地称之为马克思主义的领域。在所有这些争论中，都存在一种与**非阶级**划分的现实情况相结合的可能性，但（为了巧妙地表达这种情况），在许多情况下，这仍然是一种需要把握的潜力，而不是一个棘手的问题。

在一定程度上，围绕阶级的学术争论也是在与女权主义者的著作进行有意识的对话中进行的，是在与试图从民族认同、民族主义政治、种族性和种族主义问题来重新思考阶级的人们的著作的有意识对话中进行的。或许值得强调的是，社会科学领域对"阶级至上"的挑战已经变得多么丰富和多样：现在存在着各种各样的思想流派，都致力于研究诸如住房或者说生命周期效应如何跨越关于社会阶级决定性作用的宝贵假设。因此，一个激进的新的政治理论化——阶级在其中的标志性因素从它的特权地位发生戏剧性转移——显然将引起许多人的极大兴趣。（为什么拉克劳和墨菲的著作在文学批评理论方面受到如此广泛的关注，这是一个更为复杂的问题，我在这里就不展开论述了。）

从现实政治的角度看，《霸权与社会主义战略》无疑讨论了一个具有很强针对性和重大意义的问题。这对四面楚歌的左派来说或许是最为明显的，左派不仅要在各种不同的语境情况下重新思考它本身的阶级形象，更要全面地重新思考它在"左派"政治中应该扮演的角色，在"左派"政治中，它与环保主义、同性恋权利、女权主义、反种族主义等主张相互竞争。众所周知，这一问题的争论近年来引起了左派的极大关注。从某些政治互动中产生的"联合政治"正是这本书在理论层面上所阐述的内容，1988年杰西·杰克逊（Jesse Jackson）竞选美国总统或许是其近年来最显著的例子。然而，考虑到是右翼和中间派（当然是在英国和美国）表达了这些新的联系和意义，我们根本不应该认为这种现象只限于左翼政治。

出于对人们预言的他们正在走向右倾的指责的敏感，拉克劳和墨菲提出，他们对社会阶级偶像崇拜的破坏为一种新的政治激进主义铺平了道路：

> 一方面，拒绝特许的断裂点，将各种斗争汇合到一个统一的政治空间；另一方面，恰恰相反，接受社会的多元性和不确定性，在我们看来，这似乎是一个新的政治想象可以建立的两个根本的基础，其目标比经典左派的更具激进的自由主义特征，更雄心勃勃。[1]

---

[1] 拉克劳与墨菲：《霸权与社会主义战略》，第152页。

在最基本的层面上，"新社会运动"一词在拉克劳和墨菲等人看来并不令人满意，因为它暗含了自己的历史边缘性。准确地说，这些都是"新的"运动，因为它们**不是阶级**运动，只要我们使用这种指称方式，这种回头指涉阶级的做法就会一直存在。本文所指的是一种现象，拉克劳和墨菲试图历史性地将这种现象置于 1945 年后劳动过程、国家和文化传播之变的网络之中，置于在与日俱增的社会关系中以一种新颖的方式被表达的新的对立的网络之中。实际上，阶级运动这一术语汇集了各种各样的斗争，譬如"城市的、生态的、反独裁的、反体制的、女权主义的、反种族主义的、种族的、地区或性少数群体的"。① 拉克劳和墨菲于这些斗争中看到了对立在更广阔领域的表达，这些领域超越了马克思主义定位的阶级冲突所处的传统的工作场所，他们指出，譬如，消费、服务和生活环境都是这些新冲突的场所。

他们不仅将这种对立大大地拓展到马克思主义分析中一直起作用的界限之外，而且认为，战后（西方工业资本主义）社会的官僚化催生了社会关系管制的新形式。因此，他们改写了福柯和雅克·董泽洛（Jacques Donzelot）的论点，将"先前被认为构成了私人领域一部分的、多种形式的警戒与管制加之于社会关系的强迫过程"看作战后官僚化的"后果"。② 拉克劳和墨菲认识到，在"福利国家"背景下，围绕着政治反抗存在着人们熟悉的政治含混性，他们于这些斗争里面发挥作用的各种因素中看到了一个全新表达的社会"权利"的广阔领域。在某种意义上，诸如"正义"和"平等"这样的范畴已经脱离了自由主义的语境，在民主政治的话语中得

253

---

① 拉克劳与墨菲：《霸权与社会主义战略》，第 159 页。
② 同上，第 162 页；参见雅克·董泽洛：《家庭治安》，伦敦：哈金森出版社，1980 年。

到了明确的表述。拉克劳和墨菲在这里总结道,商品化和官僚化以及自由民主政治意识形态的重新阐释,构成了我们理解社会冲突扩大和新政治主体构成的背景,他们反过来又将之描述为"一个民主革命得到深化的时刻"。①

但是,他们补充道,新的"战后霸权主义形态"的第三个方面——大众传播的扩散和传统的文化同一性的退却——扮演了重要的角色。拉克劳和墨菲认为,文化大众化的含混不清将主体询唤为理论上平等的消费者,并提供一些具有颠覆性潜力的元素,在这种含混不清中,他们看到了社会生活的一种普遍同质化。在一段非常有趣的文字中,他们指出,对这一点的抵制往往采取"特殊性的扩散"和"差异性的价格管控"形式,那些旨在创造新的文化身份同一性的人尤其会采取这样的形式。在这些由于表面的个人主义而招致左派轻视的自治要求中,拉克劳和墨菲看到了对"自由"的需求的重新表述,而这是民主想象的中心主题之一。②

在考虑拉克劳和墨菲的总体论点时,人们可能想把注意力集中在他们所描述的"等价逻辑"上。这可以做如下解释:法国大革命是民主想象发展过程中的一个重要时刻,它催生了一个等级制的社会秩序("由社会秩序有其神圣意志基础的神学-政治逻辑统治"),在这种社会秩序中,政治话语只能是对不平等的生产与再生产。(一个引人注目的例子是臭名昭著的英国赞美诗:"富人居于城堡,/穷人居城门下,/上帝使人有尊卑,/使其住所有贵贱。")在此让我引用拉克劳和墨菲的一句关键的话:"与古代政权的这一决裂以《人权宣言》为象征,它提供了一个话语条件,使我们有可能将不同形式

---

① 拉克劳与墨菲:《霸权与社会主义战略》,第163页。
② 同上,第164页。

的不平等视为不合法的和反自然的,从而将它们看作各种压迫形式的等价物。"①于是,产生了"等价逻辑":我们已经从一个主体在其中被有所区别而命中注定其位置的社会秩序,转向了一个民主设想可以通过政治话语进行自我表达的社会秩序,这种政治话语把那些区别定位作为斗争的对象。因此,民主革命带来了一种对等逻辑,一种通过关于"权利""自由"和"平等"的新的话语论述对本质上被建构为平等的主体进行比较的逻辑。

拉克劳和墨菲对"等价"观念的使用,其核心是模棱两可、含混不清的。首先,民主想象中的"反自然"因素如何能够不滑入他们向来痛惜的人道主义和本质主义的陷阱而一直运作、发挥作用,这一点不甚清晰。其次,"等价"是否被建构为它所时而暗指的"平等";参考化学上的等价用法,即化合价中元素质量的相等,是否能够更恰当地把握拉克劳和墨菲的等价逻辑,这些问题还都存在着一种更令人困惑的模糊性。这将强调等价的观念,但同时又引入了平等与——准确地说——差异之间的紧张关系,这种紧张关系很难与民主平等的"一人一票"逻辑相符。

然而,等价逻辑有一个中心论点是毫无歧义的,这就是相对于民主想象这一先位范畴,阶级所占据的次要地位。拉克劳和墨菲写道,社会主义要求不仅是"内在于民主革命的一个时刻",而且"只有在等价逻辑建立的基础上才能理解"。② 他们在早些时候写道,马克思曾试图根据一个新的原则——阶级的原则——来重新思考社会划分,但这一点从一开始就被"一种完全的不充分性"所损害,因为阶级对立无

---

① 拉克劳与墨菲:《霸权与社会主义战略》,第 155 页。
② 同上,第 156 页。

法将整个社会主体分为两个对立的阵营；他们还评论道，马克思（关于资本主义社会日益两极分化）的社会学预言是努力将一个简化的未来图景投射到社会世界上，而这个社会世界在马克思那个时代并不符合粗糙的阶级-还原模式。[①] 因此，总的来说，我们可以把马克思主义对阶级的关注看作一种政治要求的表达，其前提条件是前一个世纪的民主革命。因此，拉克劳和墨菲认为，不需要随之而来的对立，不需要表达那些被压迫人民要求的"新"的社会运动，将位置在社会阶级是一个基本原则的基础上让渡给阶级。在他们的分析中，这只是在民主政治话语的范围内表达出来的众多矛盾之一。

后马克思主义、话语与意识形态

在思考《霸权与社会主义战略》所提出的问题时，有几个必须着重考虑的因素。我之所以如此认真严肃地看待该书对马克思主义的批判，出于两个原因，这两个原因都与马克思主义争论中长期未解决的难点有关：第一个是社会阶级问题，在某种政治环境中，除了极"左"和极右的教条主义者外，每个人都日益清楚，社会的不平等和政治上的差异根本不可能被合理地归入阶级问题，也不能被简化为阶级问题。因此，任何倡导以新的方式思考这些不同的政治斗争的尝试，都应该受到欢迎和考虑。

第二，尽管采用了一种不可预测的方式（对此我将做出解释），拉克劳和墨菲的论证处理了如何将意识形态概念理论化这个棘手的问题。我说这是一个棘手的问题，但它的棘

---

① 拉克劳与墨菲：《霸权与社会主义战略》，第151页。

手之处有着特殊的历史，对某些人来说比对其他人更为突出。粗略地说，在女权主义的"社会主义"版本中，有人试图用意识形态的概念来理论化资本主义社会对妇女的压迫，但这仍然是有问题的，因为这一理论本身被嵌入以下的分析中：这种分析不仅论证/假设阶级至上，而且通常用决定论的模式来解释意识形态，譬如，"经济基础和上层建筑"的隐喻。接下来的问题是由我早前的一本著作的论证提出的，在那本旧作中，根据约翰娜·布伦纳(Johanna Brenner)和玛丽亚·拉马斯(Maria Ramas)的说法，"意识形态是巴雷特的解围之神，是她摆脱马克思主义还原论的困境/社会主义女权主义思想的二元论唯心主义僵局的手段"。他们和其他批评家们想知道，在资本主义社会里，这种压迫妇女的意识形态的物质基础是什么？[①] 拉克劳和墨菲拒绝了马克思主义的"阶级本质主义"的逻辑，提供了反对马克思主义分析中赋予阶级自动特权的许多论据，尽管颇受争议，却正中了这个问题的要害。

在一定程度上，这是一场"阶级政治"的危机，而且，正如理查德·赖特(Richard Wright)在一篇评论中提到巴里·辛德斯和艾伦·伍德的不同回应时指出的，它还产生了两种极端的反应：一种是脱离了马克思主义模式之理论预设的实用主义的阶级研究方法；另一种是对古典阶级政治的重申。[②]之所以会发展出这样的极端反应，原因在于，支持性别在阶级中的复杂性和特殊性而反对所谓阶级真理的不断扮演的立场，进行这种详尽论证的立场是不可行的，而论争的"中心"也日益被抽空。饶有趣味的是，正如在社会科学中所显

---

① 约翰娜·布伦纳、玛丽亚·拉马斯：《反思女性压迫》，见《新左派评论》第144 期，1984 年，第 68—69 页。

② 理查德·赖特：述评，《反思马克思主义》第 1、2 期，1988 年，第 170 页。

现的,试图调和阶级和性别主张之间的矛盾的理论模型被证明不足以解决(对某些人而言)"较新"的种族和种族主义的问题。我在其他地方已经提出过,已经被竭力思考阶级和性别之相互关系所拖累的现有的社会结构理论,似乎很难将系统性不平等的第三轴心融入它们的概念地图中。相比之下,我们很容易指出,在上述结构/形态的限制并没有阻碍对新问题之探索的那些学科和流派中,结合了这三方利益(阶级、种族和性别的"神圣三位一体")的研究工作确实在激增。[①]

在这里,我们可以补充相关的一点,拉克劳早期作品的总体倾向是拒绝政治意识形态的"阶级归属"维度,这证明它是一个用细致入微的方式思考政治话语的有用框架。我之前已经提到了这项工作对科林·默瑟和斯图亚特·霍尔等人探索诸如民族主义(葛兰西式的"民族-人民")、爱国主义和撒切尔主义的影响。"政治话语"是一个能够容纳得到表述的各种群体、需求和利益的概念,它为性别分析开辟了道路,而性别分析从定义上在政治意识形态的"阶级反映"学派中被边缘化了。松散地汲取了"早期拉克劳"的思想观念,我们显然将当代政治话语的一些分析看作性别的:它们思考了女性主义和反女性主义、"家庭"和性的建构,或对女性生殖权利的阐述和否认等是通过什么方式在话语中发挥作用的。[②]

然而,《霸权与社会主义战略》究竟在多大程度上真正实现了其彻底废除阶级特权的颠覆性计划,这还有待观察。说这句话并不是为了"抓住你用社会这个词"而小题大做,而是

---

① 巴雷特:《今日的女性压迫》,第 x 页。

② 参见斯图亚特·霍尔的著作,尤其是《撒切尔主义的政治》;吉尔·赛德尔(Gill Seidel)编:《右翼的本质》,阿姆斯特丹:约翰·本杰明出版社,1988 年;茹斯·莱维塔斯(Ruth Levitas)编:《新右翼的意识形态》;米歇尔·琼等人:《魁北克的民族主义和女权主义》,见 R. 汉密尔顿、M. 巴雷特编:《多样性的政治》,伦敦:维索出版社,1986 年。

为了解决一个更严肃的问题,这个问题在与大多数后结构主义研究的关系中浮现出来。我们正在讨论的文本在其他地方明确拒绝的元素(通常是后现代主义者所称的"元叙事")侵入或改头换面地回来了。

就拉克劳和墨菲而言,我们在这里回到他们的后马克思主义问题。让我举一个例子,在阐述战后社会秩序的霸权主义转变那个章节的论证中,他们在新的社会运动中定位了新的社会对立的出现及其表达。① 他们的命题顺序以及其中阐述的因果关系模型不符合"偶然性"的逻辑,但完全符合马克思主义传统思维模式的特征。如果我们先看论点的顺序,会惊讶地发现,在他们对新的霸权社会形态的历史重建中,他们自动地首先转向了"经济的观点",并借鉴米歇尔·阿列塔(Michel Aglietta)的研究著作,根据商品化这个马克思主义最正统的概念展开了分析。接下来,我们看到了对环境和城市问题的简短记录,然而,有趣的是,关于这些问题并不是通过任何等同于商品化的概念来论证的。下一步(相比之下,我们发现官僚机构化的概念被调动起来了),拉克劳和墨菲实际上转向了国家,然后转向了政治表达和自由民主意识形态的重新表述。古典马克思主义的思维模式——经济,然后是国家,然后是意识形态,然后是"文化"——再加上大众传播的"重要方面"及其新的文化形式,就得到了彻底的完成。因此,无论他们在理论上如何断言经济是"本质主义的最后堡垒",毫无疑问的是,在该书提供了实质性的社会/历史叙述的仅有的几处地方之一,它完全按照自己的顺序再生产了经济主义和决定论逻辑。

在这一点上,论证的内容也是如此。关于这一时期资本

---

① 拉克劳与墨菲:《霸权与社会主义战略》,第 160 页起。

主义发展的论断,关涉到资本主义关系向以前的非资本主义领域的扩张,但它依赖于一个非同寻常的资本主义建构,这个结构的建构是关于"商品化"的,而不必然是关于劳资矛盾的。他们写道:"今天,个体不仅作为劳动力的卖方服从于资本,而且通过个体(他/她)融入文化、休闲、疾病、教育、性,甚至死亡等各种其他的社会关系,服从于资本。实际上,个人或集体生活中没有一个领域可以逃脱资本主义的关系。"①对这一现象的整个讨论非常有趣,因为它不加批判地安然置于马克思主义对这一历史进程的解读之中,而这一历史进程长期受到来自两个方面的挑战,一个方面是福柯/董泽洛的关于"社会"的历史出现的立场,另一方面则是女权主义者坚称的非资本主义的权力关系在"私人领域"世界的作用。②因此,尽管拉克劳和墨菲注意到妇女在传统社区网络中的从属地位,表明了倾向女权主义的姿态,但他们对福利国家和劳动力再生产采取了高度"功能主义"和"还原论"以及经典正统的"马克思主义"表述,而这种表述受到了女权主义者的明确批评。有趣的是,他们的"资本主义"的构成仍然是争论中的一个基本的和悬而未决的动因,然而,他们对这个动因的存在总体上持挑战的态度。

如果这一切都是说,拉克劳和墨菲"还是太马克思主义"了——这是兰德里和麦克莱恩在解读《霸权与社会主义战略》时的观点立场③——那么,这与人们通常对这本书的反应基调大相径庭。从马克思主义的观点来看,这些反应大多采取了与拉克劳和墨菲的论证背道而驰的论战形式。随手

---

① 拉克劳与墨菲:《霸权与社会主义战略》,第161页。

② 董泽洛:《家庭治安》;莱昂诺尔·戴维杜夫(Leonore Davidoff)、凯瑟琳·霍尔(Catherine Hall)对"私人领域"的性别特征作了不同的描述,见《家庭财富》,伦敦:哈金森出版社,1987年。

③ 兰德里与麦克莱恩:《解读拉克劳和墨菲》。

举一个例子,艾伦·伍德指责他们"不仅对马克思做了惊人的误读,也是推理的实质性失败"。① 这些争论中有许多都是关于阶级在马克思主义理论和实践中的首要地位的一种多元论重申,但有些问题还是值得简要地再概述一下。其中之一就是唯物主义的问题,以及拉克劳和墨菲对话语/非话语区分的拒绝是否必然使他们成为"唯心主义者"的问题。我在前面已经说过,事实并非如此,他们对"话语"这个范畴的使用,相对于人们所说的"真实世界"来说是站得住脚的:最基本的一点是,话语**是**"真实的"。在他们对诺曼·格拉斯(Norman Geras)的批评的答复中,拉克劳和墨菲用了一些例子来解释他们使用"话语"这个术语的意义,在书中,这一术语被定义为链接实践的结构化整体。首先——但这是一些误解的根源——他们将语言的和非语言的现象都包括到话语范畴里——话语不是文本、讲话或类似的东西。这个词主要与**意义**有关,他们给了一个足球的例子(格拉斯认为这是"摆派头",但其他人认为有用):

> 如果我在街上踢一个球形物体,或者在足球比赛中踢一个球,**物理**事实是一样的,但它的**含义**是不同的。只有在与其他物体建立起一套关系系统的程度上,这个物体才是一个足球,而这些关系不是仅仅由物体们可参照的物质性所给予的,而是社会建构的。②

这个例子很有帮助,因为它回答了那些认为他们对话语这一术语的使用某种程度上威胁了本体论现实的人:他们不质疑可参照的物质性("一个物体的话语特征无论如何绝不

---

① 艾伦·伍德:《退出阶级:一种新的"真实的"社会主义》,第 59 页。
② 拉克劳与墨菲:《无需辩解的后马克思主义(对诺曼·格拉斯的回复)》,见《新左派评论》,第 166 期,1987 年,第 82 页。

会使自己的**存在**陷入问题,受到质疑"),但坚持认为,必须通过理解实体在社会建构的规则体系(或话语)中的位置来理解它们的意义。我们可以补充一句,适用于足球的,同样也适用于坦克、警马、监狱、战斗轰炸机和任何其他镇压工人阶级的物质附属品。拉克劳和墨菲并不是将一切"瓦解"或"溶解"成话语,而是坚持认为,除非将话语范畴进行语境化(无论是科学的、政治的或是其他的语境),否则我们就不能理解或思考非话语性的东西。

与此相关的是相对主义的问题。人们有时会认为,拉克劳和墨菲一定是站在认识论的相对主义的立场上,但事实远非如此。正如我们很容易注意到的,虽然"真理"在他们的参照框架内总是具有理论语境的,但在他们自己的理论论述中却不乏真理的主张。这里有一个有趣的例子,就是他们对意识形态问题的处理,因为长期以来,意识形态问题一直是分配现实利益、正确的意识等方面的绊脚石。拉克劳和墨菲是如此依赖于认识论的安全稳妥性,以至于他们在自己的模型范围内,甚至也承担了那个古老的难题:如果人们自己并不认为受到了压迫,那么他们是否可以被称为"被压迫的"呢?这是他们在"从属"和"压迫"之间作出的一个引人入胜的区分的主题:前者只是标记了社会主体之间的一系列不同的立场,而后者则需要话语**之外**的一个点,从这个点出发,为了"压迫"能够存在,从属话语可以被打断。对于那些仍然将相对主义与话语特权联系起来的人,让我引用他们对"支配关系"的定义:"那些关系……从外在于社会主体的视角或判断来看,被认为是不合法的。"①这些从判断的外部因素而不是评判者的立场自然而然说出来的自信满满的表述,并不是

---

① 拉克劳与墨菲:《霸权与社会主义战略》,第154页;另见理查德·罗蒂:《实用主义的后果》,明尼阿波利斯:明尼苏达大学出版社,1982年,第166—167页。

"相对主义的",从认识论的角度来说很难证明是错误的。

因此,发现拉克劳和墨菲为我们提供了对意识形态的"批判的""认识论的"观点的辩护,也许并不令人惊讶,不过这当然是从根本上重新阐述的一种辩护。可以说,在《霸权与社会主义战略》的某些论证中,对于拉克劳和墨菲而言,某种东西"本质上"具有这样或那样的特征,这是一个重要的认识。在拉克劳的文章《社会的不可能性》的结论中,可以找到认识论与我曾指出的关于意识形态的普遍关注之间相互作用的关键点。在结论部分,拉克劳阐明了他们"反本质主义"的坚实的认识论基础:"我们之所以脱离了误识的概念无计可施,恰恰是因为,如果不引入误识的范畴,'社会主体的同一性和同质性是一种幻想'这一断言就不能得到表述。"因此,拉克劳得出结论,意识形态的范畴和误识的范畴都可以保留,但要通过颠倒它们因袭的传统内容:他认为"意识形态不会包括对积极本质的误识(例如,对真正的阶级利益的错觉),恰恰相反,它将包括对任何积极性的不稳定特征的不承认,对任何最终缝合的不可能性的不承认"。[①] 因此,这里提出的实质性论断——意识形态是将闭合试图强加给社会世界的一种徒劳的尝试,而这个社会世界的本质特征是差异的无休止的嬉戏以及确定最终意义之不可能性——与马克思主义内部(对某些人来说,自相矛盾地)保留下来的知识和意识形态"误识"之间的传统区别是属于同一个框架的。

总的来说,对马克思主义者而言,透过拉克劳和墨菲的眼镜来看待世界未尝不是一件好事,即使只是一个实验性的(但必须是思想开放的)时期。这确实会有醍醐灌顶、身处异地的感觉,尽管对他们的论题进行了详尽的论证,但人们还

---

① 拉克劳:《社会的不可能性》,第 24 页。

是感觉到，他们一觉醒来，对"社会"的看法完全不同了。这是对保罗·赫斯特（Paul Hirst）与阿尔都塞之间区别的一种可能的解释："他构想社会关系……而我，思考社会关系……"这段话之所以显得有趣，是因为它对简单的观点差异的断言轻描淡写而深思熟虑，稍涉对权威的暗示。过去人们对此争论很多，但现在只有视野的不同，而不是观点的差异。

也许人们可以与智商测试所依据的正常曲线做一类比。暂且不谈智商测试是否受文化限制或是种族主义影响这些细枝末节，我们来考虑更基本的问题，即智力是否在回归平均值的"正态分布"基础上通过人口产生。严格地说，这不能也不可能得到证明，但人们在只有这个假设成立才有意义的前提下继续"测量智商"。拉克劳和墨菲的某些论点，可以从它们是否实质上准确的层面（如果愿意，你也可以说，智商测试在其自身条件下是否客观的层面）来回答，但他们的某些论点具有典型的"后结构主义"特征，因为它们将我们从最初的参照系中拉离出来（否认或质疑关于正常曲线的命题，从而消解整个任务的合法性）。这类争论中最有趣的例子，是《霸权与社会主义战略》中对社会背景下"积极性"与"消极性"问题的处理，我想在此结束这场讨论。

奇怪的是，"积极的"这个词被当作一个否定词，这确实令人困惑不安，但在拉克劳和墨菲的文本中，它确实是这样出现的。倡导"超越社会积极性"的运动意味着什么？我曾试图在"社会"的不可能性的语境以及"社会总是试图缝合而不是完全封闭"这一命题的语境下来解释这意味着什么。然而，从更一般的角度来说，拉克劳和墨菲与现代哲学的这样一条主线相互协调：冠以对消极性的欢庆、某种虚无主义、对破坏/解构的喜悦、强调无意义等标题的哲学思潮。正如书中所提到的，在现代欧洲哲学中，从萨特的存在主义到现象

261

学传统更"消极"的一面,在海德格尔、尼采和维特根斯坦的部分作品中,都可以找到这些思潮。从这个意义上说,当代后结构主义在 20 世纪的欧洲哲学中有着悠久的历史,这也是我们需要阅读拉克劳和墨菲的背景。他们的独特性在于,通过这些思想观点的透镜展开了对马克思主义政治思想传统进行严格的重新介入或重新解读的计划。

他们计划的核心是重新认识到马克思主义提供了这种"消极"世界观的一些要素,但就其倾向性而言,大体上有一种蒂姆帕纳罗(Timpanaro)所说的"必胜主义"导向。马克思主义诞生于一个自信的时刻,确切地说,诞生于一个帝国主义的时刻,它在马克思关于人性和人类劳动的创始思想中表达了对自然世界"维多利亚式"的征服感。① 正如拉克劳所说:"否认马克思主义中存在这种控制力/透明性/理性主义的维度是荒谬的。"在总结他认为鼓舞人心的马克思主义的"消极"维度(消极性、斗争性、对抗性、不透明性、意识形态、现实与感觉之间的差距)时,拉克劳缴械般地评论道,要使这种解读成为可能,人们不得不忽略至少一半的马克思著作。② 正因为如此,《霸权与社会主义战略》才是"后马克思主义"的。拉克劳在我现在引用的那篇稍晚的文章中,将消极维度视为最根本的维度:"它[消极的时刻]在理论话语中只是吉光片羽,仅仅片刻之后,便消解为将它重新吸收的完全的积极性——作为其局部过程之综合的历史和社会的积极性,作为历史动因的各社会阶级的主体积极性。"③

毫无疑问,拉克劳和墨菲应用于马克思主义的"积极性"

① 参见塞巴斯蒂安·蒂姆帕纳罗:《论唯物主义》,伦敦:维索出版社,1980 年。
② 恩内斯特·拉克劳:《精神分析与马克思主义》,见弗朗索瓦·梅尔策(Françoise Meltzer)主编:《精神分析的试验》,芝加哥大学出版社,1988 年,第143 页。
③ 同上,第 142 页。

批判和"本质主义"思想的批判,是他们对各种各样的思想提出更广泛挑战的两个方面。我刚才提到的《社会的不可能性》这篇文章,实际上是拉克劳对马克思主义的"解读"(现在是"后马克思主义")与精神分析之比较要点的思考。在文章中,拉克劳提供了拉克劳/墨菲的霸权概念(错位、试图缝合)和拉康的"空缺"概念之间的一些联系,他建议"围绕将能指的逻辑当作一种不平衡和错位的逻辑"①有可能将后马克思主义和精神分析学结合起来。然而,拉克劳在这一点上没有提到的是,这种精神分析的解读要求我们忽略不仅一半而且几乎是所有的"精神分析",并采取严格的拉康式的阐释。因为大约90%的精神分析都背负着本质主义的重负,事实上,只有拉康式的理论改造剥除了它的这些积极性。因此,讨论"后精神分析"与后马克思主义的融合可能更为恰当。

在这一点上,我们可以转向查尔斯·詹克斯(Charles Jencks)对"后现代主义"这一混合术语所包含的"矛盾的二元论"的有益评论,他写道,它同时既是现代主义的延续,也是现代主义的超越。② 拉克劳和墨菲也是如此,他们的著作在某些方面仍然被锁定在马克思主义的框架内,而在另一些方面则突破进入了一个全然不同的哲学参照系。

---

① 恩内斯特·拉克劳:《精神分析与马克思主义》,见弗朗索瓦·梅尔策(Françoise Meltzer)主编:《精神分析的试验》,芝加哥大学出版社,1988年,第144页。

② 查尔斯·詹克斯:《什么是后现代主义?》,伦敦:学术出版社,1986年,第7页。

第12章　关于信念与日常生活的一次访谈

皮埃尔·布尔迪厄（Pierre Bourdieu）

特里·伊格尔顿（Terry Eagleton）

特里·伊格尔顿：您好，欢迎光临。* 皮埃尔·布尔迪厄和我将讨论我们新书中的一些主题——主要是他的著作《语言与象征权力》，还有我的著作《意识形态》。① 之后欢迎提问和评论。

　　皮埃尔，我想对您表示欢迎，这是您对本国难得的一次访问。我们很高兴见到您，并阅读到这些翻译的文章。您作品的一个主题是，语言是——也许更是——一种权力和行动的工具，而不是交流的工具。这个主题贯穿了您的整本书，据我看来，而且导致了您对任何纯粹的符号学怀有完全的敌意。您想考虑的是您所说的"话语产生的社会条件"，我猜想，还有话语接受的条件。换句话说，您在证明谈话和话语中重要的不是语言本身固有的某种权力，而是支持它的那种权威或合法性。这就使您调用了一些概念，我想，我们很多人在您的其他作品中都很熟悉这些概念，比如"象征性权力""象征性暴力""语言资本"等等。我想请教您，我是否正确地理解了这一点，并请您解释一下这些过程是如何与意识形态

────────

　　* 以下是1991年5月15日皮埃尔·布尔迪厄和特里·伊格尔顿在伦敦当代艺术学院举行的"观念谈"系列之一的编辑文本。

　　① 皮埃尔·布尔迪厄：《语言与象征权力》，剑桥，1991年；特里·伊格尔顿：《意识形态》，伦敦，1991年。

概念联系起来的——它们是同义词,还是意识形态对您来说是完全不同的东西? 意识形态概念有时会出现在您的著作中,但在这本书中,它并不是关注的焦点。

266

皮埃尔·布尔迪厄:感谢您对拙著所说的一切;您只用寥寥几句话就概括了这本书的主旨,所以现在我回答这个问题就容易多了。事实上,我有意避免使用"意识形态"这个词,因为正如您的书所表明的,它经常被人误用,或者以非常模糊的方式被使用。这似乎传达了一种不信任感。将一个陈述描述为意识形态的,这种做法通常是一种侮辱,因此这样的归属本身成为一种象征性的支配手段。我试图用"象征性统治""象征性权力"或"象征性暴力"等概念代替意识形态的概念,旨在竭力控制对意识形态的某些用法或滥用。通过象征性暴力的概念,我试图让人们看到一种未被察觉的日常暴力的形式。例如,此刻在这个礼堂里我感到非常害羞;我很焦虑,难以表达我的思想。我处于一种强烈的象征性暴力之下,这种暴力与下述事实相关:这不是我的语言,我在听众面前感到不自在。我认为意识形态的概念不能传达这种感受,或者它会以一种更普遍的方式来传达。有时我们必须更新概念——首先,要更准确;其次,要使它们更生动。我确信,您也赞同下面的观点,即意识形态的概念已经被这般使用和滥用,以至于不能再起任何作用了。我们不再相信它;而掌握更行之有效的概念显得非常重要,譬如,在政治用途上。

伊格尔顿:这促使我解释为什么我仍然要写意识形态,尽管我同意您所说的,意识形态概念经常模糊不清,而且流通散布着许多不同的意识形态概念。我的书部分是为了澄清这个概念。我也认为,现在有一些原因,导致意识形态的概念似乎是多余的或冗赘的，我也试图在书中对这些原因做出思考。第一个原因：意识形态理论似乎依赖于一个表征的概念，某些表征模式已经受到质疑，意识形态概念因此也受到质疑。第二个原因也许更有趣：人们现在常常觉得，为了将一种思想确认为意识形态的，你需要拥有某种通向绝对真理的途径。如果绝对真理的观念受到质疑，那么，意识形态的概念似乎也随之而土崩瓦解。

意识形态之所以似乎不再是一个时髦的概念，还有两个原因。其一，曾经所谓的"启蒙的虚假意识"，即在后现代时代，认为我们只是在虚假意识下工作的想法太简单了，实际上，人们对自身价值的认识远比意识形态概念所表明的要更势利、更精明。这再次使意识形态的概念受到质疑。其二，还有一种观点认为，维持这一体系运行的，与其说是修辞或话语，不如说是其自身的系统逻辑：发达资本主义完全是靠自己运转的，不再需要通过意识得到验证，它以某种方式确保其自身的再生产。事实上，我不确信，所有这些是否就足以让我们抛弃意识形态的概念。我承认，这些观点中有一种力量，但我想保留意识形态概念的一个原因是，我确实认为，存在与虚假意识的概念相对应的某种东西，我对您的大作的这个方面很感兴趣。我是否可以这样表达：当您使用信念（doxa）、自发的信仰或观点这些概念时，某种意义上，这些概念对您而言起到了意识形态概念的作用，因为信念似乎是不可置疑的、自然而然的。另一方面，这是否使您能够从实际上支持不公正的权力体系的虚假观念或主张的意义上来谈论虚假意识？您是想只从归化或普遍化的角度来讨论虚假意识，还是想用更具认识论的术语来讨论虚假或真实的观念与社会现实的关系？

布尔迪厄：我同意您推理的第一部分——您对意识形态概念的质疑。我赞同您的反对理由，并且可以对其进行扩展详述。特别是，我认为，意识形态概念的一个主要用法是使科学家与其他人截然地区分开来。例如，阿尔都塞和那些受他影响的人对这个概念进行了非常暴力的象征性使用。他们将意识形态概念当作一种宗教观念来使用，你必须借助它才能一步步地爬到真理，却永远无法确保能够到达真正的马克思主义理论。理论家能够说"你是一个意识形态专家"。例如，阿尔都塞会轻蔑地提到"**所谓的社会科学**"。这种方式使得真正的知识——科学的掌有者——与虚假意识之间不可见的分离变得显而易见。我认为，这是非常贵族化的——事实上，我不喜欢"意识形态"这个词的原因之一，就是阿尔都塞的贵族化思想。

现在我们来谈谈更熟悉的领域：为什么我认为信念的概念更为有用？许多在马克思主义传统中被称为意识形态的东西，实际上是以一种非常模糊的方式运作的。比如，我可以说，所有的学术系统，所有的教育系统，都是一种意识形态的生产机制，它们是一种生产个人资本不平等分配且使这种生产合法化的机制。这种机制是无意识的。它们被人们接受为一个非常强大的东西，在我看来，在作为表征、作为虚假意识的传统的意识形态定义中，它是不被理解的。我认为，马克思主义事实上仍然是一种笛卡尔式的哲学，因为其中有一个有意识的主体，他是学者，是有学问的人，而其他人是没有意识的。关于意识，我们从表征的角度已经讲了很多。社会世界不是按照意识来运作的，而是以实践、机制等等来运作的。通过使用信念的概念，我们在不知情的情况下接受了许多事物，这就是所谓的意识形态。在我看来，我们必须用一种改变的哲学来工作。我们必须从马克思主义传统的笛

268

卡尔式的哲学转向另一种不同的哲学,在这种哲学中,主体不是有意识地瞄准事物,或者被错误的表象所误导。我认为,所有这一切都是错误的,我不相信它。

伊格尔顿:如果我理解了您的话,信念的概念也许可以被称为一种更加充分的意识形态理论。但是我对这种新的表述有两个担心,在这里想解释一下。第一,信念的概念强调思想观念的归化。虽然这的确可以让你看到无意识的机制,但宣称所有的象征性暴力或意识形态实际上都是被归化的,这不是太简单了吗?也就是说,人们不能在某种程度上对这些价值观和信仰更加挑剔,甚至更加怀疑,同时又继续遵守它们吗?换言之,您难道不是有些过于强调意识形态或信念的归化功能吗?第二,人们的确合法化了现行的权力形式,对于这个观点,您是不是接受得太快、太草率了?从统治思想的绝对内化,到更务实的或有所怀疑的接受,这整个过程大概存在不同种类的合法化。您的学说给这种异见、批评和反对留下了什么余地和空间?

布尔迪厄:这是一个很好的问题。即使在我们所知道的最为经济主义的传统即马克思主义之中,我认为,抵抗的能力作为一种意识的能力也被高估了。我担心,我不得不说的一切对知识分子的自信是具有冲击力的,尤其是对那些比较慷慨大度的左翼知识分子而言。我被视为悲观主义者,不鼓舞人民的士气,使人气馁,等等。但我认为,最好让人们知道真相;事实上,我们亲眼看到生活在贫困条件下的人——比如我年轻时看到的当地无产阶级中的工厂工人——他们显然准备接受比我们想象的要恶劣得多的处境。那对我来说是一次非常强烈的经历:他们忍受了很多,这就是我所说的信念——有很多事情人们在不知道的情况下就接受了。我将给您举一个我们社会的例子。当你对个体进行抽样调查，问他们在学业上取得成就的主要因素是什么时，被调查者的社会地位越低，就越相信天赋或才干，越是相信那些成功者具有天赋的智力。他们越是接受自己不属于这类人，就越认为自己愚蠢，就越会说："是的，我不擅长英语，我不擅长法语，我不擅长数学。"这个现在在我看来骇人听闻的事实，知识分子不愿意接受，但他们必须接受。这并不意味着被支配的个体什么都能容忍；但他们应允同意的，远比我们所相信的以及他们所了解的要多得多。它是一种令人生畏的强大机制，就像帝国的制度一样，是一种极好的意识形态工具，一种远远比电视和宣传更庞大、更强大的工具。这就是我想传达的主要经验。您就异见能力所表达的一切是非常重要的；这确实存在，但不是在我们找寻它的地方——它采取了另一种形式。

伊格尔顿：是的，您确实谈到了您所谓的"异端"，这是一种对立的语言。在您的著作中，马克思主义者称之为悲观主义的东西，您自己可能会认为是现实主义。也许有人会同意这一点，但另一方面，我知道您不想让自己听起来太像米歇尔·福柯。通过强调那种物质的现实主义，您不希望进入一个您自己曾经批评过的权力理论；而我恰切地认为，这太抽象，太形而上学，太无孔不入；您想给某种政治异议留下空间。我之所以反对信念的概念，是因为您似乎在说，虽然存在着支配性和压迫性的信仰的内在化，但接下来也有一些可以被打破的东西，从而使异端得以出现。但这不是太符合时间顺序了吗？也许我是在讽刺它，但信念本身难道不是一个更相矛盾的事物吗？或者说，人们能否信或不信，或者在不同的层次上相信？

布尔迪厄:不能。这与我们所拥有的人的哲学、行动哲学的纲领等等有关。我要说的是,只要你从意识、虚假意识、无意识等方面去思考,你就无法把握理解意识形态的主要效用,这些效用大部分时间是通过身体传递的。统治的主要机制是通过对身体的无意识操纵来实现的。举个例子来说,我刚刚写过一篇关于所谓的原始社会中男性统治过程的论文。这些过程与我们社会中的大同小异,但要明显得多。在所谓的原始社会,被统治者即妇女通过身体教育被统治。我可以详细地介绍一下,比如,女孩们学着以一种确定的方式行走,学会以特定的方式迈步,学会掩饰自己的乳房。当她们学说话时,她们不说"我知道",而是说"我不知道"。例如,如果你向一个女人问路,她会说"我不知道"。我们也有同样的过程,但运作的方式更为微妙隐蔽——通过语言,通过身体,通过对待下意识层面的事物的态度。但这不是机械性的,也不让我们求助于无意识。我们只要从这些方面来想,就会清楚地意识到,解放的工作有多么困难;这不仅是一个提高意识的问题,也是一个精神心智训练的问题。作为知识分子,我们还不习惯这样。我将它称为一种学术偏见,一种我们大家都无一幸免的偏见:我们认为问题只能通过意识来解决。这就是我与福柯的不同之处,并与规训这一他的重要概念形成了对比。规训,至少在法语里,指向某种外部的东西。规训是由军事力量来执行的,你必须服从。在某种意义上,反抗规训是很容易的,因为你已经意识到它了。事实上,我认为,就象征性的统治而言,反抗要更困难一些,因为它是你像空气一样吸收的东西,你不会感到压力;它无处不在,要想逃离它是非常困难的。工人们承受着这种无形的压力,因此他们比我们想象的更能适应自己的处境。要改变这一点是非常困难的,尤其是在今天。在象征性暴力的机制下,统治往往采取更有效、更残酷的压迫手段。想想当代社会,暴力已经变得柔和、无形。

伊格尔顿:我认为这里面有一种讽刺,因为一方面,您在反抗您视为对意识的过度强调。我认为这是对的,但是某些马克思主义传统也表达了这一点。在您发展这些理论的同时,在阿尔都塞的著作中,不管它有怎样的局限性,马克思主义传统本身又正在试图将意识形态的概念转移到一个不那么自觉的、更具实践性的、制度性的地方,这在某种程度上可能更接近您的立场。

　　我想从另一个角度来考虑关于政治反对派或悲观主义的观点,这一观点让人想起您目前研究工作中的一个极其重要的领域。您非常大胆,我认为,也是非常富有想象力地谈到语言市场以及话语的价格或价值——"价格形成",您有意地将一整套马克思主义的经济语言转移到了文化或符号领域;您谈到人们试图积累大量**文化资本**的斗争领域,不管是在教育领域还是艺术等其他领域。我认为这是很有启发性的,尤其是您强调,在看待艺术现象时,我们不能直接进入整个社会领域,而是必须首先通过特定的艺术文化领域。我认为这非常有用。您提出了将人类的全部实践、行为和语言看作一场战争的观点,在这场战争中,参战者会试图增加自己的赌注,更有效地投资,以损害其他参战者的利益,我难道不可以这样认为吗?这是对我们的许多经验领域的真实描述,但是有没有其他的话语形式,其他的行动形式,您不能如此轻而易举地使用那些激动人心的术语进行概念化的?

271

布尔迪厄：您对我的观点富于同情的支持和参与，本身就提供了一个很好的例子，证明了这种形式确实是存在的！总之，这是一个重要的问题，也是我问自己的一个问题；我同意这是一个问题。我不知道为什么我倾向于用这些术语来思考——我觉得是现实逼迫我不得不这么做。我觉得我们现在正卷入其中的这种交换是不寻常的。无论在哪里发生，它都是以亚里士多德所说的"朋友之爱"——或者以更普遍的表达方式，友谊——为基础的例外。根据亚里士多德的观点，"友谊"是一种经济交换或象征性的交换，可以发生在家里，发生在与父母或朋友之间。我倾向于认为，大多数领域的结构或大部分的社交游戏都是这样的，以至于竞争即为了争夺统治权的斗争几乎是不可避免的。这在经济领域非常明显，但即使在宗教领域，您也会发现这种描述是正确的。在大多数领域，我们都可以观察到我们所说的各种不同形式的资本（宗教资本、经济资本等）积累的竞争，这就是事物的本来面目，而哈贝马斯所指的不被扭曲的交换永远是一个例外。只有在特殊的条件得到满足的情况下，我们才能通过特别的努力来实现这种不被扭曲的交换。

就您刚才提到的语言交流和经济交换之间的类比，我想补充一句。在我看来，这种类比对于理解许多不能简单地视为交流和语言生产的现象是非常有成效的。一些英国哲学家，比如奥斯汀，就强调了这一点；他们看到了语言中存在着非常重要的东西，比如发号施令，或者发布公告，这些都是不符合交际模式的。许多东西不能通过纯粹的交际得到理解，因此，我通过提出经济类比，只想归纳和赋予分析哲学的洞见所缺乏的一个社会学基础。我不批评奥斯汀；我说他没有充分说明他所描述的过程的可能性的社会条件。所以，虽然看起来我和语言哲学相去甚远，但事实上我离得很近。

伊格尔顿：很明显，您的思考既是社会学的，同时也是符号学的。贯穿于您全部著作的，是一种稳定的潜在文本，它深刻地关注着您的著作本身的条件，或者更宽泛地说，关注着寻求分析日常生活的一种社会学话语的困难，不管是出于什么善意的、潜在的解放性的理由。也就是说，在您的著作中，有着对人们不恰当地称之为"日常生活"的强有力的投入——这种投入不总是显而易见的，而是作为一种敏锐的感受存在。这是您的著作与我国的雷蒙·威廉斯的著作之间许多相似的方面之一。当然，很难让一个专注于高度专业化话语的社会学家将日常生活作为分析甚至思考的对象。您和我一样，不是知识分子出身；在我看来，您的著作很有意思，因为它有一种鲜明的张力：一边是首先与智力毫无关系的某种共同的价值感，另一边是对于分析学术体制非常重要的另一个维度，即知识分子的社会状况及其意义。您认为这段生平传记有助于解释您的执念吗？

布尔迪厄：您的话充满了同情的理解，慷慨大度，完全表达了我的个人感受。我像许多第一代知识分子那样，努力将自己生命中的两个部分结合起来。有些人使用不同的手段——例如，他们在政治行动中，在某种社会合理化方面找到了解决办法。我的主要问题在于尝试理解发生在我身上的一切。我想，我的人生轨迹可以描述为奇迹般地——上升到一个我不属于的地方。因此，为了能够生活在一个不是我的世界里，我必须试着去理解两件事：拥有一个学术的头脑意味着什么——它是如何被创造出来的——同时在获得它的过程中又失去了什么。因此，即使我的著作——我的全部研究著作——是一部自传，它也是为那些有着同样的人生轨迹，有着同样的理解需要的人而写的。

伊格尔顿：我们还有时间留给大家提问，或者发表评论。有人愿意继续之前的讨论中提出的观点吗？

曾经提出过一种反对意识形态概念的论点，认为马克思主义赋予人们太多的能力去认识真理，而那些社会地位越低的人就越不可能认识真理。那些社会地位更低的人没有足够的经济实力去参与讨论小组，摆脱家庭生活的狭隘圈子，认识到其他的可能性。情况难道不是这样吗？您认为社会地位必须扮演的角色比智力能力更重要吗？您是否认为人们有认识更广泛的真理的潜力，但他们的经济和家庭状况阻止了他们实现这些目标？

伊格尔顿：我在书中指出，将威权进行内化、合法化的全部工作本身就是一个复杂的问题，它需要能力和智慧。即使接受一个人以否定的方式被定义为社会底层或被压迫阶层，也需要一定程度的创造性。我认为，悖论的是，主导权力的合法化绝不仅仅是一件被动的事——一件让您卷入其中的事；所以，即使为了人们接受主导权力并以与主导权力的关系来界定自己，您所说的能力也必须存在。我本以为皮埃尔·布尔迪厄的大部分作品研究的都是人们能否获得资本的条件。

布尔迪厄：就各种主要经验而言，社会生产存在着某种事实上的分工。能够谈论社会世界的人对社会世界一无所知，而真正了解社会世界的人却不能谈论社会世界，这是常有的事。如果说关于社会世界的真话很少，原因就在于这种分化。例如，信念意味着一种知识，一种实践知识。工人们知道的很多：比任何知识分子都多，比任何社会学家都多。但从某种意义上说，他们不知道，他们缺乏工具来掌握它，来谈论它。我们有这样一个关于知识分子的神话：他能够将其信念性的经历以及对社会世界的掌握转化成一个明晰的、精妙的表达。由于各种社会原因，这是一个非常棘手的难题。例如，如果知识分子试图重现一个工人的经验，比如在1968年以后的法国，他接触到的是一个缺乏知识分子习惯的工人的经验。他所感到震惊的许多事情实际上都是相当普通的。他必须能够将对工人经验的描述——事实上是从**他的**观点来看的一种经验——囊括进他的视野。而这是非常困难的。在我看来，知识分子之所以不注意，其中一个原因就是他们有很多与文化资本有关的利益。我给你们举个例子：马克思关于蒲鲁东的论述总是让我震惊不已；他对蒲鲁东有很苛刻的评价。马克思说："蒲鲁东是一个愚蠢的法国小资产阶级"；蒲鲁东只从希腊唯美主义者的角度来论述美学；蒲鲁东简直天真至极。马克思自己学过希腊语；他十八岁时就能够用希腊语写作了。马克思受过与普鲁士王国高级官员的儿子这一身份相称的古典教育，因此，他纡尊降贵地称蒲鲁东是一个没有受过良好教育的小资产阶级。这样的区分是非常重要的。当您寻找马克思主义的碎屑时，它们就在那里。

274

它们来自拥有文化资本的知识分子的傲慢。左翼政党的行为和许多斗争都与此有关：知识分子憎恨和鄙视工人，或者他们过分地赞美他们，这是另一种蔑视工人的方式。了解这一切是非常重要的，因此，自我批评的过程至关重要，人们可以通过研究知识分子和学术头脑来操练这一过程，对于无论哪种形式的意识形态交流而言，这都是一个必需的个人条件。

我想请您将注意力暂时转移到艺术上。我对象征资本的意识形态建立在艺术和美学上的方式很感兴趣，您在两种区分中都对其进行了抨击。您在著作的结尾证明，社会各阶层的人都乐于接受通用的分类制度。从社会的上层到底层都接受康德美学。如果考虑到弗雷德里克·詹姆逊关于新的文化代码泛滥的说法，象征性商品的经济会发生什么变化？如果真的有大量的新代码，这与您对象征权力的分析有什么关系？

布尔迪厄：这是个棘手的问题。在我看来，存在着主流代码仍然绝对有效的更高的市场、更高的地方；而这些地方正是进行主要游戏的场所——也就是学术体系（法国的精英大学系统是从中挑选行政官员的地方）。鉴于我研究文化主题，我将在回答中提到这些主题。我们展示了大众文化、通俗文化等等正在成长的旧观点；人们对此视而不见，无意识地依恋于文化的差异。"看看这些漫画"或其他一些文化产品，"它们难道没有表现出伟大的文化创造力吗？"这样的说法在知识分子中是一种占主导地位的时髦。这样的人会说："你没看出来，但我看出来了，而且我是第一个看出来的人。"这种看法也许是正确的；但人们高估了这些新事物改变象征资本分配结构的能力。在某种意义上，夸大变革的程度是一种民粹主义。当您说"听，说唱音乐很棒"的时候，您会迷惑人们。问题是：这种音乐真的改变了文化的结构吗？我认为，评价说唱音乐没问题，从某种意义上说，这比成为种族中心主义并暗示这样的音乐毫无价值好得多；但事实上，当您忘记了什么仍然是主导形式，当您仍然无法在主要的社交游戏里从说唱音乐中辨识出象征利润时，这就是一种民族中心主义。我当然认为我们必须注意这些东西，但是高估它们的文化功效有政治和科学上的危险。这取决于我说话的立场，我可以站在这边，也可以站在另一边。

您说符号暴力就是暴力。您这么说的意思是什么？

布尔迪厄：我相信暴力的形式更为复杂。民意测验就是一个例子——至少在法国是这样。（有人告诉我，在法国是不一样的，但在法国，民意调查是一种更复杂的掌握意见的方式，而不是政治人物与他们的听众之间的简单接触。）民意调查是我们一直在讨论的那种操纵的一个例证——任何人都不需要对其负全部责任的一种新形式的象征性暴力。具体是如何操作的，过程非常复杂，如果要详细解释，我需要花两个小时。我认为，明白究竟发生了什么的人不超过十个，甚至那些组织投票的人也不知道。例如，政治人物——那些政府官员——不知道这个过程是如何运作的，他们因此受到这个过程的支配。这是一个复杂的结构，有许多不同的代理人：记者、民意调查员、评论民调的知识分子、电视知识分子（在政治效果方面非常重要）、政治人物等等。所有这些人都处在一个相互联系的网络中，每个人都将别人神秘化，也通过神秘化别人而将自己神秘化。没有人意识到这一过程，它以这样的方式运作，以至于谁也不能说法国不过是由民意测验来管理的。要理解这一点，你需要一种远比传统方法更为复杂的工具。我对所有工会领袖都是这么说的。我告诉他们：你们迟到了；我们正在进行三场战争，你们已经在三次阶级战争中迟到了；你们面对的是非常复杂的权力形式，却用适合 19 世纪阶级斗争的工具来作战。

听您提到"第一代知识分子"以及这样一种人的轨

迹,我很感兴趣。出于显而易见的原因,这仍然是一个相当稀有的品种;但是既然这个品种现在已经到了生育的年龄,那么这些人的孩子呢? 他们会成为第二代知识分子吗? 他们是无缝地融入中产阶级还是形成某种亚文化? 我想请教您二位这个问题,部分原因是,我自己的经历使我对即将发生的事情感到绝望——下一代似乎既失去了工人阶级传统的力量,又不知何故从未完全融入中产阶级传统——我很有兴趣听听这些第一代知识分子对此的评论。

伊格尔顿:好吧,我的孩子不会与这样的知识分子发生任何关系! 我觉得他们把教育看成资产阶级的意识形态,这对他们太便利了! 您是对的。在您所说的既非此也非彼的困境中,的确存在着某种东西,但我不明白为什么这必然会成为绝望的根源。我认为这本可以使人身处其中的一个有趣的位置,不是吗? 当然,这样的一代人不再是工人阶级了——就像他们的父母不再是工人阶级一样——但他们也看到了父母的行动,对知识分子产生了特有的怀疑。换句话说,他们不会认为答案是成为一个知识分子。

276　　皮埃尔·布尔迪厄刚才就年轻知识分子谈论说唱音乐并将焦点转移到文化提出了他的见解,我想就此提个问题。如果他们没有途径去获得并阅读一本书,最终就不能借以获得解放,您不认为,通过谈论资本、文化和意识形态,使用"惯习"的概念会有模糊人们获得解放可能性的基本经济决定因素的风险吗? 我想问的另一个问题是信念的概念。如果人们把自己的统治内化,从某种意义上说,这是潜意识的,他们也乐于与之并存,那么您不会陷入试图证明解放的观念之正当性的麻烦吗？

布尔迪厄：您是说，您怀疑我有某种知识分子的偏见，而且只有一种逃避的方式吗？这是您的印象吗？

您批评年轻知识分子对说唱音乐的评论，好像这是一种解放的手段；但您将文化作为一个决定性的因素纳入您的"惯习"概念中，而且聚焦文化的这种方式可能转移了对经济决定因素的重视，而这些因素仍然提供了获得解放的途径。

伊格尔顿：我想这样来阐述：您对文化的关注转移了对阻止人们获得解放的经济决定因素的强调。您对经济主义的反应是把经济想象提升到文化领域，而不是在文化中登记物质和经济的重要分量。

布尔迪厄：也许您是对的。我在努力纠正以前的偏见时，往往矫枉过正了。在这一领域，占主导地位的批判性观点面临着经济主义的危险。我倾向于在其他方面坚持己见，但也许我错了。即使我在头脑中有一个更佳的平衡，但在阐述想法时，我会倾向于坚持不太可能、不太明显的方面，所以您可能是对的。

伊格尔顿：第二点很有意思——人们内化他们所受到的压迫并为此感到快乐。难道不能这样说：如果他们受到压迫，他们就不会真正幸福？

但是如果您谈论的是潜意识——如果您的部分潜

意识习惯决定了您是怎样的人——那么,改变它就变得非常困难。公平地说,您既不能将其归因于幸福,同时也不能将之归因于悲伤;而马克思主义和意识形态则希望维持这样一种观念,即行动者反对看似错误的东西。有了信念您就失去了它;您不再思忖意义是什么——解放的动力没有了。

布尔迪厄:我认为幸福这个问题非常重要。信念的态度并不意味着幸福;它意味着身体的屈服、无意识的屈服,这可能意味着许多内化的紧张、许多身体上的痛苦。我目前正在进行一项调查,采访了那些社会地位不确定的人,即那些身处强烈矛盾之境的人。在做实证调查时,我努力比平常更苏格拉底化:我试图帮助他们表达他们所遭受的痛苦。我发现了许多被这习惯的顺利运作所隐藏的痛苦。它有助于人们调整,但也会引起内化的矛盾。例如,当这种情况发生时,有些人可能会成为瘾君子。我试着帮助受苦的人,用一种友好和支持的方式进行社会分析,把他们的情况说明清楚。当我这样做的时候,这些人通常会体验到一种智力上的愉悦,他们会说,"是的,我明白了发生在我身上的事"。但同时这也让人很难过。我缺乏精神分析学家所拥有的积极自信;他们期望意识是一个悲伤的故事,当个体说"看看发生在我身上的事吧,难道它不可怕吗?"时,他们会用悲伤来回应。在某种程度上,社会工作就是这样:你做,就会受到惩罚。这是一种经常出现的情况,它与我所说的信念并不矛盾。一个人可能很好地适应了这种状态,而痛苦来自这样一个事实:一个人将无声的痛苦内化,这种痛苦可能会以自我憎恨、自我惩罚的形式找到身体的表达。

第13章　后现代主义与市场

弗雷德里克·詹姆逊(Fredric Jameson)

　　语言学有一种意识形态分析不幸缺乏的有用图式：它可以通过交替的斜杠或尖括号将给定的单词标记为"词语"或"观念"。因此，**市场**这个词因其各种方言发音和拉丁语中表示贸易和商品的词源而被印刷成/市场/；另一方面，这个概念已经被自亚里士多德至米尔顿·弗里德曼(Milton Friedman)等历代哲学家和理论家理论化了，因而被印刷成〈市场〉。有人一度认为，这将解决我们在处理既是意识形态又是一系列实际的制度问题这类主题时碰到的许多问题，直到人们想起《政治经济学批判大纲》开篇部分庞大的侧翼和钳形夹击，马克思在那里摧毁了蒲鲁东主义者们对简化的希望和渴求，他们认为可以通过废除货币来解决所有的货币问题，却没有看到，正是交换制度的矛盾被物化为用货币来表达，并将继续被物化和表达为货币的任何更简单的替代品，比如工作时间优惠券。马克思冷淡地观察到，在不断发展的资本主义制度下，最后一种情况将会简单地变成货币本身，而之前所有的矛盾都可能大规模地卷土重来。

　　试图将意识形态与现实分开的努力也是如此：市场的意识形态可惜不是某种补充式的概念性或表征性奢侈品或装饰物，可以从经济问题中去除，然后送到某个文化或上层结构的太平间，供那里的专家们解剖。作为事物客观上的必然后象（after-image），它是由事物自身以某种方式产生的：无论如何，两个维度必须以它们的同一性和差异性登记在一起。用一种当代的但已经过时的语言来说，它们是半自治的：如果这意味着什么的话，那么，这意味着，它们不是真正的自治或相互独立的，但它们也不是真正地彼此在一起。马克思主义的意识形态概念一直旨在尊重、演示和消除意识形态概念半自治性的悖论，例如，关于事物本身的市场的意识形态，在这种情况下，或者是指晚期资本主义以及当今的社会主义国家的市场和计划问题。但是，经典的马克思主义概念（包括**意识形态**这个词，它本身有点像事物的意识形态，与现实相对）往往正好在这方面失效，变得纯粹自主，然后作为纯粹的"副现象"漂到上层建筑的世界里去，而现实仍然留在下面，成为专业经济学家的现实责任。

当然，马克思本人也有许多专业的意识形态模式。下面这个来自《政治经济学批判大纲》的针对蒲鲁东主义者之幻想的意识形态模式，很少得到评论和研究，但确实非常丰富和具有启发性。马克思在这里讨论的是我们当前话题的一个非常核心的特征，即自由平等的思想和价值与交换体系的关系。和米尔顿·弗里德曼一样，马克思认为，这些概念和价值是真实客观的，是由市场体系本身有机地产生的，辩证地说，是与之不可分割地相关的。马克思接着补充道，这种自由与平等实际上变成了不自由和不平等。我正想要说的是马克思与米尔顿·弗里德曼的**不同之处**，但片刻的反思之后，我想起，即使是这些令人不快的结果也得到了新自由主义者的认可甚至是有时的庆贺。然而，与此同时，问题在于蒲鲁东主义者对待这种逆转的态度，对交换体系的意识形态维度及其运作过程的错误理解，以及它是如何发挥作用的——它既是真实的，又是虚假的，既是客观的，又是虚妄

的,我们曾试图用黑格尔的"客观表象"来表述:

> 交换价值,或者更准确地说,货币体系,确实是自由和平等的体系,而在这个体系最近的发展过程中,使(蒲鲁东主义者)感到不安的是内在于系统的干扰,即**平等和自由**的实现,其结果却变成了不平等和不自由。希望交换价值不会发展成为资本,或者希望产生交换价值的劳动不会发展成为雇佣劳动,这是一种既虔诚又愚蠢的愿望。将这些绅士(换言之,蒲鲁东主义者,或者我们今天可能会说的社会民主党人)与资产阶级辩护者区别开来的,一方面是他们意识到内在于系统的固有矛盾,另一方面是他们的乌托邦主义,表现为他们没有把握现实与资产阶级社会理想形态之间不可避免的差异,以及由此而产生的将理想的表达形式再变回现实的多此一举的愿望,而事实上,它仅仅是这个现实的摄影图像。[①]

280

因此,这在很大程度上是一个文化问题(在文化一词的当代意义上),涉及表征本身的问题:我们可以说,蒲鲁东主义者是应对模式多样性的现实主义者。他们认为(也许还有今天的哈贝马斯的追随者),资产阶级制度的革命理想——自由和平等——是现实社会的特征,他们注意到,尽管这些特征依然存在于资产阶级市场社会的乌托邦理想形象或肖像中,但当我们转向以这个理想肖像为模型的现实之际,它们则是缺席的、不幸缺失的。到那时就足以来改变和改善这种模式,使得自由和平等最终真正有血有肉地出现在市场体系中。

[①] 马克思、恩格斯:《马恩选集》第 28 卷,纽约,1987 年,第 180 页。

但是，马克思可以说是一个现代主义者；而这种意识形态的特殊理论化——在摄影术发明仅二十年后，就用各种各样的暗箱画出了非常现代的摄影人物（以前马克思和恩格斯偏爱绘画传统）——表明，意识形态的维度是内在地嵌入现实之中的，而现实又将它作为自身结构的一个必要特征隐藏了起来。因此，这个维度在真实和肯定的意义上完全是想象性的；也就是说，只要它是一个形象，被标记并注定保持为形象，其不真实性和不可实现性就是关于其本身之真实的，那么，它就存在，并且是真实的。我想到了萨特戏剧中的一些片段，也许可以充当说明这一特殊过程的有益的教科书式寓言：例如，伊莱克特拉对谋杀她母亲的强烈愿望，结果却不真正是以其实现为目的的。伊莱克特拉事后发现，她并不真的想让她母亲死（"死"，即在现实中死去）；她想要的是继续在愤怒和怨恨中渴望她/死/。我们将看到，市场体系的两个相当矛盾的特征——自由和平等——也是如此：每个人都想拥有它们，但它们无法实现。在它们身上唯一可能发生的情况就是产生它们的制度消失，使得"理想"和现实本身随之一并取消。

但是，要恢复"意识形态"，恢复这种在其自身的社会现实中处理其根源的复杂方式，就意味着重塑辩证法，而这是每一代人都以自己的方式失败而终的事。我们这一代人则甚至根本没有尝试过；阿尔都塞式的最后一次尝试，早已随着去年的飓风消失在地平线下。而且，在我的印象中，当意识形态概念被拉入深渊时，只有所谓的话语理论试图填补留下的空白。人们乐于赞同斯图亚特·霍尔的纲领，据我所知，这一纲领基于这样一种观念，即进行政治斗争的基本层面，就是进行概念和意识形态合法性斗争的层面：政治的合法性即来源于此，例如，撒切尔主义及其文化上的反革命完全建立在福利国家或社会民主主义（我们过去称之为自由主义）意识形态的去合法化的基础上，也完全建立在福利国家本身固有的结构性问题上。

这使我能够以最强烈的形式来表达我的论点，即市场的修辞是这场争夺左翼话语合法化或丧失合法性的意识形态斗争的一个基本和核心的组成部分。对各种形式的市场意识形态的屈服——我的意思是**左派**，更不用说其他人了——是不可察觉的，却是令人担忧的普遍现象。现在每个人似乎都想含糊其词地说，没有市场，任何社会都无法有效地运作，规划也显然变得不可能，仿佛这是在向公众舆论和当前公认的智慧（或共同的交往前提）做出的一种无足轻重的让步。这是"国有化"这一古老话语命运的第二只鞋，它大约延续到了二十年后，一般地说，正如完整的后现代主义（尤其是在政治领域）结果变成了旧时 50 年代"意识形态终结"事件的续集、再续和完结。"市场是人性的"并非一个不容置疑的命题，在我看来，这是我们这个时代意识形态斗争的最关键地带。如果你因为它貌似无关紧要的承认，或者更糟的是，因为你自己在"内心深处"开始真正地相信了它，就让它轻松滑过，那么，社会主义和马克思主义将会以同样的方式有效地被去合法性，至少在一段时间内是这样。斯威齐（Sweezy）提醒我们，资本主义在最终到达英国之前，在很多地方都没有流行起来。本着同样的精神，我想给斯图亚特·霍尔的"话语分析"的公式和策略加上同样的历史限定词：进行政治斗争的基本层面是**计划**或**市场**等概念的合法性——至少在**现在**和我们目前的情况下是这样。在未来，政治将从中获得更多的激进形式，就像过去一样。

关于这个方法论的观点，最后必须补充一下，话语分析的概念框架并不比蒲鲁东主义者的幻想更令人满意——尽

282

管它在后现代时代允许我们不必称之为意识形态分析而便捷地实践它:将/概念/的维度自主化并称之为"话语",表明这一维度可能与现实无关,可以任由其自行飘荡,建立自己的分支学科,培养自己的专家。我仍然喜欢将/市场/称为一种意识形态素(ideologeme),并且将所有意识形态必须有的前提作为它的前提:遗憾的是,我们不得不完全像谈论概念一样地讨论现实。市场话语仅仅是一种修辞吗? 它是,又不是(重复同一性的同一性和非同一性之伟大的形式逻辑);要正确地理解,你不得不谈论真实的市场,就像谈论形而上学、心理学、广告、文化、表征和力比多机制一样。

但这就意味着要以某种方式绕过政治哲学这片广袤的大陆,它本身就是一种意识形态的"市场",在这个市场里,就像在某个巨大的联合体系中一样,提供了政治"价值观"、选项和"解决方案"的所有可能变体和组合,只要你认为你可以在其中自由选择。比如,在这个大商场里,我们可以根据自己的个性组合自由与平等的比例,正如资本主义的国家干预因其对个体幻想或个人自由的破坏而遭到反对,平等因其价值导致要求市场机制的修正以及其他"价值"和优先事项的介入而遭到强烈谴责。意识形态理论排除了政治理论的这种选择性,不只是因为这样的"价值"比有意识的思想具有更深层的阶级和无意识的根源,而且还因为理论本身是一种由社会内容决定的形式,它以更复杂的方式反映社会现实,而不是一种"反映"其自身问题的解决方案。可以观察到,在这里起作用的是一种由内容决定形式的基本辩证法——某种在理论或学科中不活跃的东西,在这些理论或学科中,没有"表象"层和"本质"层的区分,像伦理学或纯粹的政治**观点**这样的现象可以通过有意识的决定或理性的说服改变。事实上,斯特芳·马拉美(Stéphane Mallarmé)曾说过一句非同凡响的话,"只有两条道路向精神研究敞开:一条是美学,另一条是政治经济学"①,这句话表明,马克思主义的一般政治经济学概念与美学领域之间的深层关系(例如,在阿多诺或本雅明的著作中)将被精确地定位在这里,[使用语言学家叶姆斯列夫(Hjelmslev)的另一种语言来说]定位在形式平面和物质平面巨大的双重运动所共有的感知中。

这似乎证实了对马克思主义的传统批判,即马克思主义缺乏自主的政治反思,然而,这一点往往使人觉得是一种力量,而不是软弱。马克思主义确实不是一种世界观之变体的政治哲学,也绝不是保守主义、自由主义、激进主义、民粹主义"四不像的杂糅体"等等。确实存在马克思主义的政治实践,但是马克思主义中的政治思想如果不那么实践性的话,它就不能不与社会的经济组织和人们如何合作组织生产有关。这意味着"社会主义"并不完全是一种政治观念,或者你也可以说,它是以某种政治思想的终结为前提的。这也意味着,我们在资产阶级的思想家中确实拥有同类人,但他们不是法西斯主义者(在这种意义上,他们的思想方式很少,而且在历史上已经灭绝了),而是新自由主义者和市场人:对他们来说,政治哲学也是毫无价值的(至少在你摆脱了马克思主义、集体主义敌人的论点时),"政治"现在只意味着对经济机器(是市场,而不是集体所有和组织的生产资料)的照顾和供给。事实上,我将论证一个命题,即我们与新自由主义者有许多共同之处,实际上,除了基本要素之外的几乎所有东西都有共同之处!

但首先必须明确指出的是,市场的口号不仅涵盖了各种

---

① "只有两条道路向精神研究敞开:一条是美学,另一条是政治经济学。"斯特芳·马拉美:《魔法》,见《肮脏的变奏曲》,收入《马拉美全集》,巴黎,1945年,第399页。这句我曾用作引语的话,出自对诗歌、政治、经济和阶级的一种复杂的调和,写于1895年,正值发达现代主义本身的黎明时期。

不同的指称或关注点，而且实际上总是用词不当。首先，今天在寡头垄断和跨国公司的领域里不存在自由市场：事实上，加尔布雷思（Galbraith）早就提出，寡头垄断是我们不完美的社会主义式的计划编制和计划化的替代品。

同时，就其一般用途而言，市场作为一个概念，很少与选择或自由有任何关系，因为无论我们谈论的是新型汽车、玩具还是电视节目，这些全都已预先为我们确定：毫无疑问，我们会从中选择，但在实际选择的其中任何一个方面，我们几乎不能说有什么发言权。因此，自由的类似物充其量是我们代表制议会民主的类似物。

此外，社会主义国家的市场似乎更多地与生产有关，而不是与消费有关，因为它首先是向其他生产单位供应零部件、部件和原材料的问题，这一问题被视为最紧迫的问题（而市场则被设想为解决这一问题的一种办法）。但市场的口号及其伴随而来的所有巧言辞令被设计出来，想必是用以确保从生产的概念到分配和消费的概念这一决定性的转变和转移：事实上，这一点似乎很少发生。

顺便说一句，市场似乎还排除了相当关键的财产问题，在这个问题上，保守派遭遇了众所周知的知识困难：在此，排除"原始产权的正当性"[1]将被视为一个不包括历史维度和系统性历史变化的共时框架。

最后，应该指出的是，在许多新自由主义者看来，我们不仅尚未拥有一个自由的市场，而且在其位置上我们所拥有的（以及有时为反对苏联而作为"自由市场"来捍卫的东西）[2]——对压迫集团、特殊利益等的相互妥协和收买——在新右翼看来，

---

① 诺尔曼·P.巴利（Norman P. Barry）：《古典自由主义与自由至上主义》，纽约，1987年，第13页。

② 同上，第194页。

其本身是一个绝对不利于真正的自由市场及其建立的结构。这种分析(有时被称为公共选择理论)是左翼对媒体和消费主义的分析在右翼中的对应物(换言之,强制性的抵抗理论,在公共区域和公共领域中通常阻止人们采用更好的制度并妨碍人们去理解和接受这套制度的解释)。

因此,市场意识形态成功的原因不能从市场本身来寻找(即使你已经准确分出这个词语指明的是这些现象中的哪一个)。但最好从将市场与人性联系在一起的版本开始,它是最强大、最包罗万象的形而上的版本。这种观点有很多通常不易为人察觉的形式,但加里·贝克尔(Gary Becker)在其令人钦佩的总体方法中很方便地将其形式化为一个整体方法:"我是说,经济学的方法为理解所有人的行为提供了一个有价值的统一框架。"[1]例如,婚姻问题可以用一种市场分析来解释:"我的分析表明,喜欢或不喜欢的人都会在所有婚姻中家庭商品总产出最大化的情况下交配,而不管这种特征是经济上的(比如工资等级和财产收入),还是遗传性的(比如身高和智力),或者说是心理上的(比如进取性和被动性)。"[2]但解释性脚注在这里至关重要,它标志着我们开始理解贝克尔有趣的建议中真正的利害关系:"请允许我再次强调,商品产出与我们通常测算的国民生产并不是一回事,而是包括孩子、伴侣、健康等等各种不同的商品。"因此,有一个悖论立即跃入我们眼前,对马克思主义理论的观光客而言,这是最具征候性意义的悖论,即,在所有的市场模式中,这种最臭名昭著的模式实际上是一种生产模式! 在这种模式中,消费被明确地描述为一种商品或一种特定效用的生产;换句话说,一

---

① 加里·贝克尔:《人类行为的经济分析》,芝加哥,1976 年,第 14 页。
② 同上,第 217 页。

种使用价值可以是任何东西,可以是性的满足,可以是将外部世界的恶泄愤到你孩子身上的一个便利的场所。下面是贝克尔的关键性描述:

> 家庭生产功能框架强调企业和家庭作为组织单位所提供的平行服务。与标准生产理论中所分析的典型企业类似,家庭投资于固定资产(储蓄)、资本设备(耐用品)以及体现在其"劳动力"(家庭成员的人力资本)中的资本。作为一个组织实体,家庭和企业一样,利用这些劳动和资本从事生产。每一个都被视为在资源和技术限制下使其目标函数最大化。生产模式不仅强调家庭是消费理论中恰当的基本分析单位,而且还揭示了几个家庭决策之间的相互依赖关系:在一个时间段分析中关于家庭劳动力供应、时间和商品支出的决定,在生命周期分析中关于婚姻、家庭规模、劳动力依赖、商品和人力资本投资支出的决定。
>
> 对时间作为家庭稀缺资源的重要性的认识,在家庭生产函数法的实证应用发展中起到了不可或缺的作用。[①]

我不得不承认,我认为人们可以接受这一点,而且它提供了一个非常现实和明智的观点,不仅适用于**这个**人类世界,而且适用于追溯至最早的原始人的**所有**人类世界。让我强调一下贝克尔模型的几个关键特征:第一,强调时间本身是一种资源(其另一篇十分重要的论文题为《时间分配理论》)。当然,这在很大程度上是马克思自己对时间性的看

[①] 加里·贝克尔:《人类行为的经济分析》,第141页。

法,因为它完全脱离了《政治经济学批判大纲》的观点,在那里,所有的价值最终都是时间问题。我还想指出,这一奇特的提议与许多当代理论或哲学之间存在一致性和亲缘关系,这些理论或哲学在我们认为是理性的或富有意义的行为方面大大地扩展了。我的感觉是,特别是在精神分析学传播开来之后,而且随着"他性"在一个日益缩小的世界和媒体充斥的社会中逐渐消失,在旧的"不可理解"的意义上被认为是"不合理的"东西留存下来的已经很少了:人类最恶劣的决策和行为方式——虐待狂的酷刑和政府领导人公开或秘密的外国干预——无论我们怎么看待它们,现在它们对我们所有人来说都是可以理解的(从狄尔泰的"理解"一词的意义上来说)。在其对立面即非理性缩小到几乎不存在的情况下,这样一个被极大扩展的理性概念是否还有进一步的规范价值(正如哈贝马斯仍然认为的),这是另一个有趣的问题。但是贝克尔的计算(这个词于贝克尔根本就不意味着**经济人**,而是指非常草率的、日常的、各种各样的"前意识"行为)属于这股主流;事实上,这个体系首先让我更多地想起萨特式的自由,因为它意味着我们对所做的每件事都负有责任——萨特式的选择(当然,这同样发生在一个不自觉的日常行为层面上)意味着贝克尔的"商品"每一时刻的个体或集体生产(不必是狭义的享乐主义,例如,利他主义就是这样一种商品或快乐)。这样一种观点的代表性后果将导致我们第一次迟来地宣布后现代主义这个词。事实上,只有萨特的长篇小说(它们是样本,是庞大的、未完成的片段)才能让人感觉到,按照贝克尔的最大化模型,解释并叙述了人类每一个行为和姿态、欲望和决定的生活的表征是怎样的情状。这种表征将呈现一个特别没有超越性和远见的世界(例如,死亡在这里也只是另一个效用最大化的问题),事实上,没有了任何传统意义上的情节，所有的选择都将是等距的，处于同一水平上。然而，以萨特做类比表明，这种阅读方式——应该是与日常生活无距离、无修饰的去神秘化的直接对视——在美学更虚幻的意义上可能并不完全是后现代主义的。贝克尔似乎错过了后现代时期更为狂野的消费形式，若在其他地方，它能够上演一场真正意义上的消费精神错乱：事实上，在后现代时期，正是市场的观念被人们带着巨大的满足消费着；就像商品化过程中的红利或剩余价值。贝克尔冷静的计算远远达不到这一点，这不一定是因为后现代主义与政治保守主义的格格不入、互不相容，而主要是因为他的观点最终是一种生产模式，而不是如上所述的消费模式。这是《政治经济学批判大纲》伟大导言的光泽！在导言中，生产转化为消费和分配，然后不断回到其基本的生产形式（在扩大的系统性的生产范畴中，马克思希望用主题或分析性的生产范畴来代替）。的确，似乎可以抱怨，目前的市场拥趸——理论上的保守派——并没有表现出太多的快乐或**欢爽**。

作为描述，贝克尔的模型在我看来是无可挑剔的，而且确实非常忠实于我们所了解的生活的真实情况；当然，当它变得相沿成习之时，我们面对的则是最隐伏的反应形式（我最喜欢的两个实践后果是：第一，被压迫的少数人的反击只会使他们自己的境况更糟糕；第二，当妻子有工作时，上述意义所说的"家庭生产"的生产力就会大大降低）。但一眼就可以看出这是怎么回事。贝克尔的模型作为一个转码，在其结构上是后现代的；两个独立的解释系统通过对一种基本同一性的确认而结合在一起（关于这种同一性，人们总是反对，称它**不是隐喻性的**，这是隐喻意图最可靠的标志）：一方面是人的行为（最突出的是家庭或私人领域），另一方面是公司或企业。在潜在的原材料方面，通过改写诸如业余时间和性格特征等现象,可以产生很大的力量和很好的清晰度。然而,这并不意味着,当人们从雕像上胜利地摘下面纱时,雕像的支架就可以被移除,这样人们就可以从金钱或经济的角度来思考家庭事务。但这正是贝克尔"演绎"他的实践-政治结论的方式。在这方面,他也没有达到绝对的后现代性,在后现代性中,转码过程的结果是对过去"字面上"的一切的悬置与中止。贝克尔希望调用隐喻和形象识别的装备,但最终还是回到了文字的层面(与此同时,在晚期资本主义,文字层面也从他眼下蒸发消失掉了)。

为什么我觉得这些都不是特别可耻的,它的"恰当使用"可能是什么?与萨特一样,贝克尔的选择发生在一个预先设定的环境中,萨特将其理论化了(他称之为"境遇"),但贝克尔忽略了这一点。在这两种情况下,我们都对旧式的主体(或个人,或自我)做了欣然的还原,主体现在只不过是一个意识点,指向了外部世界可供的物质储备,并且在任何其他人都能理解的新的扩展意义上(根据狄尔泰或者卢梭的观点,即所有其他人都能"同情"的意义上)对这些信息做出"理性"的决定。这意味着,我们从关于主体性的各种真正的"非理性"神话中解脱出来,可以将我们的注意力转向境遇本身,转向可用的资源总量,即外部世界本身,现在必须称之为大写的历史。萨特的境遇概念是一种新的思考历史的方式:贝克尔避免任何类似的举动,这是有充分理由的。我已经暗示,即使在社会主义条件下(如早期的生产方式),也完全可以想象人们按照贝克尔的模式运作。不同的是境况本身:"家庭"的性质,原材料的库存,实际上是所生产的"商品"的形式和形状。因此,贝克尔的市场绝不仅仅是对市场体系的又一次庆祝,而是不自觉地将我们的注意力转向历史本身,转向它所提供的各种不同的境遇。

288

因此，我们必须怀疑，对现实中市场的本质主义的辩护涉及其他主题和问题：消费的快乐只不过是意识形态消费者们可拥有的意识形态的虚幻结果，他们购买了市场理论，而他们自己却不属于市场理论的一部分。的确，当美国消费者克服新教伦理道德并能够不顾一切地将其储蓄（和未来收入）投入操练其作为全职专业购物者的新特征之际，某种紧张不安的情绪开始压过成功感，同样这些理论家们就展现了新的保守主义文化革命中的一个重大危机——同样也是其内部的一个巨大矛盾。但很显然，你不能两者兼而得之；没有一个蓬勃发展、运转正常的市场，其顾客人员都是懂得美元价值的加尔文主义者和勤劳的传统主义者。

对市场的热情实际上一直是政治性的，正如阿尔伯特·赫希曼（Albert O. Hirschman）的伟大著作《激情与利益：资本主义大获全胜之前的政治争论》所教导我们的那样。最后，市场对于"市场意识形态"来说，与其说是与消费有关，不如说是与政府干预有关，实际上与自由和人性本身的罪恶有关。巴利关于著名的市场"机制"曾有过代表性的描述：

> 亚当·斯密所说的自然过程，是指在没有某种特定的人为干预的情况下（无论是政治干预还是暴力干预），个体之间的互动会发生什么，或者会出现什么样的事件模式。
>
> 市场行为就是这种自然现象的一个明显例子。市场体系的自我调节性不是设计思维的产物，而是价格机制的自发产物。现在，从人性中的某些一致性（当然包括"自我完善"的自然愿望），可以推断出当政府干扰这种自我调节过程时会发生什么。因此，亚当·斯密展示了学徒法、对国际贸易的限制、公司的特权等等是如何

289

破坏却不能完全压制自然经济趋势的。市场的自发秩序是由其组成部分的**相互依存**所带来的,对这种秩序的任何干预都是徒劳的:"任何商业法规都不可能使任何社会的产业量的增加超过其资本所能维持的限度。它只能够使它本来没有纳入某一方向的一部分产业转移到这个方向来。"亚当·斯密所说的"天赋自由"一词意味着,在这个体系中,每个人只要不违反(消极的)正义法则,就可以完全自由地以自己的方式追求自己的利益,并使自己的产业和资本与任何其他人竞争。①

因此,正如他们今天所说的,市场概念的力量在于它"总体化"的结构:也就是说,在于它有能力提供一个社会整体性的模型。它提供了代替马克思主义模式的另一种方法:不同于现在人们所熟悉的从经济到政治、从生产到权力和统治的韦伯和后韦伯式的转移。但是,从生产领域到流通领域的转移,是一个具有同样深刻性和意识形态性的问题,它的优势在于,用完全不同的秩序表征来取代相当老旧的虚幻表征,后者伴随着自《1984》一直到福柯的"统治"模式——对于新的后现代时代是相当滑稽的叙事。(我稍后将会证明,这些也不是主要的消费模式。)

然而,我们首先需要掌握的是社会整体性这一替代概念的可能性条件。马克思(还是在《政治经济学批判大纲》中)认为,市场模式的流通将在历史上和认识论上先于其他的图绘形式,并提供了理解社会整体性的第一表征:

> 流通是一般异化表现为一般占有,一般占有表现为

---

① 巴利:《古典自由主义与自由至上主义》,第30页。

一般异化的运动。虽然这一运动的整个过程很可能表现为一个社会过程，虽然这一运动的个体因素源于个人的自觉意志和特殊目的，但整个过程是一种自发产生的客观关系；一种由有意识的个体相互作用而产生的关系，但它既不是他们意识的一部分，也不是归于他们意识之下的一个整体。它们的碰撞产生了一种超越它们的**外来**社会力量。它们自身的相互作用（表现）为一个独立于它们的过程和力量。因为流通是一种整体性的社会过程，它也是第一种形式，在这种形式中，社会关系不仅表现为独立于个人的东西，比如说，货币或交换价值，而且表现为整个社会运动本身。①

这些反思运动中最引人注目的是，它们似乎将通常被认为是两个不同的概念——霍布斯的"一切人针对一切人的战争"和亚当·斯密的"看不见的手"（在这里似乎伪装成黑格尔的"理性的狡计"）——等同了起来。我认为，马克思的"市民社会"概念，就像这两个概念（譬如物质和反物质）意外地结合在一起时所发生的情况。然而，这里重要的是，霍布斯所担心的东西恰恰是赋予亚当·斯密以信心的东西。（无论如何，霍布斯的恐怖的深层本质由米尔顿·弗里德曼先生自鸣得意的定义做出了特别的阐释，这个定义就是："一个自由主义者对集权有着根本的恐惧。"②）人类本性固有的并在英国革命中付诸实施的某种凶残暴力的概念，曾经被霍布斯（"可怕地"）理论化了，但没有被赫希曼的"商业贿赂"所修正

---

① 马克思、恩格斯：《马恩选集》第 28 卷，第 131—132 页。
② 米尔顿·弗里德曼：《资本主义与民主》，芝加哥，1962 年，第 39 页。

和改进[①]:(在马克思的著作中)它与市场竞争本身是完全相同的。两者的区别不是政治意识形态的,而是历史的:霍布斯需要国家权力来驯服和控制人性的暴力和竞争;在亚当·斯密(以及某种形而上学层面的黑格尔)那里,竞争体系即市场完全是由自己控制和驯服的,不再需要绝对的国家。但是,在整个保守主义的传统中,显而易见的是由恐惧和焦虑引发的动机,而在这之中,内战或城市犯罪本身只是阶级斗争的象征。因此,市场就是披着羊皮的利维坦:它的功能不是鼓励和延续自由(更不用说政治多样性的自由),而是压制自由;关于这种愿景,人们确实可以重温存在主义年代的口号——惧怕自由,逃避自由。市场意识形态让我们确信,人类在试图控制自己命运之时,总是会把事情搞得一团糟,我们幸运地拥有了一种人际机制——市场——它可以代替人类的**傲慢**和计划,完全取代人类的决定。我们只需要保持它的清洁和润滑状态,然后它就会像许多世纪前的君主一样,照顾我们,并使我们井然有序。

然而,为什么这种对神性的安慰性替代在当今世界如此具有普遍吸引力,却是另一种历史问题。将新发现的对市场自由的拥抱归因于对高度集中的计划经济体制的恐惧,这一点尽管非常动人,但在时间上稍微有点错位。

我曾经发表过一篇关于60年代的分析性长文[②],所得到的最为睿智的批评要归功于沃拉德·戈兹奇(Wlad Godzich)。他对我的全球模式中没有第二世界表示了苏格拉底式的惊讶。我们的改革经验揭示了苏联历史的各个层

291

---

① 参见阿尔伯特·赫希曼:《激情与利益:资本主义大获全胜之前的政治争论》,普林斯顿,新泽西州,1977年,第1部分。

② 《为六十年代分期》,见《理论的意识形态》,明尼阿波利斯,1988年,第2卷,第178—208页。

面,这有力地强化了戈兹奇的观点,并使我自己的失误显得更加可悲;所以,我将在此通过另一个方向上的夸大来弥补缺憾。事实上,我的感觉是,赫鲁晓夫实验的失败不仅对苏联来说是灾难性的,而且某种程度上对于其余地方的全球历史也是至关重要的,对于社会主义本身的未来而言也是如此。但我认为,这次失败也是影响其他国家最基本发展的决定因素,虽然人们不希望苏联为全球历史承担全部责任,但在我看来,苏维埃革命对世界其他地区产生的积极意义,与失去恢复革命并在革命过程中改变党的机会所产生的消极影响之间,确实有些相似之处。西方 60 年代的无政府主义可以归因于这一失败,而在这次运动结束之后很久,这种失败的延续解释了彼得·斯洛特戴克(Peter Sloterdijk)所说的"犬儒理性"在当下无所不在的后现代消费主义中的普遍胜利。因此,对政治实践如此深刻的幻灭,必然会导致放弃市场并将人类的自由让渡给一只现在奢侈的看不见的手之类修辞的流行,就不足为奇了。

然而,上述内容仍然需要进一步的思考和推理,它们都不能很好地解释这种话语发展的最惊人的特点;即,商业和私人财产的沉寂、企业家精神的尘埃、对头衔和占有欲近乎狄更斯式的品位、优惠票券、企业兼并、银行投资以及其他类似的交易(在英雄或强盗式的商业阶段结束之后),在我们这个时代怎么会被证明如此性感。在我看来,五十年代陈旧的自由市场的表征一度令人生厌,人们对它的兴奋源于它与一种完全不同的表征之间的不正当的隐喻联系;即,最庞大的当代和全球意义上的媒介本身(包括所有最新媒体设备和高科技的基础设施)。其运作是上文提到的后现代的过程,其中两个密码系统以这样的方式同一,允许一个的力比多能量弥漫至另一个,而不会(像在我们的文化和思想历史的早前时期)产生一个综合体、一个新的组合物、一种新的合成语言，或任何其他东西。

霍克海默和阿多诺早在无线电时代就注意到了商业"文化产业"结构的特殊性，在这种结构中，产品是免费的。① 媒体与市场之间的类比关系事实上是由下面这种机制所巩固的：并不是因为媒体**像**一个市场，所以这两样东西具有可比性；相反，正是因为"市场"和媒体均**不像**各自的"概念"（或柏拉图的观念），这两个东西才具有可比性。媒体提供免费的节目，对于节目内容和节目种类，消费者没有任何选择权，但他们的选择又被重新命名为"自由选择"。

当然，随着实体市场的逐渐消失以及商品与其形象（或品牌名称或标志）的趋于同一，市场与媒体之间的另一种更亲密的共生关系得以实现，在这个过程中，界限（以后现代主义所深刻特有的方式）被洗刷了，层次的不加区分逐渐取代了事物与概念（或者说，经济与文化，经济基础与上层建筑）之间旧有的分离。市场上销售的产品成为媒体形象的内容，因此，在这两个领域似乎都保持着相同的参照物。这非常不同于早前的情况，那时，在一系列的信息符号（新闻报道、专栏小品、文章）上，附加了兜售无关商品的附加条款。而在今天，产品散布在娱乐（甚至新闻）片段的整个时空之中，作为其内容的一部分，因此，在一些广为人知的案例（最著名的是《豪门恩怨》电视剧②）中，有时不清楚叙事部分何时结束，商业部分何时开始（因为相同的演员也出现在商业性片段中）。

这种借助内容的相互渗透然后又通过产品本身的性质

---

① 阿多诺、霍克海默：《启蒙辩证法》，约翰·坎明（John Cumming）译，纽约，1972年，第161—167页。

② 参见简·费尔（Jane Feuer）：《解读〈豪门恩怨〉：电视与接受理论》，载《南大西洋季刊》第88期，1989年9月2日，第443—460页。

以某种不同的方式进行扩展增容：特别是在与为美国消费主义而光火的外国人打交道时，会感觉到，产品形成了一种等级制度，其最高点就是复制技术本身，当然，现在的复制技术已经远远超出了传统电视机的范畴，并且已经成为资本主义第三阶段新的信息或计算机技术的缩影。因此，我们还必须假定另一种消费类型：超越消费内容和直接商品的消费过程本身的消费。我们有必要谈论一下这种新机器所带来的一种快感的技术红利，而且，在每一次官方媒体消费活动中，它都象征性地被重新制定和仪式性地被吞噬。过去常常和此处所讨论的市场修辞（但在我看来，这代表了某种不同的去合法化策略）相伴随的保守主义修辞与社会阶层的终结有关，这确实不是偶然的，这一结论总是通过工人家庭拥有电视机得到证实和"证明"。后现代主义的兴高采烈很大程度上源于对高科技信息化进程的庆祝（当前传播、语言或符号理论的流行是这种更一般的"世界观"的意识形态副产品）。因此，正如马克思可能会说的，这是第二个时刻，在这一时刻（像与"许多资本"相对的"一般资本"那样），作为一个统一过程的"一般"媒体某种程度上被预见和体验（相对于个别媒体放映的内容）；似乎正是这种"总体化"为人们架起了一道桥梁，通向"一般市场"或"作为一个统一过程的市场"的虚幻形象。

媒体与市场之间复杂的类比关系的第三个特征，强调了市场目前的修辞力量可能就在于形式本身。正是在这里，我们需要回到形象理论，回到居伊·德波卓尔不凡的理论推导（形象是商品物化的最终形式）①。在这一点上，过程被颠倒了过来，不是市场上的商品在广告中变成了图像，而是商业电视的娱乐和叙事过程反过来物化并变成了许多商品：从带

---

① 居伊·德波：《景观社会》，底特律，1977年，第1章。

有近乎公式化和僵化的时间段与间隔的电视连续剧，到镜头对空间、故事、人物和时尚的处理，而且还包括了新的明星和名人的生产过程，这一过程似乎与我们对这些事物更老的、更为熟悉的历史经验截然不同，而且现在与以前公共领域本身的"世俗"现象（每晚新闻广播中的真实人物和事件，将姓名转换成新闻标识，等等）趋于一致。许多分析表明，新闻广播是如何结构得像叙事连续剧的；同时，我们当中的一些人在官方文化或"高雅"文化的另一个领域里，试图展示"小说"（从对立于"字面的"或"事实的"意义上说）等类别的衰落和过时。但在这里，我认为公共领域的深刻变革需要理论化：一个新的图像现实领域的出现，它既是虚构的（叙事的），又是事实的（甚至连续剧中的人物都被理解为有着可供阅读的外部历史的"真名实姓"的明星），像以前的古典"文化领域"一样，它现在变成了半自治的，漂浮在现实之上，具有这种根本的历史性差异，即，在古典时期，现实持续独立于感性和浪漫的"文化领域"，而今天，它似乎已经失去了那种独立的存在模式。今天，文化以某种方式反过来影响现实，使任何独立的，或者说，非文化的或超文化的形式成为问题（依据介于你的眼睛与事物本身之间的大众文化的海森堡原则），因此，理论家们最终在新的信念中统一他们的声音："参照物"不再存在。

无论如何，在这第三个时刻，媒体本身的内容已经变成了商品，然后被投放到更广阔的市场版本之上，并与之建立联系，直到两者无法区分为止。在这里，媒体，作为市场本身的幻想，现在回到市场，通过成为市场的一部分，盖章并证明以前的隐喻或类比的同一性是一个"字面的"现实。

在这些关于市场的抽象讨论中，最后必须要加上一个实用主义的限定词，一种秘密的功能，例如，有时会给表面上的话语本身带来焕然一新的光芒——在俗艳的中等高度上引人注目。这就是巴利在他那本有用的著作的结尾绝望或愤怒地脱口而出的东西；也就是说，对各种新自由主义理论的哲学检验只能应用于一个单一的基本情况，这种情况我们可以（不含讽刺地）称之为"从社会主义向资本主义的过渡"①。换而言之，市场理论仍然是乌托邦式的，因为它们不适用于这个系统性的"放松管制"的基本过程。巴利本人已经在前一章中阐释了判断的重要意义，他在讨论理性选择的人们时指出，理想的市场局面对他们来说是乌托邦式的，在当今条件下是不可实现的，这就像对于左派人士而言，社会主义革命或改造在当今的发达资本主义国家是不可实现的。有人想补充一点，这里所指的是两方面的：它不仅指不同的东方国家一直被理解为以这样或那样的方式试图重建市场的过程，而且还有西方国家，特别是里根和撒切尔领导时期的西方，取消福利国家的"规则"并回到某种更纯粹的市场条件的种种努力。我们既需要考虑这两方面的努力出于结构性原因统统失败的可能性；我们也需要坚持不懈地指出，"市场"最终变成了乌托邦这样有趣的发展最近一直被认为是存在的。在这些情况下，用一种惰性的制度结构（官僚计划）代替另一种惰性的制度结构（即市场本身）是行不通的。我们需要的是一个伟大的集体工程，大多数人积极参与其中，既作为它的一部分又由它自身的能量来建构。社会优先事项的设定——在社会主义文献中也被称为计划——必须是这样一个集体项目的一部分。然而，应该清楚的是，从定义上讲，市场根本不可能是一个计划项目。

---

① 参见巴利：《古典自由主义与自由至上主义》，第193—196页。

第14章 马克思怎样发明了症候?

斯拉沃热·齐泽克(Slavoj Žižek)

马克思、弗洛伊德:形式的分析

依拉康之见,发明症候这一概念的不是别人,正是卡尔·马克思。拉康的这个说法是脱口而出的机智妙语,一个含糊不清的类比,还是有着相关的理论基础? 如果马克思确实清楚阐明了症候的概念,鉴于这一概念在弗洛伊德的研究领域中也发挥了作用,那么,我们就必须对这样一种巧合在认识论上的"可能性条件"提出康德式的疑问:马克思在对其商品世界的分析中,创造了一个同样适用于分析梦和歇斯底里症等现象的概念,这是如何可能的?

答案是,在马克思的阐释程序和弗洛伊德的阐释程序之间,更确切地说,在马克思的商品分析和弗洛伊德的梦的解析之间,存在着基本的同源一致性。无论哪种分析,其重点都是为了避免对据说隐藏在形式背后的"内容"彻底的拜物教般的迷恋:通过分析揭示出来的"秘密"不是形式(商品的形式、梦的形式)所隐藏的内容,而恰恰相反,是**这种形式本身的"秘密"**。梦的形式的理论智慧并不在于从"显在内容"向其"隐含内核"再向梦的隐意的渗透;而在于它回答了这样一个问题：为什么梦的隐意是以这样的形式出现的，它们为什么被转换成了梦的形式？商品的分析亦复如是：真正的问题不是要深入商品的"隐含内核"中去，即根据商品在生产过程中所消耗的劳动量来决定其价值，而是要解释为什么劳动会以商品价值的形式出现，为什么只能以劳动产品的商品形态来确定其社会属性。

　　许多人指责弗洛伊德对梦的解析充斥着"泛性欲主义"，这种指责如今已成陈词滥调。汉斯-尤尔根·艾森克（Hans-Jürgen Eysenck）这位严厉的精神分析的批判者很久以前就在弗洛伊德梦的解析中看到了一个至关重要的悖论：根据弗洛伊德的说法，梦中所表达的欲望被假定为无意识的，同时也是与性相关的，至少原则上可以这么说，这与弗洛伊德本人分析的多数案例相矛盾。弗洛伊德首先选择著名的伊尔玛注射的梦作为导论性的案例，来说明梦的逻辑。这个梦中所表达的潜在思想，是弗洛伊德试图通过"这不是我的错，它是由一系列的环境因素引起的"之类的论据，来推卸理应由他承担的对病人伊尔玛治疗失败的责任；但显然易见的是，这个"欲望"，这个梦的意义，显然既与性无关（它更关乎职业道德），也与无意识无关（伊尔玛治疗的失败令弗洛伊德寝食难安）①。

　　这种指责基于一个根本性的理论错误：它将梦中发挥作用的无意识的欲望与"潜在思想"（即梦的意义）等同起来。但正如弗洛伊德屡次强调的，**在"梦的隐意"中没有任何东西是"无意识的"**："梦的隐意"是完全"正常的"思想，它可以用日常的、普通语言的句法清晰地表述出来；从拓扑学上说，它

---

　　① 汉斯-尤尔根·艾森克：《心理学中的理性与无稽之谈》，哈蒙德斯沃斯出版社，1966 年。

属于"意识/前意识"系统；主体通常能意识到它的存在，甚至过度意识到了它的存在；它始终困扰着主体……在某些特定的条件下，这种思想被推开，被排除在意识之外，于是沉入了无意识——也就是说，服从"初级过程"的原则，被翻译成了"无意识的语言"。因此，"梦的隐意"和所谓的梦的"显在内容"——梦的文本或以字面现象呈现出来的梦——之间的关系是完全"正常的"（前）意识思想与其翻译成梦的"字谜"之间的关系。因此，梦的本质构成不是它的"隐意"，而是赋予它梦的形式的这种运作机制（位移、压缩的机制，还有单词或音节内容的形象化）。

因此，基本的误解就在这里：如果我们在显在文本所隐藏的潜在内容中寻找"梦的秘密"，我们注定会失望而归；我们所找到的只是一些完全"正常的"思想，尽管通常是令人不快的思想，但其本质大多是与性无关的，绝对不是"无意识的"。这种"正常的"有意识的/前意识的思想之所以被引向无意识，被压抑，不是仅仅因为它令意识"不快"的特性，而是因为它和另一个处于无意识当中、早已被压抑的欲望之间形成了"短路"，**这个欲望与"梦的隐意"毫无关系。**"如果一个源自婴儿期并处于被压抑状态的欲望，已经转移到正常的思路上"——正常的因而可以用日常的普通语言即"次级过程"的句法来表达的"正常的思路"上——那么，正常的思路就"只能屈从于我们一直以来所描述的那种不正常的精神治疗"，屈从于梦的运作，屈从于"原初过程"的机制。①

正是这种无意识/性的欲望，不可还原为"正常的思路"，原因在于，它从一开始就受到了结构性的压抑（弗洛伊德使

298

———————

① 西格蒙德·弗洛伊德：《梦的解析》，哈蒙德斯沃斯出版社，1977年，第757页。

用的术语是"原初的压抑",Urverdrängung），在于它在日常
交流的"正常"语言中，在意识/前意识的句法中，没有任何
"原初"可言；它只能置身于"原初过程"的机制之内。这就是
我们不应该把梦或一般症状的解析还原为重新翻译的原因，
即把"梦的隐意"重译为哈贝马斯所谓的主体间交流的"正常
的"日常共同语言。这个结构总是三重的，总有三个因素在
起作用：**显在的梦文本，潜在的梦内容**或梦思想，以及梦中表
达的**无意识的欲望**。这个欲望将自身依附于梦，将自己插入
潜在思想与显在文本之间的空隙；因此，相对于潜在的思想
来说，它并不是"更隐蔽、更深藏的"，而是更"表面上的"，它
完全由能指的机制构成，是由潜在思想所不得已接受的治疗
构成的。换言之，它唯一的藏身之所是以"梦"的**形式**存在：
梦的真正主题（无意识的欲望）在梦的运作中通过对其"潜在
内容"的阐述表达自身。

　　正如弗洛伊德经常遇到的情况那样，他所阐述的经验观
察（尽管是以"相当惊人的频率"）揭示了一个基本的、普遍的
原则："梦的形式或梦中的形式被人们无以复加地屡屡用来
代表其隐藏的主题。"[1]因此，这就是梦的基本悖论：被假定
为梦之最隐蔽的核心的无意识的欲望，通过梦的"核心"的伪
装性运作来表达自己；借助将梦翻译为梦的字谜的手段，对
梦的内容-核心进行伪装的运作，来表达梦的潜在思想。与
他往常的典型做法一样，弗洛伊德在《梦的解析》后来版本的
一个脚注中，给出了这个悖论的最终表述：

　　　　我曾一度发现，让读者习惯于梦的显在内容与梦的
　　　　隐意之间的区别是非常困难的。以一些保留在记忆中

299

---

[1]　西格蒙德·弗洛伊德：《梦的解析》，第 446 页。

的形式存在的尚未解析的梦为依据，各种争论和反对之声此起彼伏，而对这些梦做出解释的需要则被忽略了。现在，尽管精神分析师们至少已经同意用解析出来的意义替代显在的梦，他们中的许多人又以同样的固执陷入了另一种混乱而心生内疚。他们试图在梦的潜在内容中寻找梦的本质，却忽视了梦的潜在思想与梦的运作之间的区别。

其实，梦不过是睡眠状态使之成为可能的一种特定的思维形式而已。正是梦的运作创造了这种形式，只有它才是梦的本质，才能解释梦的特定性质。[1]

弗洛伊德是分两步进行的：

首先，我们必须打破这样的表象，根据这种表象，梦不过是既简单又无意义的一团混乱，一种由生理过程引发的无序状态，因此毫无意义可言。换言之，我们必须朝着阐释学研究的方向迈出关键的一步，把梦设想为一种有意义的现象，设想成一种传递着被压抑的信息的东西，而这些信息必须通过阐释的过程才能发现。

其次，我们必须摆脱对这个意义内核的迷恋，对梦的"隐含意义"的迷恋；也就是说，我们必须摆脱对隐藏在梦的形式背后的内容的迷恋，全神贯注于形式本身，贯注于"梦的隐意"都要对之俯首称臣的梦的运作。

这里需要注意的关键内容是，我们在马克思对"商品形式的秘密"所作的分析中，在两个阶段中发现了完全相同的表述。

首先，我们必须打破商品价值取决于纯粹偶然的表象，

---

[1]　西格蒙德·弗洛伊德：《梦的解析》，第650页。

例如,取决于供求之间偶然的相互作用的表象。我们必须迈出关键的一步,去构想隐藏在商品形式背后的隐含"意义",构想由这种形式所"表达"的意涵;我们必须看穿商品价值的"秘密":

> 因此,劳动时间决定价值大小,这是一个秘密,这个秘密隐藏在商品的相对价值的表面波动之下。这个秘密的发现,虽然从决定商品价值大小的因素中消除了所有纯粹偶然的表象,却决不会改变那个模式,商品的价值就是按这个模式决定的。[①]

300 但正如马克思所指出的,这里还存在着某种"尚未":仅仅揭开秘密是**不够的**。古典资产阶级政治经济学已经发现了商品形式的"秘密";这种经济学的局限性在于,它无法摆脱对隐藏在商品形式背后的秘密的迷恋,它的注意力被劳动作为真正财富的来源所牢牢吸引。换言之,古典政治经济学只对隐藏在商品形式背后的内容感兴趣,这就是它不能解释真正的秘密的原因,不是形式**背后**的秘密,而是**这种形式本身的秘密**。尽管古典政治经济学对"价值大小的秘密"作了相当正确的解释,但对于古典政治经济学而言,商品依然是神秘的、谜一般的事物。梦也是如此:即使我们已经解释了它的隐藏意义、它的潜在思想,梦仍然是一种神秘的现象;尚未得到解释的只是它的形式,即隐藏的意义以这种形式伪装自己的过程。

因此,我们必须完成另一个关键步骤,分析商品形式本身的起源。把形式还原为本质、还原为隐含的内核是不够

---

① 卡尔·马克思:《资本论》第一卷,伦敦,1974 年,第 80 页。

的;我们还必须考察与"梦的运作"相类似的过程。正是通过这个过程,被隐藏的内容呈现出了这样一种形式,因为正如马克思所指出的:"可是,劳动产品一旦采取商品形式就具有的谜一般的性质究竟是从哪里来的呢?显然是从这种形式本身来的。"①古典政治经济学无法完成迈向形式之起源的这关键的一步,这是它的致命弱点:

诚然,政治经济学曾经分析了价值和价值量(虽然不充分),揭示了这些形式所掩盖的内容。但它甚至从来没有提出过这样的问题:为什么这一内容采取这种形式呢?为什么劳动表现为价值,用劳动时间计算的劳动量表现为劳动产品的价值量呢?②

商品形式的无意识

为什么马克思对商品形式的分析——表面看来,这些分析只涉及纯粹的经济学问题——对社会科学的一般领域产生了如此巨大的影响?为什么它吸引了一代又一代的哲学家、社会学家和艺术史家等人?因为它提供了一个模式,使我们能够生成所有其他形式的"拜物教式倒置":仿佛对商品形式的辩证认识为我们提供了一个纯粹的——可以说是纯净的——机制,它为我们提供了一把钥匙,使我们能够从理论上理解那些乍看起来与政治经济领域(法律、宗教等)无关的现象。在商品形式内部,存在着绝对比商品形式本身更多

301

---

① 卡尔·马克思:《资本论》第一卷,第76页。

② 阿尔弗雷德·索恩-雷特尔(Alfred Sohn-Rethel):《脑力劳动与体力劳动》,伦敦:麦克米伦出版社,1978年,第31页。

的利害攸关之物，正是这个"更多"散发着迷人的魅力。在揭示商品形式的普遍影响方面走得最远的理论家，无疑是阿尔弗雷德·索恩-雷特尔，这个法兰克福学派的"同路人"。他的基本观点是：

> 对商品的形式分析不仅是政治经济学批判的关键，而且对抽象的概念思维模式以及由此产生的脑力劳动和体力劳动的分工做出历史解释也是至关重要的。[1]

换言之，在商品形式的结构中，是可能找到先验主体的：商品形式预先解释了康德式先验主体的结构和骨架，即构成了"客观"科学知识的先验框架的先验范畴网络。商品形式的悖论就表现在这里：这种内在世界的"病理性"现象（"病理性"一词是就康德赋予它的意义而言的），为我们提供了一把解决知识理论基本问题——具有普遍有效性的客观知识——的钥匙，这如何可能？

经过一系列的详尽分析，索恩-雷特尔得出了如下结论：由科学程序（当然是牛顿的自然科学程序）所预设、暗示的范畴机器，即借以来掌握自然的概念网络，已经存在于社会的有效性中，已经在商品交换行为中发挥作用。在思想能够达到纯粹的**抽象**之前，抽象早已在市场的社会有效性中发挥了作用。商品的交换意味着一种双重的抽象：其一，来自交换行为中商品可变性质的抽象；其二，来自商品的具体的、经验的、感性的、特殊性的特征的抽象（在交换行为中，商品独特的、特定的、质的规定不在考虑的范围之内；一件商品被还原为一个抽象的实体，不论它的特殊性及其"使用价值"如何，

---

① 阿尔弗雷德·索恩-雷特尔：《脑力劳动与体力劳动》，第33页。

它都具有了与其进行交换的商品的"同等价值")。

在思想能够产生作为现代自然科学之必要条件的纯粹定量观念之前，纯粹的数量就已经在货币中发挥作用。货币就是这样一种商品，它使得所有其他商品的价值具有可比性，尽管这些商品具有特定的性质规定。在物理学能够阐释发生在几何空间中的纯粹抽象**运动**概念之前(纯粹抽象运动与移动的物体的所有定性规定无关)，社会性的交换行为已经实现了这样一种"纯粹的"、抽象的运动，而毫不触及运动中的物体的具体-感性属性，没有造成属性的转移改变。关于物质与其偶然性之间的关系，关于牛顿科学中的因果关系概念，简言之，关于整个的纯粹理性范畴网络，索恩-雷特尔都做出了同样的证明展示。

以此方式，支撑了先验范畴网络的先验主体面临着一个令人不安的事实：就其最初的形式起源而言，它依赖于某个内在世界的"病理性"的过程——只要根据定义，形式-先验之物先验地独立于所有的实证内容，那么这个内在世界的"病理性"过程就是一个丑闻，一个从先验的角度来看毫无意义的不可能性；一个与弗洛伊德的无意识的"丑闻"特征完全符合的丑闻，从先验哲学的角度来看这也是难以容忍的。也就是说，如果我们仔细观察一下索恩-雷特尔所谓的"现实抽象"的本体论状态(即，在非常有效的商品交换过程中发挥作用的抽象行为)，那么，"现实抽象"的本体论状态与无意识的状态的同源一致性，这个存在于"另一个场景"中的表意链，是绝对引人注目的：**"现实抽象"是先验主体的无意识**，是客观普遍的科学知识的支撑物。

一方面，从商品作为实物的现实、有效的属性这一意义上说，"现实抽象"当然不是"现实的"：实物-商品并不像拥有一系列决定其"使用价值"的特定属性(形态、颜色、味道等)

那样拥有"价值"。正如索恩-雷特尔所指出的,商品的本质是有效交换行为所隐含的**假设**的本质;换言之,是某种"似乎"的本质:在交换行为中,人们买卖商品,**似乎**商品并不从属于物理的、物质的交换,**似乎**它被排除在产生与损耗的自然循环之外;尽管在其"意识"的层面上,他们"非常清楚"事实并非如此。

检测这一假设之有效性的最简单的方式是,想一想我们是如何对待货币的物质性的:我们非常清楚,和所有其他实物一样,货币也受到使用的影响,其物质部分随着时间而改变;但从市场的社会**有效性**来看,我们仍然将货币看作一种由"永恒不变的物质"构成的东西,这是"一种时间无法左右、与自然界中发现的任何物质都构成鲜明对比的物质"。[1] 我们不禁想到那个恋物癖式的否定表述:"我很清楚,但还是……"说明这个表述的例证还有很多:"我知道母亲没有阴茎,但还是……(相信她有)""我知道犹太人和我们一样,但还是……(觉得他们有点不一样)"现在,我们必须毫不质疑地加上一个例子,即货币的变体:"我知道货币是和其他东西一样的实物,但还是……(觉得它似乎是由一种特殊物质制成的,时间对它无能为力)"

在这里,我们触及了马克思尚未解决的一个问题,即货币的物质性问题:货币不是由经验性的、物质性的材料制成的,而是由崇高的材料制成的,是由另一种"坚不可摧、不可改变"、实体不会腐化的物质制成的。制成货币的这另一实体,俨然是萨德笔下的受难者的身体,尽管饱受各种折磨,依然完美地存活下来。这一"身体内的身体"的非物质肉体性为我们提供了关于崇高客体的精确定义,仅仅从这个意义上

---

[1]　阿尔弗雷德·索恩-雷特尔:《脑力劳动与体力劳动》,第59页。

说,精神分析学将货币作为"前阳具的""肛门区的"客体这一观念才是可接受的,前提是,我们不要忘记崇高身体的假设性存在是如何依赖于象征秩序的;不会磨损消耗、坚不可摧的"身体内的身体"总是通过某种象征性权威的保证才能长久维持:

> 一枚硬币身上的花纹表明,它是用来作为交换的手段,而不是作为使用的对象。它的重量和金属纯度是由发行机关保证的,因此,如果在流通过程中因为磨损和消耗而分量减轻,则可以以旧换新,全额兑换。其有形的物质显然已经成为其社会功能的一种纯粹载体。①

那么,如果"现实抽象"与"现实"层面无关,与有效属性的层面无关,与客体的层面无关;基于这个原因,把"现实抽象"视为一种"思维抽象",视为发生在思维主体"内部"的一个过程,就是错误的:与这个"内部"相比,与交换行为相关的抽象则以一种不可还原的方式是外在的、分散的,或者用索恩-雷特尔的简明公式说:"交换的抽象**不是思想**,但具有思想的**形式**。"

在此,我们获得了关于无意识的一个可能定义:**其本体论身份状态不是思想形式的思想形式**,也就是说,无意识是处于思想之外的思想形式。简而言之,它是思想的形式已经提前阐明的某个思想之外的"其他场景"(Other Scene)。象征秩序正是这样一种形式秩序,它补充和/或破坏了"外部的"事实现实和"内部的"主观经验两者间的双重关系。因此,索恩-雷特尔对阿尔都塞的批判还是有相当的根据和道

304

---

① 阿尔弗雷德·索恩-雷特尔:《脑力劳动与体力劳动》,第59页。

理的。阿尔都塞把抽象视为一个完全发生在知识领域的过程，并因此将"现实抽象"范畴视为"认识论混乱"之表现而加以拒绝。在阿尔都塞对"实在客体"与"知识客体"所作的根本性的认识论区分框架内，"现实抽象"是不可思议的，因为在这个基本的框架内，他引入了第三个颠覆性的因素，即先于和外在于思想的思想形式，简而言之，即象征秩序。

我们现在能够准确地表述出索恩-雷特尔的哲学反思事业"令人反感的"性质了：他将哲学反思的封闭循环置于其形式已经"上演"的外部空间。因此，哲学反思受制于一种不可思议的离奇经验，这类似于用古老的东方套语——"汝在彼处"所概括的经验：在那里，在交换过程的外部有效性中，是你应有的处所；那里是剧院，你还没认识到你的真理，它就已经上演。面对这样的处所是难以承受的，因为哲学本身就是由无法洞见这个处所的盲目性所界定的：哲学不消解自己，不丧失其一致性，就不能将这个处所考虑在内。

另一方面，这并不意味着与哲学理论意识相对的日常"实践"意识，即参与交换行为的个人意识，也不受起补充作用的盲目性的影响。在交换行为中，个体都是以"实践的唯我主义者"行事的，他们错误地认识了交换的社会综合功能，即通过市场媒介实现私人生产之社会化形式的"现实抽象"层次："不管他们是怎么想的，怎么说的，商品所有者在交换关系中所做的是实践的唯我主义。"①这样的错误认识是交换行为生效的必要条件——如果参与者注意到"现实抽象"的维度，"有效"交换行为本身就不再可能。

因此，在谈到交换的抽象性时，我们必须小心谨慎，

①　阿尔弗雷德·索恩-雷特尔:《脑力劳动与体力劳动》,第42页。

不要将这个术语用于交换代理人的意识。他们被认为会关注所见商品的用途，却只是以想象的方式关注。只有交换行为且行为本身是抽象的……这种行为的抽象性在其发生时是无法被注意到的，因为交换代理人的意识只放在了交易上，放在了与物品的用途相关的实用的外表上。可以说，代理人行为的抽象性超出了他们的认识，因为他们的意识阻碍了他们的认识。如果他们的头脑能意识到抽象的存在，他们的行动就不再是交换，抽象也就不会出现。[1]

这种错误的认识导致意识分裂为"实践的"意识和"理论的"意识：参与交换行为的所有者以"实践的唯我主义者"的身份行事，忽视了其行为普遍的社会综合性维度，将之简化为市场中原子化个体的偶然相遇。其行为的这种"被压抑"的社会维度随即以一种相反的形式出现，正如普遍理性转向对自然的观察（作为自然科学概念框架的"纯粹理性"的范畴网络）那样。

商品交换的社会有效性与商品交换的"意识"之间的关系存在一个关键的悖论，再次引述索恩-雷特尔的简明概括，即"对现实的这种无-知正是现实之本质的一部分"：交换过程的社会有效性是这样一种现实，只有参与交换过程的个体对交换过程的应循逻辑毫不知情的情况下，交换过程才成为可能；也就是说，**这种现实的本体一致性在于其参与者的某种无-知**。如果我们"知情太多"，看穿了社会现实的真实运作，这个现实就会自行消解。

这大概就是"意识形态"的根本维度：意识形态不仅仅是

---

[1] 阿尔弗雷德·索恩-雷特尔：《脑力劳动与体力劳动》，第26—27页。

一种"虚假意识",一种对现实的虚幻再现；而且是一种早已被视为"意识形态"的现实。"意识形态的"即社会的现实，它的存在意味着参与者对其本质的无-知；即，意识形态是社会的有效性，它的再生产暗示我们，人们"不知道他们在做什么"。"意识形态"不是一个（社会）存在的"虚假意识"，而是得到虚假意识支撑的这种存在本身。因此，我们终于到达了症候的维度，因为症候的一个可能的定义也将是"一种构型，这种构型的一致性暗示了主体的某种无-知"：主体只有在对症候的逻辑不理解的情况下，才能"享受他的症候"——症候得到成功阐释的标尺，正是该症候的解体。

社会的症候

那么，我们能够如何界定马克思的症候概念呢？通过觉察一种裂痕、一种非对称、一种掩盖了资产阶级"权利与义务"之普遍性的"病理性的"失衡，马克思"发明了症候"（拉康语）。这种失衡不是宣告了这些普遍原则的"不完美实现"，宣告了不充分性在进一步发展中的消除；相反，这种失衡充当了这些普遍原则的"构成性时刻"：严格地说，"症候"是一个颠覆了自身普遍基础的特定元素，一个颠覆了自身类属的种类。从这个意义上我们可以说，马克思主义"意识形态批判"的基本程序已经是"症候性"的了，这在于：它要发现某个与既定意识形态领域**相异质**的崩溃点，同时这个点又是该领域实现其封闭性和完满形式**所必不可少**的。

因此，这一程序意味着某种例外逻辑：每一个意识形态的普遍原则——例如自由、平等——都是"虚假的"，因为它必然包含了一个破坏其统一性、揭露其虚假性的特殊个案。

譬如,自由是一个普遍的概念,它包含了许多种类(言论和新闻自由、意识自由、商业自由、政治自由等等),但由于结构上的必要性,也有一种特殊的自由(工人在市场上自由出售其劳动的自由),这个自由颠覆了自由的普遍概念。也就是说,这种自由与有效自由是南辕北辙的:通过"自由地"出售自己的劳动,劳动者就失去了自由——这种自由买卖行为的真正内容是工人遭受资本的奴役。当然,至关重要的一点是,正是这种矛盾的自由,正是这种对立的形式,闭合了"资产阶级自由"的循环。

这个道理同样适用于等价公平交换这一市场理想。在前资本主义社会中,当商品生产尚不具备普遍性时,也就是说,当处于支配地位的还是所谓的"自然生产"时,生产资料的所有者自己(至少原则上)仍然是生产者:这是手工生产;所有者亲自制作并在市场上销售自己的产品。这个发展阶段不存在剥削(如果我们不考虑对学徒的剥削等因素,至少原则上如此);市场上的交换是等价的,每件商品都实现了它的全部价值。然而,一旦以市场为导向的生产在特定社会的经济大厦中盛行开来,这种普遍化必然伴生出一种新的、矛盾的商品,即作为劳动力的工人的出现,工人本身不是生产资料的所有者,因而有义务在市场上出售他们自己的劳动,而不是他们劳动的产品。

307

有了这种新商品,等价交换就成了对自身的否定,因为出现了剥削的形式,出现了剩余价值的占有。这里不容忽视的一点是,这种否定严格地说是等价交换的**内在**否定,而不是对它的简单反叛:劳动力的被"剥削",不是因为全部价值没有得到回报;至少在原则上,劳动与资本的交换是完全等价和公平的。问题在于,劳动力是一种特殊的商品,劳动力的使用即劳动本身创造了一定的剩余价值,而正是这种超出劳动力本身价值的剩余价值被资本家占有了。

在这里,我们再次看到了意识形态的普遍原则,即等价公平交换的普遍原则,还看到了一种特定的矛盾的交换,即劳动力与工资的交换。劳动力与工资的交换是等价的,却充当了剥削的形式。"量的"发展本身即商品生产的普遍化,带来了一种新的"质",即一种新商品的出现。新商品代表着对商品等价交换普遍原则的内部否定。换言之,**它带来了症候**。从马克思的视角看,**乌托邦**社会主义基于这样一种信念:交换关系普遍化,生产以市场为主导,但工人依然是生产资料的所有者,因而没有被剥削,这样的社会是可能的——简言之,"乌托邦"传达了这样一种信念,即**没有自身症候的普遍性**是可能的,没有充当其内部否定的"例外点"的普遍性是可能的。

这也是马克思在批判黑格尔及黑格尔的社会观——社会即理性的整体——时所使用的逻辑:一旦我们试图将现有的社会秩序想象成一个理性的整体,我们就必须在其中包含一个矛盾的因素,而这个因素不断地成为它的内在组成部分,发挥了其症候的作用,颠覆了这个整体的普遍理性原则。当然,对马克思而言,现存社会的这个"非理性"因素就是无产阶级,即马克思所谓的"理性本身的非理性",在这个点上,体现于现存社会秩序的理性遭遇了自身的非理性。

商品拜物教

然而,拉康在将症候的发现归功于马克思时的表述更为清晰独特,他认为,马克思在构想从封建主义向资本主义过渡的方式中发现了症候:"我们必须寻找症候这一概念的起源,但不能从希波克拉底那里寻找,而是从马克思那里寻找,在马克思率先于资本主义和我们称之为封建时代的过去的好时光之间建立的联系中寻找。"①要理解和把握从封建主义到资本主义过渡的逻辑,我们必须首先阐明这一过渡的理论背景,即马克思的商品拜物教概念。

首先,商品拜物教是"人与人之间的一种明确的社会关系,在他们看来,这种关系呈现了物与物的关系的奇异形式"。② 某种商品的**价值**,实际上是各种不同商品生产者之间社会关系网络的一个标志,采取的是另一种物品-商品——货币——的准"自然"属性的形式:我们说,某种商品的价值就是某种货币的数量。因此,商品拜物教的本质特征并不在于以物替代人(人与人之间的关系以物与物之间的关系的形式存在)这一著名的置换,而在于它包含了关于结构化网络与其中一个元素之关系的错误认识:真正的结构性效应,即由各种元素构成的关系网络的效应,表现为某一个元素的直接属性,似乎这个属性在它与其他元素的关系之外,也属于它。

这样的误认既可以发生在"物与物之间的关系"中,也可以发生在"人与人之间的关系"中。马克思在谈及价值表达的简单形式时,明确地阐述了这一点。商品甲只有在参照商品乙的情况下才能表达自己的价值,因此,商品乙成为商品甲的等价物:在价值关系中,商品乙的自然形式(它的使用价值,它的肯定的、经验的属性)充当商品甲的价值形式;换言之,乙的实体成为甲的镜子,照见甲的价值。对于这些反映,马克思补充了下面的注释:

---

① 雅克·拉康:《R.S.I.》,见《奥尼卡?:弗洛伊德领域定期公报》,巴黎,1975年,第106页。
② 卡尔·马克思:《资本论》,第1卷,伦敦,1974年,第77页。

在某种意义上，人是和商品一样的。因到世间来，并没有携带镜子，也不像费希特派的哲学家一样，说"我是我"。他最先是以别一个人反映出他自身。名叫彼得的人之所以认识他自己是人，最先是因为他认识名叫保罗的人，是和他自己相同。这样，有皮肤毛发的保罗，就用他的肉身，对于彼得，成了人类这个物种的现象形态。①

这个简短的注释某种程度上预示了拉康的镜像阶段理论：只有先在另一个人身上折射自己，也就是说，只有另一个人为自我提供一个统一的形象，自我才能获得它的自我同一性。因此，同一性和异化是密切相关的。马克思追寻这种同源性：只有当商品甲与商品乙相关联，就像商品甲与其自身价值的表象形式联系在一起时，只有在这种关系之中，另一种商品（商品乙）才是等价物。但是表象——包含了拜物教特有的颠覆效应的表象——恰恰相反：商品甲似乎与商品乙相关，似乎对于商品乙来说，成为商品甲的等价物，就不会成为马克思所谓的商品甲的"反思的规定"——也就是说，似乎商品乙自身早就成了商品甲的等价物，仿佛即使在它与商品甲的关系之外，"成为等价物"的属性仍然是属于商品乙的，与它的构成其使用价值的其他"自然"有效属性处于同一个层面。马克思为这些反映增加了一个非常有趣的注释：

被黑格尔称为反思范畴的这种一般关系的表达，构成了一个非常奇怪的种类。比如说，一个人之所以是国

---

① 卡尔·马克思：《资本论》，第 59 页。

王,只是因为其他人作为臣民同他发生关系。反之亦然,其他人之所以认为自己是臣民,是因为他是国王。[①]

"当国王"是一个"国王"和他的"臣民"之间的社会关系网络的效应;但这是一种拜物教式的误认——对这种社会联结的参与者来说,这种关系必然以相反的形式出现:臣民之所以认为自己是给予国王皇室待遇的臣民,是因为国王本身早已是一个国王,与国王和他的臣民的关系无关,他天生是一个国王;就好像"当国王"的确定性是国王这个人的"天然"属性。在此,人们怎能不想起拉康那个著名的断言:一个相信自己是国王的疯子,并不比一个相信自己是国王的国王更疯狂——谁直接认同自己是那个委认的"国王"?

因此,我们在这里看到的是两种拜物教模式之间的平行对照,以及涉及这两个层面的确切关系的关键问题。也就是说,这种关系绝不是简单的同源关系:我们不能说,在以市场为导向的生产占支配地位的社会里,或者干脆地说,在资本主义社会里,"人就像商品"。恰恰相反:商品拜物教发生在资本主义社会,但在资本主义社会中,人与人之间的关系绝对**不是**"拜物教化的";而是"自由的"人与"自由的"人之间的关系,每个人都遵循追逐各自的应有利益。这种相互关系的决定性主导形式不是统治和奴役,而是法律面前人人平等的自由人之间的契约。它以市场交换为模式:在这里,两个主体相遇,他们之间的关系既没有臣民对君主的崇敬,也没有君主对臣民的庇护和关心;他们是作为两个人相遇的,他们的活动完全取决于他们自己的利益;他们都是作为真正的功利主义者行事;对某个主体而言,另一个人不再拥有神秘的

310

---

① 卡尔·马克思:《资本论》,第63页。

光环;他在他的同伴身上看到的,只是另一个追逐自我利益的主体;只有在另一个主体拥有某种东西———一种商品———能够满足他的某些需要时,他才会对他感兴趣。

因此,这两种形式的拜物教是**互不相容的**:在商品拜物教盛行的社会里,"人与人的关系"是完全去拜物教的,而在"人与人的关系"中存在着拜物教的社会里,即前资本主义社会里,商品拜物教还没有发展出来,因为在那里,占主导地位的是"自然的"生产,而不是以市场为导向的生产。必须用一个恰当的名称来称呼人与人的关系中的这种拜物教:我们在这里得到的,是马克思所谓"统治和奴役的关系",即黑格尔意义上的主奴关系①;似乎资本主义制度下主人的退却只是一种**替代**:似乎"人与人的关系"中的去拜物教化,被"物与物的关系"中商品拜物教的出现补偿了。拜物教的位置正好从主体间的关系转移到了"物与物之间"的关系:关键性的社会关系,即生产关系,不再以统治和奴役(地主与佃农,等等)的人际关系形式变得直接透明;借用马克思的准确描述来说,它们将自己伪装"在物与物、劳动产品与劳动产品的社会关系的形态之下"。

这就是我们必须在马克思构想的从封建主义到资本主义的过渡中寻找这种症候的原因。随着资产阶级社会的建立,统治与奴役的关系受到了压抑:在形式上,我们显然关注其人际关系摆脱了一切拜物教的自由主体;统治和奴役永固存在这一被压抑的真相,以一种颠覆平等、自由等意识形态表象的症候显现出来。这个症候,即社会关系真相的出现点,正是"物与物之间的社会关系"。"个体间的社会关系不是作为他们自己的相互关系表现在所有事件中的,而是伪装

---

① 黑格尔:《精神现象学》,牛津,1977 年。

在物与物之间社会关系的形式下的"——在这里,我们对歇斯底里的症候,即资本主义特有的"转变的歇斯底里症"有了一个精确的定义。

极权主义的笑声

在此,马克思比将商品拜物教的辩证法鄙弃为过时的东西的大部分同时代批评家更具颠覆性:商品拜物教的辩证分析至今仍然可以帮助我们把握理解所谓的"极权主义"现象。我们且以翁贝托·艾柯(Umberto Eco)的《玫瑰之名》(*The Name of the Rose*)为出发点,正因为这本书有些问题。这种批评并不仅仅适用于该书的意识形态,后者按照意大利西部片模式可以称之为意大利的结构主义:一种结构主义和后结构主义思想的简化的大众文化版本(没有最终的现实,我们都生活在一个符号指代其他符号的世界中……)。这本书困扰我们的应该是它的潜在基本主题,即极权主义的根源是对官方词汇的教条式依恋:缺乏笑声,缺乏讽刺的超然。对善的过度承诺本身就可能成为最大的恶:真正的邪恶是任何一种狂热的教条主义,尤其是以最崇高的善的名义实施的教条主义。

[···]

首先,对善的执着(狂热地献身于善)会变成恶的这种观点掩盖了相反的经验,这是更为令人不安的:对恶过度而狂热的执着,是如何在本质上获得一种伦理地位,一种不受我们的利己利益引导的地位的。只要想想莫扎特的歌剧《唐璜》的结尾就明白了。唐璜最后面临着这样的选择:认罪,就能得到救赎;一意孤行,必将万劫不复。从快乐原则的角度来看,正确的做法是与过去一刀两断,但他没有这样做,而是固守罪恶,尽管他知道,这样做他将死无葬身之地。荒谬的是,虽然他最终选择了恶,却获得了道德英雄的地位——也就是说,一个由"超越快乐原则"的基本原则所指引的人,一个不仅仅是寻求快乐或物质利益的人。

然而,《玫瑰之名》真正令人不安的是,它深信,笑声和反讽性疏离具有解放性的、反极权主义的力量。我们这里的论题与艾柯这部小说的潜在前提几乎南辕北辙:在当代社会,无论是民主社会还是极权社会,愤世嫉俗的疏离、笑声、讽刺,可以说都是游戏的一部分。占统治地位的意识形态并不指望受到认真严肃的对待或是按照字面意思来理解。对极权主义来说,最大的危险也许正是从字面意义来理解它的意识形态性的人们——即使在艾柯的小说中,可怜的老乔治修士,这个永远不笑的教条主义信念的化身,也是一个相当悲惨的人物:他是一具过时的活僵尸,是一堆历史的残余物,当然不是一个能代表现存社会权力和政治权力的人。

我们应该从中得出什么结论? 我们是否应该说,我们生活在一个后意识形态社会? 或许首先努力搞清楚意识形态究竟是什么意思会更好一些。

312 **作为一种意识形态形式的犬儒主义**

关于意识形态最基本的定义可能是马克思《资本论》中的那个公式:"他们虽然对其一无所知,却在勉力行之。"意识形态概念本身意味着一种基本的、构成性的天真:对其自身预设前提、自身有效条件的误认,所谓的社会现实与我们扭曲的表象和虚假意识之间的距离和分歧。这就是为什么这样一种"天真的意识"可以被提交至批判的意识形态程序。这一程序的目的是将天真的意识形态意识引导到一个点,在这个点上,它能够认识到自己的有效条件,认识到它正在扭曲的社会现实,并且通过这一行为自我消解。在意识形态批判更为复杂的版本中,例如,在法兰克福学派发展起来的意识形态批判中,它不仅仅是一个按照事物的"本来面目"来看待事物(即社会现实)的问题,也不仅仅是扔掉意识形态失真的眼镜的问题;关键是要看到,如果没有这种所谓的意识形态的神秘化,现实本身如何无法再生产自己。面具并不只是简单地掩盖了事物的真实状态;意识形态的扭曲被写入了它的本质。

于是,我们发现了一种存在的悖论:这种存在只有在被误认和被忽略的情况下,才能自我复制;一旦我们看到它的"本来面目",这种存在就会化为乌有,或者更确切地说,一旦我们看到它的"本来面目",这种存在就会变成另一种现实。这就是我们必须避免去掉面具或者扔掉掩盖赤裸裸现实的面纱之类简单比喻的原因所在。

[····]

但这一切都已经广为人知:这是作为"虚假意识"的意识形态的经典概念,是对社会现实的错误认识,而这正是现实本身的一部分。我们的问题是:作为一种天真的意识,这种意识形态的概念还适用于当今的世界吗?这种意识形态在今天还在运行吗?在德国畅销书《犬儒理性批判》①中,彼得·斯洛特戴克提出了以下命题:意识形态的主导运作模式是犬儒主义的,这个观点使得经典的批判-意识形态程序变

---

① 彼得·斯洛特戴克:《犬儒理性批判》,法兰克福,1983 年;英译本,伦敦,1988 年。

得不可能——或者更确切地说,变得徒劳。犬儒主义的主体对意识形态面具与社会现实之间的疏离心知肚明,但他仍然死死抓住这个面具不放。正如彼得·斯洛特戴克所提出的,其公式是:"他们对自己的所作所为一清二楚,却依旧坦然为之。"玩世不恭的理性不再是天真的,而是一种启蒙了的虚假意识的悖论:人们对意识形态的虚假性一清二楚,对隐藏在意识形态普遍性背后的特殊利益一清二楚,但对这种意识形态依旧难以割舍。

313 　　我们必须将犬儒主义的立场与彼得·斯洛特戴克所谓的**"原教旨犬儒主义"**(Kynicism)严格区分开来。原教旨犬儒主义通过反讽和讽刺的手段代表了平民大众、黎民百姓对官方文化的拒绝:经典的原教旨犬儒主义的程序是用日常的陈词滥调来对抗占统治地位的官方意识形态所使用的乏味语句,反抗它神圣、庄重的腔调,并将这种语句和腔调推到荒诞的高度,以此暴露出掩藏在崇高的意识形态话语背后的利己主义利益、暴力和对权力的残暴诉求。因此,这一程序与其说是论辩性的,毋宁说是注重实效的:它以子之矛攻子之盾,借助让官方的主张与其阐述的情形相抵牾对抗的方式来颠覆官方主张;它凡事都拿个人利益说事(例如,当西方政客鼓吹为国牺牲的义务时,原教旨犬儒主义会揭露,说这位政客从别人的牺牲中捞取个人利益)。

　　犬儒主义是占主导地位的文化对这种犬儒式颠覆的回应:它看到并考虑到隐藏在意识形态普遍性背后的特殊利益,看到并考虑到意识形态面具与现实之间的疏离,但它仍然找到理由来保留面具。这种玩世不恭的犬儒主义并不是一种直接的不道德的立场,而更像是为不道德服务的道德本身。犬儒主义智慧的模式是将正直、诚实看作不诚实的极端形式,将品行端正看作放荡不羁的极端形式,将真理看作谎言的最有效形式。因此，这种犬儒主义是对官方意识形态的一种扭曲的"否定之否定"：面对非法敛财，面对抢劫，犬儒主义式的反应是，它会说，非法敛财不如合法敛财，非法抢劫不如合法抢劫，这样效率更高，还受法律保护。正如贝尔托·布莱希特在《三便士歌剧》中所说的："与建新银行相比，抢银行算得了什么？"

显而易见，面对这样的犬儒主义理性，传统的意识形态批判已经无能为力。我们再也不能对意识形态文本进行"症候性解读"，让它直面其盲点，直面它为了组织自己以保持自身一致性而必须压抑的东西。犬儒主义理性预先就将这种疏离考虑进去了。那么，在犬儒主义理性的盛行之势下，我们发现自己身处所谓的后意识形态世界，这是留给我们的唯一问题吗？甚至阿多诺也得出了这样的结论。他的前提是，严格说来，意识形态只是自称拥有真理的一个体系。也就是说，意识形态不仅仅是一个谎言，而且是一个被当作真理来经历体验的谎言，是一个假装被认真对待的谎言。极权主义意识形态不再拥有这种自命不凡的虚饰。极权主义意识形态不再期望得到人们严肃的对待，甚至这种意识形态的创造者们也不再拿它当一回事。它的地位就是一种操纵手段，纯粹是外在的、工具性的；它的统治不是靠它的真理价值，而是靠单纯的意识形态之外的暴力和获利的许诺来保证的。

正是在这里，正是在这一点上，我们必须引入**症候**和**幻想**的区别，只有这样我们才能表明，认为我们生活在后意识形态社会的观点实在有些超前：犬儒主义理性，连同它所有的讽刺性的超然，没有触及意识形态幻想的基本层面，即意识形态结构社会现实本身的层面。

314

意识形态的幻想

如果要把握幻想的这个维度,我们就必须回到马克思的那个公式"他们虽然对其一无所知,却在勉力行之",并且给我们自己提一个非常简单的问题:意识形态的幻想在哪里?在"知",还是在现实本身的"行"之中?乍一看,答案似乎是显而易见的:意识形态的幻想在于"知"。这是一个人们有效地为之与想为之两者间不相一致的问题——意识形态就在于这样一个事实:人们"不知道他们实际上在做什么",他们对自己所属的社会现实有一个虚假的再现(当然,扭曲也是由同一个现实造成的)。我们还是举马克思所谓的商品拜物教的经典例子来说明问题:货币实际上只是社会关系网络的一种体现、凝聚、物化——它作为一切商品普遍等价物的事实,是由它在社会关系肌理中的地位决定的。但对个人而言,货币作为财富之化身的这种功能,似乎是这种被称为"货币"的东西所具有的直接的、自然的属性,就好像货币在本质上,在其直接的物质现实中,早就是财富的化身。在这里,我们触及了经典马克思主义关于"物化"的动机:我们必须在事物的背后,在事物之间的关系中,去探测社会关系,探测人类主体之间的关系。

但是,这样来解读马克思的话,就遗漏了一种幻觉、一种错误、一种早就在社会现实中发挥作用的扭曲,这种扭曲不仅在人们**认为**或**知道**自己在做什么的层面上发挥作用,而且在人们实际**做**什么的层面上发挥作用。人们在使用货币时,非常清楚它并没有什么神奇之处,货币就其物质性而言,只是社会关系的一种表现形式。日常生活中自发的意识形态将货币简化为一个简单的符号，赋予拥有货币的人享有部分社会产品的权利。所以，在日常生活中，人们非常清楚，在物之间的关系背后隐藏的是人之间的关系。问题在于，在他们的社会行为中，在他们的所作所为中，他们的**行事**方式让人似乎感觉到，货币就其物质现实性而言早已是财富的直接化身。他们是实践的而不是理论的拜物教徒。他们所"不知道的"，他们所误认的，是这样的事实：就他们的社会现实性而言，就他们的社会行为即他们的商品交换行为而论，他们受到了拜物教幻想的引导。

要阐明这一点，让我们再次以经典马克思主义关于普遍性与特殊性之关系的思辨性倒置的动机为例。普遍性只是现实存在的特定物体的一种性质，但当我们成为商品拜物教的受害者时，商品的具体内容（其使用价值）仿佛就成了其抽象的普遍性（其交换价值）的表现形式，抽象的普遍性即价值表现为一种真实的实体，不断地成为一系列具体物体的化身。这就是马克思主义的基本观点：有效的商品世界早就像黑格尔的主体-实体一样行事，像普遍性那样经历了一系列的具体化身。马克思谈到"商品的形而上学"，谈到"日常生活的宗教"。哲学思辨的唯心主义根源于商品世界的社会现实；正是这个世界表现出"唯心主义"——或用马克思在第一版《资本论》的第一章中的话说：

> 通过这种倒置，感性和具体的东西只算作抽象和普遍事物的一种现象形式，这与事物的真实状态背道而驰，在事物的真实状态中，抽象和普遍的事物只算作具体事物的属性。这种倒置是价值表达的特征，同时，也正是这种倒置，使得理解这一表达变得格外困难。如果我说：罗马法和德国法都是法律，它们都是一种自成体

系的东西。但是，如果我反过来说：法律，这个抽象的东西，在罗马法和德国法中，在这些具体的法律中，实现了自身，那么，它们之间的相互联系就变得神秘了。①

要再次追问的问题是：幻想在哪里？我们千万不能忘记，资产阶级个人在他的日常意识形态中，绝对不是一个沉思冥想的黑格尔派；他不认为特定的内容是普遍理念自主运动的结果。相反，他是一个优秀的盎格鲁-撒克逊唯名主义论者，认为普遍性是特殊性的属性，也就是说，普遍性是真实存在的事物的属性。价值本身并不存在，只有单个的事物才除了其他属性还具有价值。问题是，在个人的实践中，在个人的实际活动中，他表现得好像特定的东西（商品）只是许多普遍价值的化身。套用马克思的话：**他非常清楚，罗马法和德国法只是两种法律，但在他的实践中，他表现得好像法律本身这个抽象的实体在罗马法和德国法中实现了自身。**

因此，现在我们已经迈出了决定性的一步；我们建立了一种新的解读马克思主义公式"他们虽然对其一无所知，却在勉力行之"的方式：这种幻觉不在"知"的一边，而在现实本身的一边，在人们"行"的一边。他们不知道的是，他们的社会现实本身，他们的行为，受到了一种幻觉、一种拜物教的倒置的引导。被他们所忽视和误认的，不是现实，而是构建了他们的现实与现实的社会活动的幻觉。他们对现实的真实面目一清二楚、心知肚明，但他们的行事方式，仿佛他们对此一无所知。因此，幻觉是双重的：它在于无视幻觉，而幻觉正在构建我们与现实的真实、有效的关系。这种被无视的无意

① 卡尔·马克思：《资本论》第 1 卷，伦敦，1974 年，第 132 页。

识的幻觉，就是我们所谓的**意识形态的幻想**。

如果说我们的意识形态概念仍然是认为幻觉存在于"知"的一种经典概念，那么，当今的社会必定呈现为后意识形态的社会：盛行的意识形态是犬儒主义的意识形态；人们不再相信意识形态的真理；不再严肃对待意识形态的命题。然而，意识形态的基本层面不是一种掩盖事物真实状态的幻觉，而是一种构建我们社会现实本身的（无意识的）狂想。在这个层面上，我们当然远不是后意识形态社会。犬儒主义的疏离只是一种方式，是使我们无视意识形态幻想的结构性力量的诸多方式之一：即使我们不严肃以待，即使我们保持一种讽刺的距离，**我们仍然在行使意识形态**。

正是从这个立场上我们才能解释彼得·斯洛特戴克提出的犬儒主义理性的公式。"他们对自己的所作所为一清二楚，但他们依旧坦然行之。"如果幻想是站在"知"的一边，那么犬儒主义的立场就真的是一种后意识形态的立场，只是一种没有幻想的立场："他们对自己的所作所为一清二楚，但他们依旧坦然行之。"但是，如果幻想发生在"行"的现实中，那么这个公式可以另做解读："他们知道，他们在行为中追随着一种幻想，但他们仍然坦然行之。"例如，他们知道他们的自由观念掩盖了一种特殊形式的剥削，但他们仍然继续遵循这种自由观念。

信念的客观性

从这个立场去重新解读马克思关于所谓商品拜物教的基本表述也是值得的：当人类劳动的产品采取了商品的形

式,人与人之间的重要关系采取了物与物、商品与商品之间的关系(而非人与人之间的直接关系)的形式时,在这样的一个社会里,我们具有了物与物的社会关系。在 20 世纪六七十年代,阿尔都塞的反人本主义把这整个问题搞得声名狼藉。阿尔都塞派的主要指责是,认为马克思的商品拜物教理论是建立在人(人类主体)与物之间天真的、意识形态性的、缺乏认识论根据的对立之上的。但拉康以崭新的、出人意料的方式扭转了对这一公式的解读:马克思方法的颠覆性力量恰恰在于他运用了人与物之间的对立方式。

[···]

马克思分析的要点是,物(商品)本身相信主体的位置:似乎理应被理性、功利的人格所超越的他们所有的信仰、迷信和形而上学的神秘化,都体现在"物之间的社会关系"中。他们不再相信,**但物本身相信**。

这似乎也是一个拉康式的基本命题,与认为信念是某种内在的东西而知识是某种外在的东西(就其可以通过外部程序来验证而言是外在的)的通常观念大相径庭。相反,它是一种从根本上而言外在的信念,体现在人们实践的、有效的程序中。它类似于转经轮:你把祷告写在纸上,把卷好的纸放进一个轮子里,不假思索地自动转动轮子(或者,如果你想按照黑格尔的"理性的诡计",可以把纸卷系在风车上,让它随风转动)。这样,轮子本身在为我祈祷,而不是我为自己祈祷——或者,更确切地说,我自己正在通过轮子的媒介祈祷。这个过程的美妙之处在于,在我的心灵深处,我可以天马行空,随心所欲,因为无论我在想什么,**客观上我都在祈祷**。

"法律就是法律"

从这个关涉社会场域的问题中得出的第一个教训是,信仰远远不是一种"亲密的"、纯粹的心理状态,它在我们有效的社会行为中向来被具体物化了:信仰支撑着调控社会现实的幻想。且以卡夫卡为例:人们通常说,在卡夫卡小说的"非理性"世界中,他对现代官僚体制及其内部的个人命运进行了"夸张的""荒诞的""主观上扭曲的"表现。但这种说法忽视了这样一个关键性的事实:正是这种"夸张"手法表达了调控"有效""真实"的官僚体制自身的力比多功能的幻想。

所谓的"卡夫卡的世界"并不是一个"社会现实的幻想形象",而是**在社会现实中上演的幻想的一个场景**:我们都心知肚明,官僚制度并不是万能的,但我们面对官僚机构做出的"有效"行为早已受制于认为它是万能的这一信仰⋯⋯通常的"意识形态批判"试图从某个社会的有效社会关系联结中推导出该社会的意识形态形式,而精神分析的意识形态批判首先着眼于在社会现实中行之有效的意识形态的幻想。

我们所说的"社会现实",归根结底是一种伦理建设;它是由某种**似乎**(我们这样做,似乎我们相信官僚机构的万能性,相信总统是人民意志的化身,似乎某个党派代表了工人阶级的客观利益⋯⋯)支撑的。一旦信仰(让我们再次提醒自己,这种信仰绝对不是在"心理"层面上被构想出来的,而是被体现在、具体化在社会领域的有效运作当中)丧失,社会领域的肌理就会土崩瓦解。帕斯卡早就阐明了这一点,这也是阿尔都塞试图发展"意识形态国家机器"概念的主要参照点之一。根据帕斯卡的观点,我们推理的内在性是由外在

的、无意义的"机器"即能指的自动性所决定的,是由捕获主体的符号网络所决定的:

> 因为我们决不能对自己犯一丁点儿错:我们如同思想一样,是自动装置。证据只能说服思想;习俗则提供了最有力的证据,提供了那些最令人信服的证据。它使自动装置发生倾斜,指引着思想无意识地跟随着它。[①]

在这里,帕斯卡提出了一个非常具有拉康式特点的无意识的定义:"自动装置(即死亡的、无意义的字母)指引着思想无意识地跟随着它。"从法律构成性的、无意义的性质推导出,我们之所以必须遵守法律,并不是因为法律是公正的、好的,甚至是有益的,而仅仅是因为**它是法律**——这一同义反复的表达阐明了法律权威的恶性循环,阐明了这样一个事实,即法律权威的最终基础在于它的阐述过程:

> 习俗是公平的全部,仅仅因为它为人所接受。这是习俗之权威的神秘基础。任何人,只要试图将习俗带回到它的第一原理,都会毁掉它。[②]

因而,唯一真正的"服从"只是"外在"的服从。出于信念的服从不是真正的服从,因为这样的服从已经经过了我们主体性的"调解";也就是说,我们不是真正地服从权威,而仅仅是遵循了我们的判断,我们的判断力告诉我们,只要权威是好的、明智的、有益的,它就值得我们去服从。这种倒置不仅

---

① 布莱士·帕斯卡(Blaise Pascal):《沉思录》,哈蒙德斯沃斯出版社,1966年,第271页。

② 同上,第46页。

适用于我们与"外在"社会权威的关系，而且更适用于我们对信仰的内在权威的服从。克尔凯郭尔曾经写道，如果我们因为认为基督是明智而善良的，所以信仰他，这是可怕的亵渎。恰恰相反，只有信仰基督这一行为本身，才能使我们洞察基督的善良和智慧。当然，我们必须要寻找合理的理由，以证明我们的信仰是值得的，我们对宗教命令的服从是值得的；但至关重要的宗教经验是，这些理由只向那些已经信奉的人显现——我们发现了这些理由证明我们的信仰，是因为我们已经相信；我们相信，不是因为我们发现了充足的理由去相信。

因此，对法律的"外在"服从不是屈服于外部压力，即所谓的非意识形态的"野蛮力量"，而是服从命令；只要法律是"不可理解的"、不被理解的，只要它还保留着一种"创伤的""非理性的"特征，对法律的服从就是对命令的服从：法律的这种创伤性的、非整体性的特征非但没有掩盖它的全部权威，反而是其产生的一个**积极条件**。这是超我的精神分析概念的基本特征：一种被体验为创伤性的"无意义"的禁令，也就是说，它不能被整合到主体的符号象征世界中。但是，要使法律"正常"地运行，"习俗是公平的全部，仅仅因为它为人所接受"这个创伤性的事实——法律依赖于它的表达过程，或者用拉克劳和墨菲提出的概念来说，法律根本的**偶然性**特征——必须被压抑到无意识中，其途径是，通过对法律的"意义"，对正义、真理（或者用更现代的词汇，功能性）中的法律基础所做的意识形态的、想象的体验：

> 因此，我们遵守法律和习俗是件好事，因为它们是法律……但是，人们不服从这种学说，因此相信真理可以在法律和习俗中找到并存在，他们信奉它们，并将其

古老性作为真理性(而非缺乏真理性的权威)的论据。①

非常有意义的是,我们在卡夫卡的《审判》中,在 K 与教士谈话的最后,找到了完全相同的表述:

> "我不同意这种看法,"K 摇摇头说,"因为,我们如果接受这种看法,那就必须承认守门人讲的每一句话都是真的。可是,你自己也已充分证明,这样做是不可能的。""不,"教士说,"不必承认他讲的每句话都是真的,只需当作必然的东西而予以接受。""一个令人沮丧的结论,"K 说,"这会把谎言变成普遍准则。"②

那么,被"压抑"了的,不是法律的某个模糊的起源,而是法律为人所接受不是因为它是真实的,而是因为它是必不可少的这一事实,即法律的权威没有真理的这个事实。驱使人们相信可以在法律中发现真理的必不可少的结构性幻觉,精确地描述了移情的机制:移情是对真理的假设,是对隐藏在法律愚蠢的、创伤性的、缺乏一致性的事实背后的意义的假设。换言之,"移情"就是信仰的恶性循环:我们应当相信的理由,只对那些已经相信的人才有说服力。在这方面,帕斯卡论打赌之必要性的著名的第 233 片段,是至关重要的文本:最长的第一部分详细阐述了为什么"赌上帝是否存在"从理性上讲是明智的;但这个论点随后被帕斯卡想象的对话伙伴的评论否定了:

---

① 帕斯卡:《沉思录》,第 216 页。
② 卡夫卡:《审判》,哈蒙德斯沃斯出版社,1985 年,第 243 页。

……我的手被绑住了，我的口被封住了；我被迫赌一把，我不是自由的。我没有被释放，而我天生又不能信仰。那你要让我做什么呢？——"确实是这样的。但既然理性把你带到这里而你仍然无法信仰，你至少可以领会你对信仰的无能为力。然后尽力通过消除你的感情，而不是通过增加对上帝存在的证明，来让自己信服。你愿意达到信仰，而并不知道其路径；你愿意医治你的不信仰，想知道其疗方。那就学习那些和你一样被束缚着、现在却付出其所有财富的人吧。正是这些人才知道你要遵循的路径，才被治愈了你要医治的疾病。你要遵循由他们开始的路径，像他们信仰的那样去做，领圣水，诵经，等等。这就能自然而然地让你信仰，更加温驯。

"选择这条道路对你会有什么害处呢？你会变得忠诚、诚实、谦卑、感恩、慷慨，会成为诚挚可靠的朋友……这是真的，你不会再沉迷于有害的娱乐、荣誉和讲究吃喝的生活，但你不会拥有其他东西吗？

"我告诉你，即使在此生此世，你也终会有所收获，在这条路上，你每走出一步，你都会看到，你的收获是如此确凿无疑，你冒的风险是如此微不足道，以至于最终你会知道，你赌到了某种确定的、无限的东西，却没有为此支付分毫。"①

帕斯卡的最终答案是：摒弃理性的论证，简单地服从于意识形态的仪式，通过重复那些毫无意义的姿势使自己变得麻木，仿佛你已经相信了，那么，信仰就会自动降临。

[• • •]

---

① 帕斯卡：《沉思录》，第152—153页。

将帕斯卡的"习俗"与索然无味的行为主义智慧("你的
信仰内容是由你的实际行为所决定的")区别开来的,是**信仰
前的信仰**的矛盾状态:通过奉行一种习俗,主体可以在不了
解的情况下就相信它,因此,最终的皈依只是一种形式上的
行为,我们通过这种行为来认识已经相信的东西。换言之,
行为主义者对帕斯卡的"习俗"的解读忽略了一个至关重要
的事实:外在的习俗总是对主体的无意识提供了物质支持。

[···]

卡夫卡:阿尔都塞的批评者

因此,符号机器("自动装置")的外在性并不仅仅是外在
的:它同时也是我们内在的、最"真挚"和"亲密"的信仰之命
运提前上演和决定的场所。当我们使自己屈从于宗教仪式
这部机器时,我们就已经不知不觉地相信了;我们的信仰已
经在外在的仪式中具体化了;换句话说,我们已经**无意识地**
相信了,因为正是根据符号机器的外在特征,我们才能将无意
识的状态解释为一种极端的外在性,如同一封死信。信
仰是对无人解读、无人领会的信的服从。正是这种亲密信
仰与外部"机器"之间的短路,是帕斯卡神学最具颠覆性的
内核。

当然,阿尔都塞在他的意识形态国家机器理论[①]中为帕
斯卡的"机器"提供了一个经过详细阐释的当代版;但其理论
的薄弱之处在于,他或他的学派从来没有成功地思考出意识
形态国家机器与意识形态询唤之间的联系:意识形态国家机

---

① 阿尔都塞:《意识形态与意识形态国家机器》,参见本书第5章。

器(帕斯卡的"机器",意指的自动性)是怎样自我"内在化"的；它怎样在因里面生产出意识形态信仰的果，如何生产出主观性相互关联的效应，以及一个人的意识形态地位的认识相互关联的效应？这个问题的答案是，正如我们所看到的，这个国家机器的外部"机器"只有在主体的无意识经济中被体验为一种创伤性的、无意义的禁令，才能发挥它的力量。阿尔都塞只谈到了意识形态询唤的过程，通过这个过程，意识形态的象征性机器被"内化"到**意义**和**真理**的意识形态经验之中：但我们可以从帕斯卡那里学到，这种"内化"就结构上的必然性而言永远不会完全成功，总会有残余物、剩余物、一种创伤的非理性和无谓的污点附着在它身上，而**这种残余，非但不妨碍主体对意识形态命令的完全服从，反而构成了它的条件**：正是无意识创伤的这种未整合的剩余赋予了法律无条件的权威，换句话说，这个剩余就其脱离了意识形态的意义而言，维持着我们可以称之为意识形态的感官享受，支撑着恰当的意识形态。

我们再次提到卡夫卡的名字并非偶然：关于这种意识形态的感官享受，我们可以说，卡夫卡开启了阿尔都塞批判的先河，让我们看到什么构成了"机器"与其"内在化"之间的鸿沟。卡夫卡的"非理性"官僚体制，这个盲目的、巨大的、毫无意义的机器，难道不正是意识形态国家机器吗？不正是主体在任何认同、承认即任何**主体化**发生**之前**所面对的意识形态国家机器吗？那么，我们能从卡夫卡身上学到什么呢？

首先，卡夫卡小说的出发点是询唤：卡夫卡式的主体被一个神秘的官僚实体(法律、城堡)所询唤。但是这种询唤挂着一副有点怪异的面孔：可以说，这是**一个没有认同/主体化的询唤**；它没有给我们提供一个认同的原因——卡夫卡式的主体是一个拼命寻求认同特质的主体，他不理解他者召唤的意义。

在阿尔都塞对询唤的阐释中,这个维度被忽略了:在被因于认同之前,被困于象征性的承认/误认之前,他者通过主体自身内在的欲望之矛盾的客体之因[a],通过假定隐藏在他者背后的这一秘密,使主体[$]落入他者的陷阱:$◇a,拉康的幻想公式。更准确地说,意识形态幻想构建了现实本身,这一说法意味着什么?让我们从拉康的基本命题出发来解释,在梦与现实的对立中,幻想是站在现实一边的:正如拉康所言,正是幻想的这种支持使我们所谓的"现实"保持了一致性。

在关于《精神分析的四个基本概念》的研讨会上,拉康通过对"燃烧的孩子"这一著名的梦境的解释阐述了这个命题:

> 一位父亲日夜守候在孩子的病床旁。孩子死后,他走进隔壁房间,躺了下来,但门开着,这样他能从他的卧室看到他孩子停尸的房间,孩子的尸体四周点着高高的蜡烛。一个老头被雇来看护尸体,他坐在尸体旁边,口中念念有词地祷告着什么。睡了几个小时后,这位父亲梦到他的孩子站在他的床边,摇着他的胳膊,轻声埋怨道:"爸爸,难道你没有看见,我被烧着了。"他惊醒过来,注意到隔壁房间里闪着火光,于是急忙走过去,发现雇来的老头已经沉沉入睡,一只燃烧着的蜡烛倒了,引燃了裹尸被和他心爱孩子的一只胳膊。①

通常对这个梦的解释是基于这样一个论点:梦的功能之一是帮助做梦者延长睡眠。做梦者突然暴露在一种外在的

---

① 弗洛伊德:《梦的解析》,第652页。

刺激之下,暴露在来自现实的刺激(如闹钟铃声、敲门声,或者,在上述情形中的烟味)之中。为了延长睡眠时间,他会飞快地构建一个梦:一个小场景,一个小故事,其中包含了这种刺激性的元素。然而,外在的刺激很快变得过于强烈,主体被惊醒了。

拉康的解读与此截然相反。当外在的刺激变得过于强烈时,主体并没有唤醒自己;他惊醒过来的逻辑是完全不同的。首先,他构建了一个梦,建构了一个故事,使他能够延长睡眠时间,避免醒来进入现实。但是,他在梦中遇到的东西,他的欲望的现实,即拉康所谓的"实在界"——在上面的例子中,是孩子责备父亲"难道你没有看见我正在燃烧吗?"这样的现实,意味着父亲根本的罪恶感的这个现实——比所谓的外在现实本身更为可怕,这就是为什么他会惊醒过来:为了逃避他在可怕的梦中宣示自己欲望的实在界。他逃避到所谓的现实中去,以便能够继续酣睡,保持茫然不知的状态,避免觉醒而进入欲望的实在界。我们可以在这里重新表述 20世纪 60 年代"嬉皮士"的座右铭:现实是为那些无法支持梦想的人准备的现实。"现实"是一种幻想结构,它使我们能够掩盖我们的欲望这一实在界。①

意识形态也是如此。意识形态不是我们为了逃避不可忍受的现实而建立的一种梦幻般的幻觉;在基本维度上,意识形态是一种为我们的"现实"本身提供支持的幻想结构,一种构建我们有效的、真实的社会关系的"幻觉",从而掩盖一些不可忍受的、真实的、不可能的内核(恩内斯特·拉克劳和墨菲将之定义为"对抗",一种无法被符号化的创伤性的社会

---

① 拉康:《精神分析的四个基本概念》,哈蒙德斯沃斯出版社,1979 年,第五、六章。

分裂）。意识形态的功能不是给我们提供一个逃避现实的所在，而是给我们提供一个充当某些创伤性的、实在界之内核的避难所的社会现实本身。为了解释这个逻辑，让我们再次引证《精神分析的四个基本概念》①。在这里，拉康提到了庄子的一个著名悖论，庄子在梦中变成蝴蝶，醒来后，他提出了一个问题：他怎么知道他现在不是蝴蝶梦中变成的庄子呢？拉康评论道，这个问题是合理的，理由有二：

324 　　首先，这证明庄子不是白痴。拉康对白痴的定义是，白痴是相信与自己完全身份同一的人、不能以辩证的方式与自己保持距离的人，比如，一个国王认为自己就是国王，把自己当国王视为自己的直接属性，而不是他所属的主体间的关系网络加之于他的象征性委任（巴伐利亚的路德维希二世，即瓦格纳的庇护人，就是这样一个相信自己天生是国王的白痴）。

　　然而，这并不是问题的全部；如果是的话，主体就可以被还原为一个空缺、一个空位，在那里，他或她的全部内容是由其他人提供的，通过主体间关系的象征性网络提供的：我在我自己是一个虚无，我自己的实在内容就是我之于他人的意义。换句话说，如果这就是全部，拉康的最后结论将是对主体的彻底异化。主体的内容即"他是什么"将由一个外部的象征性符号网络决定，为他提供象征性符号的认同点，赋予他某种象征性符号的命令。但至少在拉康最后的作品中，他的基本论点是：主体在大写的他者之外，在异化的符号网络之外，也有可能获得一些内容，获得某种积极的一致性。另外一种可能性则是由幻想提供的：把主体等同于幻想的对象。当庄子认为自己是一只梦中变成庄子的蝴蝶时，他在某

---

　　① 拉康：《精神分析的四个基本概念》，第六章。

种程度上是正确的。蝴蝶是构成了庄子幻想身份之框架和中枢的客体对象（庄子-蝴蝶的关系可以写为 $ \diamondsuit a$）。在象征现实中，他是庄子，但在他的欲望现实中，他是一只蝴蝶。作为一只蝴蝶是他于符号网络之外的积极存在的全部一致性。也许我们在特瑞·吉列姆（Terry Gilliam）的电影《巴西》（*Brazil*）中找到了一种与此相呼应的东西，这部电影以一种令人作呕的有趣方式描绘了一个极权主义社会：主人公在梦中变成了一只人蝶，从而找到了一个逃离日常生活的模糊出口。

乍一看，我们这里有一个对所谓正常的日常视角的简单对称反转。根据我们通常的理解，庄子是一个梦见自己变成了蝴蝶的"真实的"人，而我们在这里所看到的，是一只梦见自己成为庄子的"真正的"蝴蝶。但正如拉康所指出的，这种对称关系是一种幻觉：当庄子从梦中醒来后，他可以对自己说，他是庄子，只是梦见自己变成了蝴蝶；但在梦中，当他是蝴蝶的时候，他不能问自己：一旦醒来，一旦他觉得自己是庄子时，他还是不是那只做梦梦见自己变成了庄子的蝴蝶。这个问题，这个辩证的分裂，只有在我们清醒的时候才有可能。换句话说，这种幻觉不可能是对称的，它不可能是双向的，因为如果是这样的话，我们会发现自己处于阿方斯·阿莱（Alphonse Allais）所描绘的荒谬处境中：拉乌尔和玛格丽特是一对情人，约好在一个蒙面舞会上见面；在舞会上，他们溜进一个隐蔽的角落，拥抱并抚摸对方。最后，他们都摘下面具，令人惊讶的是，拉乌尔发现自己抱错了女人，对方不是玛格丽特；玛格丽特也发现对方不是拉乌尔，而是一个不认识的陌生人……

作为现实之支撑的幻想

　　这个问题必须从拉康主义的论点来探讨,只有在睡梦中我们才能接近真正的觉醒,接近我们欲望的实在界。当拉康说,我们所谓的"现实"的最后支撑是一种幻想时,我们绝对不能将这句话理解为"生活只是一场梦""我们称作现实的不过是一种幻觉"等意思。我们在许多科幻小说中发现了这样的主题:现实只是普遍的梦或普遍的幻觉。故事通常通过一位主人公的视角来讲述,他渐渐吃惊地发现,他周围的所有人都不是真正的人类,而是某种自动装置、机器人,只是外貌和行为举止看上去像真正的人类。这些故事都有类似的结局:主人公发现,他自己也是一台自动装置,一个机器人,而不是真正的人。这种普遍的幻觉是不可能的:我们在埃舍尔(Escher)的名画《手画手》中发现了同样的悖论。

　　与此相反,拉康的论点是,总是有一个坚硬的内核,一个残存的剩余物,是无法被简单还原为普遍的幻觉镜像游戏的。拉康与"天真的现实主义"的区别在于,对于拉康而言,**梦,确实是我们接近实在界这个坚硬内核的唯一切入点。**当我们从睡梦中醒来,进入现实时,我们通常会对自己说,"这只是一个梦",从而无视了这样一个事实:在我们每天醒来的现实中,我们**不过是这个梦的一个意识。**只有在梦中,我们才能接近决定了我们的行为以及我们在现实中的行为模式的幻想框架。

　　意识形态的梦也是如此,作为一种有着梦幻般建构的意识形态的规定性也是如此,它们阻碍了我们,使我们无法看清事物的真实状态,无法看清现实的真实状态。我们"睁大双眼,竭力想看清现实的面目",想抛开意识形态的眼镜,冲决意识形态的梦境,却发现徒劳一场:作为后意识形态的、客观的、冷静的、摆脱了所谓意识形态偏见的主体,作为努力想看清事实本来面目的主体,我们始终都处于"我们的意识形态梦幻的意识"之中。打破我们的意识形态梦幻的权力的唯一方法,就是直面在这个梦中宣示其存在的我们欲望的实在界。

让我们来看看反犹主义。我们必须摆脱所谓的"反犹主义偏见",学会实事求是地看待犹太人,光这样表态是不够的。仅仅这样说,我们肯定还会成为这些所谓偏见的受害者。我们必须直面这样的问题:"犹太人"的意识形态形象是如何投射了我们无意识的欲望,我们如何建构了这个形象,以摆脱我们欲望的某种僵局。

譬如,我们不妨假定,通过一个客观的观察,我们可以证实,犹太人确实在经济上剥削了其他人,犹太人的确有时引诱了我们年幼的女儿,有些犹太人不经常洗澡,难道不是吗?这与我们反犹主义的真正根源毫不相干,难道不是明摆着的吗?在这里,我们只需记住拉康关于病态地胡乱猜忌的丈夫的命题即可:即使他用来证明嫉妒有理的所有事实是真的,即使他的妻子真的和别的男人睡觉,也丝毫不能改变这样的事实——他的嫉妒是一种病态的、偏执的结构。

我们不妨问自己一个简单的问题:在20世纪30年代末的德国,这种非意识形态的客观方法会产生怎样的结果?结论或许是:"纳粹没有充分地论证就宣告犹太人有罪,过于仓促,所以,让我们清醒、冷静地来看待问题,看看他们是否真的有罪;看看对他们的指控是否真的有道理。"是否真的还有必要补充一句:这种做法只会以额外的合理化进一步证实我们所谓的"无意识偏见"?因此,对反犹主义的正确回答不是

"犹太人真的不是那样的",而是"反犹思想与犹太人无关;犹太人的意识形态形象是修补我们自己意识形态体系不一致性的一种方法"。

这就是我们也不能通过考虑日常经验的前意识形态水平来动摇所谓的意识形态偏见的原因所在。这一立论的基础是,意识形态的建构总是在日常经验的领域中发现它的局限:它无法减少、遏制、吸收和消灭日常经验的层面。让我们再次以 20 世纪 30 年代末德国的一个典型个体为例。他受到反犹主义宣传的狂轰滥炸,这种宣传把犹太人描绘成邪恶的可怕化身、只手撑天的操纵者等等。但当他回到家里时,他遇到了邻居斯特恩先生,一个可以夜晚与之促膝而谈的好男人,一个两户人家的孩子可以成为玩伴的好男人。这种日常经验对意识形态建构难道没有构成不可还原的阻力吗?

答案当然是"没有",如果日常生活经验能够提供这样的抵抗,那么,反犹主义的意识形态就不会如此深入人心。一种意识形态只有在我们感觉不到它与现实之间有任何对立的时候,也就是说,当意识形态成功地决定了我们对现实的日常体验方式时,它才真正地"深入人心,攫取我们"。那么,我们那位可怜的德国人,如果他是一位一意孤行的反犹主义者,会对犹太人的意识形态形象(阴谋家、拉钢丝的人、剥削我们勇敢的人等等)与他的好邻居斯特恩先生的日常生活经验之间的差距作出什么反应呢? 他的反应是将这种差距和差异本身变成反犹主义的论据:"你知道他们有多险恶吗? 你很难认识到他们的真实本性。他们把本性深深地藏在日常生活的面具后面,而正是这种对人的真实本性的隐藏,这种双重性,才是犹太人本性的一个基本特征。"初看上去与意识形态矛盾的那些事实,现在开始充当有利于这种意识形态的证据。这时,意识形态真的大功告成了。

剩余价值与剩余快感

这与马克思主义的区别在于:在主流马克思主义的视角中,意识形态的凝视是一种忽视了社会关系整体性的局部凝视,而在拉康主义的视角中,意识形态指**用来抹除其不可能性之踪迹的整体性**。这种差异,与弗洛伊德和马克思主义的拜物教概念的差异是异曲同工的:在马克思主义那里,拜物教掩盖了社会关系的积极网络,而在弗洛伊德那里,拜物教掩盖了符号网络所围绕的匮乏(即"阉割")。

只要我们将实在界构想为"总是回到同一个地方",我们就可以推导出另外一种同样重要的差异。从马克思主义的观点来看,典型的意识形态程序是**"虚假的"永恒化和/或普遍化**:一种取决于具体历史关联的状态,这种状态表现为人类状况的永恒的普遍特征;某一特定阶级的利益伪装成普世的人类利益……"意识形态批判"的目的是谴责这种虚假的普遍性,在普遍的人的背后发现资产阶级的个人;在人的普遍权利的背后发现使得资本主义剥削成为可能的形式;在作为超历史常数的"核心家庭"背后发现亲属关系具有历史规定性的有限形式;等等。

以拉康主义的视角来看,我们应该改换术语,将永恒化的对立面界定为最"狡猾"的意识形态程序:**一种过快的历史化**。让我们来看看马克思主义-女性主义精神分析批评的一个老生常谈的观点,即对俄狄浦斯情结和核心家庭三角之关键作用的坚持,这个观点将历史条件下的父权制家庭形式转变为普遍人类状况的一个特征;这种将家庭三角关系历史化的努力,难道不正是企图逃避那个在"父权制家庭"中宣示自己存在的"坚硬内核"吗？不正是为了逃避法律的实在界、阉割的睾丸吗？换言之，如果过快的普遍化产生了一种准普遍的形象，使我们对其历史的、社会的象征性决定视而不见；那么，过快的历史化则使我们对真实的内核视而不见，这个核心通过各种不同的历史化/符号化原样返回。

这同样适用于集中营，这个最精确地描绘了 20 世纪文明之"变态反常"性的现象。所有试图将集中营现象与某个具体的形象（"大屠杀"）联系起来的尝试，任何试图将集中营现象还原为某个具体社会秩序（法西斯主义）之产物的努力，如果不是为了回避我们在此讨论的关于我们文明的"真实"这样一个事实，即以贯穿所有社会制度的相同的创伤性内核不断回归的"真实"，那这些努力又是什么呢？（我们不应该忘记，集中营是"自由主义的"英国的发明，其历史可以追溯到布尔战争；我们也不应该忘记，在美国，集中营被用来孤立隔离日本人，这样的历史，不一而足。）

因此，马克思主义没有将剩余客体，即逃避符号化的实在界的剩余物成功地纳入视野，并将之融入理论体系。如果我们回想起，拉康的剩余快感概念正是以马克思的剩余价值概念为模板的，那么，这个事实就显得更令人讶异了。有证据表明，马克思在《资本论》第三卷中所使用的那个具有决定性的公式，已经证明马克思的剩余价值有效地揭示了作为剩余快感之体现的拉康的客体小 a（*objet petit a*）的逻辑。这个公式表明了资本主义的逻辑-历史局限："资本的限度就是资本本身，即，资本主义的生产方式。"

这个公式有两种解读方法。第一种，按照生产力与生产关系之辩证这一令人遗憾的范式，通常的历史主义进化论者将这个公式解读为"内容"与"形式"的辩证。这一范式大致沿用了蛇的隐喻，蛇不时地将长得太紧的皮蜕掉：人们把生产力的不断增长（通常被还原为技术的发展）看作社会发展的最后动力，看作社会发展"自然的""自发的"常数；然后，这种"自发的"增长总会或迟或速地伴生出惰性的、依赖性的生产关系。这样，我们就有了生产关系与生产力相适应的时代，这些生产力不断发展，撑破了它们的"社会衣服"，即社会关系的框架，这个框架变成了阻碍它们进一步发展的绊脚石，直到社会革命再次调和生产力和生产关系，用适应于生产力状况的新的生产关系取代旧的生产关系。

329

如果我们从这个角度来理解"资本的局限就是资本本身"这个公式，那它只是意味着，当最初使生产力的迅速发展成为可能的资本主义生产关系发展到一定的程度时，就会成为生产力进一步发展的障碍：生产力超出了生产关系的框架，就需要建立一种新的社会关系形式。

当然，马克思本人不会有如此简单化的进化论思想。要确证这一点，我们只要瞥一眼《资本论》中的相关段落就可以了。马克思在《资本论》中论述了资本之下生产过程的形式吸纳与实质吸纳之间的关系：形式吸纳**先于**实质吸纳；也就是说，资本首先把它发现的生产过程吸纳进来（譬如工匠等），然后才一步步地改变生产力，形成相应的生产力。与上述简单化的观点相反，这一观点认为是生产关系的**形式**推动了生产力的发展，即生产力的"内容"的发展。

要避免对"资本的局限就是资本本身"这一公式作简单化的进化式解读，我们只要问一个非常简单又显而易见的问题：我们到底如何准确地确定资本主义生产关系成为生产力进一步发展的障碍的那个时刻，尽管那个时刻只是理想性的？或者从另一个方面说：资本主义生产方式中的生产力和生产关系什么时候能达到协调一致呢？严格的分析只能得出一个可能的答案：**永远都不可能**。

这正是资本主义不同于以往其他生产方式的原因：在以往的生产方式中，我们可以说，当社会生产和再生产过程是一种安静的循环运动时，二者处于"协调一致"的时期，也可以说，当生产力和生产关系之间的对立加剧时，二者处于动荡时期；而在资本主义生产方式中，这种矛盾，即生产力/生产关系的不一致，**被包含在生产方式的概念之中**（表现为社会生产方式与个人私人占有方式之间的矛盾）。正是这种内部矛盾，迫使资本主义不断地扩大再生产，不断地发展其自身的生产条件，与以前的生产方式相比，至少在其"正常"状态下，（再）生产以循环运动的方式进行。

330　　　如果情形果真如此，那对"资本的局限就是资本本身"这一公式所作的进化式解读就是不恰当的。关键并不在于，生产力发展到一定时候，生产关系的框架就会开始限制生产力的进一步发展；关键在于，**正是这一固有的内在限制，这一"内在矛盾"，驱使着资本主义的永恒发展。**资本主义的"常态"就是对其自身生存条件的永恒革命：资本主义从降生的时刻起就开始"腐烂"了，就被一种尖锐的矛盾、分裂，被一种对平衡的固有渴求打上了烙印，这正是它不断改变、发展的原因——只有不断发展，它才能不断地解决自身根本的、结构性的不平衡和"矛盾"。它的局限性非但没有限制其发展，反而是其发展的动力。这就是资本主义特有的悖论，资本主义的最后手段：资本主义能够改变它的局限性、它的无能为力，在它的力量来源中，它越是"腐烂"，它的内在矛盾越是加剧，它就越是必须自我革命才能生存。

　　　正是这个悖论定义了剩余快感：它不是一种简单附属于某种"正常"的基本快感的剩余，因为**剩余快感中的快感只能出现在这种剩余中**，因为它是一种构成性的"剩余"。如果我们减去剩余，就会失去快感，就像资本主义一样，只有不断地改革自身的物质条件才能生存下去,如果它"保持不变",如果它实现了内部平衡,它就不复存在了。因此,这就是剩余价值(启动资本主义生产过程的"原因")与剩余快感(欲望的客观原因)之间的同源性。资本运动悖论性的拓扑结构、通过狂热的行动以消解并再生产其自身的根本性障碍、作为根本性的无能之表现形式的过度的权力——难道不是沟通有限与过度的直接通道,有限与过度的遇合,缺乏与剩余的遇合? 更准确地说,难道不是拉康所谓的客体小 a 体现了根本的构成性缺失的残余的遇合?

当然,马克思对所有这一切"都一清二楚,然而……"从《政治经济学批判》导言中的一个关键性表述来看,似乎马克思**对此一无所知**。他根据上面提及的生产力与生产关系的进化的辩证法,描绘了资本主义向社会主义的过渡:生产力发展到一定程度,资本主义生产关系便会成为生产力进一步发展的障碍。生产力与生产关系的这种不协调,导致了对社会主义革命的要求,而社会主义革命的基本作用,便是重新协调各种力量和关系,也就是说,建立促使生产力高速发展的生产关系,这是历史进程本身的目的。

选文来源

Theodor W. Adorno, from the original manuscript of *Minima Moralia*, but omitted from the final publication. This translation first published in *New Left Review* 200, July/August 1993.

Peter Dews, *New Left Review* 157, May/June 1986.

Jacques Lacan, *New Left Review* 51, September/October 1968.

Louis Althusser, first published in *La Pensée*, 1970; this translation from *Essays on Ideology*, London: Verso 1984.

Michel Pêcheux, *Language, Semantics and Ideology*, London: Macmillan 1982.

Nicholas Abercrombie, Stephen Hill and Bryan S. Turner, *New Left Review* 142, November/December 1983.

Göran Therborn, *New Left Review* 143, January/February 1984.

Terry Eagleton, *Ideology*, London: Verso 1991, chapters 4 & 5.

Richard Rorty, *Hypatia*, 8, 2, Spring 1993.

Michèle Barrett, *The Politics of Truth: From Marx to*

Foucault, Cambridge: Polity Press 1991, chapter 4.

Pierre Bourdieu and Terry Eagleton, Interview, *New Left Review* 191, January/February 1992.

Fredric Jameson, *Postmodernism or, the Cultural Logic of Late Capitalism*, London: Verso 1991, chapter 8.

Slavoj Žižek, *The Sublime Object of Ideology*, London: Verso 1989, chapter 1.

索 引

（索引中的页码为原著页码，检索时请查本书边码）